유럽의 발흥

유럽의 발흥

비교경제사 연구

초판 1쇄 발행 2014년 9월 15일
초판 4쇄 발행 2021년 2월 15일

지은이 양동휴
펴낸이 오세정
펴낸곳 서울대학교출판문화원

출판등록 제15-3호

주소 08826 서울 관악구 관악로 1
대표전화 02-880-5252 | **팩스** 02-889-0785
도서주문 02-889-4424, 02-880-7995
이메일 snubook@snu.ac.kr
홈페이지 www.snupress.com

ISBN 978-89-521-1640-6 93320

유럽의 발흥

비교경제사 연구

양동휴 지음

서울대학교출판문화원

The Rise of Europe

A Comparative Economic History

Yang, Donghyu

Seoul National University Press

감사의 말

이 책에 얽힌 이야기에 관심을 가진 지는 훨씬 오래 되었지만 내가 이와 같은 책을 쓰려고 마음을 먹은 지는 거의 10년 되었다. 그때만 해도 내가 이 책을 출판하게 될지는 몰랐다. 우선 이야기를 들어 주고 흥미를 표하고 북돋워 준 산우들, 술친구들은 물론 동료 교수들의 신선한 생각들이 도움이 되었다. 집필을 시작한 후에는 좋은 의견을 더해 준 이들이 많다. 우선 준비도 잘 안 된 강의를 들은 학생들이 그렇고 여러 단계에서 초고의 일부를 읽거나 워크숍 발표에서 개선책을 제시한 (가나다순) 김두얼, 김신행, 김영식, 박경로, 이영훈, 이철희 교수, 항상 그렇듯이 초고 전부를 읽고 조언해 준 김영완 박사께 감사드린다.

이 저서의 받침이 된 연구는 2011년 정부(교육과학기술부)의 재원으로 한국연구재단(NRF-2011-812-B00018)의 지원을 받아 수행되었다. 또한 마무리를 지을 때 연구년을 할애해 준 서울대학교에도 고마움을 표한다. 10장의 일부는 수년 전에 역사학회의 전국대회에 발표했고 11장의 초고는 작년에 『경제사학』에 실렸다. 당시 토론자와 익명의 심사자께 특별한 감사를 드림은 물론이다.

편집과정에서는 당시 대학원생이던 배연호, 김종훈 씨의 덕이 컸으며 서울대학교출판문화원에 또 한 번 신세를 졌다. 권영자 전문위원과 이라미 편집책임자의 노고에 특히 감사한다. 따지고 보면 누가 혼자 책을 낼 수가 있을까. 더 고치고 싶은 생각은 많지만 다음 책의 독촉이 오고, 또 고칠 수 있을 때를 기다리며 일단 독자들의 질정을 바란다.

2014년 8월

남동서실에서 저자 씀

차례

표 차례

그림 차례

지도 차례

머리말

서유럽은 뒤늦은 출발 이후 아시아를 따라잡고 추월하여 19세기에 경제적, 군사적으로 세계를 제패했다. 뱀이 코끼리를 "씹지도 않고 통째로 집어삼킨다. … 여섯 달 동안 잠만 자며 먹이를 소화시킨다."[1] 〈그림 1〉에서 보듯이 그럴싸하다. 소화시키는 데 조금 더 시간이 걸렸을 뿐이다. 이들 유럽 '뱀'이 정치, 군사는 물론이고 경제, 사회, 문화까지 아시아 '코끼리' 위에 군림하고 있다.

이와 같이 갑자기 유럽의 뱀에 아시아의 코끼리가 먹혀서 서서히 '소화'되었다. 그것을 '갑자기'라고 할 것인가 아니면 적자생존의 법칙에

그림 1. 코끼리를 삼킨 보아뱀
자료: Saint-Exupéry 1943(2007), 8쪽

따른 자연스런 과정이라 할 것인가. 혹시 그렇다면 왜 뱀과 코끼리가 각기 있다가 조우하였는지 한두 가지 의문사항이 있다. 언제부터 유럽은 뱀이 되었는지, 아시아는 코끼리가 되었는지, 그리고 그들의 우열을 어떤 식으로 판단해야 하는지. 이런 질문들에 답하고자 하는 것이 이 책의 목적이다. 어차피 뱀이나 코끼리나 신의 창조물 또는 자연의 산물이니까 종속을 가릴 필요는 없다. 또한 뱀이 유럽 특유 동물도 아니고 코끼리는 인도 이외의 아시아 여러 나라에는 없다.

책 제목을 풀이하는 것으로 머리말을 시작하자. '유럽의 발흥(The Rise of Europe)'은 가난한 서유럽이 역경을 이겨내고 먹고 살 만하게, 그리고 나중에는 세계를 제패하게 되었다는 이야기다. 즉, 유럽의 아시아 따라잡기와 추월의 역사를 말한다.

피렌(Henri Pirenne 1862-1935)에 따르면, 중세 초기 이슬람 세력의 팽창 때문에 유럽의 중심부가 북서쪽으로 옮아갈 수밖에 없었고 메로빙거(Merovinger 476-750), 카롤링거 왕조(Carolinger 750-887)는 고립되어 시장경제도 쇠퇴한 가운데 스스로 살길을 마련했어야 했다.[2]

제2장에서 부연하겠지만 11세기부터 서유럽의 흥기는 놀랄 만한 사실이다. 11-14세기 동안 농업생산성 향상에 관해서는 이견이 있으나 증가한 인구를 먹여 살릴 수 있었다. 북서유럽에 무거운 쟁기 도입과 함께 개방경지와 삼포작이 발달했다.(〈지도 1〉 참조) 더 중요한 것은 시장경제와 교역의 발달인데 지중해 무역이 가장 중요하고 북해, 발트 해 무역, 그리고 샹파뉴 정기시 등이 융성했다. 이쪽 연구서가 많고 당시 유럽의 경제성장을 강조하는 것은 그만큼 유럽이 후진 지역에서 벗어나려고 노력했다는 것을 보여 준다.[3] 그러나 북서유럽과 지중해 쪽 경제사회는 전혀 달랐다는 사실은 직시해야 한다. 지중해는 로마 제국의 유산을 물려받은 문화부터 북서유럽과 다르다. 지리적으로 달랐으므로 기후, 환

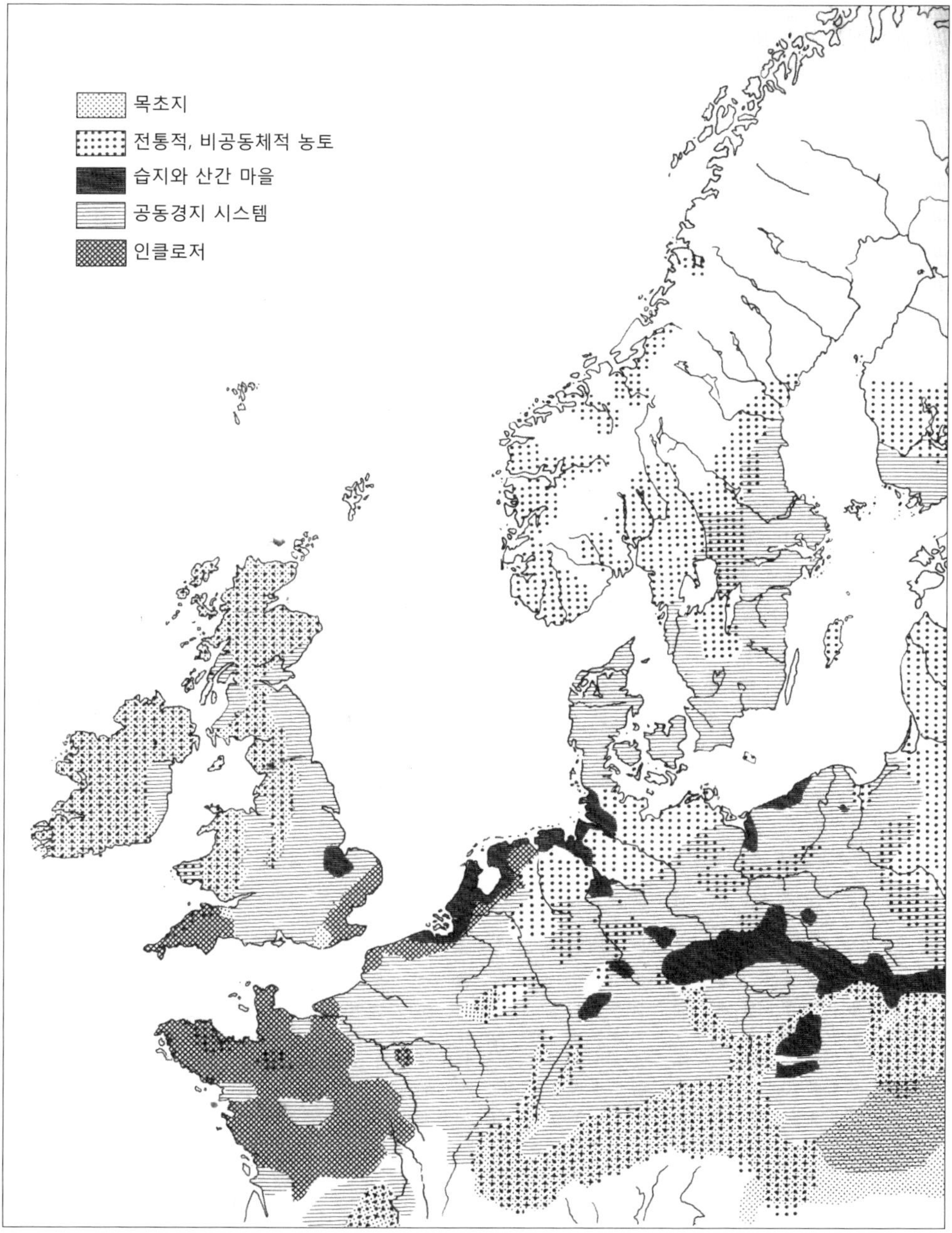

지도 1. 중세 북서유럽의 개방경지, 1300년경
자료: Parker and Jones 1975, fig.1.1.

경, 문화의 차이가 있다. 중부유럽과도 물론 차이가 많다. 이것은 곧 출간될 필자의 『중부유럽 경제사』를 참고하기 바란다.

부제로 붙어 있는 '비교경제사 연구'란 무엇인가. '비교사'는 매우 흥미롭기는 하지만 오해를 불러일으킬 소지가 많은 분야다. 주로 인류학, 사회학, 정치학에서 다루었으며 경제학 쪽에서 비교사적으로 지난 세기들을 접근한 것은 최근이다. 생산, 유통, 소비의 관점에서 사람들의 삶을 장기적으로 여러 문화권에 걸쳐 검토하는 일을 그동안 별로 하지 않았다.

'비교'를 하려면 '국제적 표준(international standard)'이 필요하다. 그것을 누가 정하는가. 흔히 받아들이고 있는 세계사학계의 표준이 있다. 그러나 요즈음은 그것을 '유럽중심주의' 편이가 있다 하여 이에 대한 비판의 목소리가 커지는 중이다. 지나치게 커지는 경향이 있어 염려된다.

비교경제사는 어떻게 해야 할까. 우선 여러 시각을 검토하는 것이 그 첫걸음이다. 비교를 하려면 무엇을 무엇과 비교하는지가 가장 중요한 문제다. 소위 국가경쟁력 순위가 여러 곳에서 매년 발표된다. 그 기준은 어떻게 정해지는가. 여하튼 경제사에서 비교 기준은 군사력과 재력이 중요한 문제다. 그래서 군사적, 경제적 측면 비교에 중점을 두었다.

영국과 중국을 비교하는 유럽우월적 시각을 미리 언급하기로 하자. 비트포겔(Karl Wittfogel)이 고전인데 제국은 수리사업에 재정을 고갈시키므로 자연적으로 쇠망하게 되어 있다는 가설이다.[4] 우리에게 낯익은 경제학계 대가들의 시각도 비슷했다. 스미스(Adam Smith)가 『국부론』에서 밝힌 중국에 관한 글은 그의 중국에 대한 편견을 드러낸다. 맬서스(Thomas Robert Malthus)는 더 하다. 또 마르크스(Karl Marx)의 인도에 대한 견해는 어떤가.

"중국은 오랫동안 세계에서 가장 부유한 나라 중 하나였으나 오랫동안 정체된(stationary) 것으로 보인다. 노동자의 임금은 매우 낮아서 가족을 부양하기 어렵고 중국의 하층민은 유럽의 가장 가난한 나라의 하층민보다 더 빈곤하다."[5]

"중국의 조혼관습으로 인한 잉여인구는 주기적 기근에 의해 규제되었을 것이다."[6]

"영국은 인도에서 이중의 사명을 수행해야 한다. 하나는 파괴의 사명이고 또 하나는 재생의 사명이다. 낡은 아시아 사회를 파멸시키는 것 그리고 서양사회의 물질적 기초를 아시아에 심는 것이다."[7]

미국발 세계금융위기를 겪은 후 세계경제는 아직도 회복 기미가 뚜렷하지 않고 오히려 국가부채의 걱정에 허덕이고 있다. 그럼에도 오늘날 경제력, 군사력은 물론이고 문화적으로도 서유럽과 서유럽인들이 이주정착한 나라(미국, 캐나다, 오스트레일리아 등)가 세계에서 압도적 우위를 차지하고 있다. 이러한 추세는 늦게 잡아도 18세기 말-19세기 초 영국의 산업혁명 시기에 시작되었다.

그 이전의 사정은 달랐다. 8세기 이슬람 압바스 왕조의 경제번영, 인도의 7세기 이후 직물공업, 중국 11세기 북송시대 철강공업[8] 등의 절정이 말해 주듯 아시아 여러 곳이 서유럽보다 훨씬 나았다. 마르코 폴로(Marco Polo)의 『동방견문록』이 원나라를 지상낙원으로 묘사한 것도 무리가 아니며 18세기 초까지도 동양상품을 대량 수입하던 유럽은 이에 대신 공급할 수출품이 없었다. 결국 선진 아시아를 유럽이 추월한 것인데 학자에 따라 그 추정시기는 다르다. 그러나 모두 각기 근거는 다르지만 동양을 정체된 사회로 보았고, 그러한 관념이 유럽의 세계지배라는 사실과 더불어 확산된 것은 틀림없다.

이러한 유럽우월주의에 대하여 최근 아시아의 민족주의 학자들뿐만 아니라 캘리포니아 학파를 포함한 수정주의자들은 18세기까지 예를 들어 중국과 유럽, 더 좁게는 양쯔 강 하류 델타와 영국이 여러 모로 발전 가능성이 비슷했으며 영국이 먼저 공업화한 것은 우연이었다고 주장한다. 이 가설을 검증하는 것도 이 책의 내용에 포함된다.

일단 유럽이 빠른 속도로 성장을 시작하자 아시아와의 차이가 더욱 커지는 '대분기(Great Divergence)' 현상이 가속된다. 최근에는 중국, 인도 등이 고도성장을 지속 중이나 16-18세기와는 경쟁의 성격이 많이 바뀌었다.

어찌되었건 후진 지역이던 유럽의 '발흥'과 아시아 추월과정을 설명하려는 것이 이 책의 목적이다. 책의 구성은 최근 문헌의 비판적 검토로 되어 있는데 장별로 미리 요약하면 다음과 같다. 책을 읽다 보면 단순한 문헌 소개가 아니라 그 문헌에 대한 논평이자 연구사라는 것을 독자들은 알게 될 것이다. 또한 장마다 중복서술이 가끔 눈에 띄는데 이는 각 장을 따로 읽어도 자기완결적이 되도록 배려한 결과임을 미리 밝히고 양해를 구한다.

책의 초점이 유럽과 중국의 비교에 맞추어졌다. 이것은 꼭 최근 관심사를 반영해서만이 아니라 역사적으로 그렇게 비교될 만하다는 뜻이다.

제1장(불평등한 세계)에서는 대강 수량적으로 여러 지표를 이용하여 유럽과 아시아 경제의 추이를 비교사적으로 평가한다. 노동생산성, 실질임금, 신장 등의 자료들이 중심이 된다. 이와 아울러 다음 장부터 자세히 따져 볼 유럽의 발흥 요인을 개괄적으로 살핀다.

제2장(유라시아 세계체계)에서는 아프리카와 남미보다 유라시아 대륙이 흥기를 보인 배경을 검토한다. 지리적 환경이 대륙별 발전 속도 차이를 가져온다. 이때 군사력, 병원균, 철강기술, 문자, 정치조직 등이 중요했다. 그런데 이는 다시 식량생산에 기반을 둔다. 야생식물의 작물화와 작물교류, 대형포유류의 가축화 면에서 유라시아가 압도적이었다. 각 대

륙의 작물과 가축이 전파되는 주요 축의 방향이 다르다는 사실도 중요하다. 남북아메리카와 아프리카는 남북으로 뻗은 반면 유라시아의 축은 동서방향이다. 비슷한 위도에서 낮의 길이와 기후조건이 같은 유라시아는 식량생산 전파 속도가 빨랐다. 남북축의 전파는 열대 지역이나 사막, 산맥 등 지형적 생태적 장애 때문에 그 속도가 느렸다.

각 지역 간 상품 교역은 어떠했을까. 11세기 시작 무렵을 보면 이슬람 세계가 다른 모든 지역과 교류하던 황금기였고, 인도(남아시아)도 서유럽을 제외한 모든 지역과 교역했다. 또 서유럽의 교역영역이 가장 좁았다. 하지만 실은 11세기에 이슬람 세계가 분열되고 서유럽이 팽창을 시작한다. 동서쪽으로 영토를 확장하고 농업, 상업, 원격지 무역, 수공업에 걸쳐 경제가 부흥하며 인구증가, 도시 성장 그리고 과학, 기술, 철학 등이 발달하는 융성기가 14세기 초까지 지속된다. 중국도 11세기 송나라의 '경제 기적'을 경험하고 해외진출에 적극적이었다. 동남아 무역이 발달했다.

제3장(환경, 국가 시스템, 국가 간 경쟁)은 15-18세기 유럽의 발전 속도가 빨라짐을 인정하고 아시아보다 앞서게 된 시기의 유럽을 아시아와 비교한다. 여기서 아시아란, 오토만 제국, 무굴 제국, 중국 제국이다. 제국은 재난의 위협과 불확실성이 컸다. 정치적 위험은 더 컸다. 유럽에서는 환경과 시장, 국가 시스템이 중요했다. 지역별 분업이 이루어지기에 유리한 환경이었고, 자의적 권력을 제한하는 국가 시스템이 작동했으며, 국민국가끼리 서로 경쟁하는 여건이 조성되어 있음으로써 경제발전을 촉진했다는 것이다. 중국, 인도는 프론티어 확장 움직임이 없고 폐쇄적이었다. 서유럽은 개방적이고 팽창적이었다. 평방킬로미터(km^2)당 인구밀도를 보아도 1800년에 인도 42, 중국 80, 오토만 12, 유럽과 해외정착지 3으로 인구 압력 면에서 유리했다.

제4장(제도, 재산권과 시장)에서 말하는 사유재산권 보장과 시장발달이 경제성장의 기본조건이라는 가설은 오래전부터 있었다. 특히 가난한 나라에는 대체로 '통합된 재산권체제'가 없거나, 있더라도 인구 대부분이 그 체제 '외부'에 머물러 있어 무용지물이나 다름없었기 때문에 서유럽처럼 자본주의의 혜택을 누리지 못한다고 주장한다. 페루, 이집트, 아이티 사례를 분석하여 토지를 합법적 자산으로 확보하고 건축허가를 얻는 것이 얼마나 복잡한지를 적나라하게 제시했다. 이를 해결하기 위해 불법적 재산권을 인정하고 명시화해야 한다는 것이다.

재산권에 관해서는 제도학파 경제학자들이 오랜 동안 집중적으로 연구했다. 어떤 종류의 제도가 거래비용과 전환비용을 경제적 성과, 즉 특화와 노동분업 증대와 연결될 수 있도록 하는가를 검토했다. 17세기 영국의 정치적 변화의 예를 보자. 스튜어트 왕조(Stuart 1603-1714)는 재정위기가 빈번하여 공채의 강제인수, 독점품 판매, 부의 몰수 등을 포함한 다양한 정책을 시행해야 했다. 이것은 재산권의 안정성을 저하시켰다. 의회와 보통법 재판소 모두 국왕과 투쟁관계에 있게 되었다. 이것은 내전으로 이어졌다. 결국 국왕은 폐위되었다. 의회의 주권, 재정문제의 중앙통제, 왕실특권의 축소, 사법의 독립 등이 이루어진 결과 재산권의 안정성이 확립되었다. 이로 인한 가장 괄목할 만한 성과가 자본시장의 급속한 발전이다. 명예혁명 이후 정부는 재정적으로 지불 능력을 가지게 되었다. 그뿐만 아니라 전례 없는 수준의 기금에도 접근할 수 있었다.

제5장(과학혁명과 계몽주의, 비교과학사)의 내용은 다음과 같다. 18세기 말 19세기 초 영국의 산업혁명을 "기술적 창조성에 의한 생산기술의 급속한 변화"로 보는 학자들은 17세기 서유럽 '과학혁명'이 '계몽주의'를 거쳐 공업화로 연결되었다고 설명한다. 과학혁명은 오랜 시간을 거슬러 올라가는, 각 시대 최고 두뇌들의 피나는 연구결과가 축적된 산물이다.

이들 지식의 축적을 생산에 효율적으로 배분하여 경제를 급성장시킬 여건이 조성되는 데는 서유럽 18세기의 지적 운동인 계몽주의의 역할이 매우 중요했다.

계몽주의의 중심개념은 크게 세 가지다. 첫째, 자연과학의 방식이 인간생활의 모든 면을 탐구하고 이해하는 데 사용될 수 있고, 사용해야 한다는 생각이다. 종교적 확신을 의심하면서 합리적, 비판적, 과학적 사고방식이 '살롱' 등을 통해 검열 없이 전파되었다. 둘째, 계몽사상가들은 인간사회에서도 자연처럼 법칙을 발견할 수 있다고 전제했다. 이로써 사회과학이 탄생할 계기가 마련되었다. 셋째, 인간의 정신이 크게 진보할 수 있으며 인간 스스로 사회를 개선하고 더 나은 인간을 창조할 수 있다는 생각은 '진보'의 개념으로 이어졌다.

비교경제사의 '유럽의 발흥', '대분기'에 해당하는 질문이 비교과학사에서는 'why not'이다. 동양, 특히 중국에는 왜 과학혁명이 없었는가. 자유롭고 평등한 토론 환경을 조성하는 부르주아 계급의 성장이 아시아적 관료제 하에서는 불가능했다. 서양이 엄격한 논증과 증명 개념을 발전시켰다면 중국은 음양오행설에 머물렀다. 그러나 전통과학을 현대과학의 시각에서 보면 곤란하며 전통문화의 맥락에서 이해해야 한다. 중국과학의 정체, 쇠퇴는 배제, 억압의 결과이기보다는 무관심, 무시의 소산일 수 있다.

제6장(폭력, 군사력, 해상팽창, 재정국가)은 세계체계론으로 시작한다. '16세기 세계체계'에는 중심부-반주변부-주변부의 위계질서가 있으며, 이에 포함되지 않은 '외부 지역'도 존재했다. 이 체계의 중심부를 서유럽이 장악하도록 중심주변관계가 편제된 것이다. 자본주의 '세계경제' 형성기의 특징적 현상은 유럽의 지리상 팽창, 상품별 지역별로 다양한 노동통제방식의 발달, 중심부에 강력한 국가기구의 등장 등이다. 중심부

인 영국 등지에는 임금노동자가 출현하고 주변부인 동유럽에서는 봉건반동에 의해 농노제가 다시 등장한다. 역시 주변부로 편입된 신대륙에서는 원주민의 강제노동으로 운영되는 엥코미엔다(encomienda), 아시엔다(hacienda), 아프리카 흑인을 이용한 노예제 플랜테이션(plantation)이 생성되었다. 이런 과정은 기본적으로 주변부의 잉여를 중심부로 이전하기 위한 '세계자본주의의 규정성'의 결과다. 세계자본주의를 작동시키는 장치 중 불가결한 요소 가운데 하나로 강력한 관료제 국가(서유럽 절대국가)의 형성을 빼놓을 수 없다. 이들 절대국가의 형성은 관료제 도입, 재정 확충, 상비군 설치와 군사력 독점, 왕조의 정통성 창출 등의 과정을 밟아 이루어졌다.

지리상 팽창에는 당연히 재원확보와 기술진보가 전제되었다. 이는 무엇보다도 해전 능력이 우월했기 때문에 가능했다. 16-18세기의 군사혁명(military revolution)으로 인해 군사력이 갖는 의미가 달라졌다. 그 내용은 무기 변화, 군대규모 증대, 상시 훈련, 엄격한 규율 등이다. 그러나 유럽의 해외팽창 초기에는 유럽의 군사력이 다른 문명보다 우월하지 않았다. 근대 초기까지 세계의 무게중심은 유라시아 대륙의 동쪽에 있었다. 15세기 정호(鄭和)의 원정 이후 중국이 해양 방면을 포기한 공백기에 유럽은 지속적으로 해양 진출에 노력했다.

제7장(약탈설, 유럽중심주의, 오리엔탈리즘)에서는 유럽중심주의를 비판하고 대안적 가설을 주장하는 가장 극단적인 예부터 시작한다. 이 대안적 가설은 18세기 후반 아시아가 쇠락 국면에 돌입하자 유럽이 편승했다고 다음과 같이 매도한다. "서양은 아시아 경제라는 열차의 3등칸에 달랑 표 한 장을 끊어 올라탔다가 얼마 뒤 객차를 통째로 빌리더니 19세기에 들어서는 아시아인을 열차에서 몰아내고 주인 행세에 성공했다…. 아메리카의 화폐를 가지고…." 1400-1800년에 해상 교역보다 육상 교역

이 중요했다. 해상 교역에서도 인도와 중국의 섬유류와 도자기, 동남아의 향신료가 대종이었고 유럽은 은밖에 없었다. 명나라가 조세 은납화 조치를 취하고 은동 복본위를 채택한 것이 세계무역의 원동력이었다고 주장한다.

더 고전적인 견해로 '오리엔탈리즘론'이 있다. 오리엔탈리즘(orientalism)이란 동양에 대한 서양의 사고방식이자 지배방식이며 편견과 왜곡에서 비롯된 허상일 수가 있다는 것이다. 동양에 대한 유럽인의 이미지는 '타자'이며 유럽의 실질적 문명과 문화의 필수적 구성부분이다. 반(counter)경험적인 동양의 '동양화,' 도식화의 극적인 예로 단테의 『신곡』을 들고 있다. 오리엔탈리즘은 훨씬 더 긍정적으로 해석될 수 있다. 인도와 중국을 중심으로 타자성을 인식함으로써 만남과 대화가 융합으로 승화할 수 있다는 중립적 입장도 있다.

제8장(문화와 종교)은 요소부존, 문화, 정치가 인류의 과거와 미래에 영향을 미친다는 주장을 살폈다. 이러한 주장은 환경의 다양한 측면과 관련된 신념을 '물질적 신념'과 '우주론적 신념'으로 나눈다. 사회적 관계를 설명하는 여러 균형 중 시장균형이 가장 빨리 이루어진다. 물질적 신념 관련 균형이 그 다음이고 시장과정이 작동하는 테두리를 결정한다. 우주적 신념과 관련된 문화적 균형은 더 늦다. 이러한 틀을 기초로 인도와 중국과 이슬람이 '고수준 균형의 덫(high level equilibrium trap)'에 걸리는 메커니즘을 도출해 낸다.[9] '프로메테우스적 내포적 성장(Promethean intensive growth)'은 서유럽이 보인 예외성이고 기적이라는 것이다. 기독교→자본주의 가설을 5세기경 성 오거스틴→개인주의→14세기 르네상스→종교개혁→절대국가→자본주의로 우회적으로 해석한다. 그러나 그 여파로 사회응집력이 파괴되었다고 주장한다. 우주론이 경직적이라고는 하지만 이 역시 역사의 산물이고 때로는 급변하지 않는가?

제9장(신다위니즘)에서는 맬서스적 경제를 단순명료하게 모형화했으며, 독자적인 진화론, 자연선택론을 가미하여 새로운 설명틀을 제시했다. 맬서스적 경제에 따르면 1800년경까지 인간과 동물은 똑같이 '자연' 경제법칙에 따라 생활했다. 장기균형에서 출생과 사망은 일치한다. 임금이 높을수록 증가하는 출생과, 감소하는 사망이 같아지는 수준에서 균형 1인당 소득이 정해진다. 물질적 생활 수준과 총인구를 역관계로 규정하는 생산함수에 의해 균형인구 수준이 결정된다. 이 모델에 따르면 '선악'이 도치되어, 사망률을 낮추거나 출산율을 높이는 다산, 청결, 평화, 공공구휼, 자녀보호, 자선, 근면 등이 균형 1인당 소득을 하락시키는 죄악이 된다.

유산검증기록 분석결과 17세기 초 영국은 부자가 다산이었다. 부자의 출생률이 높고 사망률이 낮다는 것은 곧 하방적 사회이동성을 말하는 것이며 적자생존(survival of the fittest)이란 곧 '부자가 살아남는 것(survival of the richest)'을 의미한다. 부자의 자손도 부자가 많다. 상속뿐만 아니라 문화적, 유전자적 유산 등으로 인해 돈을 더 잘 벌기 때문이다. 이러한 부자생존의 패턴이 중국, 인도에서는 잘 관찰되지 않는다. 그래서 영국이 더 일찍 근대적 경제성장(MEG)으로 이행했다는 것이다. 이 설명은 곧 많은 논란을 가져왔으며 좀 더 검증되어야 할 전망이다.

제10장(중국 경제사의 새로운 모색)의 내용은 다음과 같다. 중국의 경제사 연구는 문화혁명과 그 후유증, 또 공산당 치하에서 경향성을 띨 수밖에 없었다. 따라서 그 이전부터 존재하던 서양인들의 중국 경제사 외면 또는 중국에 대한 근거 없는 가정과 왜곡을 효과적으로 극복하지 못했다. 대신 미국에서 연구를 진행하는 캘리포니아 학파와 뒤늦게 유학을 한 중국인들이 새로운 모색을 활발히 시도하는 중이다.

'유럽의 발흥'은 매우 역설적이다. 기후, 토양, 농업생산성 등 기본적인 배경을 보면 더욱 그러하다. 유럽의 곡물농업은 개간과 시비가 필요했고, 따라서 역축과 쟁기가 중요했으며 지력소모를 막기 위해 윤작을 했으므로 휴경기간이 있었다. 아시아는 역축이 거의 필요 없었고 노동생산성과 특히 벼의 특성상 토지생산성이 매우 높았다. 아시아에서 관개의 필요성 때문에 전제국가가 출현한 것이 아니다. 관개는 주로 지역공동체 수준에서 수행되었다. 중국 남부에서는 15-16세기에 이미 이모작이 가능했고 농산물을 수출했다. 중국, 인도의 제조업은 수준이 높았으며 영국의 산업혁명은 아시아를 추격하는 정도였다. 교역과 정복은 항상 같이 간다. 1500년경 유럽이 양자에 우월했던 것이 아니라 이슬람을 우회하여 아시아 교역을 시도하려는 것이었다. 결혼과 가족생활은 서로 달랐지만 16-18세기 인구증가 속도는 비슷하여 아시아의 인구압력이 특히 높은 것이 아니었다. 국가, 법률, 조세, 혁명 논의에서는 중앙집권화, 종교가 강화되는 현상 등이 세계적 추세였다.

외부적 요인과 우연성을 강조하는 다음과 같은 주장이 있다. 1800년까지 서유럽은 노동절약적 기술진보가 있었으나 토지절약적 기술에는 뒤졌다. 해외자원을 활용하지 못했다면 인구증가 압력 때문에 노동집약적 성장의 길로 들어섰을 것이다. 그랬다면 '대분기'는 없었을 것이다. 여기에 석탄공급의 입지 등 우연요소가 가미된다. 석탄이 영국에 있었던 것이다. 영국에서 원면공급 확보의 애로는 미국 남부의 면작으로 해결되었다. 토지 제한은 유럽 내에서 해결이 불가능했다. 미국의 노동 애로는 아프리카 흑인노예공급으로 극복했다. 중국이나 일본에서는 이런 식으로 외부에서 공급애로를 풀 수 없었다. 16-18세기 인구증가, 경제성장시 삼림훼손은 인구밀도가 높은 중국보다 유럽에서 속도가 더 빨랐다. 19세기 초에 삼림고갈과 장마피해를 완화한 것은 석탄이었다. 석탄이 목재 사용을 대체함으로써 이것이 가능했다. 이에 더해 신대륙의 식용작물 특히 감자의 도입, 그리고 토지집약적 산물(면화, 사탕, 곡물, 목재, 육류, 양모)과 토지회복적 산물(구아노)의 수입으로 생태적 압력에서 벗어날 수 있었다.

중국 농촌의 가족노동을 분석하면서 '과밀(involution)' 개념이 도입되기도 한다. 노동투입이 지나치게 집약되면서 노동투입당 산출이 줄어든 것이 문제라고 지적했다. 그러나 이것은 16-18세기 유럽의 '근면혁명(industrious revolution)'과 매우 비슷한 현상이다. 혹은, 국가 형성과 경제발전 비교와 정치적 저항분석에서 사회이론 자체를 연장하고 수정하려고 노력한 연구와 연결시킬 수 있다. 이 논리를 보면 '과밀'과 '근면혁명'이 별로 다르지 않았음을 알 수 있다.

경제가 18세기까지 유럽과 중국이 비슷했다면 정치는 오래전부터 상당히 달랐다. 유럽의 국가건설자는 초기부터 국가 내 나머지 권력자(귀족, 성직자, 상인)와 경쟁했다. 중국은 수세기 동안 국가수취분이 일정했다. 중국은 14세기 이후 농업수입이 국가재정의 기반이 되었다. 여기에는 유럽에서 행해지던 '타협' 같은 성격이 없었다. 그리고 차입관습도 없었다. 계절적 및 풍흉 간 곡물공급 보장은 지역 수준에까지 미쳤다.

중국 인구체계 연구는 획기적인 발달로 그간의 오해를 바로 잡았다. 이후 새로운 인구사 연구가 축적되는 중이다. 다음은 바로 잡아진 대표적 예다. 사망률을 높인 요인이 기근이 아니고 영아살해였다. 여아 사망이 높았다. 조혼인데도 결혼출산율이 낮아서 출산율은 그렇게 높지 않으며 오히려 입양이 많았다. 남자는 조혼이 아니었고 독신율이 높았다. 인구변천은 서양보다 연속적이고 계획적이며 집단행동의 결과라는 것 등이다.

근대 이전 중국사회 시스템을 종합적으로 분석한 한 연구는 중국사회를 농업우위, 자유농민, 중농주의 정부의 '3원적 구조'로 파악했다. 그 배경에 환경, 토지소유, 사회구조, 유교 이데올로기가 있는 것으로 보았다. 이러한 3원적 구조는 지극히 안정적이어서 한, 송, 청나라 때 가속적 번성기가 있었으나 곧 균형으로 회귀했다. 일종의 중국식 발전을 하고 있었다는 것이다.

제11장(화폐와 금융)에서는 중국으로 은 유입과 동아시아의 화폐제도 변화를 개관한다. 화폐금융 전반에서 유럽보다 발달이 뒤졌음을 보인다.

제12장(성장이론 분석)에서 검토하는 성장이론은 복잡하고 현실경제를 설명해 주지 못한다 하여 경제사에서 등한시되었다. 그러나 새로이 등장한 내생적 성장이론과 더 최근의 통합성장모형(unified growth model)의 적용가능성에 대해 쉽게 소개하고자 한다. 특히 영국의 특수성을 설명하는 연구를 부록으로 첨부한다.

마지막 장은 맺음말이다. 1장에서 문제를 제기한 후 '서구 유럽의 발흥'과 '대분기'의 요인을 2-12장에 걸쳐 살펴보았다. 맺음말에서는 이들을 종합하여 평가하고 향후의 전망을 시도한다.

제1장

불평등한 세계

◆

경제사에서 일반적으로 지난 천 년간을 전근대와 근대로 구분한다. 이 양자를 구분하는 시점에 영국의 산업혁명을 비롯한 공업화가 위치하고 이를 '자본제의 성립'기로 보기도 한다.[1] 여기서 자본제란 학자에 따라 강조하는 측면이 다르겠으나, 시장생산, 이윤추구, 그리고 노동의 상품화를 의미한다. 같은 현상을 경제가 맬서스적 족쇄에서 풀려나 '근대적 경제성장(이하, MEG)'으로 나아간 과정으로 이해할 수도 있다. 즉 근대 이전에는 소득이 늘어나고 부가 축적되면 결국 인구가 증가하여 한 사람당 쓸 수 있는 잉여재화의 크기가 소진된다. 즉 1인당 소득은 최소수준에 머물게 된다는 것이다. 이때 결혼을 안 하거나 늦추고 결혼 후에도 출산을 억제하는 '예방적 규제'가 성공적으로 수행되지 못하면 기근, 질병, 전쟁 등 '적극적 규제'에 의해 과잉인구가 해소되고 1인당 소득이 회복되는 순환을 반복하는 것이 맬서스 체제이다. 공업화를 겪으면서 근대적 경제성장으로 이행한다. 인구가 증가하는 동시에 1인당 성장이 이루어지는 것이다. 물론 이와 함께 투자율과 성장률이 높아진다.[2]

근대적 경제성장

MEG로의 이행은 영국에서 서유럽으로, 북미로 순차적 확산을 겪었다. 〈그림 2〉는 영국이 18세기 전반까지는 인구의 크기와 실질임금이 역관계를 가진 맬서스 체제였다가 18세기 후반부터 MEG로 옮아갔음을 잘 보여 준다. 이런 과정에서 물질생활이 기하급수적으로 진전을 보였다. MEG로의 진입이 늦은 나라나 아직 맬서스 체제에 머물러 있는 나라들과의 격차도 엄청나게 확대되었다. 약 300년 전에 가장 부유한 국가와 가장 가난한 나라의 1인당 소득 격차는 2.5배 정도로 추계되었다.[3] 2011년의 자료는 최부국과 최빈국의 1인당 소득이 1,240배 차이가 나는 것으로 보고한다.[4] 여기서 최빈국은 사하라사막 이남 아프리카에 위치하는데 이들은 오래전부터 후진 지역이었다. 반면 아시아, 즉 중국, 인도, 이슬람은 유럽보다 부유했다. 군사력, 경제력, 기술진보, 정치적 응집력을 종합적으로 고려한 그 우열이 늦게 잡으면 19세기에 와서야 교차했고,[5] 일찍 잡으면 16세기 초에 유럽이 아시아를 추월했다고 볼 수 있다.[6] 일단 유럽이 아시아를 앞지르기 시작하자 그 격차가 벌어지면서 '대분기(Great Divergence)'가 발생했다. 최근에야 차이가 줄기 시작했으나 이미 경쟁의 성격이 많이 바뀌었다고 할 수 있다.

생산성과 임금

이와 관련된 수량적 자료를 살펴보자. 〈그림 3〉은 1500년에 이미 서유럽이 아시아를 1인당 국내총생산(이하, GDP)에서 앞서 있음을 보여 준다. 농업부문만 본다면 아시아의 경우 노동/토지 비율이 높아 노동다량투입형 경작이었다. 그러므로 노동/토지 비율이 낮은 유럽과 직접 비교하기는 곤란하다.(〈표 1〉 참조)

더 큰 문제가 있다. 노동생산성이란 생산물 단위를 노동투입시간으

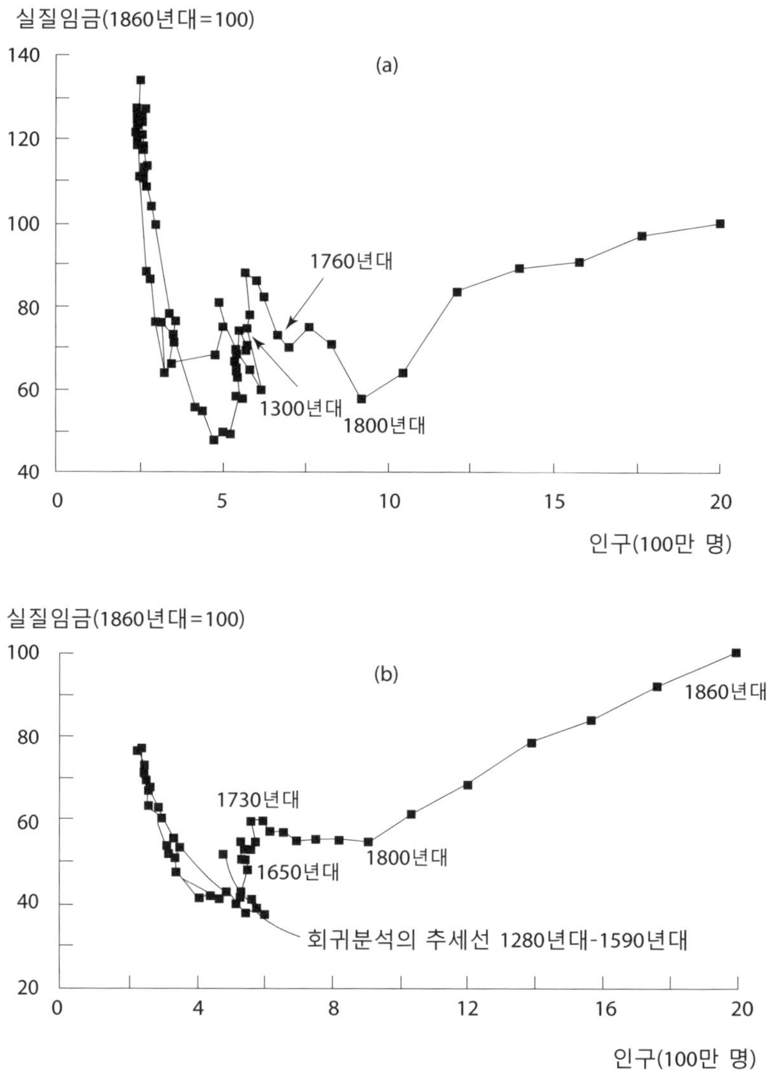

그림 2. 영국의 인구와 임금, 1280-1860년대

자료: Findlay and O`Rourke 2007, p. 315

주: (a)는 Phelps-Brown and Hopkins, (b)는 Clark의 임금자료를 사용함.

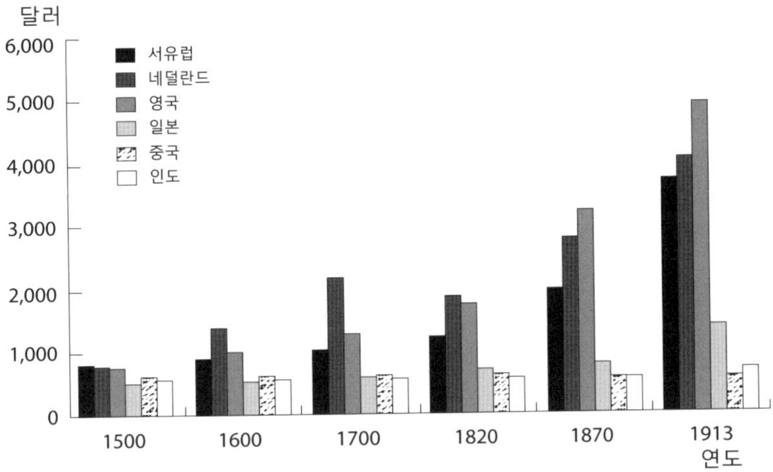

그림 3. 1인당 GDP (1990년 달러)
자료: Maddison 2007, 1913은 Maddison 2001에서 작성

표 1. 영국 중부와 양쯔 강 델타의 농업생산성

구분	영국 중부 1860년경	양쯔 강 델타 1620년경	양쯔 강 델타 1820년경
에이커당 산출(£)	3.30	24.5	26.18
에이커당 노동일	13.0	112.3	122.6
노동일당 산출(*d.*)	60.9	52.5	51.3

자료 : Allen 2009b, p. 541

로 나눈 척도이다. 서로 다른 생산물을 경작하는 지역 간의 생산성 비교는 거의 무의미하다. 당시 서유럽의 산물은 밀, 호밀, 보리, 귀리, 클로버, 순무인데 양쯔 강 델타의 작물은 쌀, 콩, 조이다. 시장가격으로 생산액을 따지자면 국제적 환율비교나 구매력비교가 따르고 그에 이어 시장효율 평가가 이어진다. 한마디로 노동생산성 비교의 의미가 모호하다는 말이다. 물론 그 바이어스의 방향을 따지기도 힘들다. 다만 최근 세계은행의 보고에 따르면 선진국의 상대적 우위가 과대평가되는 경향이 있다

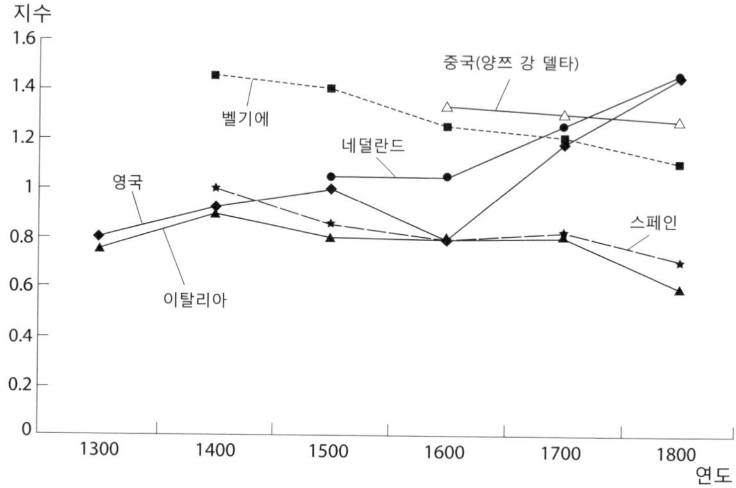

그림 4. 농업노동생산성, 유럽과 양쯔 강 델타, 1300-1800년
자료: Allen 2009b, p. 532

는 것만 지적하자.

그래도 농업노동자 1인당 농업생산을 비교한다면 〈그림 4〉에서 보듯이 양쯔 강 델타 지역이 18세기 초까지 서유럽 제국을 압도하였다. 18세기 중엽에 와서야 영국과 네덜란드에 추월당한다. 유럽처럼 중국도 지역별 차이가 많으며 양쯔 강 델타가 농업생산성이 가장 높다. 19세기 초, 즉 1820년대 양쯔 강 델타에 비해 네덜란드의 노동생산성이 2배 정도 높은 반면, 농업부문만 보면 비슷하다. 이것은 중국에서 농업노동생산성이 제조업이나 서비스의 생산성보다 상대적으로 매우 컸다는 것을 의미한다.[7]

벵골과 인도 남부의 경우에도 18세기 농업에서 토지생산성, 파종당 수확은 물론이고 면방직에서 노동생산성과 실질임금이 영국보다 오히려 높았다는 기록이 있다.[8] 그러나 다른 연구는 17세기에 인도 북부의 실질임금이 런던보다 약간 낮고 옥스퍼드보다 약간 높았음을 보여 준

다.[9] 18세기부터 격차가 심해져서 1800년경이면 런던과 인도 북부의 임금은 벌써 2배로 차이가 난다. 산업혁명 이후 추세는 가속되어 영국과 인도의 임금비율이 1870년까지 3배로, 20세기 초까지 6배로 늘어난다.[10]

양쯔 강 델타 지역의 실질임금도 18세기 중엽에 영국과 네덜란드 수준이었다는 추계가 있다.[11] 이것은 곡물임금(grain wage)의 경우인데, 상대적으로 유럽이 곡가가 높고 아시아의 은 가격이 높기 때문에 화폐임금(silver wage)은 영국이 더 높다.[12] 어떤 쪽이 적절한 기준인가. 같은 은이 갖는 구매력이 문제일 것 같은데 무엇을 사는가, 소비 바스켓에 따라 달라진다.

새로운 척도

거리별 가격 상관관계를 이용한 시장의 효율성 척도 계산결과도 산업혁명 전야까지 중국과 유럽이 별 차이가 없는 것으로 나타났다.[13] 반면 1350-1800년간 밀 가격 분석은 18세기보다 16세기에 이미 유럽시장이 더 통합되었다는 결과를 보인다.[14] 단백질과 칼로리 섭취량, 신장자료로 본 순영양도 유럽과 중국이 비슷했다. 중국의 조혼, 다산 경향은 결혼시장 성비불균형과 재혼 제한 등으로 상쇄되어 유럽보다 과잉인구를 초래하지 않았다.[15] 사망률의 경우 서유럽에서 가난한 자의 사망률이 부자보다 더 높았으나 동양은 어린 여자 아이를 죽이거나 죽게 방치함으로써 단기사망률이 상승했다. 따라서 이를 경제적 스트레스에 의한 인구 압력으로 해석할 수는 없다.[16]

결국 서유럽의 발흥, 또는 아시아 추월이 '완성'된 시점은 19세기인 것으로 판단된다. 그러나 시점을 더 앞당기는 추계도 발표되고 있다. 더욱 많은 학자들이 더욱 많은 사료발굴과 분석을 통해 발표한 '복지비율'(생존수준의 소비재 비용을 미숙련 노동임금으로 구입할 수 있는가를 나타내는 척도)은 18세기 런던에서 4 정도, 베이징, 광동, 상하이, 일본, 인도에서는 1 정도였다. 그러므로 그 차이는 엄청나고 아시아 하층민들은 가족을 먹일 기본적 생활 수준을 유지하기도 힘들었다는 해석을 하게 할 만하다.[17](〈그림 5〉 참조)

새로운 실질임금 추계와 연령별 신장 추이를 보면 18세기와 19세기에 중국과 북서유럽의 생활 수준에는 상당한 차이가 있음을 알 수 있다. 수정주의적 견해보다 전통적 해석에 훨씬 가깝다는 것인데 중국의 최근 임금 추계는 제국 행정기록, 상인들의 회계장부, 지방 신문 등의 명목임금을 소비 바스켓의 가격지수로 나누어서 구한 것이며 광동(남중국), 베이징(북중국), 상하이 등 양쯔 강 하류(동중국) 등을 대상으로 했다. 이 결과를 유럽이나 일본의 대도시와 비교할 수 있다. 18세기 베이징이나 수저우 노동자의 생활 수준은 런던과 암스테르담에 비해 훨씬 낮고 중부, 남부 유럽, 오토만 제국, 인도, 일본 등과 비슷하다.[18] 19세기에 유럽과 일본은 중국을 더욱 빠른 속도로 앞지르고 중국은 오히려 후퇴하는데 아마도 태평천국의 난의 경제적 타격 때문일 것이다.

중국인의 신장 기록은 주로 19세기 자료다. 인도네시아 이민, 미국에서 범죄로 수감된 자, 오스트레일리아의 죄수, 오스트레일리아 이민, 미국 이민, 그리고 중국 정부기관의 고용인들로부터 채취되었다. 이들은 거의가 남부 중국인인데 인도네시아 이민이 가장 작고 미국과 오스트레일리아 이민이 가장 크다. 전반적으로 19세기 중엽에 신장이 줄어들고 있다. 이것 역시 태평천국의 난과 관련이 있을 것이다. 물론 북유럽인들(예를 들어 네덜란드)의 신장이 중국인보다 컸고 19세기 중엽 이후에는 그 차이가 더 늘었다. 남부 유럽(이탈리아)인은 중국인보다 작았으나 1860년 이후 남부 중국인보다 더 커졌다. 일본인, 대만인도 차례로 중국인을 앞질렀다.

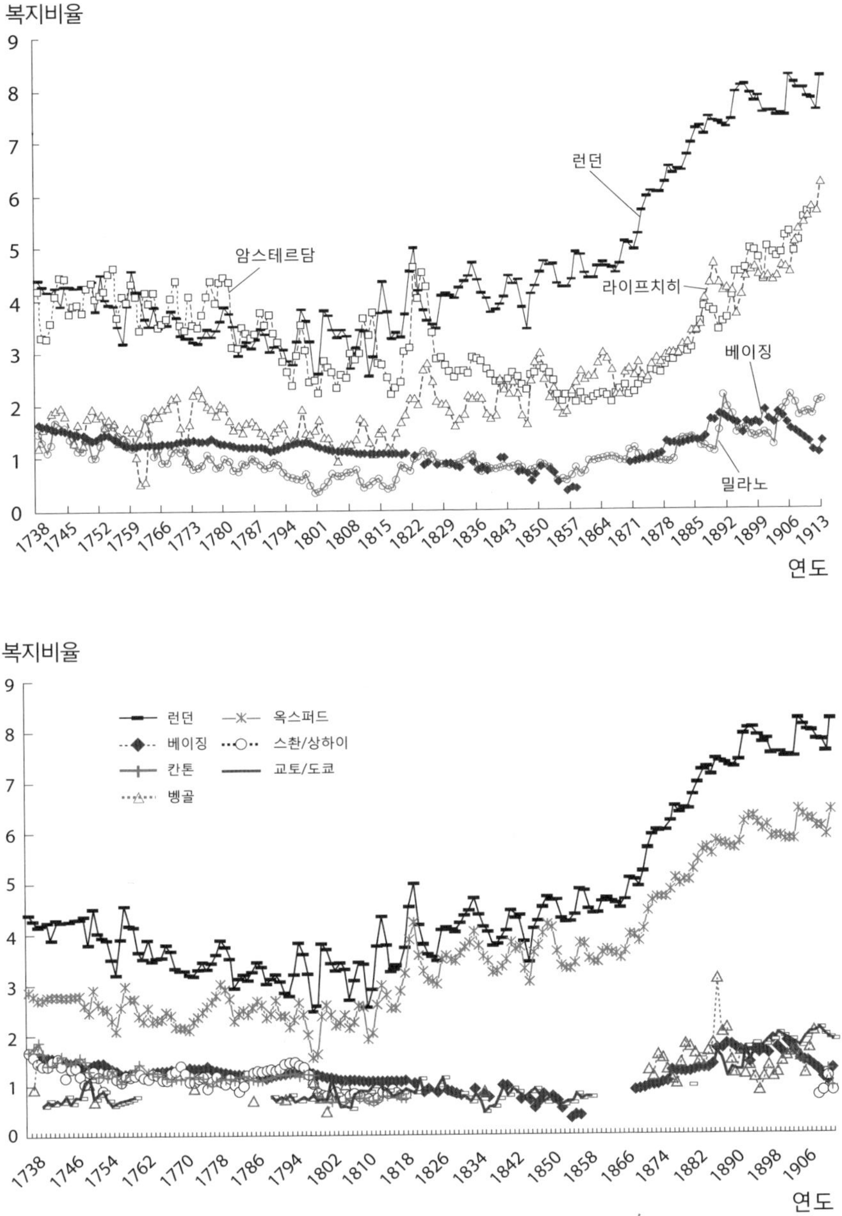

그림 5. 복지지표

자료: Allen et al. 2011, pp. 27-28

같은 연구의 마지막 부분[19]에서는 연령기록에서의 중복 정도(age-heaping)를 분석하고 있다. 교육을 덜 받은 사람일수록 자기 나이를 5세 단위로 대략 답하는 경향이 있음에 착안하여, 23-62세인 인구 그룹에서 5세 단위 연령보고가 집중되는 정도(Whipple index)가 낮을수록 문자해독률, 숫자이해율이 높고 따라서 인적자본이 많은 것으로 해석할 수 있다. 중국인의 에이지 히핑(age-heaping) 자료는 17세기 말-18세기 농촌의 범죄자들, 인도네시아 이민, 19세기 중엽 출생의 베이징 군인, 오스트레일리아 이민, 미국 이민, 1953년 중국 최초의 센서스 자료 등에서 구했다. 그 결과 에이지 히핑이 심하지 않은 결과를 얻었는데 이것은 중국인의 교육수준이 국제적으로 비교해도 높았음을 의미한다. 19세기에 영국과 프랑스에 이어 세 번째로 높았고 폴란드, 러시아, 아일랜드보다, 인도, 터키보다는 특히 더 높았다. 이것은 중국이 생활 수준은 낮았을지라도 교육을 많이 받아 인적자본을 더 많이 가지고 있음을 의미하며 과거 시험을 위한 상류층의 교육열이 대중에 확산되었던 것으로 해석된다. 실제로 취학률이나 서적출판자료, 부기나 회계 관행에 대한 기록들이 이를 뒷받침하고 있다. 이것은 아마도 사회통제와 규율을 위한 국가기관의 노력의 결과일 텐데 이러한 인적자본이 중국을 비롯한 동아시아가 20세기 후반에 와서 경제가 성장하는 기반으로 작용했을 가능성이 있다.

어찌되었든 이렇게 대분기의 시점이 더 거슬러 올라간다고 하더라도 의문은 계속 남는다. 16-18세기 중에 무슨 일이 있었던 것일까. 여러 요인이 있었을 것이며 여러 설명이 있다. 이러한 요인들을 다각도로 검토하는 것이 이 책의 목적이다.[20]

인과의 오류?

여기서 한 가지 짚고 넘어가야 할 점이 있다. 그것은 공업화가 유럽에서 먼저 이루어졌기 때문에 아시아와 구분되는 유럽의 특징이 공업화에 긍정적 요인으로 간주되는 결과론적 인과의 오류(*post hoc ergo propter hoc*)의 가능성이 있다는 것이다. 아시아가 먼저 공업화되었더라면 그러한 유럽의 특징은 공업화의 저해요인으로 평가되었을 수 있다는 것이다. 즉 〈그림 6〉에서 빗금친 부분 b는 공업화의 촉진요인, 점박이 부분 c는 공업화의 저해요인으로 판단을 하고 있는데 결과에 따라 해석이 정반대로 갈수도 있다는 뜻이다. (더욱이 공통부분 a도 사실은 유럽과 아시아가 그 성격이 다를 수가 있다.) 예를 들어 유교적 정치철학이 c부분이라면 동아시아 경제의 정체요인으로 꼽히다가 나중에는 경제성장의 긍정적 요인으로 평가되는 등이다. 그런가 하면 강수량이 불규칙한 동양에서 대규모 관개사업이 필요하기 때문에 전제정치가 불가피하고(oriental despotism) 이것이 경제성장에 부정적 영향을 끼쳤다는 '수압이론(hydraulic theory)' 같은 것은 이제는 설득력을 거의 잃었다.[21]

다음 장부터 자세히 살펴볼 것이나 우선 고전적으로 유럽의 발흥 요인으로 꼽히는 몇 가지를 열거해 보자. 기본적으로는 지식과 기술의 축적량과 적용 능력에서 격차가 발생한다는 것인데 그 배경으로 다음과 같은 것들이 거론된다.[22] 우선 민간기업의 역할이다. 유럽은 여러 나라로 분할되어 경쟁하는 체제였으므로 기업의 자유로운 활동을 제약하면

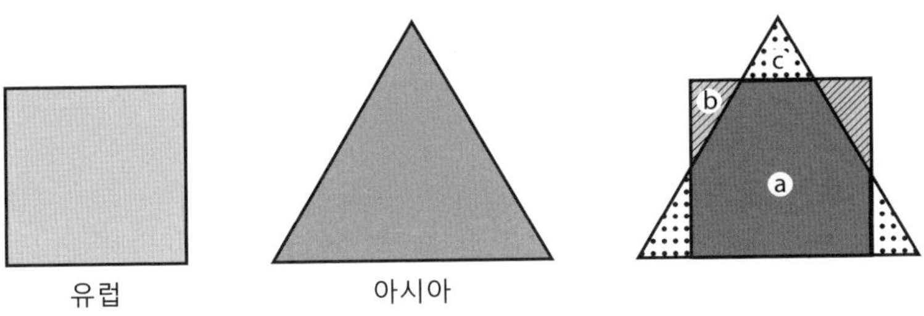

그림 6. 인과의 오류

다른 나라로 이주할 수 있었다. 따라서 기업경영의 자유, 힘보다 계약으로 재산관계를 해결하는 방식을 보장할 수 있었다. 선대제 방식으로 이루어지는 가내공업의 광범위한 발달이 좋은 예이다. 선대제는 상인들이 농촌가계에 도구와 원료를 미리 대여하고 제품을 회수하는, 유럽에 전형적인 농촌수공업의 경영형태이다. 중국의 농촌수공업에서는 상인이 계약에 의한 경영을 담당하지 않고 소비자와 연결하는 역할만 수행하는 중개인에 불과했다.

다음으로는 환경을 합리적으로 이용하려는 정신이다. 여기서 합리성이란 간단히 목적에 수단을 맞춘다는 의미로서 종교개혁과 칼뱅주의 윤리, 즉 근면, 절약, 정직, 계몽사상 등에 힘입은 바 크다. 둘째로는 인간과 자연에 대한 파우스트적 지배를 포함한다. 자연을 지배하려는 생각은 르네상스, 과학혁명 등을 통해 확산되었으며 중상주의의 형태로 나타났다. 이것은 자연과 조화롭게 살려는 중국의 도가사상이나 영적자족을 추구하고 반지성주의에 물든 무슬림의 신비주의와 대조된다.

여기에 11세기 이후 외부세력의 침공이 없었다는 사실을 더할 수 있다. 노르만, 헝가리 등이 정착하여 완충지대 역할을 해 주었다. 16세기 이후에는 식민지 시장이 도움이 되었을 수도 있다.

더욱 의욕적으로 지적되는 요인들에는 소득분배의 안정, 인구증가 억제, 국민국가 간 경쟁 및 대의정치, 팽창주의 등이 있다.[23] 유럽의 팽창주의는 중국과 일본이 오랫동안 쇄국정책을 썼던 것과 대비된다. 이외에도 여러 제도적, 문화적 요인들이 거론되고 있으나 각 요인이 역사를 간단히 설명할 수 있는 것이 아니다. 복잡한 일은 복잡하게 설명해야 한다. 이 책에서 이들, 그리고 다른 요인들을 차례로 검토해 보자.

제2장

유라시아 세계체계

◆

앞 장에서 이야기한 대로 가장 가난한 나라들은 열대지방에 모여 있다. 기후는 영양, 건강, 교육, 사회조직과 밀접한 관련이 있다. 열대기후는 농업발달을 저해하고 광물자원 채취를 곤란하게 하며 질병을 만연시켜 경제에 악영향을 미친다.[1] 열대는 아주 덥고 강우량의 분포가 우기와 건기로 뚜렷하게 분리되어 모든 동식물과 인간의 생활에 불편을 준다. 겨울이 없으므로 병충해가 심하고 잡초, 벌레, 곰팡이, 기생충, 메뚜기 떼 등의 재해를 가져온다. 질병도 엄청 나서 황열병, 말라리아가 창궐하고 체체파리가 옮기는 수면병이 특히 짐승에 심하여 이들을 가축이나 운송수단으로 쓰는 것이 거의 불가능하다. 기후 때문에 일을 할 수 없고 역축을 부리기도 어려워서 교역과 도시화도 난망이며 노예제가 노예무역 이전에 이미 발달할 수밖에 없었다. 특히 요즈음은 의약품 공급으로 사망률이 떨어졌으나 질병 때문에 노동력은 부족하고 인구 압력만 커졌다. 토양도 유기성분이 부족하여 2-3년 경작 후에 다시 정글로 돌아가도록 두든가 아니면 사막이 확장된다. 한마디로 합리적 투자로 해결할 수 없는 구조적 문제를 안고 있는 것이다.[2] 이와 대조적으로 유라시아 온대 지역은 병원체를 억제할 수 있을 정도의 겨울이 존재하면서도 위도에 비해 따뜻한 지역이 많아 연중 농업이 가능했다. 토양도 비옥하고 소, 말 등 가축을 사용할 수 있는 이점이 있었다.

총, 균, 쇠

유럽, 아시아가 아프리카, 미주 대륙보다 먼저 발달한 원인을 기후와 환경에서 찾되 다른 방식으로 설명하기도 한다. 즉, 다이아몬드(Jared Diamond)에 따르면 지리적 환경이 대륙별 발전 속도 차이를 가져온다. 이때 군사력, 병원균, 철강기술, 문자, 정치조직이 중요했다는 것이다. 이에 따라 아프리카에서 인류가 가장 먼저 살았지만 유라시아의 인간사회가 더 빨리 발전했다.[3] '총, 균, 쇠'를 획득하는 데 필요한 전제조건으로 식량생산을 들 수 있다. 수렵채집인과 달리 농경목축인은 단위면적당 생산할 수 있는 열량이 높고 잉여생산물을 저장할 수 있어 인구증가가 가능하게 되었다. 농경사회는 점차 복잡한 정치단위로 발전하고 전쟁이 빈번하여 무기도 발달했다. 식량생산을 위한 동식물의 가축화, 작물화는 농경인이 병원균에 면역성을 얻게 되는 과정과 일치한다. 면역성이 없는 수렵채집인은 전염병에 감염되거나 농경인과 전쟁하면서 서서히 자취를 감추었다.

작물화와 가축화

야생식물은 작물화를 통해 농작물로 바뀐다.[4] 작물화는 어떤 식물을 재배함으로써 의식적으로든 무의식적으로든 인간소비자에 유용하도록 야생조상을 유전적으로 변화시키는 일을 말한다. 야생식물 중에는 맛도 좋고 먹어도 안전한 식물이 있는 반면에 인간에게 아주 치명적인 독을 가진 것도 있다. 따라서 체계적인 작물화가 필요했다. 총 20만여 종의

표 2. 고대 세계의 초기 주요 농작물 유형

지역	농작물 유형				
	곡류, 기타 볏과 식물	콩류	섬유 식물	근채류, 덩이줄기류	박과 식물
비옥한 초승달 지대	에머밀, 외톨밀, 보리	완두콩, 렌즈콩, 병아리콩	아마	–	머스크멜론
중국	조, 수수, 벼	메주콩, 아주기콩, 멍콩	대마	–	[머스크멜론]
중앙아메리카	옥수수	누에콩, 테퍼리콩, 붉은꽃강낭콩	목화 (G. hirsutum), 유카, 용설란	지카마	호박 (C. pepo 등)
안데스 산맥, 아마존 강 유역	키노아, 옥수수	리마콩, 누에콩, 땅콩	목화 (G. barbadense)	마니오크, 고구마, 감자, 오카	호박 (C. maxima 등)
서아프리카 및 사헬 지대	수수, 진주기장, 아프리카 벼	광저기, 그라운드너트	목화 (G. herbaceum)	아프리카 참마류	수박, 호리병박
인도	[밀, 보리, 벼, 수수, 기장류]	하이신스콩, 검정이집트콩, 푸른이집트콩	목화 (G. arboreum)	–	오이
에티오피아	테프, 왕바랭이, [밀, 보리]	[완두콩, 렌즈콩]	[아마]	–	–
미국 동부	벼, 작은 보리, 호장근, 명아주	–	–	뚱딴지	호박 (C. pepo 등)
뉴기니	사탕수수	–	–	참마, 타로토란	–

이 표는 농경이 행해진 세계 각지에서 재배된 다섯 가지 범위의 주요 농작물군에 관한 것이다. 대괄호 안의 작물은 다른 곳에서 먼저 작물화된 것이며 대괄호가 없는 것은 그 지역에서 작물화된 것임을 뜻한다. 생략된 것은 아프리카의 바나나, 미국 동부의 옥수수와 콩, 뉴기니의 고구마와 같이 후에 들어오거나 나중에야 그곳에서 중요해진 작물을 뜻한다. 목화는 목화 속에 속하는 4종이 있는데, 각각의 종은 세계의 특정한 지역을 원산으로 한다. 야생호박은 호박 속에 속하는 5종이 있다. 곡류와 콩류, 섬유 식물군은 대부분의 지역에 전파되었으나 근채류와 덩이줄기류와 박과류 식물은 몇몇 지역에서 일찍부터 중요하게 여겨졌다.

자료 : Diamond 1997(2005), 190-191쪽

야생식물 가운데 인간이 먹을 수 있는 것은 수천 종, 현재까지 작물화된 것은 고작 수백 종이다. 지역별 차이도 있다. 〈표 2〉는 초기 작물화의 현황을 보여 준다. 그 이후 인류가 지역적으로 이동하고 교류함에 따라 작물이 세계적으로 전파된다. 대표적인 것이 미주 대륙과 유라시아

의 접촉에 의한 작물교류(Columbian exchange)이다. 옥수수, 코코아, 감자, 고구마, 담배, 고무, 땅콩 등이 신대륙에서 유럽으로, 사탕, 곡물 등이 유럽에서 신대륙으로 옮겨갔다.

비옥한 초승달 지대(서남아시아)는 문명이 가장 먼저 일어난 곳이다. 그중에서도 식량생산이 가장 앞섰다. 이 지역은 겨울은 온난다습하고 여름에는 무덥고 건조한 지중해성 기후 덕택에, 또한 좁은 지역 내에서도 고도 및 지형의 변화가 심해 생태학적으로 다양했으므로 야생조상이 풍부했다. 그중에서도 콩류와 곡류는 인간에게 유리한 방향으로 적응하였다. 이 지역의 식물들은 자웅동주형 제꽃가루받이 식물이 많아서 쉽게 작물화될 수 있었다. 그리고 가축화한 대형포유류의 야생조상들도 다양하여 생물조합 구성이 집약적 생산에 유리한, 우수하고 균형 잡힌 지역이었다. 반면에 뉴기니 같은 곳에서는 작물화할 야생식물이 너무 적었다. 이 지역의 토종식물에는 전 세계에서 종자가 제일 큰 야생곡류 56종 가운데 1종도 들지 못했으며, 가축화할 대형포유류도 전무하였다. 따라서 고지대 사람들은 심각한 단백질 부족에 시달렸고, 뿌리작물도 잘 자라지 않았기 때문에 열량까지도 부족하였다. 식인풍습이 만연한 배경일 것이다. 북미주 동부에서는 4종의 곡류를 작물화하여 영양 면에서는 만족스러웠지만 종자가 너무 작거나 냄새가 불쾌했고 만지면 피부병이 생기기도 했다. 그러다가 멕시코에서 옥수수, 누에콩, 호박이 들어오자 토착작물에 대한 인기가 쇠퇴했다. 이와 같이 식물의 작물화는 지역적 환경이나 지역의 야생식물에 의해 좌우되었다.

가축화된 대형포유류에서 인간은 고기, 유제품, 비료, 육상운송, 가죽과 털, 군대의 공격용 탈 것, 쟁기를 끄는 힘, 병원균 등을 얻는다.[5] 하지만 포유류가축의 야생조상들은 14종 중 13종이 유라시아 대륙에 국한되었다. 유라시아는 땅덩어리가 넓어서 생태학적으로 다양했다(〈표 3〉 참조). 가축화 후보종은 유라시아 72종, 사하라 이남 아프리카 51종, 남북아메리카 24종이었으며, 오스트레일리아에는 캥거루밖에 없었다. 인간이 살기 시작하던 무렵까지 많은 수가 멸종되었다. 가축화 후보종에 속하려면 다음과 같은 특성을 갖추어야 한다. 1) 잡식성, 2) 성장 속도가 빨라야 함, 3) 감금상태에서도 생식이 가능, 4) 비교적 온순한 성격, 5) 인간에게 예민하게 반응하지 말아야 함, 6) 무리를 이루어 살고 무리의 다른 구성원들 사이에 우열이 구별되어야 함 등이다. 유라시아 대륙에는 이와 같은 특성을 만족시키는 후보종이 다른 대륙보다 많았다. 또한 여러 환경과 특성이 맞아떨어져 가축화가 일찍 발전했다. 소, 양, 말 등은 유라시아에서 신대륙으로 전파된 대표적 가축이다.

전파축

각 대륙의 작물과 가축이 전파되는 주요 축의 방향이 다른 사실도 중요하다.[6] 남북아메리카와 아프리카는 남북으로 뻗은 반면 유라시아의 주요 축은 동서방향이다. 각 대륙의 주요 축의 방향 차이는 식량생산의 전파 속도나 시기에 영향을 준다. 예를 들어 선사시대에 동서축 방향으로 생산이 가장 빠르게 전파되었다. 서남아시아에서 유럽, 이집트로 전해진 속도는 1년에 1.1km, 필리핀에서 동쪽 폴리네시아로 전해진 속도는 1년에 5.2km였다. 식량생산이 가장 느린 속도로 전파되었던 것은 남북축 방향이었다. 멕시코에서 북쪽으로 북미주 서남부에 전파된 속도는 0.8km 이하였다. 유라시아에는 생산이 비옥한 초승달 지대에서 동서로 빠르게 퍼졌다. 비슷한 위도에서 낮의 길이와 기후조건이 같았기 때문이다. 같은 위도 상에 위치한 지역에서 처음 작물화한 유라시아의 농작물들도 반대로 비옥한 초승달 지대에 전파되었다. 반면에 아프리카의 남북축을 따라 생산이 확산되기는 힘들었다. 비옥한 초승달 지대의 농

표 3. 고대의 가축화된 대형 초식 포유류 14종

주요 5종	
1. 양	서중앙아시아의 아시아산 무플론 양이 야생 조상. 현재 전 세계 분포
2. 염소	서아시아의 비조르 염소가 야생 조상. 현재 전 세계 분포
3. 소	유라시아와 북아프리카에 분포되어 있었으나 지금은 멸종된 오록스가 야생 조상. 현재 전 세계 분포
4. 돼지	유라시아와 북아프리카에 분포해 있던 멧돼지가 야생 조상, 현재 전 세계 분포. 고대 14종 중에서 다른 13종은 순수한 초식성에 가깝지만 돼지는 사실상 잡식성임(동물성과 식물성 먹이를 모두 먹음).
5. 말	지금은 멸종된 러시아 남부의 야생마가 야생 조상. 동일 종의 다른 아종인 몽골말은 현대에 이르기까지 야생 상태로 남아 있음. 현재 전 세계 분포
기타 9종	
6. 단봉 낙타 (아라비아 낙타)	아라비아와 인근 지역에 야생 조상이 살았으나 지금은 멸종됨. 현재 오스트레일리아에도 야생 상태로 분포하고 있지만 대체로 아라비아와 북아프리카에 제한적으로 분포
7. 쌍봉 낙타 (박트리아 낙타)	중앙아시아에 야생 조상이 살았으나 지금은 멸종됨. 지금도 대체로 중앙아시아에 제한적으로 분포
8. 라마와 알파카	동일한 종에서 분기한 것으로 보임. 안데스의 구아나코가 야생 조상. 지금도 대체로 안데스에 제한적으로 분포하지만 일부는 북아메리카에서 짐 싣는 동물로 사육되고 있음.
9. 당나귀	북아프리카의 아프리카산 야생 당나귀가 야생 조상. 서남아시아 인근 지역에도 분포했을 가능성이 있음. 가축화된 후에는 원래 북아프리카와 서유라시아에 제한되어 있었으나 그 이후 다른 지역에서도 이용되었음.
10. 순록	북유라시아의 순록이 야생 조상. 가축화된 후에도 북유라시아에 제한되어 있었으나 현재 일부는 알래스카에서도 이용되고 있음.
11. 물소	야생 조상은 서남아시아에서 살았음. 지금도 주로 서남아시아 지역에서 가축으로 이용되고 있으나, 브라질에서도 많이 이용되며 오스트레일리아를 비롯한 여러 지역에서 일부는 야생 상태로 돌아갔음.
12. 야크	히말라야 산맥과 티베트 고원의 야생 야크가 야생 조상. 가축화된 후에도 그 지역에 제한적으로 분포
13. 발리 소	동남아시아의 반텡(오록스의 친척)이 야생 조상. 가축화된 후에도 그 지역에 제한적으로 분포
14. 인도 소	인도 및 미얀마의 가우어(역시 오록스의 친척)가 야생 조상. 가축화된 후에도 그 지역에 제한적으로 분포

자료 : Diamond 1997(2005), 237쪽

작물은 이집트에 전파되었고 거기서 다시 남부 에티오피아의 서늘한 고지대까지는 전파되었다. 그렇지만 남아프리카와 에티오피아 사이의 열대 지역 때문에 그 너머로는 전파되지 못했다. 마찬가지로 열대 아프리카산 농작물들도 그 너머의 지중해성 기후에 적응하지 못했다. 가축의 전파에서도 열대성기후는 장애물이었다. 사막이나 산맥 등 지형적 생태적 장애물도 농작물과 가축의 전파에 걸림돌로 작용했다. 남북아메리카는 파나마 지협 때문에 지리적으로 단절되어 있었다. 그러한 지형적 조건이 그곳을 중앙아메리카의 발전된 사회들과 안데스 및 아마존으로 분리했다. 유라시아에 농업이 빠르게 전파된 덕에 이것이 훗날 문자, 야금술, 기술, 제국 등이 더 신속히 확산되는 데에도 일조했다. 유라시아의 우위 설명을 종합하자. 유라시아에는 가축화, 작물화할 동식물이 다른 지역에 비해 훨씬 많았다. 그래서 식량생산이 더 우월했고 그로 인해 여러 분야가 발전했다. 또 대륙 내에 생산 등 여러 요인의 확산을 방해하는 지리적, 생태적 장애물이 적었다.

중세의 상품 교역

이제껏 선사시대와 고대의 작물화, 가축화, 그리고 그 이후 식량생산의 전파에 대해 살펴보았다. 그러면 각 지역 간 상품 교역은 어떠했을 것인가. 세계 무역을 장기간 다룰 때는 지역 간 산업연관표 등 여러 다른 개념들이 필요하다. 핀들리와 오루크(Ronald Findlay and Kevin O'Rourke)는 역사적, 문화적 근간에 따라 7개의 '세계 지역'을 상정하고 있다. 즉 1) 서유럽, 2) 동유럽, 3) 북아프리카와 남서아시아(이슬람 세계), 4) 중앙아시아, 5) 남아시아, 6) 동남아시아, 7) 동아시아 등이다. 이들이 '아프로·유라시아(Afro-Eurasia)'를 구성한다. 〈표 4〉는 이들과 사하라 이남 아프리카를 포함하여 AD 1000년경 8개 지역 간 교역의 흐름을 보여 준다.

표 4. 지역 간 교역의 흐름, 1000년경

도착지 출발지	서유럽	동유럽	이슬람 세계	중앙아시아	사하라 이남 아프리카	남아시아	동남아시아	동아시아
서유럽	⊠	칼	노예, 칼	–	–	–	–	–
동유럽	노예, 모피, 은	⊠	노예, 모피, 은	모피, 칼	–	–	–	–
이슬람 세계	후추, 향신료, 직물, 비단, 은	직물, 은	⊠	직물	소금, 직물, 제조업품, 칼, 말	전투마	금	향신료
중앙아시아	–	은	종이, 은, 노예	⊠	–	은, 중국과 무슬림 세계에서 재수출	–	말
사하라 이남 아프리카	–	–	금, 노예, 상아, 쌀	–	⊠	목재, 철	–	–
남아시아	–	–	후추, 향신료, 비단, 티크, 직물	후추, 직물	직물	⊠	직물, 후추	직물
동남아시아	–	–	향신료, 향수	–	–	비단, 향신료, 티크, 쌀, 루비	⊠	향수, 향신료, 백단
동아시아	–	–	비단, 도기	비단, 차	–	비단, 도기	비단, 구리, 현금	⊠

자료 : Findlay and O'Rourke 2007, p. 45

우선 알 수 있는 것은, 이 시기는 이슬람 세계가 다른 모든 지역과 교류하고 있던 황금기였다. 인도(남아시아)도 서유럽을 제외한 모든 지역과 교역했다. 또한 서유럽의 교역영역이 가장 좁았다. 그러나 11세기 초는 이슬람 세계가 셋으로 분열되어, 동쪽 서남아시아는 압바스 왕조(Abbasid 750-1258), 서쪽 이베리아 반도는 코르도바의 우마이야 왕조(Cordoba Umayyad 756-1010), 가운데는 이집트의 파티마 왕조(Fatimid 909-1171)가 있었으며 외부의 침략을 받아 쇠퇴하기 시작한 시기이다. 이 시기는 또한 서유럽 팽창의 전환점이기도 했다. 유럽인들이 정착지를 엘베 강 이

동까지 확장하고(Drang nach Osten), 이베리아 반도에서 무슬림을 축출하며(reconquista), 십자군전쟁을 광범위하게 벌이기 시작한 시점인 것이다. 이와 함께 서유럽은 농업, 상업, 원격지 무역, 수공업 등 전 분야에 걸쳐 경제활동이 다시 활발해져 인구도 증가하고 도시도 부흥하며 과학, 기술, 철학 등도 발달하는 융성기가 14세기 초까지 지속되었다.

우선 이슬람 황금기를 살핀 다음 중국을 이야기하자.

어쨌거나 11세기 초의 시점만 놓고 본다면 이슬람의 우월성이 돋보인다.[7] 아랍의 유럽 정복이 로마의 지중해와 메소포타미아/이란을 최초로 연결했으며 동쪽 경계를 아프가니스탄, 인도까지 확장했다.(〈지도 2〉, 〈지도 3〉 참조) 아랍어가 국제공용어였고 통화통합[8]도 이루어졌다. 경제 중심은 다마스커스와 바그다드였다. 메카와 메디나도 순례성지, 노예시장, 말 사육지 등으로서 중요했다. 제지, 직물 등 제조업이 발달했다. 이집트는 밀, 아마, 사탕수수를 재배하고 나일 강과 사하라 지역의 교역을 관장했는데 금, 직물, 도기, 유리, 상아, 노예 등이 거래되었다. 교역로는 동서아프리카에서 중동을 거쳐 중국에 이르렀다. 당나라가 망한 이후 지중해 쪽으로 중점이 옮아가 이탈리아 도시국가들의 아마포, 제당, 제지 등 제조업 발달에 일조했다. 행정효율이 높고 경제정책이 성공적이었다. 고층건물이나 도서관 건축이 남아 있고 카이로의 혼잡에 관한 기록이 있다. 서쪽 북아프리카와 안달루시아도 동부에서 수입한 작물을 재배하고 관개기술이 발달하는 '녹색혁명'이 있었다. 작목은 면화, 바나나, 쌀, 밀, 사탕수수, 가지, 수박, 시금치, 오렌지, 레몬, 무화과, 야자 등이었고 식물학, 농학, 원예학이 발달했다. 전통적 작물인 올리브와 포도 재배도 확장되었다. 고대의 노예노동 경작방식에서 차츰 소작형태로 변모하면서 생산성이 향상되었다. 견직, 아마포, 모직, 면직, 제지, 가죽, 제철, 구리, 철광, 수은, 목재 등 광공업도 발달했다. 코르도바가 대도시

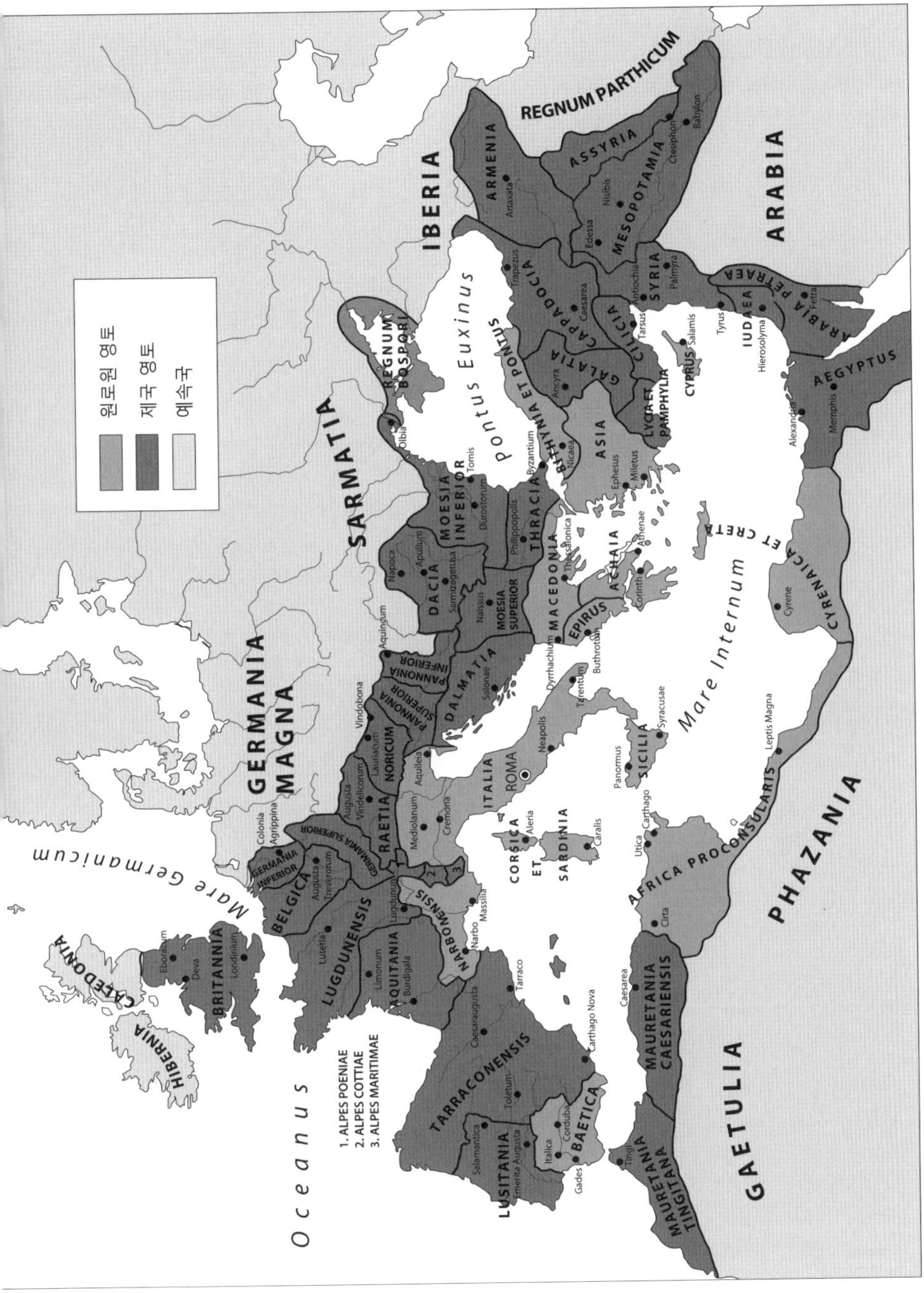

지도 2. 로마 제국, AD 117년

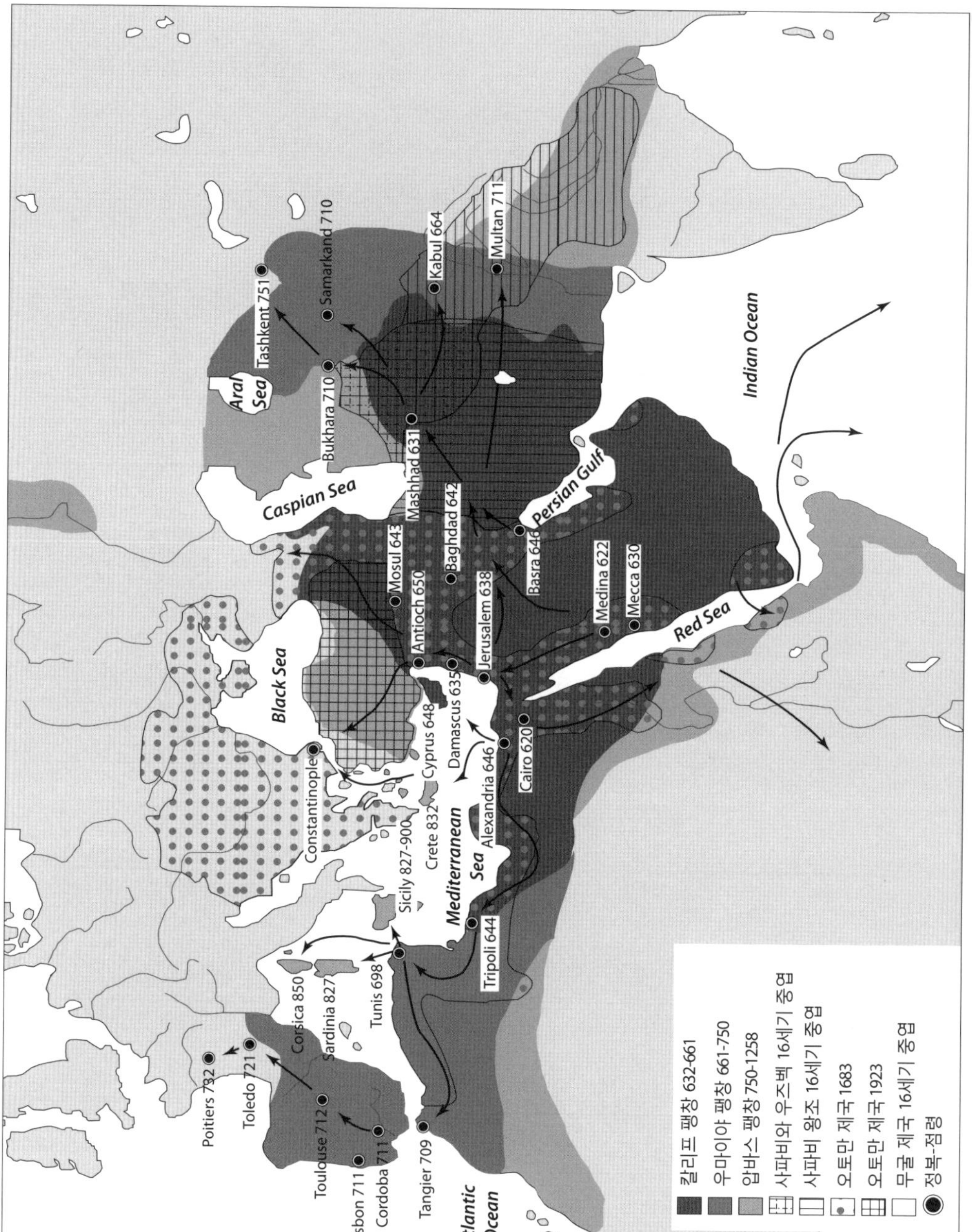

Aral Sea
Tashkent 751
Samarkand 710
Bukhara 710
Kabul 664
Multan 711
Mashhad 631
Caspian Sea
Baghdad 642
Mosul 643
Persian Gulf
Basra 646
Medina 622
Mecca 630
Red Sea
Indian Ocean
Antioch 650
Jerusalem 638
Black Sea
Damascus 635
Cyprus 648
Cairo 620
Alexandria 646
Constantinople
Crete 832
Sicily 827-900
Mediterranean Sea
Tripoli 644
Tunis 698
Corsica 850
Sardinia 827
Poitiers 732
Toledo 721
Toulouse 712
Cordoba 711
Lisbon 711
Tangier 709
Atlantic Ocean
칼리프 팽창 632-661
우마이야 팽창 661-750
압바스 팽창 750-1258
샤파비와 우즈벡 16세기 중엽
샤파비 왕조 16세기 중엽
오토만 제국 1683
오토만 제국 1923
무굴 제국 16세기 중엽
정복-점령

로 융성하였다.

중국은 당나라 때 이미 경제 중심이 양쯔 강 델타로 남하했다. 정치 중심은 황하에 머물렀고 대운하가 이를 연결했다. 남부는 쌀, 북부는 조, 밀 등이 주곡이었다. 베트남에서 조생종 쌀을 도입하여 이모작이 가능케 되었다. 인구가 750년에 5,000만 명에서 12세기에 1억 명으로 배증했고 그동안 생산성 증가가 인구증가를 앞질렀다. 소위 송나라의 '경제기적', 즉 시장, 교역, 농업, 산업 및 교통기술의 진보와 도시화의 급속한 진전 등이 이 시기에 있었다. 남송(1127-1279)의 국가재정은 토지세보다 교역세와 전매수입(소금, 차)에서 나왔다. 당은 광동만 개방했으나 송은 해상 무역에 훨씬 활발했다. 9개 항구에 아랍, 페르시아 상인들이 정주하여 동남아 무역을 영위했다. 중국 무역상도 해외진출에 적극적이었다. 도자기, 비단, 기타 제조업품을 수출하고 향신료를 수입했다. 정부도 이를 적극 지원했다. 북송(960-1126)은 철강공업이 엄청나게 발달했다. 당시 생산량이 산업혁명기 영국의 수준을 상회하였다.[9] 이들 철 생산은 농기구나 무기 제조에 쓰였다. 송대에는 예술, 문학, 철학도 융성하였으며 이슬람 황금기를 능가한 것으로 평가된다. 그러나 이는 지속되지 못하고 몽골 침입과 함께 쇠퇴한다.

당, 송, 압바스, 파티마 왕조가 번성하면 이에 따라 동남아 무역이 팽창한다. 이와 함께 스리비자야 제국이 생성되고 쇠퇴하였는데 교역에는 경쟁이 있게 마련이다. 자바, 캄보디아, 태국, 버마(현, 미얀마), 세일론 등지의 상인들이 각축하였고, 인도 남부 촐라 왕조(Chola 850-1279)가 침공하였으며, 버마가 남하하는 등 말레이 반도 중심에서 지협갈등(isthmian struggle)이 심화되었다. 11세기 국제 무역은 또한 새로운 국가의 출현, 종교적 교화, 문화접촉, 정치적 상호작용 등을 불러왔다. 교역상품은 300개 이상의 희귀품목으로 구성되었다. 중국 입장에서 보면 수입품은 향료, 의약품, 향나무, 향신료, 코끼리 엄니, 물소뿔, 노예, 인도 면직물, 중동의 무늬직물, 인도의 칼, 동남아의 주석이었고, 수출품은 비단과 도자기였다.

아랍 제국 내, 교역, 산업, 도시경제가 전무하게 번성한 것과 연결된 것인지 별개의 것인지 아직 확실치 않으나 서유럽과 북유럽의 고전적 관계는 더욱 중요해졌다. 남북 방향뿐만 아니라 동서 무역도 지중해를 통한 것은 아니지만 북쪽의 노예, 모피, 칼과 비단, 향신료의 교역이 지속되었다. 바이킹이 직접 동방 무역을 주도하여 러시아 하천망을 통해 모피, 노예, 칼을 수출한 증거가 있다. 이를테면, 북유럽, 동유럽, 러시아에서 이슬람 은화가 많이 발견되었다. 이 때문에 카롤링거 왕조에도 은이 유입되었다. 유럽경제의 무게 중심이 지중해에서 북부 해안으로 이동한 것이다. '암흑시대'에 도시화율도 떨어지고 자급자족적 촌락으로 후퇴했다는 전통설은 점차 부정되고 있다. 서유럽 농촌장원도 사원, 수도원도 시장경제였으며 농업, 공업, 교역이 지역적으로 특화되었다. 교역로는 주로 북해, 발트 해, 라인란트였다. 지속적인 약탈의 위협이 덜한 서쪽에는 지방분권적 정치형태인 봉건제가 일찍 발달했다. 정착 지역도 확대되어 노르망디, 영국, 아일랜드, 남부 이탈리아 및 시실리 등지에 인구가 이동하였다.

서유럽의 팽창

그렇다. 이것이 AD 1000년경 세계 각 지역의 모습이었다. 여기서 앞서 말한 서유럽의 팽창과 이슬람 세계의 쇠퇴, 그리고 중국의 정체가 합쳐져서 13세기에는 새로운 '세계체계'가 성립되는 것이다.[10] 즉 이슬람, 비잔틴(중심)-서유럽, 동유럽의 슬라브 지역(주변) 간 중심주변관계가 해체되고 상당히 대등한 관계로 변모한다. 여기서 중심주변관계의 특징

중 하나는 중심부적 상품과 주변부적 상품의 교역이다. 주변부에서는 1차 산품과 노예를 수출했고 탈공업화되었으며 중심부는 더 고도의 상품에 특화, 수출하였다. 즉 11세기에 이슬람 세계가 내분으로 분할되고 이베리아 반도를 기독교도들이 잠식하기 시작하여 1350년쯤이면 그라나다 왕국만 남게 된다. 안달루시아의 재수출품이던 모피, 동유럽노예가 더 이상 이쪽으로 오지 않고 바이킹, 동유럽 교역로로 옮아가는가 하면 재정복(reconquista)이 진행되면서 생사 수출이 줄고 양모 수출이 는다. 메리노종 양의 도입, 생사부문에서 이탈리아, 동아시아와의 경쟁이 배경이다. 노예 수출의 구성도 변화한다. 슬라브 노예를 이슬람 세계에 팔던 교역형태가 무슬림 포로를 기독교 세계로 수출하는 패턴으로 바뀌게 된다.[11] 이집트는 파티마 왕조가 쇠퇴하고 아이유브 왕조(Ayyūbid 1174-1250)가 형성된다. 그러나 재정이 피폐하고 농업이 군비를 당해 내지 못해 결국 1250년 맘루크(Mamluks) 군사혁명으로 이어진다. 맘루크는 주로 동유럽 출신 노예군인인 '단 세대 군사귀족'이다. 이들은 곧 실권을 장악하고 효율적인 중앙집권을 이루어 1517년 오토만 제국(1299-1922)에 점령당할 때까지, 나아가서는 그 이후에도 정권을 유지한다. 1258년 바그다드가 몽골에 함락된 후 카이로가 이슬람 세계의 중심이 되었고 십자군도 축출했다. 맘루크 체제 유지를 위해 지속적인 노예공급이 필요했는데 이는 다르다넬스(Dardanelles) 해협을 통해 이루어졌다.

지중해 교역은 이탈리아 도시들이 지배하게 되었다. 이들은 자치적 도시국가로 십자군 원정, 노예 무역 등에 힘입은 바 크다. 위치가 좋아 알프스 교역도 담당했고 밀라노, 파비아 등지에는 제조업과 금융업이 발달하였다. 지중해 교역은 아말피, 피사, 제노바, 베네치아 등 해안도시의 몫이었다. 특히 베네치아는 비잔티움에 이중으로 충성함으로써 특혜를 받아 동방 무역을 담당했다. 이들은 1204년 4차 십자군 원정대가 엉

뚱하게 콘스탄티노플을 공격하여 라틴 제국을 만들었을 때, 이 과정에서 제국의 8분의 3을 차지했으며 흑해와 동방 교역로를 장악하고 맘루크와의 관계를 유지했다. 제노바는 1261년 콘스탄티노플이 역공격하는 일을 도운 이후 각종 이권을 획득하고, 영국과 플란더스 항로를 운영했으며, 맘루크에 노예를 공급했다. 십자군 원정시에는 교전국 간에도 교역이 활발했으며 서유럽으로 사상 및 기술이 전파되었다. 아라비아 숫자, 인도의 십진법, 환어음, 코멘다(commenda) 등 교역기법, 사탕 등이 전부 무슬림을 통해 수입되었다. 사탕재배는 노예제를 동반했다.

인도양과 남중국해의 교역에서 활동한 상인들은 다양했다. 그리고 홍해와 페르시아 만을 통해 지중해로 연결된 교역은 무슬림이 거의 독점했다.[12] 이탈리아 상인들은 알렉산드리아 등지에서 대기했다. 무슬림 상인들은 인도의 주요 항구에서 말라바르의 후추, 인도 면직물, 철강제품 등을 선적했고 중동의 전투마를 출하했다. 지역별 생산은 놀랄 만큼 고도로 특화되었다. 마르코 폴로, 이븐 바투타(Ibn Battūtah) 등이 원대 중국의 풍요로움을 묘사한 기록을 남긴 바 있지만, 송나라 때는 더욱 경이로웠으리라.

몽골시대에는 육로 무역이 번성하였다. 송나라 때에 북쪽, 서쪽 국경 유목민 통제 하의 탕구트, 만주, 몽골 지역과 화친을 맺어 말, 양, 모피, 노예, 모포, 철제무기, 소금 등을 수입하고 비단, 차, 은을 수출했다. 즉 송나라는 이들을 '평정'하지 못하고 평화를 '구입'한 것이다. 금나라, 남송기를 거쳐 몽골이 다마스커스부터 러시아, 원나라까지 모두 통일했다(1206-1279). 몽골의 전투에서는 말이 중요했다. 당시 주요 교전시 10만 군사가 2,000만 두의 말을 계속 갈아탈 수 있어 그만큼 신속한 공격이 가능했다고 한다. 몽골 제국의 정복지 통치방식은 분할통치였고 외부인을 이용한 간접통치였으며 기왕에 있던 행정, 재정 기구를 대개 그냥 두었다. 중국과 페르시아 만은 직접 통치하였는데 세원확보를 위해 교통과 관개에 투자했다. 서남아시아 쪽은 바그다드 대신 타브리즈가 상업중심지로 성장했다. 몽골 치하에서 중앙아시아 교역로는 어느 때보다 더 안전하고 번성했다. 이탈리아인들이 이집트로 가는 대신 흑해에서 중국으로 이동했으며, 이때 이들은 중국 제품뿐만 아니라 동남아 상품도 중국에서 구입하곤 했다. 인도양에도 티그리스 강을 통해 진출하는 일이 잦았다. 상품뿐만 아니라 사람들, 기술, 사상의 교류도 활발하여 중국기술이 대규모로 서양에 전파되었다. 가격수렴 자료를 토대로 이미 이 시기의 교역을 두고 '세계화'의 시작을 언급하는 학자도 있다.

세계적 흑사병(1347-1351) 전야까지, 즉 1000-1350년간, 나아가 15세기까지 지역별 상대적 지위변화를 보면, 상대적으로 고립되고 뒤처진(비잔티움과 이슬람 세계의) '배후 지역'이던 서유럽이 생산적 농업기반 형성, 인구증가, '상업혁명', 기술진보, 직물, 조선, 해운 발달, 도시화 등을 이루며 비약적으로 발전했다. 이슬람 세계는 경제적으로 쇠퇴했다. 이슬람은 이베리아 반도에서 물러나기 시작했으며 몽골이 이란, 이라크 지역을 점령했다. 비잔티움은 라틴십자군, 터키 등의 침공과 베네치아, 제노바에 이권부여 등으로 시들해졌다. 키예프 러시아도 몽골이 지배했으며 송나라도 망하고 몽골 제국만 흥성하였다.

흑사병 기간에 세계인구가 평균적으로 약 40% 감소하고 이에 따른 여러 적응이 있었다. 회복기에는 맬서스적 예방적 규제가 작용했고 이 과정은 장기로 보면 서유럽에 상대적으로 이로웠다. 이후 봉건경제의 중앙집권화가 진전됨에 따라 슘페터(Joseph A. Schumpeter)가 말하는 '창조적 파괴'가 가능케 되어 16세기 붐으로 연결되었다고 해석된다. 교역과 요소부존 차이 때문에 동유럽에는 '2차 농노제'가 성립했다. 흑사병의 결과 이집트는 서유럽과 다른 경로를 겪었다. 맘루크는 자기 세대에 수익을 확보해야 했으므로 지대수준을 유지하려고 농민을 닦달하고 도시상공인을 착취했다. 나일 강 등 관개 시스템에 소홀하여 인구감소보다 농업생산이 더욱 감소했다. 흑사병으로 1인당 소득이 오히려 감소한 것이다. 지중해 무역은 베네치아, 제노바가 계속 지배했다. 교역 중심이 지중해에서 점차 북서유럽과 대서양으로 이동했다. 몽골 제국 붕괴로 육로보다 동남아시아 쪽의 향신료 무역이 상대적으로 더 중요해졌다. 요컨대 결과적으로 중심주변관계가 변화했다. 예를 들어 서유럽이 중심이 되고 이슬람 세계가 주변부로 밀려난 것이다. 13세기 유럽은 직물공업, 즉 아마포, 모직, 퍼스티안, 견직이 성장하고 유리, 비누, 제지도 발달하였다. 이슬람 세계는 면화와 사탕수수를 재배했다.

13세기 세계체계

이렇게 중심주변관계가 변화했다면 그 과정의 중간시점인 13세기에 어느 정도 세력균형이 있었을 것을 생각할 수 있다. 아부-루고드(Janet Abu-Lughod)에 따르면, 13세기 후반에 기존의 많은 지역이 다른 지역과 접촉하는 새로운 현상이 나타났다. 여러 지역에서 문화적 예술적 성과도 절정에 달했다. 경제적 통합과 문화적 결실은 상호관련이 있는 법이다. 이때 '13세기 세계체계'가 성립했다. 13세기 '세계경제'는 단일한 패권세력이 없었다는 점이 16세기에 형성된 '근대세계체계'와 중요한 대조를 이룬다고 그는 말한다. 물론 유사점이 있다. 그것은 화폐와 신용제도의 혁신, 자본 조성과 위험 분산을 위한 기법 발달, 상인들의 부 축적 등이다. 13세기의 세계체계는 내적으로 연결된 8개의 하위체제를 수반한 3개의 광역체제, 즉 서유럽, 중동, 극동으로 분류할 수 있다. 이 세계체제는 14세기 중엽에 파편화하게 된다.[13] (〈지도 4〉 참조)

유럽의 하위체제는 샹파뉴 정기시, 플랑드르의 상공업도시, 이탈리아

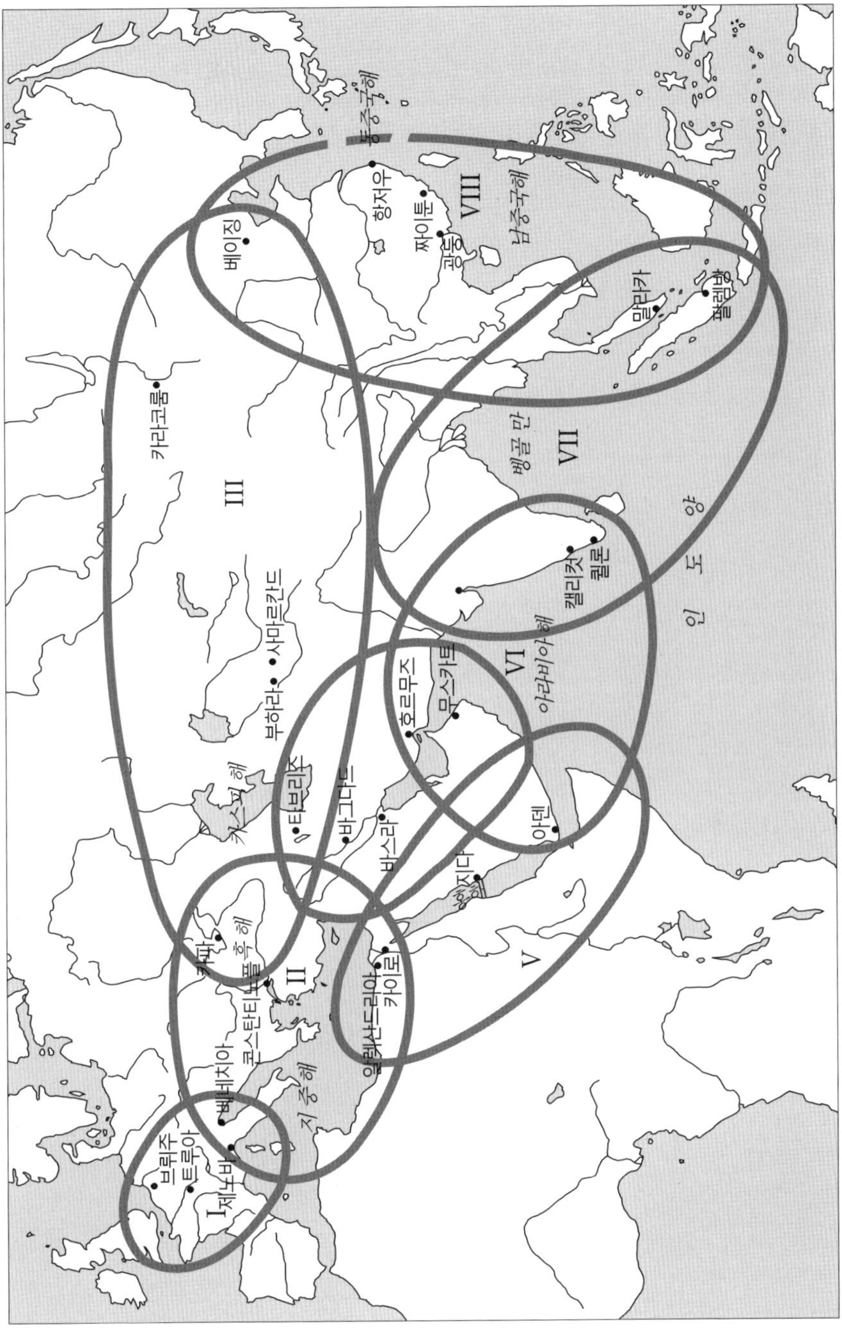

지도 4. 13세기 세계체계의 8개 순회로

자료: Abu-Lughod 1989(2006), 59쪽

의 해양도시로 구성된다. 이들은 구 로마 제국 때 출현한 것으로, 암흑시대를 거친 북서유럽과 번영하던 남유럽이 연합 발전하여 형성되었다. 이탈리아 항구도시들이 북유럽을 중동체제와 연결시켰다. 십자군 원정이 계속되고(12-13세기) 서유럽과 지중해 동부 남부 연안국 간 접촉이 강화되었다. 이탈리아 중개상인을 통해 북유럽을 인도, 중국행 기존 교역로와 결합시키는 교역망이 확립되었다.[14]

경제적 교환이 이루어지는 정기시에서 축제분위기 하에 화폐 또는 신용거래, 선물거래가 이루어졌다. 이것은 또한 주문생산, 환전, 금융 등이 참여하는 '고도로 집중된 순회로'로 발전했다. 안전문제와 부채지불 계약 이행을 강제할 방법이 중요했다. 샹파뉴 정기시 도시들은 로마제국의 군사적 상업적 네트워크 연결 부분의 정주지에 뿌리내렸다. 샹파뉴에서는 4개 도시에서 6개의 정기시가 대략 2개월씩 지속되며 연중 순회하였다. 라니에서 출발하여 바르-쉬르-오브로, 프로뱅으로, 트루아로, 다시 프로뱅, 또 트루아를 거쳐 라니로 돌아오는 주기를 가지고 있었다. 트루아는 로마시대의 요새이자 카롤링거 왕조 샤를마뉴의 행정중심지이고 샹파뉴 백작령의 행정수도였다. 프로뱅은 절벽 꼭대기에 위치한 방어요지로 샤를마뉴 백작령 브리의 행정중심지였다. 바르-쉬르-오브는 로마 도로의 교차지점이고 성 주변에서 장이 열렸다. 라니는 배가 통행할 수 있는 강변의 도로교차점으로 베네딕투스 수도원 영지 내에 장이 섰다. 정기시의 참여자들은 다양했다. 지방상인, 숙박업자 등 지방민, 플랑드르 출신의 한자상인, 프랑스 여러 곳에서 온 상인 등이다. 대사업가들이 상인인 동시에 은행가였지만 원거리 교역의 순회는 이탈리아인이 독점하였고 정기시의 국제화가 이루어졌다.

플랑드르의 상공업도시로는 브뤼주와 헨트가 대표적이다. 벨기에 서부는 공업화, 도시화, 상업발달을 동시에 이루었다. 헨트는 인구의 3분의 1 내지 절반이 모직물생산에 종사하였고 브뤼주는 국제상업금융 중심으로 발달했다. 플랑드르의 직물업 발달은 영국 양모의 수입, 농촌노동력의 흡수, 직포부문의 기술혁신에 힘입은 것이었다. 플랑드르 직물은 13세기까지 지방과 샹파뉴 정기시, 북해, 발트 해에 수출되었고, 13세기 말 정치적 갈등으로 샹파뉴 정기시와 단절된 후에는 이탈리아 상인과의 직항로를 개설하여 경쟁했다.

이탈리아의 해양도시 가운데 대표적인 도시가 제노바와 베네치아이다. 십자군 원정이 이 두 도시에 미친 영향이 컸다. 십자군은 문명화의 사명을 띤 문명 전달자라기보다 고급문화를 소유한 부유한 정착자들을 주기적으로 약탈하던 야만인에 더 가까웠다. 제노바, 피사의 선박은 프랑스, 플랑드르에서 출발한 십자군을 수송하고 십자군 국가 건설 후 토지로 보상받았으며 베네치아는 이에 늦게 합류했다. 이들은 동방의 부를 찾아 직접 진출함으로써 12세기 샹파뉴 정기시가 번성하는 데 일조했다. 13세기까지 유럽의 무게 중심은 북부 이탈리아의 4대 도시 즉 베네치아, 제노바, 밀라노, 피렌체로 이전되었다. 선박의 대형화, 항해술 발달과 함께 선단과 무장 해양상인의 출현, 자본공동출자와 위험분산 기법의 도입 등, 중세 유럽적 상인자본주의가 발생했다.[15] 대규모 상인-은행가들이 자발적으로 공동투자와 이윤추구를 수행했으며 이에는 십자군보다 원격지 무역의 영향이 컸다. 상업발달은 주로 신용거래의 도움으로 이루어졌다. 신용거래는 여러 가지 계약형태로 나타났다. 연대무한책임인 파트너십이 동업조합(societa), 형제 간 합자(fraterna), 친척들로부터 투자동원(compagnia) 등으로 발달했다. 그러다가 해상 무역에서 가장 중요한 혁신인 코멘다가 등장했다. 이것은 매회 왕복 때마다 계약했으며, 출자자는 자본에 대한 위험을 유한책임으로 부담하고 이윤의 일정분을 분배받았다. 경영자는 노동에 대한 위험을 책임졌고 제3자는 경영자와만 상대했다. 담보대출, 예금은행, 상인은행 등 직접금융도 발달하였다. 환어음(letter of exchange), 해외상주 대리인, 보험업, 회계기법(복식부기) 등도 광범위하게 전파되었다. 선박의 소유가 흔히 지분으로 분할되었고 저장공간 소유권이 양도, 매매, 근저당설정의 대상이 되었다. 13세기 말이 되면 작은 선박이나 소규모 소유주들은 모두 거대한 부와 해외 무역의 경험을 축적한 상인귀족으로 대체되었다. 이 상인귀족들은 도시국가 정부를 통제하기도 했고(제노바), 또는 국가가 이들을 주도하기도 했다(베네치아).

중동의 심장부에서 동방으로 가는 길은 세 갈래였다.(〈지도 5〉 참조) 북방노선은 콘스탄티노플에서 중앙아시아로 가는 길이고, 중앙노선은 시리아/팔레스타인-바그다드-바스라-페르시아 만을 통해, 남방노선은 알렉산드리아-카이로-홍해-아라비아 해를 통해 인도양에 이르는 길이다.[16] 십자군 원정이 한창일 때 중앙노선이 비교적 흥기를 띠었으나 몽골 제국의 팽창과 함께 북방노선이 우월했고 몽골이 쇠퇴하자 남방노선의 상대적 중요성이 커졌다.

북방노선을 번성시킨 13세기 몽골인들은 세계경제의 전략적 요충지(샹파뉴, 아덴, 말라카, 말라바르)도, 독특한 공업생산력(브뤼주, 헨트)도, 운송기능(이탈리아 해양도시)도 제공하지 못했다. 그들의 공헌은 육로를 더 작은 위험과 낮은 보호비용으로 이용하도록 촉진하는 환경을 만들어 낸 것이다. 즉 중앙아시아의 사회적 분위기를 변화시켰다. 유목민은 약탈, '공물' 수취 등을 일삼았고, 노예획득 후 이들을 국내에 이주시켜 부렸다. 또한 국외원정에서는 외국인부대에 의존하는 생활을 영위했으나 점차 정책을 바꾸어 정복지 정주민 착취에 집중했다. 세금과 부역 수취로 방향을 바꾼 것이다. 문제는 계속 영토팽창이 있어야 세수증가가 가능하다는 점이었다. 또한 교역팽창은 전염병 전파를 가져왔다. 중국과 유

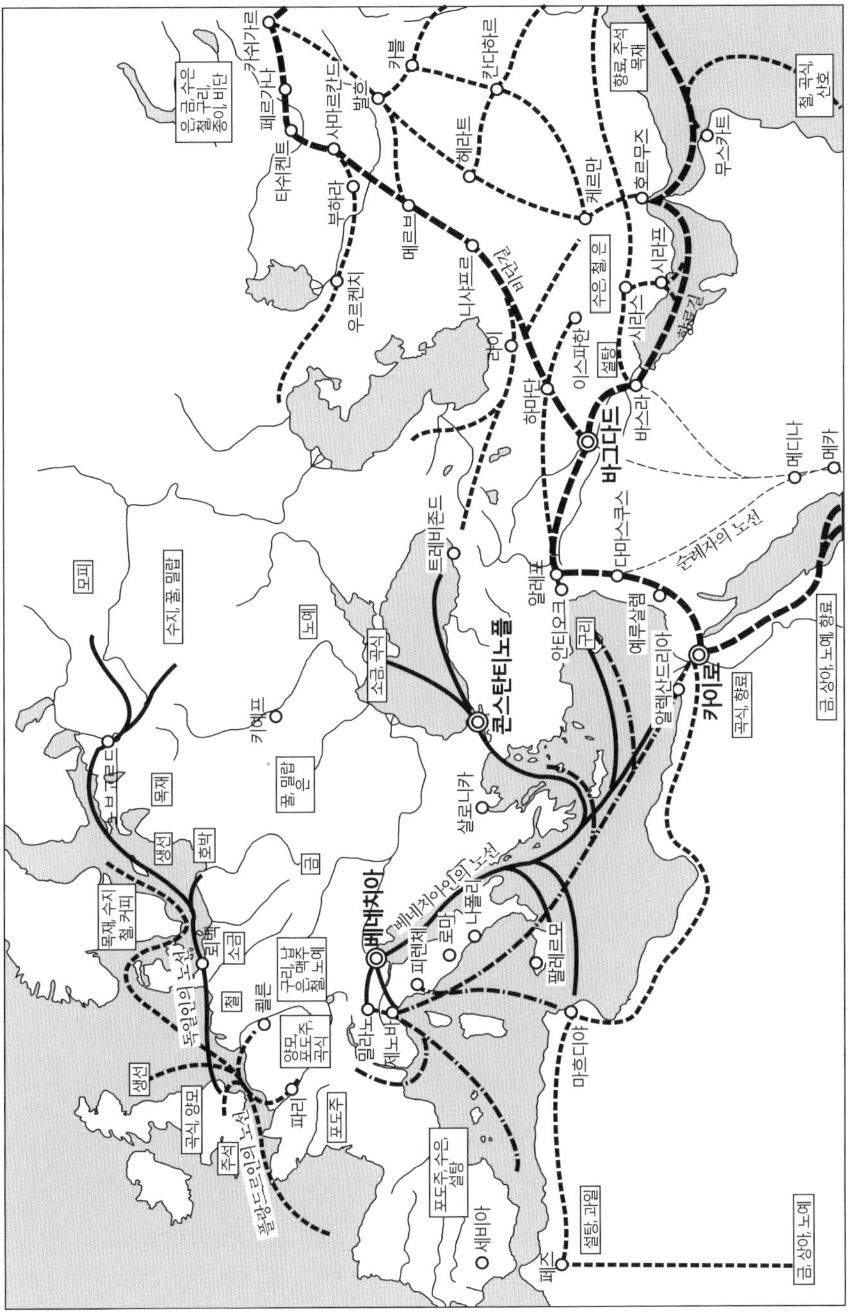

지도 5. 지중해에서 동방으로 가는 세 갈래 길, 1212년

자료: Abu-Lughod 1989(2006), 165쪽

럽은 질병에 적응하여 11세기부터 인구가 팽창했으나 13세기에 접촉이 확대된 결과 14세기 흑사병을 정점으로 전염병이 확산되었다. 이와 함께 몽골통치 권력도 약화되고 육로 교역도 쇠퇴했다.

중앙노선은 쉽고 비용도 덜 들어 가장 오래되고 영속적이었다. 즉 홍해는 해저면에 암석들이 산재하고 인도양 외해로 연결되어 계절풍의 문제도 있는 반면 페르시아 만은 항해하기 용이하고 계속 해안선을 끼고 인도로 연결된다. 바그다드는 10세기까지 '가장 번영하는' 도시였다가 그 이후 차츰 쇠퇴했다. 13세기 후반 몽골 정복으로 안티오크-바그다드-바스라의 길이 막히자 대안으로 타브리즈-호르무즈 노선이 이용되었다. 1295년 일 칸국이 이슬람으로 개종하자 유럽인들은 북방노선, 남방노선으로 길을 돌렸다. 이는 지중해 상황과도 연결된 것으로 제노바는 흑해 쪽에, 베네치아는 이집트 쪽 교역에 중점을 두었다.

남방노선의 중심인 카이로는 14세기 초 인구가 50만 명으로 광저우, 자이훈 같은 도시에 비견할 만했다. 맘루크 술탄국 이집트는 십자군을 몰아내고 시리아를 통치했으며, 페르시아 만 교역이 쇠퇴하자 인도, 중국 해상로를 차지했다. 14세기 후반에 북방육로가 쇠퇴한 후 동방 무역을 거의 독점했다. 강력한 정부가 상인을 보호했는데 체제 유지를 위한 인력이 필수적이었다. 다신교도만 군대와 행정을 위해 노예화될 수 있었으므로 병력 공급에 애로가 있어 제노바와 공생하였다. 즉 베네치아가 주도하는 콘스탄티노플 라틴 제국이 붕괴함으로써 제노바가 흑해 교역권을 회복했다(1261). 이후 노예는 크리미아에서 확보했다. 그러나 1295년 일 칸국의 개종으로 노예공급이 육로를 통해서도 가능하게 되자 제노바의 필요성이 줄어들었다. 베네치아가 틈새를 비집고 들어와 베네치아-이집트 관계는 흑사병에도 불구하고 계속 유지되었다.

종교로서 이슬람교가 기독교보다 경제적으로 적합하지 않다는 가설이 있으나 꼭 그렇지는 않다. 이슬람교 역시 상업의 존재를 당연시했고 오히려 상거래 문제를 적극적으로 다루었다. 메카는 상업중심지며 무하마드도 상거래 대리인이었다. 동업제도 코멘다는 아랍인들이 독창적으로 만든 것이다. 계약, 계약서, 공증, 대리인 등이 존재했고 신용, 화폐, 은행도 발달했으며 환어음이 유럽보다 훨씬 일찍 유통되었다. 카이로와 알렉산드리아는 교역의 중심지일 뿐만 아니라 생산의 중심지이기도 했다. 면화, 아마, 사탕, 유리, 도자기, 가죽, 종이, 제본, 건설, 석공예, 가구 등이 발달했다. 제당과 직물업이 주요공업이었으나 맘루크 관료가 부패하고 유럽과 경쟁하면서 14세기에 쇠퇴한다. 흑사병에 대처하는 방식에서 불이익이 있었다는 것은 앞에 지적한 바와 같다. 또한 유럽에서 흑사병은 인구분포의 대변동을 가져왔는데 이집트의 주민은 이동할 곳이 없었다. 16세기 초가 되면 아랍인은 인도양 교역 독점을 포르투갈과 나누고 정치적으로도 오스만투르크의 영향력 하에 놓이게 된다.

아시아 광역체제는 아라비아 해, 벵골 만, 남중국해의 세 부분으로 분할된다.[17] 인도는 처음 두 개의 순회로에 의해 서쪽으로는 중동으로, 동쪽으로는 동남아시아로 연결된다. 구자라트, 벵골 등은 원래 풍요로웠고 교역이 일찍 팽창했으며 직물 특히 면직물 생산은 세계적이었다. 하지만 교역에서 중심 역할을 하지 못한 것으로 보인다. 13세기에 "인도가 더 적극적인 역할을 하지 못하도록 막은 것은 빈곤이라기보다는 부였다", "중세의 세계시장에서 집중적으로 교역이 이루어지던 품목들 대부분을 인도는 자급자족하고 있었다."[18] 즉 인도는 '마련된 피해자'였으며 교역에 무관심했고 잠재적인 힘의 공백이 발생할 조건을 가지고 있었다는 설명이다. 14세기에 오면 무주공산이 되었다는 것이다.

동남아시아 교역은 말라카를 중심으로 번성하였다. 이슬람 상인, 중국 상인 등 외부세계와의 연결로 교역이 활발했으나 '중개시장'에 불과했으므로 근본적으로 취약하여 주도권을 가진 해상세력이 되지 못하였다. "일단 중국이 15세기에 그 순회로에서 철수하자 공백이 생겼다. 16세기에 유럽이 이 무방비한 지역의 공백을 메웠다."[19] 중국인들이 교역에 '흥미가 없었고' 조공 무역에 치중했다는 설명도 조심스럽게 받아들여야 할 것 같다. '사적' 교역이나 '공적' 교역이나 사료상의 문제로 크게 과소평가되었을 가능성이 있다. "중국은 외국과의 교역에서 완전히 획일적이지도, 늘 한결같지도 않았다."[20] 명나라가 정호의 원정 이후 해군을 포기하고 쇄국정책으로 돌아선 것에 대한 설명은 이데올로기, 종교, 사회구조적 요인 등 다양하다. 이에 대해서는 제6장에서 다시 논의하기로 하자.

제3장

환경, 국가 시스템, 국가 간 경쟁

◆

대표적인 환경론자 존스(Eric L. Jones)는 지리적 연구 단위인 지역, 국민국가, 제국 세 가지 중에서 제국(유럽에서는 국가 시스템)이 비교사에 적절한 분석 단위라고 설정한다. 존스는 유럽의 발전 속도가 명백하게 빨라지고 아시아보다 앞서게 된 시기, 즉 15-18세기의 유럽을 아시아와 비교했다. 여기서 아시아는 오토만 제국, 무굴 이슬람 제국, 중국 제국 3개로 따로 나눈다. 비교기준으로서 아시아는 강수량의 불안정 때문에 평균생산성은 높지만 편차가 컸고 재난의 위험과 불확실성의 문제가 있었으며 정치적 위험은 더 컸다. 제국은 생산적 투자를 방해했고 자의적인 조세 때문에 상인의 지위가 낮고 불안정했다. 유럽식 토지소유 세습이 통상적이 아니었다. 무굴 제국의 자민다리(징세권)는 정치적으로 흔들렸다. 중국은 양반계급 아들들이 과거에 응시해야 했으며 토지에 영구적 애착이 없어 투자에 등한했다. 제국은 광대했으나 깨지기 쉬운 체제로서, 누적적 발전과 성장을 이루지 못했다.

환경과 시장

유럽에서 강조해야 할 요인들은 환경, 시장, 국가 시스템 등이다.[1] 한마디로 존스의 강조점은 유럽은 환경이 지역별 분업에 유리했고, 국가 시스템이 자의적 권력을 제한했으며, 여러 정치단위 생성과정에서 국민국가들 간의 경쟁이 경제발전에 기여했다는 것이다.

우선 부존자원의 문제이다. 여기서는 자원을 이용할 수 있는 기술이 발달해야 함을 강조한다. 유럽은 자원이 산재해 있어 무역을 유도했다. 곡물농업에 적합한 토지도 산재하여 여러 핵심 지역으로 인구를 수용했고 정치적 분권이 가능했다. 위치상의 혜택도 있었다. 유럽은 침략 유목민의 진원지인 중앙아시아에서 멀리 떨어졌고 서유럽 해안의 활용가치가 컸다. 문화적 환경으로서 유럽식 결혼 패턴, 즉 늦게 결혼하거나 안 하거나 하는 인구체제는 자본축적과 생활 수준, 나아가서 기술진보에 영향을 주었다.

지리상 발견은 이를 잘 이용할 수 있는 능력이 중요하다. 1800년까지 유럽 이외 지역과의 무역이 유럽 생산에 기여한 몫은 7% 정도였다. 유럽 내부 시장의 크기도 중요했다. 정부의 약탈적 과세가 줄어들었고 또한 재해관리에서도 국가 간 경쟁의 역할이 컸다. 중앙집권적 거대 제국의 유형적 위험도 피할 수 있었다.

존스에 따르면 유럽과 아시아의 경제적 경험에 자연환경이 미친 영향은 다각도로 탐구할 수 있다.[2] 생물자원, 즉 인구와 가축의 무게(biomass) 증가와 실질임금의 성장을 동시에 성취했다는 점에서 유럽이 독보적이다. 중국, 인도는 토목공사가 웅대했다. 중국은 대운하 건설에 550만, 만리장성 구축에 100만 노동자를 동원했다. 귀족의 사치가 심해서 예를 들면 청나라 말 인구 4억 명 중 2%의 엘리트가 1880년대 국민생산의 24%를 소비했다. 유럽은 그보다 더 평등했다. 유럽은 1인당 가축수가 더 많아 육류 및 낙농제품을 더 많이 먹고 짐승들이 강건하여 역축을 부렸다. 수력에너지와 목재소비량도 더 많았다. 자원부족은 국제 무역으로 극복했다. 유럽은 지리상 발견, 팽창으로 인구밀도가 감소했는데 중국과 인도의 인구밀도는 증가했다. 교육과 문자 해독에도 유럽이 유리했다. 철기의 발달(쟁기질)로 유럽의 중심은 북쪽으로 이동했는데 이 결과 겨울에 독충과 병균을 제거할 수 있었다. 아시아는 예를 들어 중국의 정착농업이 남쪽으로 이동하여 남송시대에는 주혈흡충증 등 새로운 질병에 관한 기록이 있다. 인분비료 사용으로 기생충 전염이 심하였으며 생산성 저하 요인으로 작용했다. 그리고 아마도 토양 차이로 인한 인구밀도 차이 때문에 토지생산성(yield)은 유럽이 훨씬 낮았다.

중국, 인도는 프론티어 운동이 없고 폐쇄적이었다. 오히려 유목민의 침략을 걱정해야 할 지경이었다. 서유럽은 개방적이고 팽창적이었다. 유럽은 일찍부터 핵가족사회로 변화했고 초원의 목축이 발달했다. 철기시대에 삼림개간으로 목초지가 넓어졌으며 양 떼, 소 떼를 키웠다. 반면 인구밀도가 높은 중국, 인도에서는 찌꺼기를 먹는 돼지가 많았다. 인도의 인구체제는 특히 조혼과 다산이었다. 재해(전쟁, 기근, 전염병)를 겪고 나면 이를 회복하기 위해 가족 수를 늘릴 필요가 있었다. 기근 때는 암소 보존에 신경을 쓰고, 딸들을 일찍 출가시켜 먹을 입을 줄였으며, 노동력 때문에 남아선호 경향이 있었다. 맬서스적 인구 압력이 유럽보다 인도와 중국에서 더 컸다.[3]

천재지변 패턴과 자본축적, 경제발전의 시기와 형태 사이에는 밀접한 관계가 있다. 15-18세기의 재해를 지진, 화산폭발, 해일 등 지구물리학적 측면, 허리케인, 태풍, 홍수, 가뭄 등 기후적 요인, 전염병, 가축전염병, 농작물 병충해, 메뚜기 떼 등 생물학적인 문제, 전쟁, 개간을 위한 방화, 인공구조물의 붕괴 등 사회적인 면 등등으로 분류하여 그 영향을 살펴본 결과 지진, 홍수, 가뭄의 피해가 아시아 쪽이 더 컸던 것으로 나타났다. 기근의 빈도수도 아시아에서 더 높았다. 식인기록도 많이 보인다. 가장 극심한 것으로 기록된 기근은 1769-1770년 인도 벵골 지역에 있었다. 식량기근 대책으로서 더 나은 사회조직, 농업생산성, 수송수단 등을 검토해야 한다.[4] 전염병은 주로 동양에서 시작해서 러시아나 중동을 거쳐 유럽지방으로 확산되었다. 최악의 전염병은 14세기 초 유럽, 18세기 초 인도 등에 있었다. 전염병도 가축전염병도 전쟁과 관련이 밀접하다. 전쟁 관련 화재의 피해는 목조건물이 많은 아시아에서 더 심했다. 전쟁으로 인한 인명피해도 아시아가 더 컸다. 자본시설 상실의 경우 그 대조가 더욱 뚜렷한데 관개농업에 대한 피해가 훨씬 더했다. 역사적으로 유럽은 그 자체의 환경 덕에 노동력보다는 자본재를 더 잘 보호할 수 있었다. 기술변화가 자본시설의 질적 향상을 가져와 재난에 처하게 되었을 때 자본시설이 파괴될 가능성도 줄어들었다. 건축자재의 가연성도 따져야 한다. 또한 자본재의 수명에 따라 유럽의 이자율이 하락했다.

이제 자연환경이 아닌 다른 분야에서 유럽의 특징을 살펴보자.[5] 북서유럽은 800년경 남부 유럽의 인구를 따라잡는다. 강수량이 풍부하고 특히 겨울에 온난다습하며 여름에 일조량이 많아 연중 밀, 보리, 귀리, 호밀을 재배했다. 풀이 잘 자라 목축에도 이로웠으며 식단이 다양해졌다. 11세기부터 기술진보가 돋보인다. 삼포작이 도입되고 무거운 쟁기와 마구 등이 발달하기 시작했다. 이러한 기술혁신이 농업발달, 인구증가, 무역과 도시의 성장, '유럽의 팽창'과 상호관련이 있다.[6] 경작지도 확장되고 십자군 원정, 투자 및 성당건축 붐이 있었다. 인구 압력과 14세기 초 흑사병에도 불구하고 지식 및 고정자본스톡에 관한 한 중세 번성기의 축적을 소멸시키지 못했다. 1인당 단백질 소비도 꾸준히 증가했다. 환경에 대한 지배가 심화되었으며 북부 유럽에 수차가 널리 보급되는 등

무생물에너지 개발에 활기를 띠었다. 제분, 엿기름 제조, 융축(fulling), 금속업 등에 수차 이용이 확대되었고 조차(潮車), 풍차도 이용했다. 가정 안에서도 경제활동이 수행되었다. 모직물이 보급되고 흙과 나무 대신 석조건물이 확산되었다. 벽난로와 굴뚝, 유리창 등이 난방효율을 높였다. 이는 12-13세기에 성과 교회에서 시작되어 16세기쯤이면 중간계급(yeoman)에까지 전파되었다. 유럽 각국에 기술이전이 있었고 아시아에서 도입된 기술이 모방과 개선을 거쳤다. 나침반, 화약, 인쇄술, 종이, 도자기 등이 그것이다. 또한 손수레, 안경, 기계시계, 물레 등 13세기 중세 유럽 자체의 기술진보가 활발했다.[7] 15세기도 기술진보의 시대였다. 대포와 조선술의 발달을 꼽을 수 있다. 16세기까지 상비군, 새로운 작물 도입, 어업수산업, 금속활자 등 '지속적'인 혁신이 있었다. 흔히들 기술혁신에 의한 슘페터적 성장이 아닌, 스미스적 성장, 다시 말하여 무역의 혜택, 시장의 확대, 지역적 특화와 분업에 의한 성장은 시간이 가면 스스로 쇠퇴한다고 한다. 그러나 18세기까지 규모는 작더라도 생산적 기술진보가 끊임없이 일어났다. 이와 함께 조직변화, 행정적 효율, 시장관행, 농업경영 등이 향상되어 경비가 절감되었다.

유럽의 팽창은 해상과 육상 양쪽에서 적극적이고 역동적이었다. 이주정착의 프론티어는 어업, 농업, 광업 분야의 팽창을 의미한다. 원양어업과 사탕재배 등이 그 예다. 신대륙 발견은 이슬람과의 갈등과 관련이 있다. 이슬람은 이베리아 반도에서 철수했으나 오토만 제국이 이집트를 정복한 후(1517) 북아프리카를 장악하고 콘스탄티노플을 함락한(1453) 이래 제국팽창을 계속했다. 무굴 제국 인도를 침범하는가 하면 인도네시아에 무어 식민지를 건설했다. 유럽이 이러한 이슬람 지역을 우회하는 동방무역로를 개척하는 과정에서 신대륙을 '발견'했다. 귀금속 및 미국 식민지의 철광석처럼 나중에 중요해진 자원을 빼고 보면 네 가지 주요 생태학적 분야가 황금시장 형성에 공헌했다. 첫째, 해양어업, 특히 대구, 고래, 물개잡이로 남유럽인은 추가 단백질을 얻었다. 고래기름과 물개기름은 가죽과 옷감 처리에, 또한 윤활유로 중요했다. 둘째, 북쪽의 삼림이다. 16세기 러시아에서 서유럽으로 가는 수출품은 모피, 밀랍, 짐승기름, 가죽, 고래, 물개기름, 철갑상어, 아마와 마, 소금, 타르 등이었다. 발트 해와 스칸디나비아 지역에서도 유사한 상품을 공급했다. 나중에는 곡물도 제공했다. 셋째, 열대와 아열대의 토지에 사탕, 면화, 쌀, 인디고를 재배했으며 무역과 해운업이 발달했다. 넷째, 온대 북미 지역에서 곡물을 재배했고 남미의 목초지, 남아프리카, 오스트레일리아, 러시아 남부 스텝지방에서 목축이 활발했다. 1500년경 서유럽이 사용가능한 토지는 1인당 24에이커였다. 지리상 팽창 이후 148에이커로 늘었다. 신대륙에서 옥수수, 감자 등 새로운 작물이 도입된 사실은 앞 장에서 보았다. 사용가능한 토지와 함께 '보이지 않는 경작지'도 추가로 고려해야 한다. '어업면적'이란 어업에서 얻어낼 수 있는 단백질을 토지에서 공급하기 위해 필요한 면적을 말한다. '무역면적'은 식품과 공업원료 수입 총량을 공급하기 위해 필요한 토지면적이다. 이와 마찬가지로 '석탄면적'은 대체원료가 된 석탄 대신에 숯과 장작 에너지와 유기화합물을 생산하는 데 필요했을 추가면적을 가리킨다. 아시아가 삼림남벌과 토양침식으로 고통을 겪었던 것에 비해 유럽은 생태적 행운을 잘 활용하였다.

국가 시스템

불필요한 정치적 통제가 없고 상거래가 제대로 보호되어야 시장이 발달한다. 즉 재산권을 확립하고 계약 집행을 보장하는 것이 중요하다.[8] 전쟁, 몰수, 추방, 지불거부 등 정치적 불안이나 길드 규제, 독점, 종교적 휴일, 사치단속령, 이주제한법, 가격통제, 각종 금기 등 제도적 경직성을 줄여온 과정이야말로 경제발전의 역사가 된다. 대부분 유럽국가에서 경제를 주도한 것은 농업이었다. 그러므로 경제발전을 이루려면 농업부문에 시장 침투가 필수적이었다. 서유럽에서 개방경지의 인클로저 등이 그 예다. 시장경제가 비시장경제의 산물이라는 것이 역설적이기는 하다.

로마 제국 멸망 이후 카롤링거 왕조, 합스부르크 왕조 등이 제국을 형성하려는 시도를 했으나 유럽에 성공적인 제국은 없었다. 유럽은 황무지와 삼림으로 이루어진 대륙 여기저기에 경작에 적합한 지역이 흩어져 있는 환경이었다. 그런 곳이 여러 국가의 '핵심 지역'이 되었고 인위적인 왕조의 합병으로 생겨난 불모지들은 중심에서 제외되었다. 이들 핵심지역은 공격과 방어를 유지하는 데 필요한 세금을 가장 많이 거둬들일 수 있는 곳이었다. 이들은 마치 삼림과 황야의 바다에 연이어 떠 있는 섬과도 같았다. 핵심 지역이 확장되어 정치단위가 되고 다음에는 국가가 되었다. 여기에 교통통신과 군사기술의 도움이 컸다. 14세기에 정치단위가 1,000개 이상이던 것이 15세기에 국가가 발전하기 시작하면서 16세기 초에 500개로 통합되고 1900년에는 25개가 되었다.

핵심 지역은 저항이 가장 낮은 진로를 따라서 비슷한 언어를 사용하는 비슷한 지역으로 팽창해 나가는 경향이 있었다. 지리적 요인 외에 환경과 기타 수많은 요인, 즉 재정, 왕가끼리의 혼인, 전쟁의 상호작용 등에 의해 역사가 결정되었다. 예를 들면 다뉴브 강 연안과 발칸 반도는 이런 요인들이 복잡하기 짝이 없다. 내부의 공격자에 대한 대항마를 외부에서 영입함으로써 체제를 유지한 경우도 많다. 프랑스와 교황의 동맹은 합스부르크 세력을 견제하기 위해 오토만 제국을 끌어들였다. 이를테면 합스부르크 집안의 막시밀리안 1세(재위 1493-1519)와 부르군디 집안의 상속녀 마리가 결혼(1477)한 이후, 오랫동안 부르군디의 프랑스 공작령을 프랑스 영토로 여기던 프랑스는 이에 분노하며 오랜 세월 오스트리아와 계속 다투는데, 프랑스는 이교도 터키 세력과 제휴하면서까지 합스부르크를 괴롭혔다. 교황은 환멸을 느껴 퇴위하는 카를로스 5세에 대항하여 청교도들을 불러왔다.

이러한 '세력균형'과 동맹이 이합집산하는 와중에서 국가 시스템이 오래 지속되었다는 것이 오히려 기적이라 할 수 있다. 아마도 유럽 이외의 영토가 있었다는 사실이 안전판을 제공하였을까. 어쨌든 국가의 집합체제는 다양성 속의 통일성, 경쟁적인 의사결정 등의 장점을 지녔다. 이것이 18세기가 되면 집합적 총체의 모습을 띤다. 1월 1일을 새해 첫날로 채택(베네치아 1522, 영국 1752)한 것이 한 예다.

다른 종교 간의 연합은 자주 무너진다. 1222년 베네치아-몽골 밀약, 14세기 로마 교회 분열, 16세기 말 프랑스-오토만 동맹 등은 모두 기본적으로 취약했다. 그러나 기독교라는 우산이 기본적으로 유럽인들 간의 교류를 보호했다. 외교언어가 라틴어에서 프랑스어에 이르기까지 학자들의 교류를 촉진하고 국제법을 발달시켰다. 유럽 내에 생산요소시장, 상품시장(결혼시장도?)의 통합이 진전되었다. 규모의 경제를 누리는 데 정치적 분권이 큰 장애요인은 아니었다. 종교전쟁과 대규모 이주, 유대인의 유랑, 국민국가 간 전쟁 등 혼란이 있었으나 나폴레옹 전쟁 이후에는 오랜 평화를 유지했다.

국가 간 경쟁

국민국가는 순전히 유럽적인 정치형태다. 이것이 여태까지 부족주의밖에 알지 못했던 세계 여러 지역으로 수출되었다. 국가는 봉건시대 이후 유럽에서 생겨났다. 17세기 후반 유럽의 대부분은 중앙집권적 국가들로 조직되었다. 이들 국가는 스스로 근대화를 위해 노력했으며 시장제도를 확대하였다. 국가는 인구증가와 경제팽창 시에 형세를 넓히고 공고히

했다. 11-13세기, 15세기 후반-16세기, 18세기 중반 이후가 이에 해당된다. 흑사병 이후와 17세기의 '전반적 위기' 기간 동안 국가의 퇴보, 반역, 해체의 위협이 있었다.

그러나 중앙정부는 관료제도를 확대하여 노동시장에 개입하는가 하면, 15세기 군사기술의 변화로 대포가 발달하고 축성비용이 늘어 더욱 큰 정치단위가 유리하게 되자 국왕이 봉건영주보다 우월해지고 중앙정부 권력이 커졌다. 16세기에 인구증가, 시장확대, 교통발달, 도시성장과 함께 국가는 규모의 경제를 누렸다. 17-18세기 초에는 경제 활동이 위축되었지만 군대규모의 증대로 중앙집권국가가 더욱 강력해졌다. 18세기에는 독재관료주의를 갖춘 정부에서 절대군주와 귀족 간의 갈등(혹은 세력균형)이 소강상태에 이르렀다.

조세와 지대 간 갈등이 있다가 조세의 우위가 정착되었다. 6장에서 상술하겠지만 18세기 중엽 인구증가와 곡물가격 상승으로 지주들의 수취욕구가 커지자 절대왕정은 징병자원으로서 농민을 보호하려 하였다. 그리고 중상주의 정책을 채택했다. 절대국가의 강점은 군사력에 있었다. 또한 문화적 동질성을 추구하고 국내적인 식민, 즉 새로운 경작지에 개척주민을 정착시키는 과업을 추진했다. 재해관리에도 국가 관료제에서 규모의 경제를 누렸다. 1755년 리스본 지진 후유증 처리가 한 예다. 첫째, 전염병 대책으로 검역, 격리, 방역선, 가축전염 시 도살 및 보상, 거주지 화재 대책과 화인 검사, 건축자재 개선, 이재민 구호 등이고, 둘째, 기근관리로 지역별 곡물 재분배, 수출중단, 세금감면, 공공사업 등 모든 것이 국가 차원에서 더 효율적으로 이루어졌다. 사회간접자본이나 공공서비스 공급, 즉 거리청소, 조명, 포장공사, 소방, 등대 운영 등도 마찬가지였다.

유럽의 경험 설명에 적합한 '대조가 되는 표준적 사례'는 중국, 인도,

이슬람 세계 등 '아시아'이다. 존스의 견해는 다음과 같다. 아시아는 시장이 국지적이고, 통치자의 압제적 간섭과 자의적인 징세로 생산성 향상 유인이 결여되었다. 해양수산 어장이 빈약하며, 유럽보다 넓은 평야에 대규모 제국을 건설하였다.[9]

제국의 한계

이슬람과 오토만 제국은 풍요로웠다. 그러나 1600년경 절정기에도 인구가 2,800만 명에 불과하고 멀리 떨어진 지역에 흩어져 있어 시장이 상대적으로 덜 통합되었다. 정치적 단결도 잘 이루어지지 않아 내분이 잦고 외적 침입도 계속되었다. 목재가 부족했고 관개농업도 잘 되지 않아 오아시스 중심의 영농이 대종이었다. 사료부족으로 가축 사육이 제한되었다.

오토만 제국은 자원이 비교적 풍부했다. 콘스탄티노플의 인구가 1453년에 10만 명, 1600년경 50-80만 명이었고 이집트 정복, 발칸 반도 점령, 말타 포위공격, 비엔나 공격 등으로 맹위를 떨쳤다. 그러나 기술침체와 문화적 후퇴가 있었다. 제국의 향신료 육로 무역 독점이 무너지고 수요도 하락했다. 이것은 유럽이 사료혁명으로 신선한 고기 공급이 많아져 후추 수요가 떨어진 것과도 연관이 있다. 오토만 제국은 조선술과 해군력이 침체하여 오랫동안 갤리선단에 의존하였다. 유럽의 배들이 함포를 장착한 대규모 범선으로 진전한 것과 대비된다. 오토만 제국은 정치적 통합이 부족하고 중상주의가 결여된 가운데 전제정치를 유지했다. 농촌인구가 감소했으며 전염병이 계속 창궐했다.

오토만 전제주의의 경제적 특징은 토지에 사유재산이 존재하지 않는다는 점이다. 제국의 모든 경작지와 목초지는 종교적 토지, 과수 농업지와 대부분의 도시 토지를 빼면 모두 (1528년에 약 87%) 국가재산이었다.

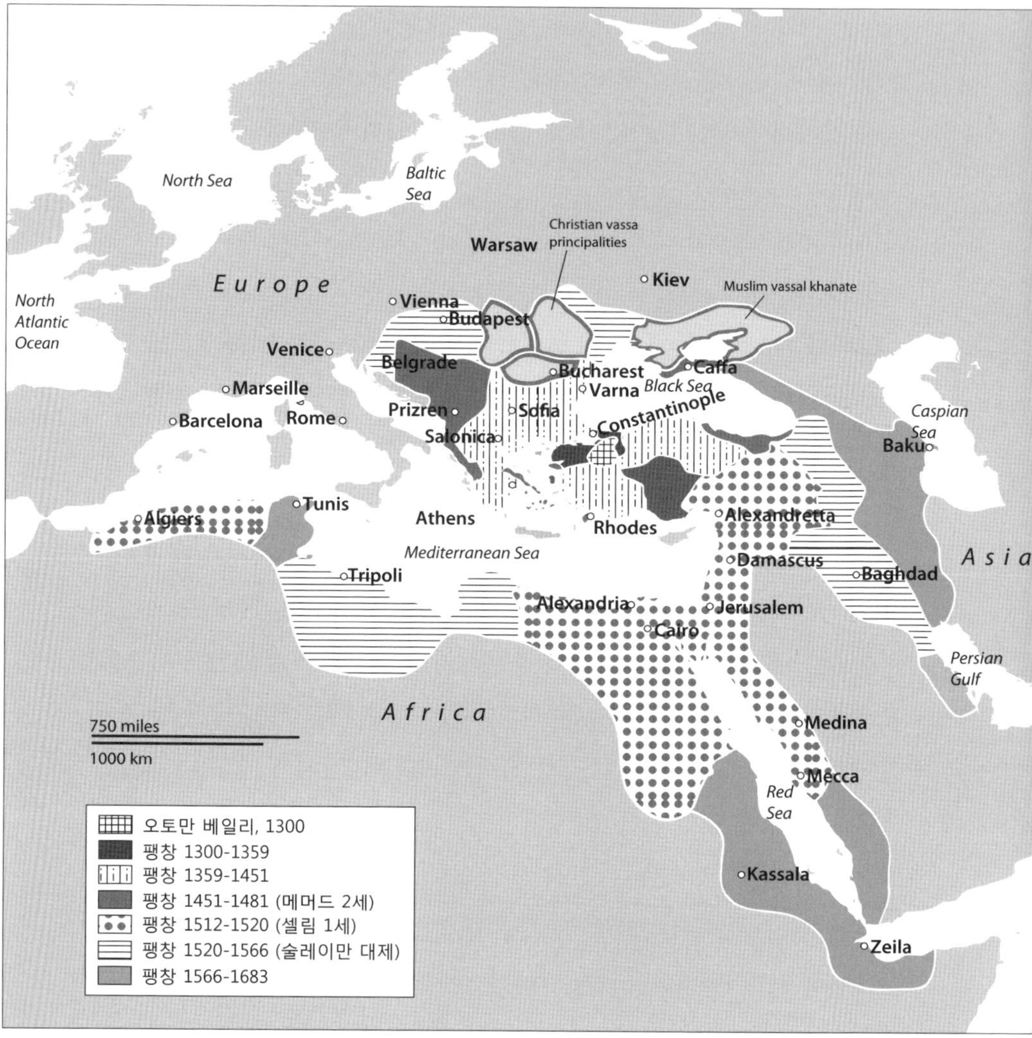

지도 6. 오토만 제국, 1683년

황제가 제국 내의 거의 모든 재산을 무제한으로 관장하고 있었으므로 안정되고 세습적인 귀족층이 형성되지 않았다. 귀족의 재산권을 보장할 수도 없었다. 지배제도의 최상층은 이전에 기독교도였던 노예들로부터 충원되었다(devshirme, janissary). 서유럽의 봉건제에서 생각할 수 없는 술탄과 노예의 공동통치라는 놀라운 정치체제는 토지에 대한 사유재산의 부재, 국가의 인적자원 풍부라는 구조에서 설명할 수 있다. 일단 모든 토지재산이 술탄의 특권이므로 술탄의 인적 재산이 되는 것이 불명예스러운 것이 아니었다. 즉 '노예'가 '자유'의 반대 개념이 아니었다.[10]

서유럽의 왕정은 신민들의 신체와 재산을 존중해야 했으나, 오토만 제국 같은 전제정치는 신민에 대한 지배에서 무한한 권력을 행사했다. 지방의 통치와 행정에서 확고한 위치를 차지하는 대규모 상비군을 황제가 독점했다. 서유럽 봉건제의 특징은 분산된 주권과 중층적 소유권의 결합이며 봉토는 재산과 주권의 혼합물이다. 가신과 주군의 계약에 의해 조건부 토지재산이 보호되었다. 또 하나의 특징은 문화와 정치가 다양하고 내적으로 분화했다는 것이며 자본제로 이행하는 시기에 국민국가로 발전할 가능성을 준비하고 있었다. 봉건제가 탄생한 지역은 카롤링거 왕조가 지배하던 프랑스 북부였는데 서서히 영국, 스페인, 스칸디나비아 반도까지 팽창했다. 나중에는 원형이 변모되면서 동유럽까지 뻗어나갔다. 그러나 '귀족'이 분할된 주권 내에서 권위와 재산을 향유하고 농민층을 보호한다는 개념이 생소한 터키의 술탄국가나 무굴 인도는 그 범위에서 벗어난다.[11]

제국은 군사적 팽창이 정지되자 극심한 시련에 봉착했다. 술탄들이 무능했고 약탈과 부패가 만연했다. 이슬람 문화를 비판하는 문헌도 많다.[12] 무슬림이 이단을 막으려고 인쇄술 발달에 소극적이다가 지식전파를 단절시켰으며 지적 소외, 기술지연, 산업종속을 가져오고 종교적 도

그마 때문에 개혁을 못했다는 것이다. 지식과 능력을 갖춘 노동자 계층을 생성하지 못하고 강제노역을 징집했기 때문에 생산성이 낮았으며 태업, 기계파괴, 방화 등 저항이 많았다. 새로운 기술과 아이디어는 기독교의 것이라고 간주하여 배척했고 외국에서 배워 온 지식과 유학파 지식인을 존중하지 않았다. 문맹률이 높고 여성차별이 심해서 노동력을 절반만 이용하는 결과를 낳았으며 남성의 성취욕을 방해했다. 즉 '바깥'에서 '성공'하지 않아도 가정에서는 최고 독재자로 군림할 수 있었다는 것이다.

인도에는 "중국을 하나로 만든 그 모든 것들—언어, 종족, 공통의 문화, 정치적 단일성의 전통—이 없다."[13] 원자화된 행정구역으로 이루어진 사회를 하나로 유지시켜 준 것은 모든 사람에게 자신이 처한 위치와 해야 할 기능을 확고히 정해 준 신기할 정도로 경직적인 종교적 계층(카스트)이었다. 그러나 16-18세기 무굴 정권의 실책과 상관없이 카스트 제도가 장기적으로 경제발전을 저해했다. 사회환경을 오염시키고 자원이용을 제한했다. 연계 가족제도는 개인소득의 개념을 모호하게 했다. 출산억제 유인도 없었다. 그리고 승려가 군주보다 우세했다. 인도는 북서쪽 통로를 거쳐 오는 침입에 대해 취약했으며 인도아대륙(印度亞大陸) 전체를 통일시키는 것이 거의 불가능했다. 북부와 남부가 따로 움직였고 당시의 통신수단과 군사기술로는 핵심 지역에 충성을 요구하기 힘들었다. 지리적으로 사막, 언덕, 정글로 분할되어 있어 정치적, 경제적 분열 정도가 유럽이나 중국보다 심했으며 지역 간 교류가 약했다.

무굴 치하의 인도는 규모가 크고 수공업이 발달하고 금융제도도 수준급이었으며 국제적 종교적 관용을 베풀고 있었다. 그러나 귀족의 비생산적 사치는 농민을 핍박하였고 절대권력은 부패했다. 그럼에도 전성기에 1인당 국민소득은 엘리자베스 여왕 시대의 영국과 맞먹었다고 한다. 18세기 중엽까지 인도의 국민소득은 영국의 3분의 2 정도로 감소했다. 평균수명과 건강상태도 좋지 않았다. 이모작을 할 수 있었는데도 중국보다 농업생산성이 떨어져 평균수확이 더 낮았다. 그러나 전체 토지에서 차지하는 경작지의 비중이 컸다(중국 11%, 인도 50%). 이는 곧 인구 밀집지역에서 목초지가 부족했다는 것을 뜻한다. 가축들은 음식찌꺼기를 먹어야 했다.

무역은 사치품 위주였다. 강이 불충분하여 연안 해운을 많이 이용했는데 이곳에 전쟁과 해적의 위험이 상존했다. 도시는 상업, 수공업이 있기는 하나 왕실과 행정 중심이었다. 결국 카스트 규제의 경직성과 가혹한 징세 때문에 자본형성을 기대할 수 없었고 무굴 제국 전성기에는 인구가 증가하고 경제가 확대되었지만 곧 한계에 달하여 쇠퇴의 길을 걸었다. 결말 없는 노력을 쏟아붓느라 재정파탄으로 제국이 몰락했다.

중국의 기술과 경제력 진보는 14세기까지 만개하였다. 수력 마 방적기는 1700년경까지 유럽의 그 어느 것보다 앞섰다. 11세기 말 철 생산은 연간 12만 5,000톤으로 1700년 유럽 전체 생산량과 비슷했다. 그러나 명나라는 기술과 산업을 버리고 농업을 육성하였다. 해군을 확장해 놓고서도 이를 버리고 쇄국으로 들어갔다. 1405-30년간 정호(鄭和)의 원정 이후 선박 제조를 중단했다. 일본이 각 한(藩)마다 사절단을 보내자 혼란스러워서 돌려보내기도 했다. 이들이 밀수와 해적질을 일삼는 것이 성가셔서 모든 해상 무역을 불법화했다. 청나라는 대만의 명 복원세력인 해적 콕싱가(鄭成功)의 준동에 대응해 해안 주민을 철수시키고 마을을 불태우기도 했다.

중국의 제국은 매우 오래 유지되었다. 황제와 엘리트가 서로의 필요에 의해 묶여 있었고, 농민과 도시거주민의 일상생활을 통제할 만한 전제적 장치는 없었으며, 많은 행정적 문제들은 지방의 상류층 관리에게

지도 7. 무굴 제국, 1710년경

맡겨져 있었다. 상인은 무시당했지만 제도적으로 억압받지 않았다. 군사적으로도 군대가 전국을 총괄하지 않았다. 군사예산이 작고 재정수요도 작아 상인계급의 재정적 지원을 받아야 할 필요가 없었다. 제국은 공공서비스 개념을 지닌 국가도 아니어서 관개사업 등도 지방 양반의 관리감독 하에 소규모로 시행되었다. 관료는 관직 자체가 수입원이므로 봉급이 없었다. 조세과정의 각 단계에서 이루어지는 '수취'가 엘리트들이 제국을 지지하는 토대였다. 중앙집권적 권력보다 지방권력의 경제력이 크고 빨리 성장했다.

빈부 격차는 심했다. 베이징(北京)이 가난한 지역이었는데도 14세기부터 수도가 되었는데 이는 스텝지방의 위협에 대비한 것이었다. 베이징을 양쯔 강까지 대운하로 연결하여 조공으로 바쳐지는 곡물이 운하로 왕래되게 했다. 즉 외부에서 베이징을 먹여 살렸다. 다시 말해 베이징이 '지배적 지역'으로 된 것은 경제적 요인에 바탕을 둔 것이 아니었다. 그런데도 제국으로 존속했다. 이것은 유교적 지배 문화와 엘리트의 행정 수완으로 설명가능하다.

인구밀도가 높아지자 땔나무, 건축용 목재, 비료, 사료 등이 부족하게 되었다. 제국은 남쪽으로는 식민지를 개척하고 서쪽으로는 쌀농사를 확대했다. 고지대에는 포르투갈이 소개한 미주의 밭작물, 옥수수, 감자를, 북쪽에서는 논밀, 보리, 수수를, 1516년경부터는 광저우 지역에서 땅콩을 재배했다. 과다한 인구와 잦은 기근이 있긴 했지만 과거 1,000년간 중국의 평균적 식량사정은 유럽보다 나았던 것으로 보인다. 17세기 식량생산의 70%를 쌀이 차지했다. 조생종 벼가 보급되고 경작지 개척이 진전되었다. 이에 따라 삼림훼손과 토양침식이 일어났다. 유럽의 신대륙 개척과는 달리 인구증가로 소득이 분산되었다. 인구 압력을 1850-65년 태평천국의 난을 일으킨 요인 가운데 하나로 꼽을 수 있다.(〈표 5〉 참조)

표 5. 평방킬로미터(km^2) 당 인구밀도

연도	인도	중국	오토만 제국(아나톨리아)	유럽과 해외정착지
1500	23	25	8	8
1800	42	80	12	3

자료: Jones 1987(1993), 328쪽

중국이라는 '대조적 표준'은 유럽의 경험과 무엇이 달라서 경제력에서 추격과 추월을 당했는지는 다른 요인으로도 설명할 수 있다.[14] 우선 중국은 도덕적 우월감과 자존심 때문에 새로운 외국문물을 거부했다. 16세기 명나라 관리들은 포르투갈 사절이 가져온 기계시계에 대해서도 시큰둥했다. 17세기에 유럽의 총포에 대해서도 무관심했다. 17세기에 명나라(1644 멸망)가 청나라와 전쟁 중이었던 것을 감안할 때 이를 무시한 것은 큰 실수였다. 중국인은 13세기에 이미 사용했던 기술을 잃어버리고도 그 의미를 몰랐던 것이다.

또한 중국인은 군사적 패배를 받아들이는 방식이 달랐다. 오랑캐가 중국에 승리해도(몽골, 여진족, 만주족) 오랑캐는 중국(한족) 문명에 동화되었다. 중국의 경제와 기술이 후퇴한 요인으로 탐구심리의 변화와 함께 발견과 학습을 위한 제도의 결여를 들 수 있다. 학교, 학회, 도전과 경쟁, 진보에 대한 감각이 없고 새로운 발명도 전파, 축적되지 않고 잊혀졌다. 인쇄술과 화약이 대표적 예다. 기술진보가 정지하고 후퇴한 또 하나의 요인은 자유시장과 재산권 안정에 관한 제도가 없었다는 것이다. 명나라는 사회적 이동성을 억제하고 해외 무역을 금지했다. 가치체계는 전체주의적으로 통제되었다. 법규보다는 개인적 신뢰가 거래의 근간이었다. 또한 과거에 합격한 후 천자에게 무조건 복종하는 관료들의 안일한 승리주의 문화가 학습의욕을 방해했고, 기득권 세력의 저항이 가세하여 과학연구를 등한시했다.

성장 저해요인

유럽의 '기적'을 환경과 국가 시스템으로 설명한 존스는 이후에 '근대적 성장의 기회는 자주 오는데 무엇이 성장을 저해했는가'로 질문을 바꾸어 접근하고 있다. 이슬람의 압바스 왕조, 송대 중국, 도쿠가와 일본 등 성장의 성향은 여러 곳에서 잠재했는데 가치, 제도(종교, 길드, 카스트), 외적 침입, 정부의 무능 등 성장 제한요소 때문에 지속적 성장에 실패했다는 것이다.[15]

송대 중국은 기술혁신의 산실이었다. 근대전기 유럽의 3대 발명인 인쇄술, 나침반, 화약 등의 기원이 전부 중국이었다. 주판, 자침, 천문도, 지도, 석조교량, 철제현수교, 시추공, 철제농기구, 쟁기 등도 중국의 발명품이다. 송대 10-13세기는 무역, 상업, 도시, 금융, 대규모기업, 철공장이 발달한 '경제혁명'시대였다. 철강공업이 특히 주목을 받는데 생산량도 그렇거니와 코우크스 제련과 풀무 등의 기술진보도 중요했다. 이는 무기, 농기구 제조와도 연결이 된다. 수력을 이용한 아마방적기의 발명은 직물공업을 도약케 했고 남부의 비옥한 토지에 이모작을 도입하여 농업생산성도 급증했다. 시장이 확대되고 인구가 증가했다. 당나라 중기에 8,900만 호에서 11세기 말 등록된 가구만 1억 9,900만 호로 늘어났다. 인구밀도가 치솟았다. 민간시장, 특히 생산요소시장이 발달하고 정부의 공공재 공급이 늘어났으며 통신부문이 눈부시게 향상되었다. 조세는 인두세에서 금납화된 토지세로 방향이 옮겨갔다. 농민분해가 진행되면서 한편으로는 농촌수공업, 다른 편으로는 도시노동시장이 발달했다. 노동생산성도 증가하고 1인당 소득도 성장했다. 운하 등 인프라 건설도 번성했다. 분업과 직업분포는 1700년경 유럽과 비슷했다. 상비군은 100만 명 정도를 유지했다.

이런 사회가 왜 근대적 성장으로 이행하지 않았는가. 정치적 환경이 좋았으면 송나라의 영광이 지속 또는 복귀했을 것이다. 농업기술도 축적되었고 제염, 목재, 제분, 해운기술도 연속적으로 유지되고 있었다. 송대 이후의 문제는 '지대추구'라는 성장저해요인이었다. 성장윤리가 없었고 농업중시에 묻혀 상공업을 천시했으며 시장을 제한하는 전통사회의 한계를 벗어날 수 없었다. 독립적 법률이 부재했고 계약 이행을 강제하지 못했다. 유교적 관행의 취약성이 노출된 것이다. 여기에 중앙아시아 스텝 지역 유목민 특히 몽골의 침입이 시장, 특히 토지시장을 파괴하고 과잉징세를 불러왔다. 관료제 행정은 비효율과 부패로 점철되었으며 중앙예산이 빈곤하여 인프라에 투자를 계속할 수 없었다. 정복당한 사회의 제도는 방어적, 보수적으로 변모했으며 회복기회가 줄어들었다. 정부의 경제 관리에서 자원을 낭비하거나 성과가 미비했다. 근대전기쯤이 되면 성장기회는 서유럽과 일본으로 서서히 넘어갔다.

일본은 몽골의 정복을 겪지 않았고 1868년 이후에는 서양기술의 도움이 있었다. 그러나 이미 그 전에 비유럽적 형태로 독자적인 성장을 시작했다. 도쿠가와의 통일로 전국시대가 막을 내렸는데 통일과 평화 자체가 시장통합을 의미했으며 도량형과 화폐의 통일이 있었다. 각 한(藩)의 다이묘(大名)와 가족들을 교대로 에도(지금의 도쿄)에 머물게 함으로써(참근교대제) 에도가 급성장하여 18세기가 되면 인구가 100만 명 가까이 되었다. 에도는 오사카, 교토와 함께 상업금융 중심지였다. 상인자본 축적이 가속되었다. 사무라이가 토지소유와 주민통치에서 배제되고 봉록을 받는 귀족으로 성 내에 정착하여 생산활동을 촉진했다.

농업은 씨족 공동농업이 철폐되고 가족단위 소농경영으로 발전했다. 1600-1850년간 농업생산이 배증되고 인구도 1,800만 명에서 2,400만 명으로 늘었다. 도시화, 지역별 특화, 구조변화 등으로 1인당 생산도 증가했다. 생활 수준과 평균수명도 향상되었다. 경작지 확장, 기술진보 등의 결과 농업생산이 성장했다. 비료투입, 관개의 확대, 사탕, 고구마, 땅콩, 옥수수, 아랍 전투마, 새품종 쌀의 도입, 농기구의 개선, 농서의 편찬 등이 이에 기여했다. 농촌수공업이 발달하고 지역별 특화와 교역증대가 있었다. 아마-린네르, 생사-비단, 부채, 양산, 장난감, 신발, 초롱 등이 주요 생산품이었다. 한(藩)끼리의 경쟁은 유럽의 국가 간 경쟁을 방불케 했다. 도로, 운하, 개간, 관개, 새로운 작물, 품종개량, 교역품의 특화촉진, 경작지 확장, 미곡증산, 양잠, 사탕, 고구마, 도시근교 야채재배, 구리와 석탄의 채굴 등이 경쟁대상이었다.[16]

이와 같이 번성하던 막부의 경제는 19세기 중엽에 쇠락하기 시작했다. 사회적 위계질서도 이완되고 쇼군(將軍)의 권위도 하락했으며 외세가 침입하여 결국 메이지유신으로 이어졌다. 이는 장기적으로 막부의 쇄국정책과 경직적인 사회조직에 기인한 것으로 볼 수 있다. 1612년 기독교금지, 1616년에 중국을 제외한 모든 외국 선박을 나가사키, 히라도 이외의 항구에 입항 금지조치했으며 외국인 거주는 에도, 교토, 사카이로 제한했다. 1624년 스페인, 1639년 포르투갈을 축출하고 영국은 스스로 물러남으로써 네덜란드만 남았다. 1636년 일본 선박 외국행 금지, 1639년 외국인 방문 금지, 거주 네덜란드인 가택연금 등으로 전개된 쇄국정책은 자기석화(石化)과정의 일부라고 할 수 있다.

도쿠가와 막부(1603-1867)는 피의 숙청으로 시작하여 사회질서를 동결하였다. 출생에 따라 지위와 기능이 주어지고 지위구분을 넘어 통혼을 금지하여 사회적 이동성이 없었다. 참근교대제로 중앙집권을 다지고 총기휴대를 금지했다. 전국시대에는 총포사용이 폭발했었는데 총포제작 기술은 금속가공, 기계공업 쪽으로 응용되었다. 전투가 없어 사무라이의 실권이 많이 줄었다. 메이지유신 후에는 녹봉 자체가 폐지되어 더욱 쇠락했다(秩祿處分). 주군 없는 사무라이(로닌 浪人)는 골치 아픈 사회

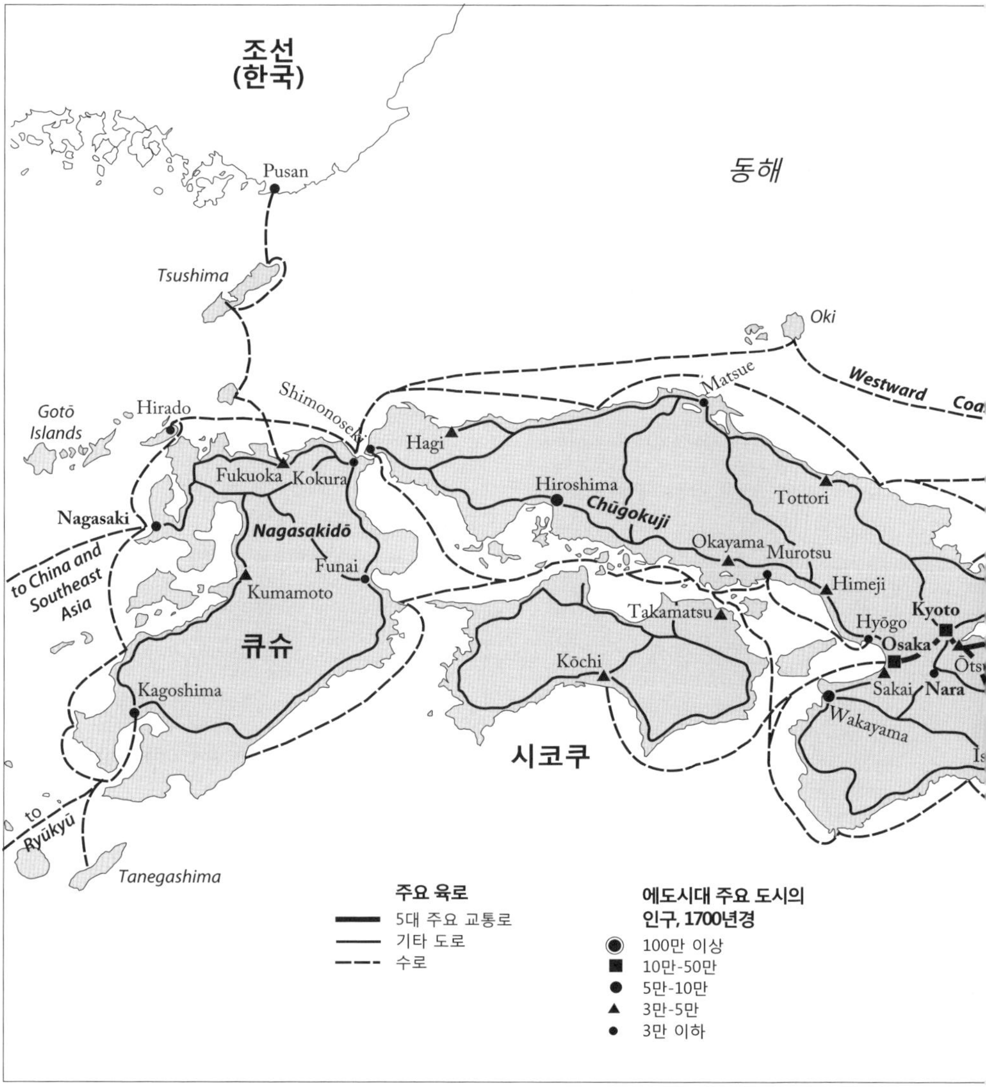

지도 8. 도쿠가와 일본, 18세기

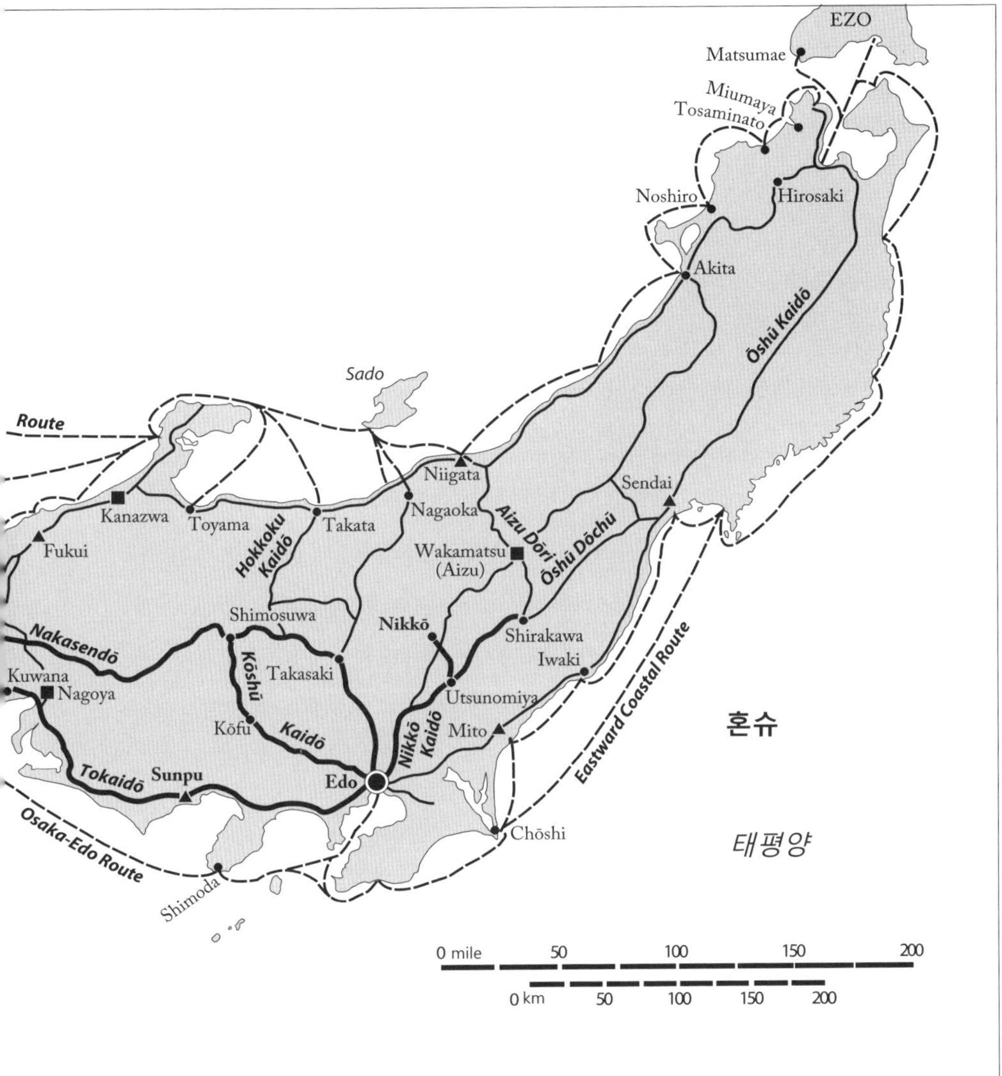
EZO
Matsumae
Miumaya
Tosaminato
Noshiro
Hirosaki
Akita
Ōshū Kaidō
Sado
Route
Niigata
Sendai
Kanazwa
Toyama
Takata
Nagaoka
Aizu Dōri
Ōshū Dōchū
Fukui
Hokkoku Kaidō
Wakamatsu (Aizu)
Shimosuwa
Nikkō
Shirakawa
Nakasendō
Kōshū
Takasaki
Iwaki
Kuwana
Nagoya
Utsunomiya
Eastward Coastal Route
Kōfu
Kaidō
Nikkō Kaidō
Mito
혼슈
Tokaidō
Sunpu
Edo
Chōshi
Osaka-Edo Route
태평양
Shimoda
0 mile
50
100
150
200
0 km
50
100
150
200

문제를 야기했다. 이러한 쇄국, 경직적 사회가 메이지유신 직전에 공업화 준비가 어느 정도 되어 있었다는 사실이 오히려 신기한 일이다.

이슬람이나 중국에 비해 유럽은 성장저해요인이 적었다. 경제발전과 정치안정이 상생작용을 한 것으로 보인다. 11-16세기 동안 자본형성이 누적되어 이자율이 하락했고, 기술혁신과 구조변화(도시화와 농촌공업)에 따라 생활 수준이 향상되고 평균수명이 늘었다. 새로운 가내용품이 등장했고 새 소비재와 사치재가 일상품이 되었다. 도로, 교량, 항만, 운하, 건축물, 주거, 공장이 건설되는가 하면 도구사용, 수력응용이 확대되면서 빠른 속도로 성장했다. 제조업이 분업화하여 대량생산이 시작되었다. 교환가능부품의 이용이 확산되었다. 화재예방, 급수, 조명 등 공공재의 질이 좋아지면서 가격이 떨어졌다. 해운, 하운의 발달로 장거리 무역이 번성했다. 인구증가와 함께 시장이 커졌으며 17세기에 농촌공업이 발달했다. 검역과 재해관리도 향상되었다. 한마디로 시장과 국가가 협력했다. 길드, 공동경지, 농노제가 폐지되고 도로 등 공공재 공급이 활발해졌다.

기독교와 정치구조가 안정적이었다. 10세기 이후 외적의 침입정복도 없고(마자르, 무어, 바이킹, 몽골, 오토만 등이 울타리나 완충지대 역할을 했다.) 제국도 생성되지 않았으며 국가 간 '세력균형'을 유지했다. 국가 간 경쟁이 조세를 낮추고 공공재 공급을 늘려 성장 친화적이었다. 국가 간 경쟁이 전쟁으로 이어지면 팽창비용이 컸으나 정치권력이 상인과 협력하는 계기를 만들어 양자가 상생하고 부르주아 계급의 세력이 커졌다. 즉 북서유럽의 상인 영향력이 커졌고 국가는 불확실성의 감소, 계약이행 환경의 정착에 힘썼다. 결국 지대추구 경향이 성장경향을 압도하지 않은 것이다.

존스의 가설은 어떤 현실적인 시사점을 가지고 있는가. 나중에 주장을 약간 후퇴한 그는 유럽이 영원히 우월하다는 말은 아니고 역사적 요인을 너무 강조하는 것은 곤란하며 현재의 구조적 요인이 중요하다고 설명한다.[17] 존스에 따르면 유럽사회의 다중심적 성격에 뿌리박힌 개방성이 정태적 위계사회보다 성장의 기회를 더 많이 제공했다. 환경, 문화, 기술, 시장이 유럽의 성장을 도왔고 정치구조가 성장 친화적이었다. 국가 시스템과 국가 간 경쟁과 통일이 독립된 법, 언론자유, 재산권, 개인의 안전을 보장했다. 아시아 대륙에서 정복의 동학이 법 위에 군림하여 재산이나 개인의 보호가 부족했던 것과 대조적이다. 독립적 사법부의 결여는 지금의 중국에서도 마찬가지다. 중국은 국제법도 인민회의로 귀결되고 계약법이 덜 발달하여 계약보다 인적 네트워크에 의해 거래가 이루어진다. 결과는 시장규모 제한, 경쟁 제한인데, 개방적이고 경쟁적인 경제, 정치 시스템이 장기 성장을 극대화할 것이다. 이러한 것은 일반적 교훈이라고 할 수 있다.

존스는 또 다른 이야기도 하고 있다. 현실을 구체적으로 비교하는 수준에서 '역사의 교훈'의 유용성은 많이 사라진다. 농업의 예를 들어보자. 농산물의 부족과 과잉공급 여부는 수요와 공급의 불균형에 달렸다. 인구증가 속도, 비농촌 생산물의 희소성, 농촌공업의 발달 정도, 곡물무역 등이 수요를 결정하고 관개, 토양보존, 품종개량 및 새작물 도입, 기술진보, 경작지 확장, 비료 및 병충해 관리 등등이 공급을 결정한다. 전근대농업에서 농업생산성 성장에 관심을 두고 많은 분석과 설명을 내놓았다. 그러나 아주 장기적으로 볼 때는 18세기 농업혁명과 19세기 기계화, 화학비료 도입 이후 선진국은 대부분 과잉생산의 덫에 빠졌다. 그 결과 선진각국은 농산물을 보호해야 하는 딜레마에서 벗어나지 못하고 있다. 이는 농민의 정치력이나 농기구, 비료회사의 로비로 설명되지 않는다. 결과는 선진국 소비자가 비싼 값을 치러야 하고 저개발국 농민들의 후생이 낮아지는 것이다.

농업이 아닌 부문에도 장기적 변화에 따른 적응의 문제가 많이 있다. 성장은 구조변화를 수반한다. 국제경쟁과 기술혁신의 경우에도 손해 보는 사람들이 항상 있다. 공업화는 수공업과 농업부문의 고용을 감소시키며 3차 산업의 발달은 제조업 실업을 야기한다. 세계화, 즉 시장통합의 결과로 수입대체업자들과 선진국의 미숙련노동자들이 피해를 보게 된다. 이러한 적응의 문제에 적절히 대처해야 할 것이다.

제국의 이점

그래서 국가 간 경쟁이 제국체제보다 우월했다는 것인가. 국가 시스템의 장점에 대해 정면 반박이 새로 나왔다. 로젠탈(Jean-Laurent Rosental)과 왕궈빈(王國斌 R. Bin Wong)이 그들인데 흥미롭다.[18]

우선 정치적 규모가 결정적이다. 제국이 이롭다. 로마 제국과 한나라가 번영을 누렸다. 평화, 통일, 규모의 경제, 분업, 낮은 조세, 농업 팽창, 상업 불간섭, 장거리 교역, 모든 것이 제국의 이점이었다. 이후 유럽의 분열과 정쟁, 그에 따른 과중한 징세는 경제를 피폐하게 했으며 제국을 유지한 중국은 아무런 문제가 없었다. 다만 1750년경 이후 자본집약적 생산이 우월하게 되자 작은 나라의 자원과 자금 집적이 중요해졌다는 것이다. 여기서 6장에서 이야기할 재정국가의 중요성은 17세기부터임을 지적해 두자.

두 학자는 한 권을 통틀어 인구, 제도, 도시입지, 금융, 재정을 다루면서 제국이 소국 간 경쟁보다 나았음을 보이려는 노력을 한다. 예를 들어 시장발달에서 공적 계약과 비공식적 방법(암묵적인 신용관계)을 비교하고 있다.[19] 이것은 개인주의와 집단적 메커니즘이라고 표현할 수도 있는데 무엇이 더 성장 지향적인지 결과론적으로 말할 수 없다는 것이다. 전통설에 의하면 네덜란드와 영국은 재산권 보호와 계약법에 의해 교환을 촉진한 반면 중국은 대가족에 의한 비공식적 네트워크를 이용했기 때문이 시장의 효율이 떨어졌다고 한다. 그러나 이것은 유럽과 중국의 문화적 차이가 아니라 거래의 성질에 따라, 즉 유럽은 부동산 거래 또는 지역적 신용거래가 주종인데 이와 대조적으로 중국은 원거리 무역(국제적이 아니라 국내에서)이 많기 때문에 공적, 비공식 계약으로 달라졌다는 설명이다. 달리 말하여 거리가 멀고 거래빈도가 높을수록 비공식 네트워크의 사용이 많고, 거리가 가깝고 거래빈도가 낮을수록 공적 계약을 맺는 경우가 많으며, 거리가 지나치게 멀거나 거래가 매우 드물 때는 현금거래가 일반적이라는 것이다. 빈도가 높은 지방거래에는 공적 계약과 비공식 네트워크가 혼재한다. 물론 거래의 성질은 시간에 따라 변화하는데 17-18세기에는 유럽이 거래빈도가 낮은 부동산과 신용의 지역적 거래에 치중하여 공적 계약이 필요했으며 중국은 넓은 제국 내에 원거리 무역이 많았으므로 비공식 네트워크에 더 많이 의존했다. 여기에 소국 간 경쟁이 잦은 유럽은 전비조달 필요 때문에 국가가 상업에 간섭할 이유가 있었다.

시간이 지남에 따라 정치, 기술, 환경이 변화하면 원거리 무역이 발달하여 비공식 네트워크의 역할이 확대된다. 유럽도 중세 상업혁명에 의해 로마시대 비슷한 원격지 무역이 부흥하면 비공식 네트워크가 부활하고, 고정자산 사용이 증가하면 공식 계약으로 환원하는데 이 과정의 귀결이 18세기 영국 산업혁명이다. 중국은 상업팽창 이전에 정치가 통합되었고 농업이 주된 세원이었으므로 교역에 국가개입이 미미했다. 중국도 21세기에 와서야 공적 법규와 계약이 중요해진 시대가 도래했다.

최근 가설에 의하면 이미 송나라 때부터 계약이 재산권을 보호했고, 이를 나타내는 계약문서와 소송기록이 전국적으로 존재한다. 청 제국 말기와 공화국 초기까지 이와 같은 '상품화(commodification)' 과정이 관찰된다. 재산권의 대상은 부동산에서 법인의 주식, 염전, 직물공장까지 다양했다. 소유권은 개인도 있지만 특히 가계에 귀속된 경우가 많았다.[20]

다시 공적 법규 이야기로 돌아오면 왕궈빈은 청 제국에서 성문법과 비공식 중재의 구분이 그다지 확실치 않았다고 설명한다.[21] 청의 법전은 상거래에 관한 주요조항이 상대적으로 드물었고 대신 친족관계 같은 비공식적 메커니즘이 상행위를 규제했다. 이와 대조적으로 유럽의 근대국가건설은 비공식적 메커니즘을 공적 법규로 대체함을 의미했다. 공적 법규는 공통된 표준과 정규성을 창출하고 집행하는 한편, 비공식 조정은 다양성을 유지한다. 이와 동시에 유럽 나라들에서 비공식에서 공적 제도로의 이행은 권력의 집중과 관련된 반면, 농업 제국에서는 비공식, 공적, 제도의 보완적 원용에 중앙집권된 통치가 필요하지 않았다. 청 제국이 '전제적'이지도 않았고 개입이나 방해를 하지 않았음을 보이기 위해 왕궈빈은 관리들이 권력의 상당부분을 민간단체에 이양했음을 밝힌다.

그러나 공적 법규와 비공식 중재의 구분이 이렇게 명확하지 않을 수도 있다. 예를 들어 근대 초기 오토만 제국에서 성문법은 흔히 다양한 타협의 결과를 반영하고 있다. 이런 의미에서 중재 메커니즘은 공적-비공식을 양극으로 한 스펙트럼의 연속선상에 있다고도 볼 수 있다. 중국의 행정관 의결도 분쟁의 중재와 법전의 적용 양자에 똑같이 의존하고 있었다.[22]

비슷한 이야기를 이미 마(Debin Ma)도 하였다.[23] 법률과 경제발전의 관계에서 서양은 공적 정의(formal justice)를 중시함으로써 법질서의 형성과 법에 의한 일반적 통치가 정착되었고, 중국에서는 개별 사안의 문화적, 윤리적, 정치적 편의에 따라 실질적 정의(substantive justice)를 추구한 때문에 자의적 권력 남용의 위험이 있었다는 것이 베버(Max Weber)를 비롯한 서양학자들의 전통적인 설명이다. 그러나 중국의 법적 장치는 마을 수준에서 황제까지 이르는 위계질서 내부 행정관료제의 핵심부분으로 이해해야 하며 주로 형사사건의 최종 중재과정으로 파악해야 한다. 이러한 체계는 처벌적 성격이 민사나 상사 사건에도 원용되는 일관되고 합리적인 시스템이며, 중국의 문화적 가치를 표현하기 위해서는 공적인 면보다 실질적인 면이 더 중요하다는 것이다. 특히 명·청 시대에는 공적인 법조문이 없는 가운데 가족 내의 관습, 혈족의 규칙, 길드 규제 등 비공식적 규칙이 상사나 민사문제를 집단적으로 중재하여 상업발전을 도왔다. 한마디로 상인 집단이 중국역사상 상업조직의 지배적 형태였던 것이다.

대표적인 예로 양쯔 강 하류 안휘성 휘조우시 상인들의 예를 들고 있다. 명나라 때부터 상업에 두각을 나타낸 이들의 사적 계약, 토지 관계, 족보, 여행기, 회계장부들을 검토하면 상인들의 혈족체계, 때로는 혈족 연대를 통한 혈족조직이 상업발달과 밀접한 관계가 있었음을 알 수 있다. 반면에 19세기 말, 20세기 샹시지방 은행가 집단(票號)의 소유형태는 무한책임 파트너십이었으나 일상적 경영은 독립적 외부경영자와 참모에 의존하였다. 이들 전문경영자는 이윤의 일부를 보수로 받는 특수한 존재였다. 여기서 알 수 있는 것은 유교적 가치가 휘조우 상인 그룹의 상업적 성공에 윤리적, 도덕적 기반을 제공했다는 사실과, 20세기 상하이에 뿌리내린 서양식 도시국가의 발달에 따라 상인조직의 성격이 근본적으로 변화했다는 역사이다. 시간이 지나면서 계약집행이 비공식적인 과정에서 공적 메커니즘으로 변화한 것이다. 물론 이것이 18세기까지 중국의 비공식적 네트워크의 비효율을 뜻하지는 않는다.

마(Ma)는 서유럽, 특히 영국에서 전문적 법률가의 교육과 정치적 독립을 강조하며 시민권을 보장하는 보통법체계가 추앙됨을 지적한다. 특히 런던은 법률가의 도시였다. 오늘날 우리나라의 사법연수원에 해당하는 법학원(Inns of Court: 예를 들어 Lincoln's Inn, Gray's Inn)이 예비법조인 양성소였다. 중국에서는 국가 행정관료의 재량이 중요하고 전문적 자문은 사적 법률비서관(幕友)이 맡았다. 재산권도 권력위계의 사회정치적 지위와 관련되었음을 시사함으로써 수정주의적 해석이 지나칠 가능성을 경고한다. 특히 대규모 공식 거래에서는 독립된 공적 법체계가 우월함을 강조한다.[24]

결론적으로 말하여 그래서 제국 대 국가 시스템의 유리, 불리함은 일방적으로 단정 짓기 힘든 것처럼 보인다. 공적 계약과 재산권 이야기는 자연스럽게 다음 장으로 이어진다.

국가 시스템이나 경쟁과는 관련 없이 국가의 인구와 면적이 클수록 규모의 경제를 누리기보다 관료를 감독하고 신민을 통치하는 비용이 더 들어 손실이 많다는 주장도 살펴보자. 승(Tuan-Hwee Sng)과 모리구치(Chiaki Moriguchi)는 통치범위의 지리적 크기에 따라 주인-대리인 문제가 더 심각하다며 1600-1850년간 중국과 일본을 비교하고 있다.[25] 큰 나라에서는 독재자(주인)가 관료(대리인)의 횡포를 막고 정치안정을 유지하기 위해 낮은 조세와 작은 정부를 유지할 수밖에 없다. 상대적으로 작은 도쿠가와 일본이 명·청 제국보다 높은 조세와 양질의 공공재 공급이 가능하여, 즉 강력한 국가기구를 정비하여 메이지 유신 이전에 이미 고도성장의 잠재력을 쌓았다는 것이다. 나라가 클수록 수도에서 먼 지방에 교통통신은 물론 징세 및 행정력이 미치지 않는다. 중앙집권을 강화하기 위해 이주나 심지어 여행의 자유를 제한하고자 해도 인구증가와 도시화의 추세 때문에 잘 되지 않고 조세징수의 사회적 비용이 올라간다.

이들은 적절한 가정 하에 다음과 같은 가설을 세우고 이를 역사적 자료로 검증하려고 노력했다. 1) 큰 나라일수록 부패 수준이 높다.

2) 큰 나라일수록 조세율이 낮다. 3) 큰 나라일수록 공공재 공급이 적다. 4) 큰 나라일수록 인구증가와 생산팽창이 통치자에게 상대적으로 덜 이롭다. 실제로 중국이 일본보다 관료들의 부패기록이 많으며, 주로 토지세 은납화 이후 동전이나 곡물로 납부한 조세를 은으로 환산할 때 착취를 하는 경우가 많았다. 중앙에서 파견된 수령과 지방 세리들의 유착을 뜻한다. 인구 1인당 조세수입은 1650-1850년 기간 중 일본이 중국보다 1.7배에서 6배 정도로 높았다.[26] 물론 중국 인구의 급성장을 고려해야 하지만 (가설 4) 징세 능력의 차이는 뚜렷하다. 여기에 부역이 청나라에서는 차츰 소멸하고 도쿠가와 일본에서는 지속되었던 것을 부가적으로 감안해야 한다.[27] 1인당 정부지출도 도쿠가와 일본이 청나라보다 4.3배 높고 인구 규모에 비한 공적 관료의 수도 훨씬 많다. 공공재 공급의 구체적인 예를 들면 금속 화폐주조, 도량형 표준화, 도로 및 수로 건설 정비, 도시 관리(도시화율 일본이 중국의 3배), 환경보호와 삼림보존 등에서 일본이 월등하다.[28]

물론 유교적 정치윤리 등이 비슷하고 당시 상대적으로 폐쇄적이었던 동아시아 나라들이기는 하지만 중국과 일본은 대륙과 섬이라는 점, 두 나라가 다 중앙집권적이지만 일본에는 다이묘들의 지방 자치가 있었다는 점, 청나라가 각 호구별로 징세했음에 반해 도쿠가와 일본은 촌락을 집단적 조세단위로 지정하고 가구별 조세부담 배분에는 관여하지 않았다는 점 등 다른 요인이 많은데 나라의 크기와 주인-대리인 문제 한 가지로 모든 것을 설명하는 데는 무리가 있을 것으로 생각된다. 또한 6장에서 보겠지만 규모와 함께 장기적 안정균형 추구가 정보비대칭성과 대리인 문제를 불러 일으켰을 수 있다.[29] 또한 규모가 아주 작거나 큰 나라보다 중간에 재정 효율의 최적점이 있을 것이다. 그리고 재정 시스템의 효율은 국가의 규모뿐만 아니라 통치 지역의 분산도, 제도의 다양성,

국제 네트워크에서 차지하는 위치, 재정운용기술과 금융의 수입 능력, 국제자본이동에서 독립 정도 등의 요인에 의존한다.[30]

제4장

제도, 재산권과 시장

◆

경제발전을 위해 시장의 원활한 운행이 중요하고 시장발달에는 재산권 보호와 계약 집행 보장이 선결조건임은 여러 번 강조하였다. 남미국가들 혹은 이와 유사한 어려움을 겪고 있는 이행기 국가들의 경우, 자본주의가 서유럽에서처럼 부를 가져다주지 못하는 이유는 무엇인가, "어째서 자본주의는, 브로델(Fernand Braudel) 말마따나, 마치 주머니에 싸인(enkysté) 채 오직 서유럽에서만 번영하고 있는 것일까?" 데소토(Hernando de Soto)는 이렇게 질문한다. 페루의 자유민주연구소(Institute for Liberty and Democracy) 소장이자 세계적 사회운동가인 데소토의 논지를 좀 자세히 살펴보자. 생소한 용어 사용과 의심스러운 역사해석에도 길게 논의할 가치가 있다. 그에 따르면, 가난한 나라들이 자본주의의 혜택을 서유럽이 누리는 만큼 누리지 못하는 것은 그 국민들이 '자산'을 소유하지 않아서가 아니다. 엄청난 양의 자산이 있어도 이를 명시화하고 '자본'으로 변환시키는 '통합된 재산권체제'가 없기 때문이다. 아니면 있다 하더라도 국민 대부분이 그 체제 '외부'에 머물러 있어 무용지물이 되기 때문이다.[1] 물론 데소토의 관심사는 유럽의 발흥보다 제3세계에 있지만 재산권 보호의 중요성을 일깨우는 데 큰 의미가 있기 때문에 좀 길게 논의하기로 하자.

재산권의 중요성

1950년대 이후 제3세계에서는 19세기에 유럽이 자본주의로 전환하는 과정에서 경험했던 바와 동일한 경제적, 사회적 혼란을 겪었다. 유아사망률이 낮아져 인구가 증가하고 기술의 발달로 농촌 노동력의 수요가 감소하면서 많은 사람들이 상대적으로 높은 소득을 얻기 위해 도시로 모여들었다. 그러나 그들은 자신들의 합법적인 경제활동을 가로막는 거대한 법의 장벽에 직면했다. "페루에서 국유지에 집을 짓는 건축허가를 얻으려면 6년 11개월 동안 52개소의 관공서를 드나들며 207단계에 달하는 복잡한 절차를 거쳐야 한다. 또 국유지에 속하는 토지에 대한 소유권을 얻기 위해서는 무려 728단계의 절차를 거쳐야 한다…. 이집트에서 국유지에 속하는 사막 지역에 정식으로 토지를 구입하고 등록하려는 사람은 31개소에 달하는 관공서와 사설기관에서 최소 77단계의 절차를 거쳐야 한다…. 아이티에서 합법적으로 토지를 소유하는 데 걸리는 기간은 총 19년이다. 그러나 단지 이런 오랜 시련이 있다고 해서 반드시 그 토지가 합법적인 자산으로 확정되는 것은 아니다."[2]

이들 지역에서는 건축이나 토지 소유에 대한 장벽뿐만 아니라 공장을 소유, 운영하기 위한 사업자 등록, 버스, 택시 등의 개인면허 등의 취득에도 엄청난 시간과 비용이 들었다. 이러한 장벽 때문에 도시 이주민들이 합법적인 체제 안에 들어가는 것이 어려워지면 그들은 법체계 '외부'에서 나름대로의 사회계약에 따라 자신들의 자산을 보호하고 운영한다. 멕시코시티의 거대한 규모의 '군소사업체(microbusiness)'와 러시아에서 비약적으로 커진 비공식 부문이 보여 주듯, 그들은 합법적인 경제체제에 생긴 수많은 공백을 나름대로의 방법으로 적절히 메워간다. 그들의 비공식적인 활동이 경제 전체에서 차지하는 비중이 점점 커짐에 따라 선진국과 달리 법의 외부에서 벌어지는 경제활동이 주류를 이루고 합법적인 경제활동이 예외가 되어 버리는 상황에 이르렀다.

데소토는 이러한 법의 외부에서 경제활동을 하는 사람들의 자산을 '죽은 자본'이라고 규정하고 그 가치를 파악하기 위해 조사를 수행하였다. 여기서 '죽은 자본'이라 함은 자산의 소유권이 법적으로 보장되어 있지 않을 뿐만 아니라 자산의 잠재적 특징들이 명시적, 체계적으로 정리되지 않아 잉여가치 창출에 사용될 수 없는 자산을 뜻한다. "이런 국가들에서 도시 부동산의 85%, 농촌 부동산의 40-53%는 자본을 창출할 수 없는 형태로 존재한다고 추정했다…. 제3세계와 과거 사회주의 국가들에서 가난한 사람들이 보유하고는 있지만 합법적 소유권이 인정되지 않은 부동산의 총가치는 최소 9조 3,000억 달러에 이르는 것으로 드러났다…. 9조 3,000억 달러는 미국에서 유통되는 모든 화폐의 액면가를 합한 액수의 약 2배에 해당한다…. 더욱이 1989년 이후 10년 동안 제3세계와 과거 사회주의 국가들에 유입된 직접적인 해외투자 총액의 20배를 훨씬 상회하고, 지난 30년 동안 세계은행이 대출한 모든 대출금의 46배에 해당한다. 또한 그 기간에 모든 선진국들이 제3세계의 개발을 위해 원조한 총액의 93배에 이르는 어마어마한 금액이다."[3]

그렇다면 어떻게 해야만 가난한 사람들의 자산이 '죽은 자본'에서 '산 자본'으로 전환될 수 있는가? 이를 알아보기 위해서 데소토는 우선 자본이란 무엇인가 하는 물음에서 시작한다. 그가 강조하는 것은 자본이 단순히 축적된 자산이 아니라 새로운 생산을 창출할 수 있는 잠재력이라는 점이다. 따라서 자산과 달리 자본은 추상적인 개념이며 우리가 이러한 잠재력을 활용할 수 있는 상태가 되기 전에 반드시 명확한 형태로 고정되는 과정을 거쳐야 하는 것이다. 서유럽에서는 합법적인 재산권체제가 바로 이러한 고정과정을 담당했다. 합법적인 재산권체제를 통해 서유럽은 자산을 자본으로 전환할 수 있었고 따라서 지속적인 잉여가치의 창출이 가능했다.

서유럽의 합법적인 재산권체제는 자본 창출을 유도할 수 있었다. 재산권체제가 가지는 다음의 여섯 가지 효과 때문이다. 우선 합법적인 재산문서는 자산의 다양한 잠재적 용도(담보권, 저당권, 지역권 등)를 눈에 보이는 형태로 고정시킨다. 그럼으로써 거래를 용이하게 하고 잉여가치의 생산에 기여한다. 둘째, 합법적인 재산권체제는 다양한 형태의 막대한 자산을 한 체제로 통합시켜 자산이 지닌 경제적인 가치를 누구나 쉽게 파악할 수 있게 한다. 셋째, 통합된 재산권체제는 개개인을 익명성에서 벗어나 책임 있는 경제주체로서 행동하도록 만든다. 넷째, 이러한 재산권체제는 모든 자산을 표준화된 범주로 나누고 경제적 특성을 분리하여 명시한다. 그렇게 함으로써 자산을 비교, 분할, 조합 가능하게 해 준다. 다섯째, 통합된 재산권체제는 자산과 자산이 가지는 잠재력이 경제주체들 간에 원활하게 움직이는 광대한 네트워크를 제공한다. 이런 네트워크를 이용하여 서구인은 공익서비스를 원활하게 제공받는다. 또한 공동출자나 보험 등으로 위험을 분산시킬 수 있다. 마지막으로 통합된 재산권체제에 의해 모든 소유권기록이 끊임없이 추적되고 보호되기 때문에 거래가 안전하게 보장된다.

저개발국과 과거 사회주의 국가들에서 가난한 사람들이 발생하는 이유는 대체로 그들이 위에서 말한 통합된 재산권체제 효과의 혜택을 받지 못하기 때문이다. "핵심적인 문제는 내가 자본주의라고 불렀던 사회요소가 마치 주머니에 싸인 것처럼 다른 요소들에서 소외될 수밖에 없었던 이유를 찾아내는 것이다. 어째서 그것은 세력을 확장해서 사회 전체를 장악할 수 없었던 것일까?"[4] 왜 저개발국은 주머니를 열고 더 많은 사람들이 자본주의의 혜택을 누릴 수 있게 하지 못하는 것일까? 이는 현재 제3세계의 혼란의 성격을 제대로 파악하지 못하는 데서 기인한다. 구체적으로는 첫째, 도시로 밀려드는 엄청난 수의 이주민이 스스로 법의 외부에서 자체적인 규약을 마련하고 새로운 기업가 계층으로 성장했다는 사실을 사람들이 깨닫지 못하고 있기 때문이다. 이를 이해하면 지금의 수많은 문제들은 실제로 국가가 운영되는 방식과 법체계가 조화를 이루지 못해 생긴 것이라는 점이 확실히 드러난다. 둘째, 지금 저개발국들이 직면한 문제는 실상 새로운 것이 아니다. 서유럽 선진국이 이미 산업혁명과정에서 겪었던 상황과 유사하다. 그것을 깨닫지 못하기 때문에 거기서 교훈을 얻지 못한다. 현재 저개발국의 문제, 즉 방대한 불법 영역의 성장은 이미 19세기 서유럽의 선진국들이 산업혁명과정에서 해결하려고 고심했던 문제 가운데 하나다. 서유럽 선진국들은 이를 성공적으로 극복함으로써 자본주의의 혜택을 일찍 맛볼 수 있었다.

산업혁명기 영국에서는 농촌의 노동수요 감소, 인구증가, 도시에 대한 농촌의 상대적인 수입 감소 등의 요인에 의해 도시로 대규모 이주가 일어났다. 대부분의 이주민들은 지금의 저개발국처럼 길드의 통제나 엄격한 상법 등과 같은 법률적인 장애 때문에 합법적인 경제활동을 할 수가 없었다. 이에 대응하여 가내수공업과 같은 불법적인 경제 영역을 확산시켜 나갔다. 독점권을 유지하려는 길드의 저항과 이와 결탁한 정부의 규제(영국에서 옥양목 수입금지, 혹은 프랑스에서 양모 제조, 수입, 판매 금지 등과 같은 불법적인 사업에 대한 금지 및 처벌)에도 불법 영역은 계속 확산되었다. 시간이 가면서 정부나 길드는 불법적인 제조업의 경제적, 기술적 우위를 점차 인정할 수밖에 없었다. 결국 길드는 교외의 불법적인 생산업자들에게 하도급을 주고 정부는 길드에 대한 후원을 철회하는 등, 점차 불법적인 영역의 확산에 굴복했다. 이 과정에서 산업혁명 이전에 존재했던 법체제는 현실 경제의 운영방식과 충돌하면서 점차 붕괴되어 갔다. 결국 19세기와 20세기 초반에 걸쳐 대부분의 유럽 국가들의 법체제는 일반 시민들의 요구를 수용하기 시작했다. 정치가들은 문제가 불법적인 경제활동을 하는 사람들에게 있는 것이 아니라 바로 그들의 생산활동을 억제하는 법체제라는 것을 깨달은 것이다. 낡은 규제로 인해 유발되는 장애를 줄이고 현존하는 지역적인 규약을 입법에 반영해 공식적인 재산에 접근하기 쉽게 만들면서, 유럽의 정치가들은 법체제와 경제체제에 존재하는 모순들을 제거했을 뿐만 아니라 자국의 산업혁명을 촉진할 수 있었다.[5]

초창기 미국의 정착민들은 경제질서의 유지를 위해 영국 재산법의 원칙을 적용하려고 하였다. 그러나 영국의 보통법은 확실한 소유권체제 없이 재산권을 새로 창출해야 하는 식민지의 현실에는 전혀 맞지가 않았다. 이러한 영국 법으로 혼란스런 재산 분쟁에 대한 결정을 내리는 것은 매우 어려운 일이었다. 따라서 법원은 지역의 관습에 의존하거나 그 관습을 새로운 법체제로 흡수, 전환시켰다. 이 과정에서 식민지 정착민들은 토지의 사용과 분배를 규정하면서 영국의 법체제에서 점점 이탈하기 시작했다.[6] 한편 영국에서 위법행위로 엄격히 금지되었던 토지의 무단 점거는 주인 없는 토지가 넘쳐나는 미국에서는 너무나 흔한 일이었다. 무단 점거자들은 무단 점거를 합법화하기 위해 투쟁을 벌여 나갔다. 동시에 자체적인 그러나 불법적인 재산권을 만들어 내기 시작했다. 그 예로 '토마호크 권리', '오두막 권리', '옥수수 권리' 등이 있다. '토마호크 권리'란 샘 근처에 있는 나무 몇 그루를 고사시켜 한 그루 이상의 나무껍질에 처음 개발을 시작한 사람의 표시를 남겨서 그 토지에 대한 권리를 보장받는 것이었다.(〈그림 7〉 참조) '오두막 권리'와 '옥수수 권리'

는 통나무집을 짓거나 옥수수를 경작해 토지에 대한 권리를 주장한다는 의미다. 특이한 것은 이런 불법적인 권리가 마치 합법적인 소유권처럼 매매와 이전이 가능했다는 사실이다. 또한 이 권리들은 이후에 선매권법의 적용을 위한 조건으로 인정되었다.[7] 이들은 모두 정착하여 개간을 하고 토지를 개발하는 무단 점거자에게 불법적이지만 소유권을 인정하는 자체적인 규약이었다. 이러한 권리를 불법적으로나마 인정받기 위해 점거자들은 단체를 만들기도 했다. 미국 중서부 지역의 청구지 조합(claim associations)과 캘리포니아의 금광지구(miner district) 등이 그 예다. 이들 단체는 모두 토지에 대한 권리를 침해하려는 제3자로부터 단체의 구성원을 보호하고 구성원 상호 간의 분쟁을 조정할 뿐만 아니라 토지의 등록 및 양도를 위한 절차를 제정, 시행하였다.

이러한 노력에도 무단 점거자들은 소유권을 합법적으로 인정받기까지 오랫동안 아메리카 원주민들뿐만 아니라 주 의회와 싸워야만 했다. 시간이 지나면서 정부는 영국의 보통법이 새로운 상황에 적용하기에는 매우 부적절하다는 것, 따라서 무단 점거자들에게 토지를 개발하게 하고 세금을 걷는 것이 훨씬 실현가능한 방법이라는 것 등을 점차 깨닫게 되었다. 결국 일련의 법 제정 (선매권법, 점유법, 일반 광산법, 홈스테드

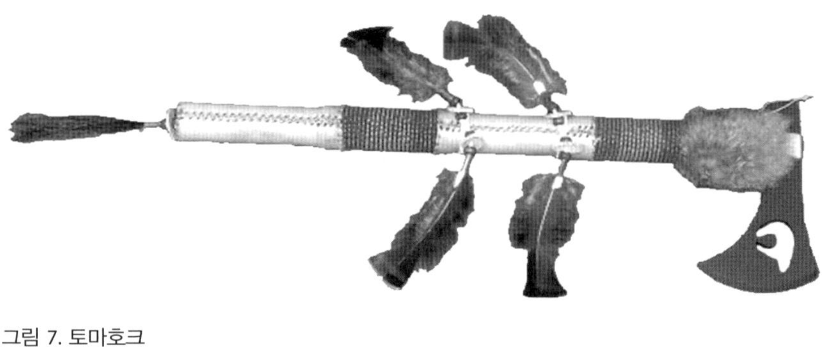

그림 7. 토마호크

Homestead 법) 및 수많은 판례 등을 통해 무단 점거자들은 '범죄자'가 아닌 '개척자'로서 그들의 토지에 대한 권리를 인정받을 수 있었다. 여기서 선매권법이란 어떤 토지에 대한 공개적인 매각이 이루어지기 전에 그 토지를 개간한 정착민에게 우선적으로 매입을 허가하는 제도이다. 또한 켄터키 주에서 시작된 점유법은 일정 기간 다른 사람들의 요구가 없고 그 후로 세금을 납부했다면, 토지를 개간한 점유자와 개인적으로 토지를 소유한 정착민의 권리를 인정하고 다른 사람들로부터 그들의 소유권을 보호해 주는 법이다. 이 법은 처음엔 대법원에서 위헌으로 판정되었다. 그러나 후에 여론의 반발로 주 의회와 주법원에 의해 합법적인 것으로 인정을 받기도 했다. 광산을 개발한 사람의 소유권을 정부가 인정해 주는 일반 광산법도 비슷한 맥락이다. 주목할 만한 것은 이 법안의 내용이 이미 지역마다 확립되어 있던 광원들의 불법적인 자체규약을 거의 그대로 수용했다는 점이다. 마지막으로 홈스테드법은 한 토지에 5년 동안 정착해 개발하는 사람에게 160에이커를 무상으로 불하한다는 법이다. 이 법은 낡은 법체제와 새로운 질서 사이의 대립에 종지부를 찍었다는 점에서 역사적, 상징적인 가치를 지닌다.

이러한 길고도 고통스러운 과정을 거치면서 미국은 불법적인 영역을 통합된 재산체제 안으로 흡수했다. 비유하자면 주머니를 열었다. 통합된 재산체제를 통해 자산을 자본으로 전환할 수 있게 되었다. 이후 폭발적인 경제성장을 이끌어 낼 수 있었다. 이러한 미국의 역사에서 제3세계 국가가 배울 수 있는 교훈이 있다. 통합된 재산권체제의 창출에서 중요한 것은 지도나 측량과 같은 기술적 측면이 아니라 불법적 영역에 대한 정치적, 법적 태도 변화라는 것이다. 불법적인 영역을 무조건 무시하거나 규제하려는 태도는 어리석다. 또 하나 미국의 사례에서 드러나듯이 실패한 법체제를 바로 잡으려면 다음의 세 가지가 선행돼야 한다. 우선 불법적인 그러나 실질적인 사회규약을 찾아내서 이해하고, 그것을 법체제로 통합해야 하며, 이러한 개혁을 이끌어 낼 수 있는 정치적 전략이 필요하다.

제3세계에서 불법적인 영역이 확대되는 것은 사람들이 세금을 회피하려 하기 때문이라기보다는 합법적인 상태를 유지하는 데에 드는 상대비용이 많이 들기 때문이다. 부동산의 무단 점거나 불법주택의 문제도 기술상의 문제가 아니라 합법적인 재산권을 보장하는 법체제의 미비 때문이다. 따라서 주머니를 여는 것은 근본적으로 법체제의 개혁을 통해 해결되어야 한다. 이 과정에서 단지 외부에서 통용되고 있는 불법적인 규약이나 사회계약을 무시하지 않고 통합하려 노력해야 한다. 또한 이러한 법체제의 개혁은 법률가들이 하는 것이 아니다. 그것은 빈민을 이해하고 기득권층을 설득할 수 있는 유능한 정치가의 임무이다. 구체적으로 이러한 개혁을 위한 법적 과제 중 우선인 것은 산재해 있는 불법적인 재산규약들을 찾아내고 파악하는 것이다. "정부는 불법적인 재산규약을 어떻게 찾아낼 수 있을까? 바로 이런 사항들이 인도네시아의 국회의원 5명이 내게 던진 질문이었다…. 나는 며칠 휴가를 내서 지구상에서 가장 아름다운 휴양지로 알려진 발리 섬을 찾았다. 벼가 자라고 있는 드넓은 논을 지나면서 나는 각 농지의 경계, 즉 소유권의 경계가 어디인지 도무지 알 수 없었다. 그러나 개들은 그 경계를 확실히 알고 있었다. 한 농장을 지나 다른 농장으로 갈 때마다 농장들 사이의 경계에서 개들이 시끄럽게 짖어댔다. 그 개들은 인도네시아의 법체제를 전혀 알지 못하지만 주인들이 소유한 자산은 확실하게 알고 있었던 것이다…. 비공식적인 규약을 재정비해 하나의 합법적인 사회규약으로 통합하려 한다면, 정부는 반드시 농촌에서 짖어대는 개들의 소리에 귀 기울여야만 한다."[8]

그렇다면 과연 제3세계 국가들의 정부는 '개짖는 소리'에 귀를 기울이고 있는가? 페루를 비롯하여 수많은 저개발국들은 지난 수년 동안 가난한 사람들의 자산을 합법화하려는 시도(위임법의 제정과 같은 우익적인 시도, 농업의 집단화와 같은 좌익적인 시도 등)를 끊임없이 해왔다. 그러나 이런 시도들은 모두 실패로 끝났다. 정부가 재산권을 보장하기 위한 정책을 시행할 때마다 이미 통용되고 있는 불법적인 규약을 무시하기 때문이다. 새로운 재산법 체제가 합법성을 인정받으려면 반드시 기존의 불법적인 사회계약을 포용해야만 한다. 이는 앞서 살펴본 미국의 예(광산법의 예)에서도 잘 드러난다. 불법적인 규약들을 찾는 작업은 합법적인 재산권체제에서 소유권을 입증하는 방식과는 완전히 다르다. 이를 위해서는 현장조사를 실시하여 불법적인 재산권을 입증하고 명시화하는 수단을 알아내야 한다. 그것을 분석해 유용하고 시행 가능한 것만을 골라낸다. 그 다음으로는 이를 성문화하고 그것을 임시로 시행하면서 기존의 합법적인 법과 비교하는 과정이 필요하다. 그러한 비교과정에서 정부 지도자들은 재산을 통제하는 규칙의 기반을 구축할 수 있다. 이러한 법체제의 개혁은 현 상황에 대한 큰 변화를 수반한다. 그러므로 다른 한편으로 이것은 정치적인 과제이기도 하다. 정치적 과제라는 의미는 법체제의 개혁이 필연적으로 기득권 세력의 저항을 수반한다는 것이며, 따라서 이러한 갈등을 해소하면서 개혁을 이루어 내는 것이 쉬운 일이 아님을 함축한다. "가난한 사람들에게 자본주의를 개방하는 것은 간단한 문제가 아닐 것이다. 불도저로 뭔가를 밀어내는 작업과는 다르다. 그것은 독수리를 자극하지 않으면서 거대한 독수리의 둥지를 이루고 있는 수천 개의 나뭇가지를 재배치하는 작업과 유사하다고 할 수 있다…. 이처럼 독수리를 자극하지 않고 독수리 둥지를 재배치하는 작업은 분명히 능숙한 정치인들이 담당해야 할 부분이다."[9]

이러한 정치적 과제를 달성하기 위해 지도자는 다음과 같은 세 가지 사항을 차례로 실행해야 한다. 일단 가난한 사람들의 시각을 가져야 하고, 개혁을 주도할 엘리트를 설득하고, 마지막으로는 '주머니'를 수호하는 법률가들과 기술자 집단 및 관료와 협상해야 한다. 개혁에서 승리하기 위해서는 우선 문제가 무엇인지를 파악하는 것이 중요하다. 개혁가들은 직접 거리로 나가 가난한 사람들이 합법적인 재산권에 접근할 권리(준 재산권)가 어떻게 제한되고 있는지를 파악해야 한다. 일단 이러한 정보를 확보했다면 지도자는 빈민들의 이해와 참여를 유도할 수 있다. 이것이 실제로 1990년대 초반에 페루에서 일어난 개혁이었다. 빈민들의 경제적 잠재력이 드러나고 개혁에 대한 열망이 강해지고 나면 이제 개혁을 주도할 엘리트 집단을 설득할 차례이다. "엘리트들은 그저 애국심이나 이타심이 아닌 자신의 지갑을 두둑하게 만들기 위해 개혁을 지지하는 것이다."[10]

예를 들어 빈민들이 합법적으로 건설된 집을 소유하고 재산권을 보호받는다면 엘리트들은 다양한 형태로 그에 따른 보상을 받을 수 있다. 건축업자, 자재회사, 은행, 근저당 설정회사, 소유권 대행업체, 보험회사 등은 자기네 시장이 확장되는 것을 발견할 것이다. 정부는 공공요금 및 세금징수를 위한 정보를 쉽게 확보할 수 있다. 더 나아가 치안이 확보되고 불법행위가 줄어들며 심지어는 남미에서 커다란 사회문제인 마약 유통을 방지하는 효과도 있다. 이렇게 재산을 합법화하는 작업이 기득권층에게도 이익이 된다는 점을 들어 정부는 엘리트 집단을 설득해야 한다.

마지막으로는 주로 기존 법률 체제의 유지에 기여하는 법률가, 기술자 집단 및 관료들의 저항을 이겨내야 한다. 법률가 집단은 재산을 합법적인 수단으로 명시화하고 재산권 보호를 성문화하는 당사자들이다. 그래서 개혁에 반드시 필요한 사람들이다. 하지만 일반적으로 법률가들은 자신들이 제정한 법의 경제적, 사회적 효과에 무관심하다. 불법적인 규약과 변화에는 대체로 적대적이다. 따라서 개혁가들은 개혁에 도움을 줄 법률가들을 제대로 선택해야 한다. 정치 지도자는 모든 국민에게 개방된 합법적인 통합 재산권체제를 구축하는 일이 국가의 미래에 중요하다는 사실을 알고 있어야 한다. 또한 이를 납득시킬 수 있는 법률가 집단을 선별해 조직화해야 한다. 기술자 집단과 관료들은 재산권체제를 만드는 정책을 단순히 기술적인 것, 즉 측량하고 지도 그리고 데이터베이스를 구축하는 일련의 업무와 동일시하는 경향이 있다. 이러한 기술적 태도를 지양하고 변화를 지지하도록 설득하는 것 역시 정치가의 몫이다. 결론적으로 재산권체제 개혁을 위해 지도자는 불법적 영역에 있는 빈민의 상황을 이해하고, 엘리트 집단을 설득하며, 개혁 도구가 되는 법률가 집단을 선별하고, 기술자 집단 및 관료들의 타성을 혁파해야 한다.

제도학파 경제학

데소토가 그렇게 강조한 재산권체제 구축은 노벨상을 수상한 제도학파 경제사학자 노스(Douglass C. North)가 오래전부터 주목해 온 분야다. 더욱 크게는 어떤 제도가 거래비용과 전환비용을 줄여서 경제적 성과를 높이는가, 즉 특화와 노동분업의 증대를 통해 높은 경제성장을 가져오는가를 검토한다.[11] 여기서 제도란 규칙, 신념, 규범과 조직의 상호 연관된 시스템을 가리키는데 이들은 시장과 정치체제의 운행에 영향을 주고받는다. 다양한 제도 하에 경제적, 정치적 거래행위가 결정되며 거꾸로 시장과 정체가 제도를 변화시키기도 한다.[12]

소규모 촌락 교역은 비공식적으로 제약을 받는 긴밀한 사회적 네트워크 내에 존재하는데 이는 국지적 교역을 촉진한다. 이 상황에서 거래비용은 낮다. 사람들은 서로를 잘 알고 있다. 그런 상황은 폭력의 위협이 사회의 다른 구성원에 대해 갖는 함의 때문에 질서를 유지하기 위한 지속적인 힘이 된다.[13] 시장 규모가 커지면 지역적 교역의 거래비용은 급격히 증가한다. 사회적으로 긴밀했던 네트워크가 다른 네트워크 즉, 개인끼리의 거래 빈도가 점점 줄어드는 네트워크로 대체되기 때문이다. 이 때문에 측정과 집행을 위해 더욱 많은 자원이 투입되어야 한다. 이 세계에 전형적인 중앙정부는 존재하지 않는다. 어떤 통합된 정치구조 형태나 공식적 규칙이 없는 상황에서는 통상 종교적 계율이 개인에게 행위기준을 부과한다. 이 계율이 거래비용을 낮추는 효과는 그 계율이 개인 거래자를 구속하는 정도에 따라 크게 달라진다.

원거리 무역이 성장하면서 두 가지 명확한 거래비용 문제가 발생했다. 첫째는 고전적인 대리인 문제다. 이 문제는 역사적으로 원거리 무역에서 친족을 이용한 코멘다나 기타 초기 형태의 조직으로 해결되었다. 즉 한곳에 정착한 상인은 판매협상을 하고 회송화물을 획득하기 위해 친족을 화물과 함께 보낼 것이다. 성과측정 비용, 혈연적 유대의 강력함, 배반행위 비용 등이 이러한 협약의 결과를 결정했다. 무역 규모와 양이 증가함에 따라 이 문제는 점점 더 중요한 딜레마가 되었다. 둘째는 계약 집행을 위해 손쉽게 이용할 방법이 전혀 존재하지 않는 이방세계에서 다룰 계약 이행과 집행의 문제다. 집행은 수송 도중에 해적, 또는 산적으로부터 재화나 서비스를 보호하는 것뿐만 아니라 외국 영토 내에서 협약을 집행하는 것까지도 의미했다. 표준화된 중량과 척도, 계산단위, 교환의 매개체, 공증인, 영사, 상거래법 재판소 및 재정수입을 제공하는 대가로 외국 황족의 보호를 받는 외국상인 거주지 등이 발전했다. 이것은 거래와 원거리 무역에 종사하는 것을 가능하도록 한 조직, 제도, 수단이었다. 자발적 조직과 반강제적 조직의 혼합, 또는 최소한 협약에 따라 행동하지 않는 상인을 효과적으로 추방할 수 있는 조직이 만들어짐으로써 원거리 무역이 가능해졌다.

다음 단계, 즉 자본시장 창설과 대량의 고정자본을 갖는 제조업이 발달하는 데는 다소간의 강제적인 정치 질서를 수반하였다. 더욱 복잡하고 개인적 유대에 입각한 거래를 넘어서는 비개인적인 교환형태가 발전함에 따라 개인적 유대, 자발적 제약, 추방 등은 더 이상 유효하지 않기 때문이다. 유효한 비개인적 계약이 존재하지 않을 경우, 배반으로 얻는 이득이 그러한 복잡한 교환의 이득을 충분히 능가할 수도 있다. 재산권 안정에는 공간과 시간을 넘어 계약을 실효성 있고 공평하게 집행하는 정치적, 사법적인 조직이 필요할 것이다.

최종단계에서는 특화로 인해 사회의 자원이 점점 더 많이 거래에 투입되게 된다. 그 결과 거래부문은 국민총생산에서 큰 비율을 차지한다. 이것은 경제활동의 간단한 조정뿐만 아니라 상업, 금융, 은행업, 보험 등이 특화하면서 이 부문에 종사하는 노동력 비중이 점점 더 높아지기 때문이다. 필연적으로 고도로 특화된 형태의 거래조직이 발달한다. 개인에게 신뢰할 만한 공약과 더불어 자본시장이나 기타 다른 종류의 교환, 국제적 특화와 노동 분업 등이 이루어지기 위해서는 국경을 넘어 재산권을 보호하는 제도나 조직이 필요하다.

계약집행의 개선이 개인들을 비교적 단순한 교환형태에서 더 복잡한 교환형태로 이동시키는 데 어떤 필연적인 연결고리가 존재하는가? 우선 계약집행이 개선되면 이와 더불어 정보비용이 더욱 낮아지고, 규모의 경제 때문에 단순한 교환형태에서 복잡한 교환형태로 발전하며, 실제로는 그것을 촉진한다. 그뿐만 아니라 조직으로 하여금 스스로를 사회적으로 더 생산적인 방향으로 발전하도록 유도할 지식이나 정보를 획득하려는 인센티브를 제공한다. 유럽에서 원거리 무역이 부흥하면서 이것은 더욱 복잡해진 조직이 연속적, 내부적으로 발전하는 시발점이 되었다. 즉 원거리 무역의 시작은 정보비용 저하를 통해 규모의 경제와 해당 지역에서 계약 집행이 발전하도록 자극했다. 이것은 원시적인 교환 형태의 안정성과 뚜렷이 대조된다. 베네치아인의 지중해 무역, 샹파뉴 정기시, 한자 교역 내 뤼베크 등지에서 성공하려면 학습과 기술이 필요했다. 이것은 더욱 정교한 제도적 장치가 만들어지도록 유도했다. 환어음 발달과정이나, 상관습법의 원칙들이 법률에 정식으로 구현되는 단계 등을 추적하면, 거래기회가 확대될 때 조직이 유리한 기회를 추구하고자 노력하는 과정에서 그러한 제도를 발전시켰다는 것을 알 수 있다.

어떤 경제들은 현대 서유럽 세계를 특징짓는 복잡한 제도나 제3자 집행이 이루어질 수 있도록 허용하는 정치구조를 낳게끔 발전하였다. 그러나 서유럽에서조차 모든 경제가 다 그랬던 것은 아니다. 몇몇 경제는 파산과 생산적인 제도 혁신 등을 추진할 의욕을 꺾어 버리는 정치적, 경제적 정책을 쓰기도 했다. 그 결과 경제가 막다른 지경에 봉착하기도 했다. 예를 들어 스페인이 그랬다. 첫째, 제도와 조직의 안정성, 둘째 다른 경제와는 대조적으로 동태적인 경제변화를 일으킬 역량이 작동했는가에 따라 경제가 달리 귀결되었다. 서유럽에서 변화, 지식 축적, 축적된 지식의 적용 등이 진전되면서 이것이 경제적, 정치적 구조와 어떻게 상호작용했는가를 따져 볼 필요가 있다. 그러려면 정치적 단위 간의 경쟁, 교회의 지적 권위의 붕괴, 군사기술의 발전 등이 새로이 축적된 지식과 기술의 발전, 적용과 상호 연관되는 방식을 검토해야 한다.

중국, 이슬람 등의 지역과 대조적으로 유럽이 성공하게 된 것에 관한 전통적 설명 가운데 하나가 유럽 지역 내 정치적 단위 간의 경쟁이다. 확실히 이 경쟁은 이 논의의 중요한 부분이긴 하다. 그렇다고 이것이 이 줄거리의 전부가 될 수는 없다. 유럽에도 발전하지 못한 지역이 있기 때문이다. 스페인과 포르투갈은 수세기 동안 정체상태에 있었다. 유럽 나머지 지역의 경제성장 역시 균등하지 않았다. 제도를 변화시키는 데 선구자는 네덜란드와 영국이었다. 서로 대조되는 초기 조건 하에서 특정한 경로의존이 설정됨에 따라 영국과 스페인의 경우처럼 상이한 역사를 낳았던 것이다.

17세기 영국 정치적 변화의 예를 보자.[14] 17세기 스튜어트 왕조는 재정위기가 계속 반복되어 강제공채, 독점품 판매, 부의 몰수 등을 포함하는 다양한 정책을 시행해야 했다. 이에 따라 재산권의 안정성이 저하했다. 의회와 보통법재판소 모두 국왕과 계속 투쟁관계에 있게 되었다. 이 투쟁은 내전으로 이어졌다. 대안적 정치제도의 실험이 뒤따랐으나 계속 실패했다. 1660년 군주제가 부활되었다. 그러자 또다시 스튜어트 왕조의 재정적 특권을 둘러싼 정치적 항쟁이 반복되었다. 결국 국왕 제임스 2세는 폐위되고 홀란드(지금의 네덜란드 일부)의 윌리엄 공이 즉위하면서 개혁이 진행되었다(명예혁명 1688). 개혁론자는 국왕이 자의적으로 재산을 몰수할 수 있는 힘을 행사하지 못하도록 이를 통제하고자 했다. 의회의 권한, 재정문제의 중앙통제, 왕실특권의 축소, 사법의 독립, 보통법재판소의 주권 등이 확립되었다. 그 결과 재산권 안정성이 커졌다.

자본시장의 발달

재산권 안정성이 증대하자 가장 눈에 띄게 두드러진 현상이 자본시장의 급속한 발전이었다. 명예혁명에 이어 정부는 재정적으로 지불 능력을 갖게 되었다. 그뿐만 아니라 전례 없던 수준의 기금에 접근할 수 있었다. 불과 9년 만에(1688-1697) 정부의 차입금은 비약적으로 증대했다. 기금을 제공할 의사를 가진 채권자가 급격히 늘었다는 게 무슨 뜻인가. 그것은 정부가 그 협정을 존중할 것이 확실하다는 인식이 반영된 것이었다. 공채 중개를 위해 1694년에 창설된 영란은행은 민간부문에도 침투하기에 이르렀다. 다수의 다른 은행도 이 시기에 영업을 개시했다. 다양한 유가증권과 유통증권이 18세기 초에 등장했다. 민간 신용에 대한 이자율은 공채에 대한 이자율과 대략 상응했던 것으로 보인다.

재산권의 안정성과 공적, 사적 자본시장의 발전은 이후 영국의 급속한 경제발전을 위한 선결조건으로서뿐만 아니라, 영국의 정치적 패권과 궁극적으로 세계를 지배하게 한 요인으로서의 역할을 했다. 영국에 '금융혁명'이 없었다면 프랑스를 이길 수 있었을까. 즉 1688년부터 1697년까지 차입증대로 가용 기금 규모가 커졌다. 이는 프랑스와 진행 중인 전쟁에서 영국이 승리하는 데 필요조건이었다. 다음의 전쟁(1703-1714)에서도 영국이 승리했다. 이후 영국은 세계의 대국으로 등장했다. 명예혁명에 이은 헌정개혁으로 국왕의 부채계약에 신뢰가 생겨 국왕, 의회, 금융자산가 사이에 거래가 급증했다는 설명이다. 여기에 전쟁을 지나치게 선호하는 국왕의 도덕적 해이(승리하면 득이 많으나 패배해도 그다지 손해가 없기 때문에)를 견제할 책임을 의회가 각료들에게 부과(ministerial responsibility)한 결과가 더 중요했다는 주장을 펼 수 있다.[15] 정당을 대표하는 내각, 특히 휘그당의 경제근대화를 위한 구체적 정책도 중요했다.[16]

1688년이 전환점이 아니라 그 이전, 즉 내전과 공화정, 왕정복고 시기가 왕실 재정구조를 탄탄하게 하여 차입 능력을 증가시킬 수 있었다는 설명도 있다. 1688년에 국채 이자율, 재산권 보호, 또 다른 현상들이 단절적 변화를 보이지 않는다는 것이다. 그러나 의회의 헌법적 권력에 대한 신뢰, 조세수입, 정부부채, 행정부 통제에서 의회의 권한 등을 관찰하면 분명히 혁명적이다.[17] 재정국가(fiscal state)의 형성에 대해서는 6장에서 다시 검토하기로 하자.[18]

여기서는 금융자본주의 발흥의 역사적 배경을 간단히 살피고 지나가자. 금융자본주의의 역사는 16세기 유럽의 '가격혁명(= 최초의 금융혁명)'에서 시작한다. 아프리카의 금과 남미의 은이 유럽 전역으로 다량 유입되어 물가가 2배 이상 올랐고, 17세기까지 높은 수준으로 유지되었다. 북서유럽의 상인들이 원거리 교역을 통해 수익을 얻으려는 과정에서 새로운 금융 기법이 탄생한다. 이는 이 시기에 형성되는 국민국가의 이해관계와도 상당 부분 일치했다. 합스부르크의 카를로스 5세가 전시 수요를 충족시키려는 과정에서 종신연금(life annuity), 상속가능형 연금(heritable annuity) 등 장기 유가증권이 생겨났고, 이를 거래하기 위한 시장이 확대, 성장했다. 이들 증권은 상속, 양도, 전매가 가능했다. 16세기 후반 안트워프(Antwerp)에서 있었던 주요 금융혁신은 외국환어음이라는 새로운 결제 수단을 통한 국제 거래였다. 이러한 혁신은 암스테르담으로 이전되어 어음의 지연이나 불확실성을 제거하기 위해 비셀은행(Wisselbank)을 통해 결제했다.

초기 금융혁신의 특징은 첫째 자금이 환어음을 통해 안전하고 신속하게 국제적으로 이동했다는 점, 둘째 영구연금(perpetual annuity)에 대해 안전하고 유동적인 장기투자가 이루어졌다는 점이다. 네덜란드 동인도회사는 첫 항해들의 초기 투자금을 영구적인 자본금으로 전환했고, 투자자가 투자금을 되돌려받을 수는 없었다. 하지만 매년 배당을 받을 수 있었고 지분을 전매할 수 있었다. 배당금이 고액이고 안정적이었으므로 지분의 전매시장은 매력적이었는데 지분의 국제 거래도 가능했다. 영국 동인도회사도 17세기 후반에 자본금에 대한 외국인의 지분 보유를 가능하게 했다.

초기의 금융혁신이 확산된 것은 전쟁과 종교적 대립으로 인해 국가 간 이주가 활발히 이루어졌기 때문이다. 종교적 박해를 피해 이주한 엘리트 상인층의 도피자본과 숙련노동이 이후 각국의 경제환경 변화를 이끌었다. 수차례 전쟁으로 인해 합자회사(joint-stock company)의 자산에 대한 지분이 인기를 누렸고, 국가채무인 연금 수익률도 높아졌다. 여러 차례의 버블이 발생했다(영국의 South Sea Bubble, 1720, 프랑스의 Mississippi Bubble, 1719-1720, 홀란드와 독일의 1719, 1720 버블들). 버블과 버블 규제를 통해 금융안정을 위한 제도가 자리잡기 시작했다.

1688년 이후 홀란드의 선진금융이 영국 금융을 더욱 발달시켰다. 단기부채를 차환하기 위해 정부복권, 보험증권, 특수회사채 등이 시도된다. 영란은행(1694), 통합동인도회사(1702), 남해회사(1711)의 주식이 국내외에 거래됨으로써 국제금융시장도 심화된다. 18세기 동안 여러 차례의 전쟁이 전비조달 수요의 형태로 금융적 충격을 주어 '금융혁명'에 박차를 가했다.[19]

그러나 명예혁명이 재산권 보장에 갖는 의미를 과대평가할 우려가 있다는 주장도 있다. 금융혁명과 재정국가가 공공차입 비용을 낮췄으나 그 결과 잦은 전쟁 때문에 국가부채가 폭발적으로 증가하고 민간신용을 구축했다. 이어진 이자율 상한 등 금융 규제는 신용배분을 왜곡시키고 담보대출에서 신용대출로 확산을 지연함으로써 소수 특권층에만 대부를 제한했다. 평균대부기간도 짧아져서 장기산업대부가 발달하지 못했다. 금융혁명은 정부공채시장을 발달시켰지만 뒤이은 금융 규제는 남해버블 이후 합자회사 규제와 함께 금융중개행위를 위축시켰으며 오히려 산업혁명기까지 경제성장 잠재력을 떨어뜨렸다. 이 주장은 호어은행(Hoare's Bank) 등 소규모 금 세공업 출신 은행들의 개별 대부거래 미시자료에 의해 뒷받침되었다.[20]

금융혁명은 차치하더라도 사회적 태도와 규범 면에서 영국은 대륙과 현저히 달랐던 것으로 보인다. 비공식적 제약은 17세기 사건들(이를테면 영국혁명)의 전개에 어떤 역할을 했는가? 정치적 행위자가 혁명으로 이어지는 선택을 하게 한 주관적 인식이 존재했을 터인데, 이것이 비공식적인 제약과는, 이데올로기적이든 다른 뭐든 간에, 어느 정도로 상승작용의 효과를 일으킬 수 있었을까? 우리는 이러한 문제에 대해 적절하고 명확한 해답을 갖고 있지 않다. 한마디로 답하기도 어려운 문제다. 그러나 그 기초에 있는 비공식적인 제약이 공식적 규칙의 변화에 호의적이었을 법하다. 이 주장의 타당성을 뒷받침하는 좋은 증거가 있다. 그것은 그 결과로서 생긴 정치와 경제체제의 안정성이다. 공식적 규칙 내에 급격한 변화가 일어나 기존의 비공식적인 제약과 조화를 이루지 못하면 그들 사이에는 해결할 수 없는 긴장이 존재하게 되고, 이는 장기적인 정치 불안으로 이어질 것이다.

제도와 정치질서

노스는 다음과 같이 평가한다. 신고전파 경제이론은 정태적이다. 그래서 정책처방은 의도와 다른 결과를 가져오기 쉽고, 동태적 이론을 개발하기 힘들다는 것이다. 노스는 새로운 이해를 꾸준히 모색해왔다.[21] 최근에는 신념체계 등의 개념을 도입하여 진화심리학의 명제들을 원용하고 있다. 질서와 무질서의 근원에 신념체계가 있고 양자는 각각 불확실성의 감소와 증가에 해당한다고 한다. 경제변화는 무질서를 키우는 경향이 있다. 그러나 질서는 장기 경제성장의 필요조건으로서 개인의 자유와 재산권을 보장한다. 권위주의적 정치질서와 합의로 성립된 정치질서는 스펙트럼의 양극단에 위치한다. 권위주의적 통치에는 스탈린식의 테러리즘부터 '싱가포르 모델'까지 포함된다. 합의로 이루어진(consensual) 질서는 일부 스위스 지방자치단체의 직접민주주의부터 멕시코의 사실상 일당독재에 이르기까지 다양하다. 무질서는 규칙의 강제집행력이 축소될 때, 조직 내 협력규칙이 약화될 때 나타나고 새로운 체제의 등장을 수반한다.

질서가 장기간 유지될 수 있게 하려면 정치규칙을 제정하는 제도에 일정한 제한을 둬야 한다. 이와 동시에 제도는 유연성을 갖춰 경제변화와 관련된 문제를 해결하고 이에 효율적으로 적응해야 한다. 이것은 미국을 남미와 비교하면 비교적 뚜렷이 나타난다. 첫째, 공유된 신념체계가 시민의 권리, 정치 관리의 행동 등을 일정하게 제한하는 범위를 설정한다. 둘째, 성공적 헌법에 근거하여 시민권을 부여하고 이 권리로서 정부의 의사결정에 제한을 가한다. 셋째, 재산권과 인권이 명확히 정의되고 분명히 인식된다. 넷째, 국가가 이런 권리를 존중하고, 기회주의나 공무원의 약탈행위로부터 그 권리들을 보호한다.

미국은 7년전쟁(1756-1763)까지는 상대적 안정기였다. 그 이후 불안정한 시기를 거쳐 1781년 미국혁명을 맞는다. 남북전쟁까지는 질서 정착과 경제발전이 있었고 남북전쟁 이후 급속한 질서재수립과 경제성장을 누렸다. 미국의 제도 구조는 적응을 잘하고 효율적이었다. 이는 경로의 존성(영국의 정치·경제제도), 유리한 요소부존(풍부한 토지, 자원, 유럽에서 노동과 자본의 유입), 신념체계를 강화할 유리한 사건들(예를 들어 19세기 말 금광 발견)과 우연(예컨대 제헌회의에서 반연방주의 보이콧) 등에 의해 만들어졌다.

스페인 국왕을 위한 귀금속 공급원으로서 중요했던 남미는 마드리드의 권위주의 체제적 유산이 남겨진 곳이다. 식민모국의 정책에 따라 식민지 시절 자율적 정부와 잘 정의된 재산권 전통이 없었기 때문에 남미는 독립 후에도 질서수립이 늦고 권위주의적 정부가 들어섰다. 공화주의 제도는 조직과 왕정으로부터 권리를 세습했던 사람들과 정치적 갈등을 일으켰다. 정부, 시민권에 관한 신념체계의 공유가 결여되어 이것이 무질서의 근원이었다. 이곳에서는 사전 거래를 묵인하는 신념체계가 잔존했다. 이것 또한 이 지역 경로종속 가운데 하나였다.

시행착오의 축적도 중요하다. 개인끼리의 거래가 비인격적 거래로 이행하기 위해서는 그러한 경제제도가 정치제도에 의해 뒷받침되어야 한다. 서유럽에서는 그 중간단계에 공동체적 책임체계(community responsibility system)가 있었다. 그래서 원거리 무역과 공동체 규모의 성장을 촉진하고 경제체제에 압력을 가했다. 이에 국가가 개입하여 계약을 법적으로 강제 이행할 환경을 조성했다.

조직과 국가

영국은 명예혁명 때 대의제 정부와 새로운 정치제도를 만들어 국가가 계약의 법적 집행을 제공할 수 있게 했다. 개인의 범위를 벗어나는 조직의 거래를 제도화하는 것이 왜 중요한가. 제노바 상인들의 정치, 경제제도는 구조적으로 진화했고, 마그레브 교역인들(아프리카 북서부 무슬림 문화 내의 유대인 상인들)은 제도적 적응에 실패하여 지중해 무역 경쟁에서 뒤졌다. 이 사실만 비교해도 그 중요성은 확인된다.[22] 즉 서유럽 제도의 근대적, 복지증진적 요소(유럽의 발흥)는 중세 후기에 이미 성장했는데, 그것은 개인주의, 공식적 법률, 법인(corporations), 자치(self-governance), 제도화된 과정을 반영한 규칙 등을 포함한다. 교역이라는 공동목표를 달성하기 위해 제노바 상인들은 쌍무적 계약집행 장치를 공적 법률로 발달시켰고 마그레브 상인들은 명성에 기반을 둔 연합(reputational coalition)과 집단적 축출(ostracism)이라는 비공식적 징벌을 이용했다. 명성이나 강압이 조직형성의 유인을 제공하여 상인 길드, 도시국가, 공동체적 책임 등의 형태가 나타났다. 중세 후기 서유럽에는 환경이 바뀌면 제도적 경직성 때문에 비효율과 나쁜 성과를 가져온 상인 길드(초기에는 봉건영주에 대항해 재산권 보호, 나중에는 경쟁 제한) 같은 조직이 있는가 하면,

기본적으로는 문화적 신념과 규범이 강압 없는 개인주의, 법인주의(corporatism), 자치법규라는 효율적 요소들을 가져왔고 이것이 근대적 경제제도로 발달했다. 마그레브 상인들은 혈족 중심 집단주의(collectivism)에 의존하였고 자치라든가 상호이해 일치에 기초한 조직이 없었다.[23]

전문화에 따른 불확실성을 감소시키려면 다른 시장과 거래하는 비용을 낮추어야 한다. 그러나 화학공학의 경우와 같이 생산적 지식을 통합시키는 작업은 더욱 복잡하다. 요소시장 및 생산물시장은 어떤 시점에서는 가격과 질을 놓고 개인들이 경쟁하게 만든다. 시간이 지나면 기술, 인적자본, 정보비용 등이 변화함에 따라 그 시장의 효율성을 유지하는 조건을 변화시킬 수 있어야 한다. 거래비용을 줄이는 제도 구조를 변화시키는 것이 필요하다. 특히 자본시장에서 이것이 중요하다. 자본시장 구조조정에 실패한 일본은 1990년대에 경제가 동맥경화에 걸렸다.

10세기에 상대적 후진지역이던 유럽이 어떻게 18세기에 세계적 헤게모니를 차지하게 되었는가. 그것은 물적 환경의 불확실성에서 복잡한 인적환경의 불확실성으로 이전함에 따라 제도변화의 초점이 경제적, 정치적, 군사적으로 맞춰진 과정으로 설명할 수 있다.[24] 북서유럽은 소규모 정치단위와 장원이 발달하고 도시와 상업이 번성했다. 10-14세기에 인구가 증가했으며 14세기 초-15세기에는 급격한 인구 감소와 회복이 있었다. 전쟁이 끊임없었다. 군사기술의 변화로 군비가 증가했다. 군대의 최적 규모가 늘고 장원은 국가로 성장했다. 조세수입이 증가하고 교역이 확대되면서 국왕의 권력이 상승했다.

프랑스와 스페인 등은 지역독점을 추진했다. 이것은 혁신이나 요소이동에 방해가 되었다. 지배자들은 재정이 궁핍할 때 재산권 보호, 참정권 부여 등을 대가로 조세수입을 늘리는 방법을 고안했다. 네덜란드 상인들은 과점을 추진했다. 영국은 의회가 국왕보다 우위에 서게 되었다. 영국은 재산권을 정비하고 절대적 토지재산, 자유노동, 사유재산을 보호했다. 기술진보의 유인책으로서 특허법 등 지적재산 보호장치도 도입했다. 네덜란드와 영국에서 시장의 불확실성을 줄이는 제도와 환경이 발달하면서 생산성 향상이 있었다.

신념체계로서 청교도윤리나 개인주의가 자주 거론된다. 학습방법도 중요했던 것으로 보인다. 중국이나 이슬람의 중앙집권적 정치지배와 대조적으로 서유럽은 경쟁적이고 분권화된 정치환경을 조성했다. 이런 환경에서 네덜란드와 영국은 성공하고 스페인, 포르투갈은 상대적으로 정체되었다. 프랑스는 그 중간 정도였다. 이들은 기독교라는 공통의 신념구조를 가지고 정보 및 교통망을 연결했다. 중세도시의 자치권, 왕래의 자유, 사고팔 자유 등에 더하여 종교개혁 이후에는 의식의 자유가 보장되고 제도, 조직이 점진적으로 발전했다. 영국은 마그나 카르타(Magna Carta)에 의해 귀족의 자유가 공인되고 의회가 통합되었다. 헨리 8세의 수도원 토지 몰수는 귀족과 성직자 간 갈등을 불러왔다. 국왕과 의회의 논쟁이 지속되는 가운데 보통법이 발달했다. 국왕이 독점특권(예: 양모 수출)을 부여하는 일은 자유를 부정하는 것이라는 인식이 확산되었다. 스페인은 절대왕정으로 나아갔다. 이는 유권자와 지배자의 교섭력 차이 때문인 듯하다.

중국의 재산권과 시장발달에 관한 논의는 10장으로 일단 미루어 놓을 것이지만 이러한 관점의 연장선에서 노스 등은 국가를 조직(organization)으로 인식해야 한다고 주장했다. 이에 따르면 국가는 엘리트들이 유형, 무형의 각종 자원에 대한 접근을 제한함으로써 발생하는 지대를 취득하는 대가로 폭력의 행사를 그치고 상호협력함으로써 즉 '지배연합(dominant coalition)'을 형성함으로써 성립되었다. 이러한 과정에서 성립한 국가를 '자연국가(natural state)' 또는 '접근 제한 질서(limited access order)'라고 명명하였다. 자연국가는 '연약한(fragile)', '기본적(basic)', '성숙한(mature)'의 3단계로 구분되는데, 지배연합을 유지하기 위해 엘리트 중 제1인자에 의한 인격적인 지배로부터 비인격적인 법에 의한 지배로 향해 가는 발전 정도가 단계 구분의 기본적인 기준이다. 국가가 통치자의 인격적 속성에 관계없는 영속성을 획득하게 되는 것이 '접근개방사회(open access society)'로 발전하게 되는 결정적인 전제조건이라고 설명한다.

이러한 자연국가의 안정성에는 그 정의상 지배연합의 안정적 유지가 관건이 되며, 이는 무엇보다 자원에 대한 접근 제한과 구성원인 엘리트에 대한 지대의 적절한 분배가 전제조건이 된다고 할 수 있다. 그러나 자연국가를 둘러싼 세계가 끊임없이 변화하기 때문에 지배연합의 유지는 쉽지 않다. "자연국가에서 지배연합의 실제적 구조는 내재적으로 불안정하다. 지배연합은 약한 구성원을 도태시키고 새로운 강력한 구성원을 끌어들여 연합의 전체 구성을 재편성함으로써 규칙적으로 크기와 구성을 변화시킨다." 이와 같이 자연국가가 안정적이기 위해서는 환경의 변화에 대한 지배연합의 적절한 조정이 매우 중요하다고 할 수 있는데 동시에 자연국가가 '성숙한' 자연국가로 발전함으로써 충격에 대해 복원력을 갖는 것도 중요하다. 자연국가가 '성숙한' 단계로 진보할수록 국가 내외에 다양한 공적, 사적 조직들이 많이 나타나게 된다. 이 조직들이 비인격적인 성격이 더 강해질수록 충격에 대해 좀 더 안정적이기 때문이다.[25] 이와 같은 국가분석이 구체적 비교경제사와 어떻게 연결될지 주목할 필요가 있다.

계량분석

제도와 재산권 등을 계량경제학적 분석틀에 넣은 아세모글루, 존슨, 로

빈슨(Daron Acemoglu, Simon Johnson, James A. Robinson)의 연구가 눈길을 끈다. 「비교발전의 식민지적 연원」이란 글에서 이들은 더 안전한 재산권, 덜 왜곡된 정책을 가진 나라가 고투자, 고효율에 따른 고소득을 누린다는 가설을 검정하고 있다.[26] '수취국가(extractive states)', 예를 들어 벨기에 식민지였던 콩고는 사유재산 보호나 정부 수탈 견제를 제대로 하지 못하여 소득이 낮았다. '신유럽(Neo-Europe)', 즉 오스트레일리아, 뉴질랜드, 캐나다, 미국은 이주정착이 중요했다. 인과의 고리는 잠재적 이주민 사망률→이주정착→초기제도→최근 제도→최근 성과로 이어졌다고 아세모글루 등은 주장한다. 이주민사망률은 제도를 통해 효과를 발휘하며 '착취 위험(risk of expropriation)' 지수의 역할을 한다. 제도의 효과를 감안하면 적도에서의 거리, 아프리카 더미 등이 설명력을 잃고 영국 식민지, 보통법의 유산 등의 계수도 유의하지 않게 된다. 자세한 회귀방정식과 계량경제학적 결과는 부록에 넣었다.

「행운의 역전: 지리와 제도」라는 논문은, 유럽의 식민지 가운데 1500년경에는 상대적으로 부유했던 지역이 20세기에는 더 가난해진 원인을 '제도적 역전(institutional reversal)'에서 찾고 있다.[27] 무굴, 아즈텍, 잉카, 오토만 (중국) 등이 쇠퇴하고 북미와 오스트레일리아, 뉴질랜드가 부상한 성과를 도시화와 인구밀도로 설명한다. "역전"은 '지리'(생태, 기후, 자연자원 등)의 설명력이 약함을 보여 주며, 사유재산제도와 수탈제도의 상대적 중요성 비교에 의미를 두게 한다. 제도와 공업화는 서로 관련되며 제도역전은 식민지 제도이식에 따른 것인데 식민지마다 제도선택에 따라 이윤율이 달랐다. 인구밀도가 높은 지역은 기존 수탈제도를 유지했다. 원주민을 광산이나 플랜테이션에서 일하게 하고 기존 조세 및 공납제도를 접수했다. 인구밀도가 낮은 지역에는 유럽인이 이주정착하고 재산권을 보호했으며 상공업을 촉진했다. 제도 역전이 상대적 소득 역전의 씨를 뿌렸다. 전환점은 19세기 공업화 기회에 도래했다.

「유럽의 발흥: 대서양 무역, 제도변화, 경제성장」은 더욱 의욕적이다.[28] 이 글은 대서양 교역국(영국, 프랑스, 네덜란드, 스페인, 포르투갈)의 절대주의에 속하지 않는 초기제도를 중시하여 영국과 네덜란드가 도시화와 1인당 GDP에서 앞섰다고 주장한다. 한편, 1500년 이후를 그 이전과의 단절이 아니라 연속적인 시대로 보아 대서양 무역을 차별하지 않는 가설, 즉 문화, 지리, 종교, 국가 시스템을 중시하는 가설(제2장과 제3장에서 설명)을 기각한다. 아세모글루 등은 대서양 무역의 이윤, 식민지, 노예제의 중요성을 강조하는 가설(제6장, 제7장 참조)과는 연결을 모색한다. 물론 그 글은 이 장에서 거론하는 제도, 재산권, 시장 논의의 연장선에서 국왕세력 밖의 상인 그룹이 권력을 축적하고 절대왕정을 견제하는 과정에 주목한다. 우선 서유럽 가운데서도 대서양 무역국들이 도시화율이나 1인당 GDP에서도 더 가속적으로 성장했음을 보이고 이를 회귀방정식으로 설명하려고 하였다.

아세모글루, 존슨, 로빈슨은 이 결과를 대서양 무역기회, 식민지와 노예제의 이윤 등이 유럽의 발흥에 중요한 역할을 한 것으로 해석한다. 유럽국가나 문화의 특징, 예를 들어 로마의 유산이나 종교에 의한, 1500년 이전부터의 지속적 경향과 서유럽 발흥을 연결시키는 이론을 지지하지 않았다. 당시 무역과 노예제 이윤의 크기가 작았으므로 직접적인 영향은 그다지 크지 않았을 텐데 이런 기회가 사회적 변환을 통한 간접적 영향이 있었는지를 탐색한다. 근본적 제도변화가 연결고리라는 것이다.

그들의 가설은 다음과 같다. 국왕의 측근이 아닌 상업적 이해당사자들(해외 무역상인, 노예 무역, 식민지 농장주 포함)이 왕권을 제한하고 상인을 보호하는 정치적 제도 창출에 기여했다. 강력한 절대왕정이 없는 대서양 무역국가에서 국왕 측근이 아닌 상업적 이해당사자들의 이윤과 정치력이 높았다. 이들이 재산권을 보호하는 제도적 개혁의 주도권을 잡고 투자와 교역에 전력하여 유럽이 발흥했다는 것이다. 16세기 초 스페인, 포르투갈 수준의 절대주의가 아니었던 영국과 네덜란드에서는 국왕 측근이 아닌 상업적 이해당사자에 대한 재산권 보호가 확립되어 있지 않았었다. 상인(특권상인이 아닌)과 국왕은 충돌하였고 이 과정에서 상인에 우호적인 제도가 생겨났다. 영국 내전(1642-1649)과 명예혁명(1688-1689) 기간 동안 상인들은 국왕의 권력 제한을 요구하면서 의회를 지지했다. 튜더, 스튜어트 왕조의 절대군주, 헨리 8세, 찰스 1세는 무역규제, 의회 권리축소 등을 시도했다. 내전과 명예혁명 이후 휘그당 연합 상인, 청교도파 지주, 항해조례(1651, 1660) 등이 등장했고, 동인도회사 이외의 특권독점을 해체했으며, 영란은행을 설립했다(1694).

재산권 보호제도의 진전은 경제제도 혁신으로 이어졌다. 특히 금융시장이 발달했다. 1620년대 버지니아 담배 호황, 1640년대 카리브 해의 사탕 재배, 1650년대 노예 무역이 시작되었다. 상인들은 내전에서 의회파의 승리에 결정적인 역할을 했으며 대서양 무역의 이윤이 컸다. 1576-1600년에 연 4만 파운드이던 상인의 이윤은 18세기 말에 연 500만 파운드까지 커지면서 상인들은 국왕을 견제했다.

합스부르크 제국의 일부이던 시절 네덜란드에서는 상인 정치력이 제한되었다. 16세기 말 이들의 불만이 황제와 충돌하여 폭발하였다. 1570년대-1581년 네덜란드 독립 당시 정치적, 경제적으로 이를 주도한 것은 상인들이었다. 독립 이후 이자율이 하락하고 도시화 진행 속도가 빨라졌다. 이들의 군사력 경제력도 증강되었다. 대서양 무역이 발틱 무역을 능가했으며(1630-1670 배증), 세수가 증가하여 군비조달에 이로웠다. 스페인, 포르투갈, 프랑스는 이미 16세기에 더 절대주의적이었으며 개혁도 없었다. 정치제도 때문에 무역도 달라졌다. 왕실은 특권독점을 부여하면서 왕실수입을 챙기거나 이를 왕실이 독점했다.

아세모글루 등은 대서양 무역과 정치제도 분석에 사용한 정치제도의 척도로 '왕권의 제한(constraint on the executive)' 변수를 채택하였다. 어떻게 점수화했는지 모호한 이 변수는 왕실의 자의적 권력행사를 제한하는 정도였다. 이것은 상인의 재산권 보호, 왕실의 해외 무역 독점통제 정도와 상관관계가 높다. 이 변수는 서유럽, 대서양 무역국가 등의 발흥에 통계적으로 유의한 설명력을 가지나, 청교도, 전쟁, 로마유산, 위도 등은 유의하지 않다.

결론적으로 서유럽의 성장은 대서양 무역의 혜택을 누릴 수 있었던 대서양국가 때문이었다. 즉, 종교, 로마유산, 문화 때문은 아니었다. 대서양 무역은 상호작용에 의해 영향을 발휘하며 간접적 제도 채널을 통해서 효과를 미친다. 대서양 무역→큰 이윤→대서양국가 비절대주의적 초기제도→왕권 제한, 재산권 보호의 과정에서 영국, 네덜란드가 제도개혁과 투자증가로 교역 및 경제성장에 성공한 것이라고 주장한다.[29] 그러나 아세모글루 등의 계량분석에서 핵심역할을 담당하는 '왕권 제한' 변수의 점수화가 객관성을 결여하기 때문에 이들의 모든 연구에, 따라서 이 결과에 근거한 다른 저작에도, 강한 의혹을 품을 수밖에 없다.

제5장

과학혁명과 계몽주의, 비교과학사

◆

18세기 말, 19세기 초 영국의 산업혁명이 어떤 면에서 '혁명'이었는지 학자에 따라 강조하는 바가 다르다.[1] '사회적 변화설'은 경쟁시장의 성립을 중시하여 재화와 용역의 생산과 분배, 또한 생산요소들의 배분이 중세적 규제에서 벗어나 시장기구에 의해 운행되기 시작한 것이 가장 큰 변화라고 한다. '산업조직설'은 예부터 내려오는 기능공 중심 또는 선대제 생산에서 공장제 대량생산으로 전환한 것이 가장 혁신적이며, 유동자본보다 고정자본의 비중이 커지고 산업노동자 계층이 형성되는 것을 이 과정의 특징이라고 설명한다. '기술진보설'은 석탄을 비롯한 에너지 사용에서의 혁신, 각종 기계의 발달, 합성 원자재 등장 그리고 공장생산을 포함한 넓은 의미의 복잡한 기술진보를 산업혁명의 본질로 파악하고 있다. 수량경제사가들은 국민소득, 자본형성, 노동공급의 양적 성장이 급히 가속된 것을 산업혁명으로 이해하는데, 이를 '거시경제설'이라고 부를 수 있을 것이다. 물론 이러한 분류는 편의상의 시도이며 거의 모든 학자들이 다른 학설을 상당부분 받아들이고 있다.

기술진보와 산업혁명

'기술진보설'에 의하면 "산업혁명은 거시발명(macroinventions)의 동시다발적 군집(cluster)과, 이의 개선과 조정을 위한 노력의 집중, 이에 따르는 미시발명 또는 소발명(microinventions)의 보완적 흐름"이다. 여기서 소발명은 이미 알려진 기술에서 이리저리 조금씩 더 개선된 기술을 의미한다. 한편 거시발명은 과거와 단절된, 전혀 새로운 방법으로 지금껏 알려지지 않던 신기술을 획기적으로 개발하는 것이다. 증기기관, 방적기, 자카르 직포기, 가스조명, 염소표백 등이 여기 속한다. 거시발명의 군집은 설명하기가 매우 어렵다. 영국의 경우 기능공 층이 두텁고 이들의 교류가 활발하여 소발명 부문에 비교우위가 있었으며, 이것이 중요하다는 사실이 강조되고 있다. 숙련공층이 두터운 원인으로 기술이전을 자극하는 도제제도와 현장훈련(OJT)을 들 수 있다. 종교전쟁 이후 고급두뇌가 영국으로 이주한 사실도 득이 되었다. 정보 전파를 담당한 상층부 집단인 '문학과 철학 협회'(Literary and Philosophical Society, 맨체스터 소재)와 '루나 소사이어티'(Lunar Society, 버밍햄 소재) 등의 역할도 컸다. 통합된 시장과 정치적 응집력도 기술진보를 자극하였다. 사유재산보호와 일찍 정착한 특허제도 또한 기술향상과 관련이 있다. 기업가들이 많아 발명을 상품화하는 경향 또한 높았다. 이리하여 일단 소발명들이 거시발명을 중심으로 모이게 되면 모방효과, 보완효과들이 따라서 상승작용을 하였다는 것이다.[2]

기술혁신에 저항하는 세력이 얼마나 정치력을 가졌는지도 문제다. 흔히 생각하듯이, 기계가 노동을 대체하여 실업을 양산하므로 미숙련노동자들의 저항이 심했다는 가설은 사실과 다르다. 산업혁명 시기에 노동자본비율은 거의 불변이었고 기술변화의 요소바이어스는 거의 없었다. 오히려 기존기업과 숙련공들이 타격을 입어 이들의 저항이 컸다. 수

직포공, 모직 완성공, 인쇄업자, 마차 제조소, 대장간 등이 손해가 막심했는데, 이들은 가격하락으로 이득을 보는 소비자들에 비해 소수였으나 조직력을 이용해 성공적으로 저항할 수는 있다. 그러나 1750-1850년 영국의 정치력은 토지재산에 있었다. 그래서 저항운동은 대개 실패했고 탄압만 받았다. 또한 영국은 유럽대륙보다 장인 길드의 힘이 약했기 때문에 대규모 시장을 상대로 대량생산을 시작할 유인이 컸다는 점도 지적된다.[3]

모키어(Joel Mokyr) 등 '기술진보설'을 주장하는 학자들은 17세기 서유럽의 '과학혁명'이 '계몽주의'를 거쳐 공업화로 연결되었다고 설명한다.[4] 과학혁명은 긴 시간을 거슬러 올라가는, 각 시대 최고 두뇌들의 피나는 연구결과가 축적된 산물이다. 서유럽의 과학혁명은 결국 근대기술과 경제성장으로 연결된다.

과학혁명

17세기 이전 유럽인의 세계관은 종교적이고 신학적이었다. 왕권신수설이 정치이론의 기반이었고 결혼, 식생활, 일상적인 시간 개념까지도 교회와 종교 교리에 의존했다. 당시 첨단과학인 천문학 분야에서 서유럽은 다른 문명에 비해 앞서 있지도 않았다. 예를 들어 마야 문명은 천문학적 관찰에 근거를 둔 아주 정확한 달력을 만들었다. 그런데 18세기를 지나면서부터 서유럽에서 세상을 세속적, 과학적 관점에서 바라보는 세계관이 싹텄다. 여러 문명 가운데 유독 서유럽 문명에서만 자연의 세계를 실험 관찰과 수학에 기초하여 인식하는 근대과학이 발전했다. 근대과학은 아주 긴 시간에 걸쳐 탄생했으며 나아가 거대한 정신혁명으로까지 파급효과를 냈다.

과학혁명의 핵심에는 천문학과 물리학의 발전이 있다. 1500년대 초까지도 우주와 우주의 운동에 대한 유럽의 전통적 사고는 중세 신학자들이 아리스토텔레스(Aristoteles)의 사고를 기독교 교리와 조화시킨 틀 안에 있었다. 아리스토텔레스적 사고에 따르면 지구는 움직이지 않고 우주의 중심에 고정되어 있다. 그 주변을 10개의 분리된 수정궤도(crystal spheres)가 운동하고 있는데, 이 가운데 2개의 궤도는 중세의 신학자들이 첨가했다. 중세인들은 10개의 궤도를 넘어선 곳에 하늘이 있고, 이곳에 신의 성좌와 구제받은 영혼이 존재하며, 천사들이 원을 그리면서 이 궤도를 지킨다고 믿었다. 이러한 아리스토텔레스적인 견해가 당시 물리학과 지구 운동에 관한 사고를 지배했고 기독교 교리와도 잘 조화되었다. 그 무렵 과학은 일차적으로 신학의 한 분야로서 종교를 강화하는 역할을 했다.

그러던 중, 유럽의 여러 대학에서 교회법과 천문학을 연구하던 폴란드의 성직자 코페르니쿠스(Nicolaus Copernicus 1473-1543)는 "지구를 포함한 행성이 움직이지 않는 태양의 주변을 돈다."는 가설을 세웠다. 이는 정말 충격적인 일이었다. 당시의 천문학자들은 정확한 계산을 위해 2세기에 알렉산드리아에 살았던 수학자이자 천문학자인 프톨레미(Claudius Ptolemy)의 업적에 의존했다. 점성가들은 별들 간의 관계 변화가 미래에 영향을 주고 미래를 결정한다고 믿었는데, 프톨레미는 이들 점성가들이 별을 정확하게 추적하도록 돕기 위해 복잡한 규칙을 밝혔다.

젊은 시절 코페르니쿠스는 천문학에 관심이 없었으나 프톨레미의 규칙은 정확성이 떨어져 완벽한 조물주의 권위를 손상시킨다고 생각했다. 그래서 그는 당시 이탈리아에서 연구되던 고대 그리스의 또 다른 생각, 즉 지구보다 오히려 태양이 우주의 중심이라는 개념에 몰두하다가 결국 지구를 포함한 행성, 별 등은 움직이지 않는 태양의 주변을 돈다는 지동설을 실제로 완성했다. 이 가설은 그도 예견하지 못했을 만큼 엄청난 과학적, 종교적 의미를 지녔으며, 아리스토텔레스 물리학의 기본을 파괴하는 것이었다. 그러나 코페르니쿠스는 신중한 사람이라서 다른 천문학자들의 조소를 염려하여 죽을 때(1543)까지 자신의 가설을 담은 책 『천체의 혁명』(*On the Revolutions of the Heavenly Spheres*)을 발표하지 않았다.

그 후 덴마크의 브라헤(Tycho Brahe 1546-1601)는 육안으로 20년 동안 별을 꼼꼼히 관찰하여 엄청난 양의 데이터를 남긴다. 이어 브라헤의 탁월한 조수였던 케플러(Johann Kepler 1571-1630)는 브라헤의 자료를 재정비하여 세 가지 법칙, 즉 "첫째, 태양의 주위를 도는 행성의 궤도는 원형이 아니라 타원형이다. 태양은 궤도의 정중앙에 있지도 않다. 둘째, 행성은 자기 궤도에서 균일한 속도로 움직이지 않는다. 즉 태양과 가까운 궤도를 돌 때 빠르고 먼 쪽을 도는 속도가 느리다. 셋째, 행성의 공전주기의 제곱은 공전궤도의 긴 쪽 반지름의 세제곱에 비례한다."를 세상에 내놓았다. 케플러는 코페르니쿠스가 세운 가설을 수학적으로 증명했고 아리스토텔레스나 프톨레미의 옛 체계를 파괴했다. 특히 이 세 번째 법칙은 우주의 중력에 관한 개념을 정립하는 데 큰 진전을 이루었다.

다음 타자는 피렌체인 갈릴레이(Galileo Galilei 1564-1642)였다. 25세에 수학교수가 된 수학천재 갈릴레이는 가속도, 관성의 법칙에 관련된 근대적 실험 방법을 구체화했다. 또한 망원경을 이용한 관찰로 지동설이 옳다는 것도 확인했다. 이들 업적은 종교 당국의 공격을 받고 종교재판을 겪는 우여곡절 끝에 거의 1세기가 지나 효력을 발휘하기 시작했다. 옛 천문학과 물리학은 폐기 상태가 되면서 이 옛 '과학'과 첨단과학 사이에는 의사소통도 불가능할 만큼 근본적인 단절이 생겼다.

케플러의 법칙으로 수정된 코페르니쿠스의 천문학을 갈릴레이의 물리학과 통합시킨 사람이 뉴턴(Isaac Newton 1642-1727)이다. 그는 이 문제를 운동과 역학을 설명하는 일련의 수학법칙을 써서 해결했다. 뉴턴이 이룩한 종합의 요체가 중력의 법칙(the law of universal gravitation)이다. 우주의 모든 물체는 다른 물체를 질량과 거리에 기초한 일정한 수학적 관계로 끌어당긴다는 것이다. 뉴턴은 자신의 이론적 연구를 집대성하여 1687년 라틴어로 된 불후의 명작 『프린키피아』(*Principia*)를 출간했다. 이후 1704년에는 훨씬 더 실험적이고 실험에 의한 과학연구를 옹호하는 『광학』(*Opticks*)을 영문으로 내놓았다.

이러한 과학혁명은 왜 일어났을까? 장기적으로 13세기 무렵 서유럽에 출현한 중세 대학이 과학혁명에 공헌했다. 1300년쯤에는 대학에서 철학이 신학에서 독립하고, 14-15세기에는 수학, 천문학, 물리학이 철학 내의 첨단 분야로 자리를 잡았다. 이러한 배경에서 여러 천재적 재능이 돌파구를 마련했다. 또한 르네상스는 '학습의 세속화'를 통해 유럽을 지속적 성장궤도에 올려 놓은 대표적 사건이었다.[5] 르네상스 시대에 재발견된 고대 그리스의 수학 덕분에 17세기 유럽에서 수학이 크게 발달했다. 피렌체의 부유한 메디치 가문 등은 갈릴레이 같은 천재들을 후원했다. 유럽이 해외로 팽창하는 과정에서 원거리 항해를 위한 과학적 도구, 정확한 측정을 가능하게 한 발명, 즉 망원경, 기압계, 온도계, 진자시계 등도 과학혁명을 도왔다. 이로써 세계에 대한 지식획득 방법이 더 개선되고, 베이컨(Francis Bacon 1561-1626), 데카르트(René Descartes 1596-1650)의 과학적인 연구방법도 출현했다. 과학혁명 이후 생긴 국제 과학단체와 과학 전문지가 과학을 서로 전달하고 교류하며, 교육받은 과학자 단체가 공동 관심사를 공유하기 시작했다. 지식 확산이 목표인 이들끼리 더욱 경쟁적이 되면서 과학이 진보했다. 천문학과 물리학, 수학 이외에도 생리학, 의학, 광학, 화학 등에 혁명적 진보가 있었다.

'뉴턴 과학'은 18세기 과학의 각 분야에 영향을 주어 과학의 단일화를 이루었으며, 자연세계에 대한 여러 형태의 지식이 근대사회에서 통일된 중요성을 차지하게 되었다. 뉴턴 과학은 과학만이 아니라 18세기 유럽 사상 전반에 영향을 미쳐서, 철학자-사상가-문인들도 가설이나 독단 없이 수학적, 합리적, 경험적, 실험적 방법을 믿었다. 인간 능력에 대한 낙관론이 계몽사조의 근간이 되었다.[6]

1980년대, 1990년대 학계에서는 과학혁명에 대한 '새로운 관점'이 대두되었다. 그 이전의 '전통적 관점'이 과학의 내용, 관념 상의 혁명에 중점을 두었다면 새로운 관점은 과학의 행태나 상황, 그 속에서의 위치, 역할 변화를 강조했다. 과학의 단순한 지식의 측면보다 활동과 과정의 측면을 중시한 것이다. 당연히 과학의 행위자, 실행자, 후원자, 과학의 공간, 과학단체 등이 무대의 중앙에 서게 되었다.[7]

계몽주의

과학적 지식의 축적을 생산에 효율적으로 배분하여 경제를 급성장시킨 데는 서유럽 18세기의 지적 운동인 계몽주의(Enlightenment)가 매우 중요하다. 계몽주의의 지적 기원은 17세기의 베이컨에까지 거슬러 올라간다. 그는 사변적인 중세적 연구방법을 거부했다. 새로운 지식은 경험적, 실험적 연구로 추구되어야 함을 주장하고 생활에 필요한 실용지식을 강조했다. 또한 인간이 처한 현실과 밀접한 과학을 연구하면 물리적 환경을 더 잘 통제할 수 있고 이로써 부를 얻을 수 있다고 보았다. 그리하여 공적, 사적으로 과학 탐구를 지원할 것을 역설했다. 베이컨에게 지식의 목적은 형이상학적 증명이나 지적 호기심을 만족시키는 것이 아니라 인류의 생활조건을 향상시키는 것이었다. 비록 산업혁명 초기의 기술이 과학혁명과 직접적인 관련이 있지는 않았다고 해도 과학혁명과 산업혁명 사이에는 분명 연결고리가 있었다. 그 연결고리 역할을 한 것이 바로 계몽주의다.

서유럽 계몽주의의 중심 개념은 크게 세 가지다.

첫째, 자연과학의 방식이 인간 삶의 모든 면을 탐구하고 이해하는 데 사용될 수 있고, 사용해야 한다는 생각이다. 이성(reason)은 계몽사상가들이 가장 선호한 단어로서, 그들은 모든 것이 이성, 즉 합리적, 비판적, 과학적 사고방식에 맞아야 한다고 생각했다. 이에 비해 17세기의 과학자들은 자기네 업적이 신을 찬미한다고 믿었다. 또한 국가가 강력해지려면 국가 내에 여러 종파가 뒤섞여 있지 않고 가톨릭이거나 프로테스탄트이거나 반드시 어느 한 신앙으로 통합되어 있어야 한다는 것이 17세기적 사고방식이었다. 그 시기에 유럽을 휩쓴 종교전쟁은 그러한 사고에서 초래되었다고 해도 과언이 아니다. 하지만 계몽사상가들은 종교적 진실이 과연 절대적 확신으로 이해될 수 있는 것인지에 의문을 품기 시작했다. 계몽사상가들의 사물에 대한 이러한 접근방식과 철저하게 세속적인 태도 때문에 그들은 접근방식이 다른 교회와 계속 충돌했다. 당시 프랑스에서 교회나 국가를 공개적으로 비판하는 것은 불법이었다. 그래서 계몽사상가들의 급진적인 생각은 책으로 출판되지 못하고 필사본 형태로 유통되었다. 혹은 계몽사상을 담은 새로운 문학, 과학, 철학 얘기는 파리에서 재능 있고 부유한 여성이 로코코 양식의 우아한 응접실에서 정규적으로 주재하는 사교모임 '살롱(salon)'을 통해서 검열을 받지 않고 확산될 수 있었다. 또한 문제가 될 소지가 있는 직접적인 표현이 금지되었기 때문에 소설, 희곡에서 풍자나 이중적인 의미로 전달되었다. 몽테스키외(Baron de Montesquieu 1689-1755)가 이런 면에서 선구자였다. 그가 쓴 『페르시아인의 편지』(*The Persian Letters* 1721)라는 책은 유럽을 방문한 페르시아 여행가가 그 인상을 친구에게 써보내는 편지 형식으로, 유럽에만 있는 독특한 관습과 신앙을 고도로 풍자하는 내용을 담고 있다.

둘째, 계몽사상가들은 인간사회에서도 자연처럼 법칙을 발견할 수 있다고 전제했다. 이로써 사회과학이 탄생할 계기가 마련되었다.

셋째, 인간존재의 법칙을 발견할 수 있다는 이러한 생각은 '진보(progress)' 개념으로 이어졌다. 프랑스의 계몽사상가인 퐁트넬(Bernard de Fontenelle 1657-1757)이 쓴 『다양한 세계에 관한 대화』(*Conversation on the Plurality of Worlds* 1686)란 책에서는 남녀가 넓은 공원을 산책하며 천문학을 토론하다가 인간의 정신이 크게 진보할 수 있다는 결론을 얻고 기뻐한다. 계몽사상가들은 인간 스스로 사회를 개선하고 좀 더 나은 인간을 창조할 수 있다고 믿었다. 실제로 18세기 동안 개선된 경제, 사회 생활 덕분에 이러한 믿음은 더욱 강화되었다.

이러한 새로운 생활관과 17세기 과학혁명 이후의 지적 성과를 결합시키는 일이 계몽주의 세대에서 일어났다. 서유럽의 계몽주의는 소수 엘리트에게 한정된 사건이었지만 결국 산업혁명으로 번질 불길을 점화했다. 이를테면, 예로부터 개별적으로 전수되던 지식의 전달 방식과 속도가 18세기에 크게 개선되었다. 수학부호·측량 표준화 등 기술언어가 정비되고, 기술·지식 등에 관한 정보가 문자화되어 정보가 필요한 사람이 이에 공개적으로 접근할 수 있게 되었다. 공공도서관, 커피 하우스, 서적상을 통한 지식의 전파도 빨라졌다. 18세기에 유럽의 서적시장이 급성장하여, 예컨대 독일에서 1700년에 600종이던 신간서적이 1764년에는 1,100종, 1780년에는 2,600종으로 늘었다. 프랑스에서도 책 소비와 독서층이 증가하여 1690-1780년 동안 서적의 수가 8-10배로 증가했다. 이때 종교서적의 출판은 급감했다. 독서 방식도 예전에는 청중을 모아 놓고 '신성한' 텍스트를 천천히 낭독하던 방식에서 개인이 속으로 빨리 읽는 방식으로 변했다.[8] 과학도구와 공작기계 등을 취급하는 국제시장도 등장했다. 지식에 관해 비밀주의로 일관했던 중세와 달리 17세기부터 지식은 공공재라는 인식이 싹텄다. 지식 공유를 위해 통일된 용어와 합의된 표준을 사용한 체계적인 보고방식도 도입되었다. 18세기는 유럽 경제가 재도약하는 시기였다.

전반적으로 계몽주의 시대의 엘리트는 국가주의적이 아니라 코스모폴리탄적이었다. 이들은 일찍부터 외국어 독서의 중요성을 깨닫고 과학·기술 서적을 빠르게 번역하여 확산시켰다. 예를 들어 프랑스의 샤틀레 부인(Madame de Châtelet 1706-1749)은 뉴턴의 『프린키피아』를 최초로 프랑스어로 번역하고 주석도 붙였다. 또한 이 세대의 재능있는 작가들은 난해한 과학적 성취를 교육받은 엘리트가 이해하기 쉽도록 대중화하는 데 기여했다. 퐁트넬은 과학을 일반 대중을 위해 소설처럼 재미있고 읽기 쉽게 구성했다. 또한 대표적인 계몽사상가 디드로(Denis Diderot 1713-1784), 달랑베르(Jean Le Rond d'Alembert 1717-1783)의 주요 업적인 『백과전서』(*Encyclopedia: The Rational Dictionary of the Sciences, the Art, and the Crafts*)야말로 직관에서 탈피한 체계적 분석, 지식에 대해 비밀 전수가 아닌 공개적 접근, 빠른 검색, 체계적인 분류 등 계몽주의 지식 전파의 유형을 고루 갖춘 대표적 예다. 이 책에서 과학, 산업, 예술 등은 찬미되고 종교, 숙명 등은 의문시되었다. 지식이 많을수록 인간이 행복해지며, 경제·사회·정치가 진보할 수 있다는 확신도 가득했다. 또한 백과전서의 무신론, 영혼, 정부 등에 관한 항목은 한동안 출판이 금지되었으나, 그래도 이 책은 널리 읽히고 서유럽 전역에 지적으로 큰 영향을 미쳤다.

역사적으로 기술이 정체하는 원인 가운데 하나가 '사물을 아는 자'와 '사물을 만드는 자'가 사회적으로 서로 알지 못한 채로 격리되었다는 점이다. 그런데 18세기에는 이들의 접근비용을 감소시키려는 노력이 매우 활발해졌다. 수많은 대화, 기술학교, 공개강연, 각종 학회, 학술지, 심포지엄 등 지식이 이동하는 데 기여하는 제도들이 생겼고 자연철학자와 기업가 간의 사회적 간격도 좁혀졌다. 지식에 대한 접근비용이 감소한다는 것은 지식이 더 많은 정신과 장치에 확산된다는 뜻이다.

단순히 계몽사상의 존재 여부만 따진다면 이슬람 계몽주의, 중국 계몽주의, 혹은 그 어느 다른 계몽주의도 열거하지 못할 이유가 없다. 그러나 지식이 소규모 전문가에게만 한정되어 있을 때 그것은 소멸될 위험이 크다. 중국, 그리스 고전 문명의 위대한 발명이 그랬다. 이에 비해 서유럽의 계몽주의는 지속가능한 근대적 경제성장으로 번성할 싹을 틔울 씨앗을 뿌렸다. 정치적, 사회적 갈등이 난무하는 와중에서 계몽주의가 다른 길로 빠졌을 수도 있었을 것이다. 하지만 서유럽에서는 그러지 않고 뿌리를 내렸다. 지식에 대한 인간정신의 그러한 태도변화가 없었다면 인간의 생활조건을 개선할 기술적 요소는 지식의 블랙박스 안에만 갇혀 있었을 것이다.

서유럽 계몽주의가 승리한 기원을 찾으려면 전통에 무조건 매몰되지 않고 이를 의문시하는 유럽인의 기질이 근대 초 이래로 성장한 것을 이해해야 한다. 베이컨이 그 선도자였다. 볼테르(Voltaire 1694-1778), 몽테스키외 등의 계몽사상가들이 뒤를 이었다. 기존의 전통적인 권위 가운데 모순된 점을 비판하는 지식이 이를 누르려는 압력을 극복하고 살아남아 성공한 곳이 바로 유럽이었다. 유럽은 정치적으로 분할되어 경쟁하는 체계였다. 그래서 기성권위가 부여한 '진리'에 맞서 싸우는 사람이 어떤 박해에 직면하면 다른 권력체계로 이주하여 보호받을 수 있었다. 이성에 대한 믿음이 오랜 세월에 걸쳐 그 믿음의 질을 높여 가는 동안 실용적 지식이 팽창하여 경제성장으로 이어졌다. 그 후 다시 돌이킬 수 없게 되었다.

과학혁명과 과학사의 이야기를 더 해 보자. 과학도 근대경제성장과 관련이 있고 기술도 지식의 한 형태이다. 과학은 일의적으로 진보하지 않고 정체, 퇴보 등도 경험한다. 종교나 철학적 신념과 뒤섞이기 때문이다. 1500년경 이슬람 과학이 첨단이었으나 이후 200년간 정체하였다. 17세기에는 중국, 인도, 오토만 제국 등이 전통적 신념에 매몰된 반면 유럽에서는 아리스토텔레스의 권위를 부정하는 과학혁명이 태동하였다. 지동설, 고전역학 등이 정착하면서 유럽은 고전전통을 버리고 새로운 철학체계를 세워야 하였으므로 이로 인한 지적, 사회적 충격이 컸다. 그러나 중국과 인도의 천문학자들은 우주가 고정된 것이 아니고 변화한다는 철학적 사고를 했기 때문에 그런 문제에 그다지 신경을 쓸 필요가 없었다.

모키어가 주장한 대로 과학혁명과 산업혁명을 이어주는 것이 계몽주의 운동이다. 이것에 대해서는 더 자세히 살펴볼 필요가 있다.[9] '유용한 지식'이 근대경제성장의 원천이라면 이를 자연현상과 정규성에 대한 지식, 즉 명제적 지식(propositional knowledge: Ω)과 기술, 즉 처방적 지식(prescriptive knowledge: λ)으로 구분할 수 있다. 여기서 Ω기반이 좁은 λ는 지속가능하지 않으며 1800년 이전 기술진보의 많은 부분이 이러하였다고 한다(압바스 왕조, 송나라 등). Ω-λ 상호작용에 의해 Ω가 커지고 지속과 축적이 가능한 λ가 많아진다. 이 설명에 따르면 산업혁명의 원인보다는 왜 그것이 1820년 이후까지 지속되었는가가 더 중요하다. Ω와 λ의 동시발달을 위해 18세기 계몽주의가 중요하였다. 계몽주의 덕분에 과학적 방법, 과학적 심성(망딸리떼), 과학적 문화가 확산되었다는 것이다. 베이컨의 이데올로기, '왕립협회(Royal Society)', '루나 소사이어티' 그리고 여러 소규모 살롱, 클럽 등의 역할이 강조되는 이유다.

성장동력은 여러 방해요인(negative feedback) 때문에 소진되어 지속되지 않을 수 있다. 방해요인에는 맬서스의 덫, 즉 인구증가에 의해 1인당 소득은 성장이 안 되는 경우, 제도적 지대추구, 즉 외적의 약탈이나 위정자의 지나친 착취로 성장이 중단되는 경우, 또 기득권 세력의 신기술에 대한 저항 등이 있다. 그러나 무엇보다도 기술(λ)의 인식론적 토대(Ω)의 취약성이 중요하다. 달리 말하자면, 소발명이 거시발명을 따라주지 않는 상황을 말한다. Ω 지식의 확대전파, Ω에서 λ의 추출, 그리고 유용한 지식(Ω, λ)이 근대경제성장으로 이어지도록 뒷받침하는 제도와 문화가 중요하다는 것이다. 사정이 그렇다면 산업혁명 당시 기술혁신이 기초과학과 직접 관련이 없다는 고전적 역설[10]은 자동적으로 해결된다.

과학문화와 교육

물론 직접 '과학적 문화'에 의존하여 모든 것을 설명하는 방법이 더 전통적이다.[11] 제이콥(Margaret C. Jacob)은 과학혁명과 산업혁명의 관계가 일반적으로 생각하는 것보다 더 밀접하다고 주장한다. 그는 실험주의정신 등 문화적 양상에 주목하고 영국, 네덜란드, 프랑스를 비교했다. 17세기 중엽 영국의 지적 풍토는 과학이 물질적 번영을 위해 필요하다는 이데올로기 내에 있었다. 당시 영국인들은 순수과학과 기술을 분리할 수 없다고 생각하기에 이르렀다. 18세기 영국과 서유럽은 과학을 수용하고 과학의 힘을 믿었다. 기업가와 공장주가 기계적 사고방식을 가졌다. 뉴턴 역학과 화학이 중요하고 이것이 산업에 유용했다.

가톨릭 교리는 기독교와 아리스토텔레스 사상이 융합된 스콜라철학을 발달시켰다. 이 교리는 새로운 과학교육을 제한했으나 종교개혁, 신대륙팽창 이후 정신적 우주가 복잡해졌다. 기계적 철학이 무너지고 17세기에 회의주의와 데카르트주의가 등장했다. 개신교의 움직임, 신과학으로 인한 지적 위기에 대응하여, 데카르트는 회의주의와 스콜라 철학을 동시에 부인했다. 그는 자조(自助)에 의한 사색을 강조했다. 데카르트의 스승인 베크만(Isaac Beekman 1588-1637)은 종교적, 정치적 제약을 받지 않은 네덜란드 철학자였다. 데카르트는 1628년부터 20년간 네덜란드에 거주했다.

데카르트주의가 지닌 사회적 의미는 무엇인가. 과학을 질서와 안정이라는 사회목표와 연계시키고 수학적 추론을 신성한 사명으로 여기게 했다는 것이다. 데카르트주의자들은 우주는 입자로 구성되어 있다고 믿었으며 진공을 인정하지 않았다. 이들은 주로 평민과 중산층을 대상으로 집필하면서 상식의 상대적 평등성을 주창했다. 자기 자신과 의지에 호소했다. 세계질서를 바꾸고 국가를 개혁하기보다는 자기 자신의 욕망을 바꾸어야 한다는 것이다. 이들은 귀납적·경험적·응용적이 아닌, 연역적·이론적 추론을 중시하고, 질서와 안정에 치중하면서도 급진적 개인주의 성향을 띠었다. 역학의 법칙은 자연의 법칙과 같다고 하여 정신과 육체를 분리했다. 이러한 사고방식은 물질을 연구할 과학적 기초를 제공했으며 비이성적, 감성적 신앙경험이 끼어들 여지를 남기지 않았다. 데카르트의 추종자들은 데카르트의 사고체계를 정통기독교와 황제 절대주의를 지지하는 데 이용하기도 했다. 데카르트의 저서는 교회의 반대로 금서목록에 편입되기도 했다. 그러나 루이 14세의 재상 콜베르(Jean B. Colbert)는 데카르트 교리에 개방적이었으며 상업과 과학발달을 동시에 추진했다. 데카르트 과학은 이데올로기적으로는 절대주의에, 실천적으로는 상업에 적용되었다. 1700년 이후 뉴턴 과학은 베이컨의 경험주의에 영향을 받아 입헌군주제와 초기공업화를 옹호했다. 그래도 데카르트는 근대과학의 선구자이다. 네덜란드 등 신교국가보다 늦긴 했으나, 프랑스에서도 근대과학은 널리 전파되었다. 1740년대 영국, 스코틀랜드, 네덜란드에서 뉴턴 역학 교육이 열풍일 때도 프랑스는 데카르트 교육에 집착했다.[12]

북서유럽 문화에서 과학의 역할전환은 1680년대-1720년대의 한 세대 안에 완결되었다. 새로운 합리주의가 기독교 정통과 기성 권위에 도전하고 범신론, 자유사상, 자연숭배, 내세보다 현세중시 등의 지적 태도가 분출했다. 근대사회과학도 태동했다. 루이 14세와 제임스 2세 때는 탐구의 자유와 응용이 제한되었다. 이런 절대주의의 위협에 대응하면서 영국은 명예혁명에 성공했다. 검열과 교회의 대학지배가 만연한 유럽의 가톨릭 지역에서 종교적 박해를 받던 사람들은 런던, 암스테르담, 베를린, 제네바로 도피했다. 사람들은 그로티우스(Hugo Grotius)의 자연법이론 등을 원용하여 국왕의 신성한 권리와 절대주의를 비판하고 법에 의한 통치와 시민권을 주장했다. 이것이 새로운 과학과 맥을 같이했다. 로크(John Locke)의 의회주권사상도 국제적으로 전달되었다. 홉스(Thomas Hobbes)의 물질주의, 보일(Robert Boyle)의 기독교 원자주의, 뉴턴의 과학과 자연철학 모두 기성 종교와 절대국가에 대항한 혁명의 부산물로 간주할 수 있다. 영국에서 1717년에 시작한 프리메이슨(Freemasons)은 과학에 헌신하는 신사들의 클럽으로 간주할 만한 면이 있었다. 프랑스인 이주자 데사귈리에(John T. Desaguliers 1683-1744)는 그러한 프리메이슨이 유럽에 확산되는 데 기여한 인물이다. 이들은 뉴턴주의 과학과 정치적 급진성을 신봉하여 결국 18세기의 여러 혁명과 연결되었다.[13]

산업혁명의 문화적 기원도 어렵지 않게 찾을 수 있다. 와트(James Wattt)는 종교적 급진주의 가문 출신으로 18세기까지 2등 시민이었다. 그 아들은 프랑스혁명에 가담하기도 했다. 기계화된 공업이 정착하는 데는 가치, 경험, 지식 패턴 등 문화적 패러다임도 중요했다. 영국을 프랑스, 네덜란드와 비교해 보면 영국은 1720년대쯤 이미 '대중과학'이 확산된 반면 대륙, 특히 프랑스, 벨기에는 가톨릭이 교육을 장악하고 신과학 전파를 방해하는 면이 있었다. 또한 신과학과 함께 여성의 역할이 급상승했는데 과학과 교육, 계몽주의 모두 여성운동과 성적 평등사상과 관련된다.[14]

과학교육이 공업화에 큰 공헌을 했다. 신과학을 얼마나, 어떻게 가르치느냐가 '손재간을 지닌 기술자(practical tinkerers)'보다 훨씬 더 중요했다. 이것이 18세기 북서유럽의 과학적 사고, 기계 문명의 시작이었다. 프랑스의 대학들에서는 귀족 중심의 아카데미가 번성했고 뉴턴 과학교육이 한 세대 늦었다. 또한 절대주의와 계몽주의가 같이 움직였기 때문에 자코뱅은 이를 적대시했다. 그러나 에콜 폴리테크닉(L'Ecole polytechnique 1794)은 혁명과학으로 계몽주의를 계승했다. 군대도 중요했다. 토목, 운하, 항만 등 부문의 엔지니어들은 기업가가 아니라 국가를 위해 일했다.

네덜란드는 17세기 유럽에서 과학이 가장 발달한 나라 가운데 하나였다. 베크만, 호이겐스(Christiaan Huygens) 등이 대학교 교육을 데카르트 중심에서 뉴턴 과학으로 바꾸어 놓았고 (벨기에는 18세기까지도 데카르트식) 광학, 현미경, 의학, 언론자유, 학술지 등이 중시되었다. 데사귈리에는 기계와 증기기관 등에 관심을 보였다. 그러나 18세기 중엽이 되면 모든 것이 정지된 듯했다. 1800년경 증기기관 수를 보면 벨기에 67개, 프랑스 48개, 네덜란드 5개이며 1850년 벨기에 2,000개, 네덜란드 300개이다. 18세기 중엽 네덜란드의 부유 상인 엘리트들은 항해를 위한 천문학에는 여전히 관심이 있었으나 제조업을 위한 응용역학에는 별로 그렇지 않았다. 대학에서도 신과학교육은 시들고 법학, 의학, 신학이 강조되었다. 칼뱅주의 정통파의 보수성이 약점이었을까. 정부 관료는 과학을 공업(제조업)보다는 교역과 상업에 응용하는 일을 더 중시했다. 그래서 수학, 천문학, 기상학, 물리신학 쪽에 치중했다. 네덜란드의 과학교육과 공업화는 영국이나 벨기에보다 한 세대 늦었다. 나폴레옹 전쟁 후 비엔나 회의(1815)에 따라 네덜란드 왕국이 탄생했으나 1830년 벨기에가 독립한 후 네덜란드는 탈공업화의 길을 걸었다. 벨기에가 공업화로 들어선

시점은 프랑스혁명 후였지만 속도는 프랑스보다 빨랐다.[15]

측량술의 발달

과학과 산업을 연결하는 데 측량술의 발달을 빼놓을 수 없다.[16] 특히 측량의 수량화와 시각화를 이룬다는 생각이 중요한 새로운 사고방식이었다. 양적 개념과 기하학 형태, 음악의 보표, 군의 대형, 회계장부의 항목들, 행성의 궤도, 장포의 기울기에 따른 사정거리 등에서 이룬 성취가 측량술 발달의 예시다. 플라톤(Platon), 아리스토텔레스 등 고대에서는 질적인 기준을 선호했다. 고대인들은 순수과학과 현실세계를 별개의 것으로 인식했다. 물질세계는 항상 변하고 형성되는 과정에 있다고 상정함으로써 관심을 기울이지 않았으며 추상적 수학과 실용적 측량을 분리하였다. 1300년 전후하여 기계시계와 대포, 해도, 원근법, 복식부기 등에서 이론보다 실제 생활에 적용되는 분야가 발달했다.

수량화와 시각화 분야에서 이룬 유럽인의 성취는 지도제작, 항해술, 천문학, 산업과 금융절차, 이론 및 응용수학 분야에서 16세기에 유럽인이 세계의 선두에 서게 만들었다. 인쇄술의 발달로 제도, 삽화, 투시도, 해부도 등이 빠르게 확산되어 과학기술 전파에 기여했다. 이러한 기반 위에 시각화와 동떨어져 보이는 작업, 예를 들어 메르카토르 도법이나 지구본, 뒤러(Albrecht Dürer)의 '다양한 형체에 관한' 원근법 이론 등이 탄생한 것이다.[17]

Why Not?

과학혁명이 계몽주의를 통해서 산업혁명을 낳았다면 유럽이 아시아보다 먼저 공업화를 이루고 경제력, 군사력에서 아시아를 추월한 사실은 아시아에서 유럽식 과학혁명이 없었다는 것으로 설명할 수 있다. 그러면 아시아, 특히 중국에서는 왜 과학혁명이 일어나지 않았을까.(why not?) 비교과학사의 'why not' 질문은 비교경제사에서 '유럽의 발흥', '대분기' 질문에 해당한다. 다시 말해 과학혁명이 중국에서는 왜 없었는가라는 것인데. 이것은 니덤(Joseph Needham)이 『중국의 과학과 문명』 시리즈에서 끊임없이 추구한 질문이다.[18] 그는 서유럽에서는 부르주아 계급이 성장하여 자유롭고 평등한 토론 환경이 마련되었는데, 아시아적 관료제 하에서는 이것이 불가능하다고 주장했다. 니덤은 과학과 중산층의 태도, 이해관계 사이가 밀접하게 연결되어 있다고 본 것이다. 다음으로는 중국에는 '입법자로서의 신' 개념이 없으며 이것은 서양적 개념이라는 점을 강조한다. 여기에서 과학이 발달할 수 있는 내적 요소, 즉 '합리적 우주를 합리적 인간이 이해'할 수 있다는 사고가 나온다. 반면 중국의 신유학은 하늘이 명하는 바(天命)에 따라 사람과 자연이 지배되는 것으로 보았다. 서양이 엄격한 논증과 증명의 관념을 발전시켰다면 중국은 음양오행설에 머물렀다는 것이다.[19]

이러한 논점을 더욱 진전시키면 다음과 같이 된다.[20] 과학, 기술, 민주주의, 경제 등이 발전하려면 이에 필요한 공통된 전제조건이 있다. 그것은 정보교환과 공개토론으로 얻어지는 정치적, 종교적 '중립공간'이다. 이 종교적, 법적, 제도적 도전을 극복하는 과정이 서양에서는 16-17세기, 이슬람 세계는 19세기, 중국은 20세기에 도래했다. 과학이 발전하려면 모든 기득 이해관계와 적대적이고 특히 권위적 체제에 반항하는 도전이 허용되어야 한다. '과학혁명'이 이를 이루었다. 우주에 대한 관념, 과학적 방법, 종교적 권위극복, 세 가지를 동시에 이룬 근대과학의 태동은 자본주의 발흥과도 같은 문제이다. 과학적이지 못한 문화적, 제도적 요인과의 오랜 투쟁 끝에 달성한 근대과학의 에토스에는 표준, 평등, 개방, 공익, 의심(신중한 판단), 창의성, 합리성, 개인주의 등의 규범이 담겨 있다. 이들은 과학사 내부에서 일어나는 공유개념(패러다임)의 취득, 개발에서 시작된다. 다시 말하여 자유롭고 개방된 추론을 통해 근대과학의 길로 들어설 수 있다는 것이다. 이런 것을 가능케 한 주 요인은 유럽의 법적 환경이다. 이는 로마민법에 기반을 둔 일반적 적용이 가능한 법체계로서 이성, 양심에 따른 보통법, 자연법, 외부적 표준, 법인, 권력분립, 성속분리 등을 포함한다.[21]

송대 중국 과학사를 전공한 김영식 교수는 비교과학사와 'why not' 질문에 대해 나름대로의 의견을 개진한다. 이는 비교경제사와 '유럽의 발흥' 문제에도 시사점이 있어 보인다.[22] 그는 전통과학을 현대과학의 시각에서 보면 곤란하며 전통과학은 전통문화의 맥락에서 이해해야 한다는 관점에서 접근한다. 이는 중국 전통과학과 근대 이전의 서유럽과학을 비교할 때 특히 염두에 둘 사안이다.

과학과 관료제의 관계는 어떠했는가. 11세기에는 사대부들이 실용적 지식에 관심을 가졌지만 13세기 이후에는 지적 태도가 점점 더 문학적 철학적으로 변했다. 이는 대표적 중국 학자도 받아들이는 명제이다. "나침반, 종이, 화약, 인쇄술의 4대 발명은 농업이나 수공업처럼 직접적으로 의식주를 만족시키는 발명품과는 달리 강력하고 통일된 국가 통치기구를 위해 쓰이는 것이었다", "중국 전통기술 수준의 발전은 왕조의 발전에 따라 주기적인 상승과 하락을 거듭하였는데, 이 점은 기술수준의 계속적인 축적과 전이를 가로막은 큰 장애물이었다." 즉 이론, 기술, 실험과학의 순환기제가 기본인 구조적 자연관이 결여되었다고 한다.[23] 당시 최대의 사상가 주희(朱熹 1130-1200)는 '격물(格物)'에 관심을 가지고 있었으나 자연현상을 당연한 것으로 받아들였기 때문에 적극적으로 논의하지 않았고, 이보다는 윤리적, 사회적 문제가 우선이었다. 명가(名家), 묵가(墨家)의 방법론은 후대에 계승되지 못했다. 사(士)계층은 자연현상을 단순히 받아들였고 표면적 현상수준을 넘어 이론적, 추상적으로 탐구하지 않았다. 세계의 실재성을 받아들인 것이다. why not 질문은 다음과 같이 재구성할 수 있다. "왜 중국인들은 그들의 자연세계에 대한 지식을 자기들 나름의 형태로 발전시켰는가, 다시 말해 왜 유럽인이 근대과학을 발전시킨 것과 같은 방식으로 발전시키지 않았는가."[24] 해답은 기술적 전통, 사 계층의 전통 등의 단절, 혹은 과학활동의 기능적 분화와 제도화의 지연 등에서 찾을 수 있을지 모른다.[25]

다른 말로 하자면, 과학혁명 이전의 전통과학이 문화권마다 다르다는 것이다. 중국과학의 정체, 쇠퇴는 배제, 억압의 결과라기보다는 무관심, 무시의 결과일 수 있다. 혹은 고립과 안정 추구의 결과일 수 있다. 서유럽에 있었던 필요조건, 즉 인과성, 자연법칙, 창조자로서의 신에 대한 관념, 증명, 형식논리, 기하학, 대수학, 조직화된 종교, 개인주의, 관용 등 사회문화적 요소들, 이런 것이 중국에는 없었거나 모자랐다는 설명은 같은 요인이 문화권마다 같은 역할을 한다는 그릇된 가정에 근거하고 있다. 다른 역사적 조건에 있는 문화적 변수를 비교 가능하도록 만들기는 극도로 어려운 문제다. Why not 질문에서 우리는 무엇을 얻을 수 있는가. 이 질문을 통해 우리는 모든 문화에 과학혁명이 일어난다는 법은 없다는 것, 혹은 그러한 가설의 위험 등을 깨달을 수 있다. 그리고 이 질문은 중국과 아시아 과학의 내용과 맥락, 외적 요인을 고려하게 하여 비교과학사 연구를 촉진했다고 결론지을 수 있다.[26] 다만 17, 18세기 중국과 조선의 엘리트에게 서양과학이 '우수'했기 때문이 아니라 '유용'한 것으로 비쳤으며 그래서 우호적으로 받아들여졌다고 한다. 수용자들의 필요와 지적 취향에 따라 토착요소와 결합되고 변형되었다.[27] 일본 근대과학사에서 서구과학이 전파된 양상은 근본적으로 달랐다. 19세기 후반 일본은 17, 18세기 중국과 조선처럼 '이미 완성된' 서구의 과학을 수

용하려 한 것이 아니라 벌써 서구 열강과 비슷한 수준에서 경쟁하고 있는 나라였다는 것이다.[28]

한편 니스벳(Richard E. Nisbett)은 동양문화(중국, 일본, 한국)의 개인들과 서양문화(유럽과 유럽인 이주 지역)의 개인들 간에 체계적 심리 차이가 있다고 한다. 의사결정에 개입된 인식 메커니즘(즉, 사고과정)이 달라서 서양인은 분석과 추상의 이성에 따라 객체를 그 환경과 분리하여 관찰하는 반면, 동아시아인은 객체들끼리, 또 환경과 근본적으로 연결된 것으로, 전체로서 이해하려고 한다는 것이다.[29] 이러한 문화적 차이의 역사적 지속은 교육을 통한 수직적 전달에 달렸다. 아시아인들이 세계가 상호 연결되고 동태적이라고 생각하고 서양인들이 세계를 더욱 정태적이며 객체는 환경과 고립된 것이라고 개념 짓는 차이의 지속은 흔히 자녀 교육을 통해 의도되지 않은 결과로 이루어진다는 것이다. 서양의 부모들이 자녀들과 대화할 때 객체의 이름과 그 속성에 대해 생각을 나누는 반면, 아시아인들은 감정이나 사회관계에 초점을 두는 경향이 많다.[30] 그 결과 서양 아이들은 동사보다 명사를 훨씬 먼저 배우며, 아시아 아이들은 두 가지를 거의 동시에 배운다는 것이다. 이것이 'why not' 질문과 무슨 관계가 있을까. 니스벳은 더욱 수상쩍은 이야기를 계속한다. "비논리적 사고를 한다고 여겨지는 동양인들이 어떻게 수학과 과학에서 더 뛰어날 수 있을까?" 질문과 설명이 믿기 어렵다.[31]

제6장

폭력, 군사력,
해상팽창, 재정국가

◆

제2장에서 이야기한 대로 아부-루고드의 '13세기 세계체계'는 단일한 패권세력이 없는 비교적 평등한 8개의 하위체제로 구성되어 있었다. 반면에 월러스틴(Immanual Wallerstein)은 다음과 같이 주장한다. 16세기 '자본주의' 세계체계는 중심부-반주변부-주변부로 편제된 위계질서를 가지고 있다. 이 체계에 포함되지 않은 '외부 지역'도 존재했다. 이 체계의 중심부를 서유럽이 장악하도록 중심-주변부 관계가 만들어진 것이다.[1]

16세기 세계체계

서유럽의 14, 15세기 경기침체는 장기적인 경기순환적 경기변동이 아니라 봉건제의 전반적 위기였다. 이러한 위기 극복을 위해 자본주의 세계경제라는 새로운 경제체계가 생성되었다. 경제적으로는 인구포화와 생산성 증가가 한계에 도달하고 기근, 질병, 전쟁, 재정금융파탄, 교역침체 등이 도래하면서 지주의 지대수입이 급격히 감소하고 농민의 농지이탈과 반란이 심화되었다. 정치적으로는 전투기술의 변모에 따라 상비군제도가 도입되고 전쟁비용이 증대하여 강력한 관료적 국가가 대두하였다.[2] 이 과정에서 봉건경제 즉, 소액의 농업잉여를 귀족계급이 직접 수취하는 비교적 자급자족적 소경제단위로 구성된 경제의 잉여수취형태가 한계에 달하여 자본제적 잉여수취형태로 체제전환을 한 것이다. 소득분배가 점차 균등해지다가 1500년경을 정점으로 하여 다시 불균등해지는 추세로 바뀐 것을 그 증거로 들고 있다.[3]

자본주의 '세계경제' 형성기의 특징적 현상은, 유럽의 지리상 팽창, 상품별 지역별로 다양한 노동통제 방식의 발달, 중심부에 강력한 국가기구의 건설 등이다. 자본주의 세계경제는 자본제적 '생산양식'과 불가분의 관계를 갖는다. 이 관계는 이중적 의미를 포함한다. 세계경제, 즉 '세계시장을 통한 통합된 생산과정에서의 사회적 분업관계'가 존속하려면 자본주의적 생산양식이 필요하고, 자본주의가 지속되려면 정치단위를 초월한 분업질서가 필요하다. 이러한 세계자본주의는 불평등교환에 의해 주변부의 잉여가 중심부로 재분배되는 '중심-주변관계' 내에서 작동하며, 국가, 계급, 인민, 가계 등 사회제도의 운행도 이러한 세계자본주의의 규정성 속에서 이해해야 한다.[4] 이와 같이 자본주의는 세계적 차원의 불평등 심화의 원인이자 결과이며, 이러한 장치가 유럽의 대외팽창(주변부의 확장) 시기인 16세기 초에 확립되었다고 월러스틴은 주장한다.

세계체계 하의 잉여수취관계를 공고히 하기 위하여 중심부와 주변부에 적합한 노동통제방식이 이 시기에 개발되었다. 즉 중심부인 영국 등지에는 임금노동자가 출현하고 주변부인 동유럽에서는 봉건반동의 진행에 따라 농노제가 재등장한다. 역시 주변부로 편입된 신대륙에서는 원주민을 억압하는 엥코미엔다, 아시엔다, 아프리카 흑인을 이용한 노예제 플랜테이션이 생성되었다. 반주변부로 분류될 수 있는 남부 프랑스, 북부 이탈리아 등에는 지주-소작관계가 나타났다. 지역별로 노동통제조직이 달라지는 요인은, 지역에 따라 토지에 비한 노동의 공급량, 작물의 기술소요도, 정치권력의 존재형태, 국지시장의 존재 여부, 도시의 발달 정도 등이다. 그러나 이들은 근본적으로는 주변부의 잉여를 중심부로 이전하기 위한 '세계자본주의의 규정성'의 결과이다. 그러므로 16세기 이후 주변부의 농노제 및 노예제는 전(前)자본주의적 '생산관계'가 아니고 자본제적인 것이다. 즉 생산의 조직방법에 관계없이 원격지(중심부)시장을 대상으로 한 영리추구적 상품생산이기 때문에, 또한 세계자본주의를 발달시키는 데 일조하기 때문에, 그러한 생산은 자본제적인 것이다. 월러스틴은 이에 '강제된 환금작물 노동(coerced cash-crop labor)'이라는 용어를 쓴다.[5] 동유럽과 중남미가 주변부라면 러시아나 아시아는 아직 세계체계에 편입되지 않은 외부지역이었다. 19세기에 와서야 이들 지역은 주변부로 편입된다.[6]

세계자본주의가 작동하기 위해 불가결한 장치 가운데 하나로 강력한 관료제국가의 창출을 빼놓을 수 없다. 서유럽에서 봉건제의 위기에 대처하고 군사기술의 변화에 적응하기 위한 정치질서 회복과정에서 16-18세기에 걸쳐 절대국가가 탄생했다. 이 국가들이 쓴 중상주의 정책이 중심부의 잉여수취능력 확립에 기여했다는 것이다. 절대국가는 관직매매방식으로 도입된 관료제 및 재정확보, 왕의 군사력 독점(용병 방식의 상비군 도입), 왕조의 정통성의 창출(왕권신수설 등), 국가내 신민의 동질화 노력 등을 수반한 통치력 확대과정을 밟아 이루어졌다. 월러스틴은 이들 절대국가가 귀족세력과 신흥 부르주아 계층의 이해를 중재하고 자본주의를 원활히 발달시킨 주역이라고 하였다.[7]

이에 반하여 다수의 마르크스주의 학자들의 견해는 절대주의를 농민 및 부르주아 계층을 억압하는 봉건귀족 지배의 재편된 형태로 파악한다. 절대국가와 함께 등장한 위와 같은 제도들도 전통적, 봉건적 요소가 많고 자본주의 국가의 모습과는 크게 다른 구체제적인 것이라고 설명한다. 상비군의 경우 귀족층이 농민의 무장에 반대하여 외국인 용병을 주로 이용하였고 이것이 농민반란 진압에 큰 도움을 주었다. 관료 충원방식은 매관제였으므로 기본적으로 체제유지적인 보수적 상인자본을 봉건질서에 흡수하는 형태이다. 조세는 일종의 '중앙집권적 봉건지대'로서 귀족층에게는 사실상 면제되었으며 농민부담만 가중시키는 것이었다. 중상주의 정책도 봉건국가가 무역 및 생산의 주요 부분을 독점하는 도구였다. 무제한적인 사유재산권을 인정하는 로마법의 부활도 토지집적 및 봉건제 권력집중에 도움을 주는 기능이 더 컸다.[8] 이들은 재편되고 강화된 봉건질서인 절대주의 국가가 부르주아혁명에 의해 퇴치되어야만 자본주의가 발달할 수 있다는 설을 지지해 주고 있다.

월러스틴과 마르크스주의 학자들의 이와 같은 두 견해는 절대국가 성격 규정의 양 극단을 나타내는 것이다. 실제 절대왕정의 성격은 양극 사이의 어딘가에 있지 않을까. 당시의 국가가 자생적이고 독자적인 실체였다는 것도, 특정 계급의 이익만을 옹호하는 제도였다는 것도 받아들이기 힘들다. 또한 나라마다 그 성격도 조금씩 다를 것이다.

16세기 세계자본주의 성립설에 대한 직접적인 비판들 가운데 중요한 몇 가지만 열거해 보자. 우선 시장규모 확대에 따른 분업질서 때문에 중심-주변 간에 노동통제방법이 달라졌는가? 그 논리적 인과관계가 뚜렷하지 않다. 또한 시기적으로도 동-서유럽 간 곡물 무역이 팽창한 것보다 동유럽 봉건반동의 역사가 더 먼저였다. 세계체계의 규정성에 의해 중심부에 강력한 국가가 등장하고 주변부의 국가권력이 약화했다는 가설도 실증되지 않는다. 프러시아, 오스트리아, 스웨덴 등 주변부의 강력한 절대왕정을 어떻게 설명할 것인가.[9]

농업노동의 통제방식이 지역마다 달라진 것이 세계자본주의의 규정성에 의한 것이 아니고 농민의 계급조직력 강도 차이 때문이라는 브레너(Robert Brenner)의 해석도 여기서 언급할 만하다. 브레너에 따르면, 서유럽과 동유럽의 농업조직이 달라진 것은 엘베 강 이서 지역의 경우 개방경지제의 공동체적 성격이 강했던 반면, 엘베 강 이동 지역에서는 봉건소농의 경제적 협동과 촌락자치의 발달 정도가 상대적으로 미약했기 때문이다. 또한 영국과 프랑스를 비교할 때 영국은 지주의 토지겸병에 의한 대토지소유가 가능하여 지주와 국가 간 연대가 강했다. 프랑스에서는 일찍부터 농민의 토지 분할소유가 발달하였고 절대왕정과 농민 간의 유대가 강했다. 브레너의 주장에 대해 여러 반론이 없지 않으나 그의 설명은 15-16세기의 국제적 분업질서 생성에 관한 새로운 시각을 제시하고 있다는 점에서 주목할 만하다.[10]

또 다른 반론도 있다. 세계자본주의론이 유럽 세계경제가 여타 경제에 대해 우위를 획득하게 된 필연성을 설득력 있게 설명하고 있지 못하다는 것이다.[11] 이와 관련하여 유럽 중심의 세계자본주의가 형성되고 그 경계가 확장되는 과정인 지리상 팽창의 배경을 살펴볼 필요가 있다.

해상팽창

유럽의 지리상 팽창 동기는 무엇보다 경제적 이득과 종교적 교화에 있었을 것이다. 중세 후기 이탈리아 상인들이 주도하였던 지중해 중심의 원격지 무역은 16세기에 이르면 차츰 대서양 쪽으로 방향을 돌린다. 금, 은, 상아, 사탕, 어류 등의 확보를 통한 대량 이윤 추구를 시작한 지역이 대서양에 면한 스페인, 포르투갈 등이었던 것은 자연스러운 일이다. 또한 이들의 팽창은 십자군 원정과 무슬림 세력을 이베리아 반도에서 축출하는 작업(reconquista)의 연장선상에서, 또한 콘스탄티노플의 몰락에 대한 반발로서도 이해할 수 있다. 당시 프란시스코 종파 등에 의한 스페인의 종교개혁이 강제적 개종운동을 앞세웠었고, 아프리카 대륙 동해안에 존재한다고 믿어졌던 프레스터 존(Prestor John)의 전설이 광범위하게 퍼져 있었다는 사실이 이를 예시한다. 실제로 아즈텍 문명을 말살한 코르테즈 등 정복자(conquistador)들이 기독교 전파를 표방한 것도 이러한 맥락에서였다. 르네상스 이후 인본주의 및 합리정신 전파의 영향으로 이들 팽창 및 정복이 가속되고 변모된 면도 있을 것이다.[12]

지리상 팽창을 하려면 당연히 재원확보와 기술진보가 전제되어야 한다. 대서양 원정과 무역을 위한 자본 공급자는 북부 이탈리아, 남부 독일 등지의 은행들 즉, 제노바의 몇 은행, 아우크스부르크의 푸거, 벨저 등이었다. 이들은 중세 이후 금융 중심지였으며 이베리아 반도 국가와 흥망성쇠를 같이하였다. 자금 공급 이외에도 중세 후기 이탈리아 상인들이 원격지 무역 때 축적한 경험들, 즉 개항장 특권 획득, 회사조직과 신용거래 방법 등도 도움이 되었다.[13]

유럽팽창을 가능하게 하였던 요인은 무엇보다도 조선 및 항해술의 발달, 해전 능력의 우월성 등일 것이다. 유럽은 14세기부터 이미 선박의 상갑판 위에 화포를 장치했다. 해전 능력 보유형태도 차츰 지중해 개념의 갤리(galley)에서 대양 개념의 대규모 무장상선(well-gunned roundship)으로 전환했다. 또한 선체 내부에 포문을 설치하기 시작하여 안정성과 기동력을 동시에 확보했다. 이에 비해 중국, 인도, 이슬람 제국에서는 화약 사용의 역사가 훨씬 오래되었는데도 이를 총포술, 특히 해전 능력으로 연결시키지 못하였다. 이를 제국이라는 정체의 속성으로써 설명하려는 시도도 없지 않다. 즉 전쟁기술의 중요성이 상대적으로 작았고, 또한 외적이 침입해도 오히려 그 외적이 자기네 문명에 동화되었던 경험의 산물로서 문화적 보수주의가 팽배하였다. 이러한 요인 때문에 동양의 해전 능력이 정체했다는 것이다. 어찌되었든 유럽 해상전 능력의 발

달이 유럽팽창의 필수적인 도구로서 역할을 한 것만은 틀림없다.[14]

유럽 해전 능력의 우월성이 16세기 초부터 완연했던 것은 아니다. 16-17세기를 거치면서, 그것도 15세기에 중국이 해양에서 철수한 공백을 메우는 형태로 서서히 발전했다.[15] 포르투갈 함대가 1498년 인도 서해안(말라바르) 캘리컷(Calicut)에 도착했을 당시 인도는 정치판도가 변화하는 중이었다. 1526년 무굴 제국 무슬림이 무역을 주도하게 되었고 이미 말라바르 해안은 무역조건이 완비되어 있었다. 주요 항구 캠배이(Cambay), 캘리컷, 고아(Goa)에서는 주요 수입품인 전투마를 호르무즈와 아덴에서 실어 왔다. 이외에 실론(Ceylon)에서 코끼리, 계피, 진주, 비단, 카펫, 염료를 아프리카에서 상아, 노예, 금을 수입했다.(〈지도 9〉 참조) 주요 수출품은 면직물이었고 중개 무역을 통해 향신료와 도자기를 수출했다.[16] 이들은 거의 자유 무역이었다. 포르투갈의 계획 즉, 향신료 무역을 독점하여 수수료를 챙기려던 뜻은 실행될 수 없었다. 포르투갈은 결국 약간의 '보호료'를 받고 동업하는 수준으로 후퇴했다. 이것도 아시아인끼리 분쟁 중이라 틈새공략이 쉬웠던 덕분이다.

포르투갈 함포의 위력은 어땠는가. 포르투갈은 고아를 중심으로 말라카와 호르무즈를 통제할 정도는 되었다. 하지만 무슬림들이 말라카를 떠나 아체(Acheh)에 중심 항구를 세우고 아덴 쪽으로 항해했다. 결국 양측 해상전력이 비슷했던 것이다. 또한 포르투갈은 제국이 잘 작동하지 않았다. 사리사욕을 채우는 상인들을 관리할 인력이 부족하여 가부장적 봉건형태(patrimonial-feudal form)에 의존할 수밖에 없었다. 이것은 관직매매와 비슷한 것으로 조직적 약탈을 방조하는 것과 다를 바가 없었다. 그런데 약탈대상을 계속 확대해야 하는 문제가 발생했다. 16세기 말쯤 되면 동남아 무역은 말라카 중심이 아니라 다중심적 균형이 생성되어 중국인, 인도인, 무슬림, 포르투갈인 등이 적당히 나누어 교역을 담당했다.

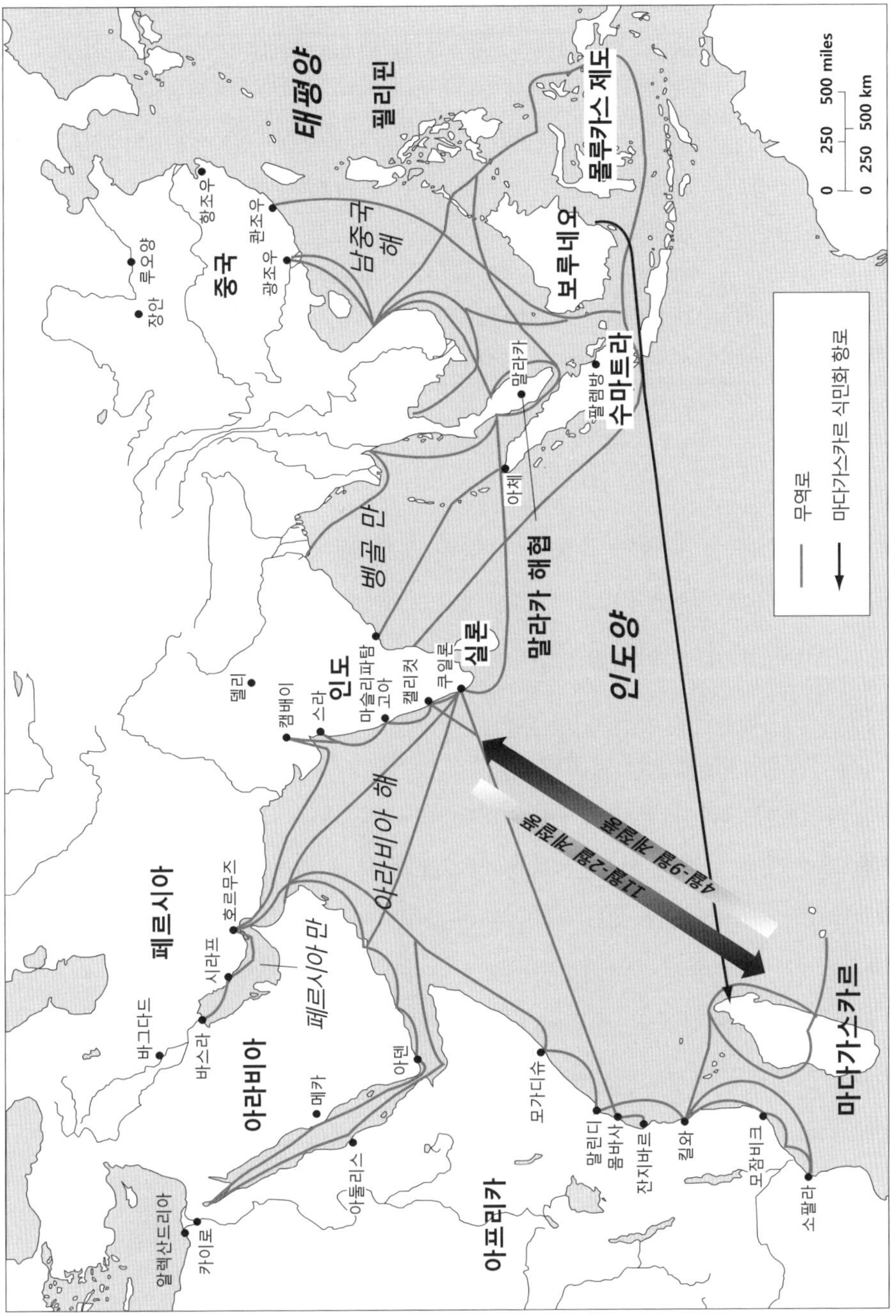
태평양
필리핀
몰루카스 제도
보루네오
수마트라
팔렘방
말라카
남중국해
광조우
관조우
항조우
중국
루오양
장안
벵골 만
아체
말라카 해협
인도양
실론
쿠일론
캘리컷
고아
마슬리파탐
인도
스라
캠배이
델리
아라비아 해
4월-9월 계절풍
11월-2월 계절풍
페르시아
호르무즈
시라프
페르시아 만
바그다드
바스라
아라비아
메카
아덴
모가디슈
말린디
몸바사
잔지바르
킬와
모잠비크
소팔라
마다가스카르
아프리카
아둘리스
카이로
알렉산드리아
무역로
마다가스카르 식민화 항로
0 250 500 miles
0 250 500 km

지도 9. 인도양, 18세기

표 6. 구세계의 인구, 1500-1820년 (100만 명)

구분	1500	1600	1700	1820
중국	103,000	160,000	138,000	381,000
인도	110,000	135,000	165,000	209,000
서남아시아	17,800	21,400	20,800	25,147
구소련 지역	16,950	20,700	26,550	54,765
동유럽	13,500	16,950	18,800	36,457
서유럽	57,268	73,778	81,460	133,040
아프리카	46,610	55,320	61,080	74,236

자료: Findlay and O'Rourke 2007, p. 161

즉 포르투갈이 참여했을 뿐 예전의 균형과 별로 달라지지 않았다. 유럽의 꼬리가 아시아 교역의 몸통을 흔들지 못한 것이다. 다 가마(Vasco da Gama) 이전에 유럽이 아시아 향신료의 25%를 수입했는데 이것이 16세기 내내 변함없었다. 아시아 시장은 아시아 소비자를 위한 것으로 머물렀다.

물론 신대륙의 사정은 달랐다. 양모 수출이 스페인 해외팽창에 큰 영향을 주었다. 그라나다 함락 이후 스페인은 재정복의 연장으로 대서양으로 진출했다. 스페인이 아즈텍과 잉카를 정복한 것은 총, 균, 쇠 덕분일 것이다. 스페인의 신대륙 이민과 함께 말, 소, 양, 돼지의 두수가 급증했다. 밀, 사탕수수, 면화는 신대륙으로 이식된 후, 다시 유럽에 역수입되었다. 반대쪽으로는 옥수수, 담배, 감자, 땅콩이 전파되었다. 이들이 아일랜드와 중국으로 연결되어 인구급증에 큰 역할을 했다. 〈표 6〉은 구세계의 인구를 보여 준다. 16세기 인구증가는 옥수수, 감자 등 식량작물 생산증가에 힘입은 바 크다. 16세기에 멕시코와 페루의 귀금속, 짐승 가죽, 사탕, 인디고가 세비야에 도착했고 이를 싣고 온 배는 밀, 와인, 올리브유를 선적했다. 1620년 이후에는 직물이나 기타 제조업품이 교역되

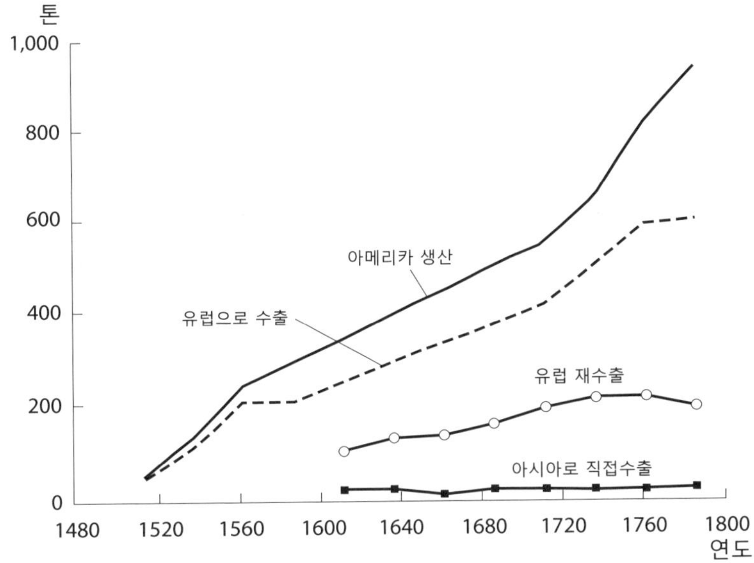

그림 8. 아메리카의 귀금속 생산과 수출, 1501-1800년 (연평균)
자료: Findlay and O'Rourke 2007, p. 166

었다. 신대륙은 16세기에는 수출경제에, 17세기에는 내수에 기반한 통합과 성장을 추구했다. 정부세입이나 은 생산도 줄지 않았다. 〈그림 8〉에서 보는 바와 같이 귀금속의 생산과 수출이 18세기까지 계속 증가했다.[17] 한편 포르투갈은 조류와 바람방향 때문에 우연히 브라질에 도착하여 이곳을 국왕이 직접 챙겼다. 왕은 브라질에 총독을 파견했으며 아프리카 노예를 동원하여 사탕수수 재배와 제당업을 운영했다.

1500-1879년간 계속되는 노예 무역은 18세기에 절정에 이르렀다. 수송 도중에 죽지 않고 살아남아 현지에 도착된 노예를 기준으로 그 규모는 약 1,200만 명으로 추정된다. 아프리카는 원래 노예제 사회였으나 노예들은 농사일이나 상공업 활동에 종사했다. 이들이 아메리카의 플랜테이션으로 팔려 갔을 때 대규모 강제노역에 시달리는 등 인격권 박탈은 물론 극심한 노동강도에 시달렸으며 최악의 인종주의가 만들어졌다.

대서양 노예 무역 이전에도 노예거래가 많았다. 하지만 이들은 가내하인 또는 다양한 직종의 하급 잡무를 맡았다는 점에서 플랜테이션 노예노동과는 다르다. 노예의 도착지 분포를 보면 브라질 사탕 플랜테이션에서 일하는 노예가 가장 많았고 다음으로 지리적으로는 카리브 해, 남아메리카, 북미주 남부, 작물별로는 광산, 커피, 담배, 쌀, 나중에는 면화 플랜테이션 순이었다. 19세기의 노예분포에서 미국이 브라질을 앞지르는데 이것은 미국 노예의 자연증가율이 높았기 때문이다. 노예노동으로 생산된 상품이 국제 무역의 대종을 이룬다. 예를 들어 18세기 영국 수입품의 40%를 차지했다. 수출상품 특화는 신대륙노예제의 특징이다.[18]

브라질과 나머지 중남미를 포르투갈과 스페인의 영향권으로 나눈 토르데실라 조약(Treaty of Tordesillas 1494)은 마젤란의 세계일주 이후 난관에 봉착했다. 결국 스페인의 카를로스 5세는 35만 듀카라는 헐값에 아시아에 대한 권리를 포르투갈에 양보했는데(Treaty of Saragossa 1529) 그래도 마닐라는 스페인이 획득했다(1572). 포르투갈은 각종 타협 끝에 1557년 마카오에 정주지를 얻어 중일 무역(견직-은)에 열중했다. 1630년 일본이 쇄국한 후 마카오는 은 공급을 마닐라에 의존했다. 마닐라는 중국과 남미의 중개 무역을 담당하여 비단과 은이 교환되었다. 스페인과 멕시코는 견직업을 선호했고 은 유출 제한을 원했으나 필리핀 유지에도 열심이었다. 그 타협의 산물이 제한적 무역이며 여기에 각종 이권이 연루되었다.

네덜란드는 1590년 이후 포르투갈, 스페인을 제치고 세계 무역의 주역으로 성장했다. 발트 해뿐만 아니라 노르웨이 북쪽으로 러시아(Archangel)에 도착하여 모피, 가죽, 캐비어를 수입하고 와인, 향신료, 비단, 모직물 수출을 중개하였다. 이를 리스본 향신료 시장에 연결하다가 직접 동방무역에 뛰어들었다. 1602년에 네덜란드는 동인도회사(이하, VOC)를 설립했다. VOC는 조약체결권, 전쟁권 등을 가져, 국가와 거의 다를 바 없는 실체였다. 30년 전쟁이 끝나는 1648년 무렵 VOC는 아시아-유럽 무역, 아시아 내 무역(country trade)에서 지배적 존재가 되었다.

아시아의 각 지역 간 무역을 지칭하는 이 아시아 내 무역에서, 네덜란드는 향신료 생산과 판매를 독점하고 분업체계를 공고화했다. 인도 직물을 수마트라에서 후추, 금, 장뇌와 교환하고 시암(현, 태국)에서는 주석, 사슴가죽(→일본), 코끼리(→벵골), 금을 구입했다. 티모르에서는 산탈나무를 사다가 중국과 벵골에 파는가 하면 벵골에서는 비단, 쌀과 초석을 구입했다.[19] 1600년경 포르투갈이 장악했던 고아, 호르무즈, 말라카, 마카오 기반의 무역, 스페인 영향 하의 마닐라 중심 무역은 육로 무역보다 크게 중요하지도 않았고 독점력을 가진 것으로 볼 수도 없다. 여하튼 이 모두를 17세기에 VOC가 접수했다. 특히 이들은 향신료 공급확보에 노력했다. 육두구는 반다 제도, 정향은 몰루카스 특히 암보이나에서만 재배되므로 독점계약이 가능하고 폭력으로 계약을 집행했는데, 후추 거래는 생산지가 많아서 그렇게까지는 할 수 없었다. 폭력의 예는 1616-1620년 반다의 '인종청소', 1657년 실론의 계피독점, 암보이나의 영국인과 일본인 학살, 독점가격 유지를 위한 정향 재배 제한 등 무수하다. 이런 행위가 장기적으로 이윤이 남는 일이었을지 의문이다. VOC는 자바섬의 바타비아에 본산을 두고 2차 대전 이후까지 운영했다. 인도 동해안(코로만델) 면직물 수출도 VOC가 취급했다. 이것이 향신료나 후추보다 더 중요해지기도 했다. 또한 인디고와 화약도 거래했다.

이 시기에 동남아시아의 정세는 크게 변했다. 상업과 교역이 확장하면서 국가 간 세력균형이 변화했다. 이슬람과 기독교가 전파되고 군사기술의 변화에 따른 중앙집권적 정치체제가 버마, 시암, 라오스에 성립되어 상호 갈등했다. 중국, 일본뿐만 아니라 포르투갈 군대와 무슬림 용병의 존재가 상황을 더 복잡하게 만들었다. 이러는 중에 각각은 배후지를 지배하는 강력한 국가를 건설했다. 베트남도 마찬가지였다. 그러나 도서 지역은 취약해서 VOC의 보호령이 되었다. 자바, 셀레베스, 수마트라(아체 포함) 모두 같은 사정이었다. 프랑스, 네덜란드, 영국, 무슬림 상인들이 경쟁하면서 1570-1630년간 향신료 교역은 절정에 이르렀다. 후추는 그 이후에도 계속 팽창하였다. 유럽 수요뿐만 아니라 중국과 일본도 이에 가세하였다.

희망봉을 돌아가는 교역로가 베네치아와 중동에 큰 타격을 준 것은 아니었다. 아체-아덴 경로가 아직 융성했고, 페르시아 만에서도 오토만 제국과의 각축과 타협 끝에 포르투갈 상인이 바스라에 향신료, 인디고, 면직물을 내리고 아라비아 전투마를 선적했다. 베네치아의 역할은 유지되었다. 희망봉 통로가 추가된 후 향신료 실질가격이 하락했다. 이것은 유럽과 아시아의 시장통합이 심화되었음을 뜻한다. 또한 이는 유럽 내부시장 통합에도 기여했다. 네덜란드와 영국의 경쟁심화로 가격은 더 하락했다. 다만 정향과 육두구는 독점이윤이 높았다.

16-17세기 국제시장통합은 향신료 무역이 주도했다. 그러나 '순환 시스템'으로 귀금속의 흐름이 있다. 서유럽의 발트 해 곡물, 목재, 모피 무역적자로 은이 유출되었다. 은은 페르시아 비단과 중동 사치품 때문에 더 동쪽으로 이동했다. 유럽의 지중해 향신료 무역을 따라 홍해와 페르시아 만으로 은이 유출되었다. 희망봉 쪽 향신료, 비단, 면직물 무역도 마찬가지다. 마닐라-중국 무역을 통해 중남미의 은이 직접 아시아로 이전되었으며 일본 은도 중국으로 움직였다. 〈그림 9〉에서 보는 것처럼 은 이동은 결국 인도와 중국에 귀착되었는데 신대륙이나 유럽에 남은 양도 상당했다. 그림에서 보는 바와 같이 17세기 일본 쇄국과 마닐라 은 공급 중단으로 중국이 재정위기를 맞아 명·청 교체를 부추겼다는 설명은 사실과 다르다. 1644년 이전에 중국의 은 유입은 감소하지 않았다.[20]

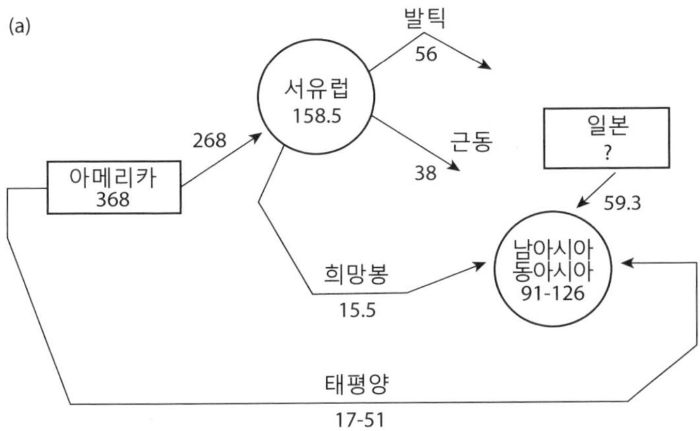

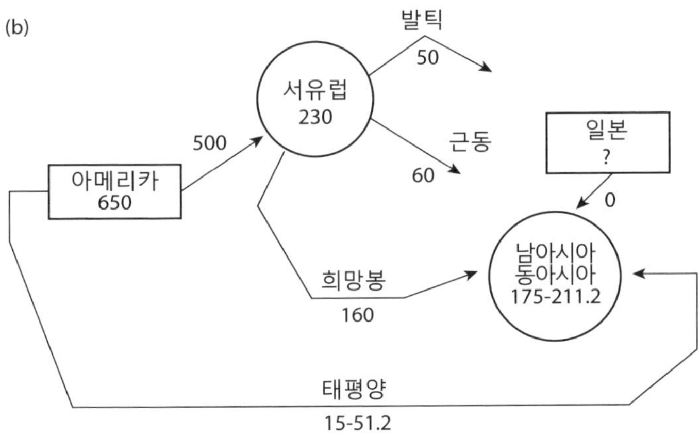

그림 9. 17세기 초와 18세기, 대륙 간 은 이동(연간, kg): (a) 1600-1650년; (b) 1725-1750년
자료: Vries 2003, pp. 80-81

또한 중남미→유럽→희망봉→인도, 중국이 전형적인 은 이동로라는 설명은 18세기에 와서야 해당된다.

은 이동의 경제적 효과는 무엇인가. 서유럽의 은 유입은 외생적인 은 공급이 통화량 증가로 이어져 물가상승을 불러일으켰다(가격혁명 논쟁). 그러나 동아시아 은 유입은 가격 차이(금은 가격비)에 따른 내생적 반응이며 유입된 은은 교환의 매개로 쓰였다. 16세기 중국은 옥수수와 감자의 도입으로 인구증가, 경제팽창이 있었다. 또한 상업화로 인한 화폐수요 증가가 컸으므로 유입된 은은 물가상승으로 이어지지 않고 화폐수요를 충당했다. 인도에서도 유입된 은이 은화주조에 사용되었다. 귀금속 이동과 동아시아 화폐제도의 변화에 대해서는 11장에서 자세히 논의한다.

17세기 중엽부터 19세기 초까지는 유럽열강들이 중상주의적 각축을 벌이던 시기였다. 이는 영국 제국의 팽창과 궤를 같이 한다. 영국은 신대륙에서는 1550-1640년간 해적질로 시작하여 1655년에 자메이카를 포획한 후 이곳을 약탈과 밀수의 근거지이자 사탕 플랜테이션으로 운영했다. 국가에서 약탈 면허를 받은 사략선(privateer)은 오랫동안 높은 수익을 올리고 국가에 봉사(?)했지만 결국 국제 무역의 확장과 해군의 발달로 인해 자취를 감추었다.[21] 서인도제도와 뒤늦은 정착지 뉴잉글랜드, 버지니아 등이 상호보완적으로 작용했다. 인도에서는 동인도회사(이하, EIC)가 1607년 스라(Surat)를 시작으로 1750년대와 1760년대에 벵골 지역을 장악했다. 동남아시아에서 VOC가 누리던 정향, 육두구 독점교역 이윤이 하락하자 영국이 어부지리하여 EIC가 페낭 중심으로 아시아 내 무역에 적극 참여하였다.[22] 벵골의 면직물과 아편, 말레이의 주석, 중국의 차 등을 거래하였다. 영국은 또한 1788년부터 오스트레일리아에 정착하기 시작했다.

결국 18세기 중엽까지는 서유럽이 주변부에서 중심부로 발돋움한 것이 명백하다. 16-18세기 간 유럽 무역은 연율 1%씩 성장했고 서유럽과 중국의 GDP는 연율 0.4%, 인도는 0.2% 성장했다. 교역과 중상주의가 도시화와 경제발전을 낳은 시대였다. 즉 권력이 부를 가져온 것이다. 다른 말로 하자면, 유럽, 특히 영국이 산업혁명을 먼저 일으킨 원동력은 '해군력과 국제 무역'이었다.[23] 그 배경에는 유럽의 지리적 위치와 아시아 상품에 대한 욕구가 있고 이에 따른 해상팽창이 공업화를 촉진했으

며 공업화는 또 다시 국제무역체계의 혁명을 가져왔다.[24]

군사혁명

16세기경이면 군사력이 갖는 의미가 달라진다. 이를 더 자세히 살펴볼 필요가 있다.[25] 군사력의 강약을 결정하는 요인은 기계나 기술뿐만 아니라 군대의 사기, 조직력 등의 요소를 포함한다. 16-18세기에 성취된 '군사적 혁신(military revolution)'의 주요 내용은 총포류가 창을 대신한 무기 변화, 군대규모의 증대, 군 구조의 정규화, 일상적 훈련, 엄격한 규율, 대규모 복합적 전술 사용, 사회에 미치는 군대의 영향력 증가 등이다.[26] 무기산업 분야에서 기술진보가 엄청났다. 축성, 포위공격, 해전에서 함포사격 등의 새로운 전투양상이 나타났다. 시민상비군→용병→징병 등으로 병사들 자체가 '교환 가능한 부품(interchangeable parts)'화되는 현상도 보였다. 그 결과 군사력이 강력해졌을 뿐만 아니라 이 막강해진 군대를 중앙정부가 보유함으로써 정부가 사회를 더욱 강력히 통제하게 되었다. 이를 이용해 세금과 부역을 강제 부과하고 이것이 다시 군대와 정부를 강화했다. 군사 부문의 혁신은 중앙집권적 근대국가체계 성립을 가능하게 하고 경쟁적 제국주의로 이어질 것이었다. 갈등 조정, 제국 팽창 등에는 선박과 대포를 성공적으로 결합시키는 것이 중요했다.(〈표 7〉 참조)

호프만(Philip T. Hoffman)은 일찍이 유럽이 폭력에 비교우위가 있었음을 밝히고자 했다. 1400-1700년 기간 영국, 프랑스, 독일의 군사부문 총요소생산성(이하, TFP)을 계산하여 그 성장률이 최소한 연율 0.6%, 최고수준은 중세 말 영국 포병의 1.4%에 달했다고 보고했다. 전 산업화 TFP 성장률이 대개 연율 0.1%를 밑도는 추계와 대조적이다. 이것은 서유럽에서 무기의 상대가격 하락과 전술, 훈련, 군수, 전비조달 등의 우

표 7. 전투태세를 갖춘 사람들 (1500-1980년의 유럽)

국가	전투태세의 군인 수(1,000명)					총인구에 대한 군인의 비중(%)				
	1500	1600	1700	1850	1980	1500	1600	1700	1850	1980
스페인	20	200	50	154	342	0.3	2.5	0.7	1.0	0.9
프랑스	18	80	400	439	495	0.1	0.4	2.1	1.2	0.9
영국/웨일스	25	30	292	201	329	1.0	0.7	5.4	1.1	0.6
네덜란드		20	100	30	115		1.3	5.3	1.0	0.8
스웨덴		15	100	63	66		1.5	7.1	1.8	0.8
러시아		35	170	850	3363		0.3	1.2	1.5	1.4

자료: Tilly 1990(1994), 128쪽

월성을 나타낸다. 1700년경이면 중국에서 시작한 총포기술에서 유럽이 세계를 압도한다. 흔히들 유럽국가 간의 경쟁에 의해 기술을 연마할 수 있었다고 설명하지만 호프만은 명시적으로 '토너먼트식' 군사적 경쟁에서의 습득과정을 모델화했다. 군사적 경쟁만 따지면 인도나 동남아시아에도 그 예가 있다. 그러나 유럽국가 간 독특한 승자독식 토너먼트 형태의 경쟁과 잦은 전쟁이 총포기술에 엄청난 자원을 쏟아 붓게 하였고, 그 과정에서 습득효과(learning by doing)에 의해 대포, 소총, 성곽, 군함의 제조와 사용에서 유럽이 우위를 획득했다. 즉, 정치적, 군사적 조건이 유럽의 총포기술 향상에 특히 도움이 되었다. 결과는 물론 식민지 정복과 노예무역을 비롯한 무역이익의 수취였다.[27]

틸리(Charles Tilly)는 16-18세기 전쟁방식의 변화가 국민국가 형성 패턴에 미치는 영향을 분석했다.[28] 틸리에 따르면, 전쟁비용의 상승에 따라 재원풍부국이 판세를 압도하게 되며 강압(coercion)과 자본의 상호작용에서 국가형태가 결정된다. 베네치아와 네덜란드는 자본집약적 국가로서 무역독점을 추구하되 군사적 정복에는 흥미가 없었다. 노르웨이와 스페인, 러시아는 국가적 강제력이 매우 큰 국가이며 식민정착, 원주민의 노예화, 공물수탈에 집중했다. 영국과 프랑스는 제국주의 게임에 늦게 가담하여 자본과 강압을 결합한 형태였다.

후쿠야마(Francis Fukuyama)는 '좋은 정치질서'의 3대 요소로 강력한 국가, 사회의 모든 부분에 법규(rule of law) 적용, 통치자가 스스로의 행동에 책임지도록 하는 방법을 들었다. 11세기 말 교황 그레고리 7세의 개혁으로 교회법이 크게 발전하여 세속국가의 근본 규칙으로 원용된 예를 들고 있다. 개혁의 일부인 사제의 혼인금지는 교회 내의 부패나 지대추구행위를 예방함으로써 '근대적, 위계적, 관료적, 법치적 제도'가 생겼다는 것이다. 중국, 이슬람 제국, 유럽의 역사에서 '가부장적 태도'를 억제하는 일이 중요했다고 하며, 17세기 영국이 특히 내전과 명예혁명 이후에 최초로 선량한 정치질서의 3대 요소가 고루 갖춘 나라가 되었다고 주장한다.[29]

엘리트와 시민

한편 아세모글루와 로빈슨[30]의 엘리트와 시민에 관한 설명도 흥미롭다. 점진적으로 민주주의가 뿌리내린 영국, 민주화과정이 불안정하여 우여곡절을 겪은 아르헨티나, 민주화가 필요 없어서 또는 억압으로 민주주의를 봉쇄하여 민주화가 오래 지연된 싱가포르와 남아프리카의 정치체제를 결정지은 요인은 무엇인가. 이들에 따르면 엘리트와 시민은 서로 이해관계가 대립한다. 엘리트는 독재를 선호하고 시민은 민주주의를 선호한다. 그런데 민주주의는 대부분 엘리트가 이를 받아들임으로써 비롯되었다는 것이다. 그들은 이 퍼즐을 풀고자 하였다. 이 모델은 엘리트와 시민의 전략적 행동을 가정한다. 엘리트가 시민을 억압하는 비용이 충분히 크고, 시민이 엘리트의 양보에 관한 약속을 믿기 어려울 경우, 엘리트는 민주주의를 강요받을 수 있음을 제시한다. 즉 정치, 경제적 위기 상황에서 시민은 엘리트를 위협하여 양보를 강요할 수 있다. 그렇지만 이러한 위기는 일회적이기 때문에 양보 관련 약속만으로는 차후 엘리트가 기회주의적 행동을 해도 이를 막을 수 없다. 따라서 시민은 엘리트가 양보 약속을 번복할 수 없도록 하기 위해, 엘리트는 시민에게 신뢰를 얻기 위하여 민주주의적 정치체제를 수립하고자 한다는 것이다. 다시 말해 시민의 민주주의 요구에 대해 엘리트는 체제 전복으로 인한 손실과 양보로 인한 손실을 비교하여 정치체제의 변화를 수용하게 된다는 주장이다.[31] 물론 엘리트가 시민을 억압하는 체제보다 민주정치가 더 바람직한 경제제도를 가져온다는 믿음이 깔려 있다.[32]

아세모글루 등은 구체적으로 민주화를 결정짓는 요소로 다음의 7개를 제시하고 있다. 즉, 1) 시민사회: 엘리트가 양보를 하는 것은 대중이 혁명 방식으로 엘리트를 위협할 수 있기 때문이다. 시민사회가 발전하고 조직화되어 있으면 '상대적으로 효과적인 혁명 위협수단'을 사용할 수 있다. 2) 충격과 위기: 전쟁을 비롯하여 불황이나 흉작, 교역조건의 악화 등 정치경제적 위기에 대중이 사실상의 권력을 장악할 가능성이 높아진다. 그러나 현재의 권력이 미래에 유지된다는 보장이 없다. 3) 소득의 원천과 부의 구성: 엘리트의 소득 원천이 토지인가 혹은 인적, 물적 자본인가에 따라 이들의 정치적 태도가 크게 달라진다. 토지에는 조세를 부과하기가 인적, 물적 자본 쪽보다 편리하다. 그러므로 정치체제 변동에 따라 조세 부과를 통해 토지형태의 부를 재분배하기가 용이하다. 혁명으로 사회적, 정치적 혼란이 일 경우 이는 자본 소유자에게 불리하다. 자본소유자가 '협력'에 의존하는 정도가 더 크기 때문이다. 다시 말해 지주제가 발달하면 토지소유 엘리트는 민주주의에 매우 방어적인 태도를 취하리라는 예상이 가능하다. 4) 정치제도: 민주주의에서도 의사결정은 다양한 방식으로 이루어질 수 있다. 민주주의 정치제도가 다수의 힘을 제한하도록 설계된다면 엘리트의 양보를 더 쉽게 얻어낼 수 있다. 5) 불평등: 엘리트와 시민 간 불평등이 커지면 시민은 민주주의를 통해 부를 재분배함으로써 얻을 수 있는 것이 많아지므로 민주주의에 대한 요구를 높인다. 6) 중간계급: 중간계급은 민주화 추종자로서 엘리트가 중간계급을 자기편으로 끌어들이게 되면 점진적인 민주화가 진행된다. 엘리트와 시민 사이의 완충자로서 중간계급은 급격한 부의 재분배를 선호하지 않을 것이다. 그러므로 엘리트가 양보하기에 유리한 조건을 만든다. 7) 세계화: 자본시장 통합으로 자본의 해외 유출이 쉬워지면 자본소유 엘리트가 시민을 억압할 유인이 줄어든다. 국제 무역이 생산요소의 상대가격을 변화시켜 재분배적 정책 요구를 완화한다. 세계화가 진행될수록 경제행위의 급격한 변화가 갖는 충격이 커지고 억압의 비용이 올라간다. 정치적 통합과 냉전 종식은 독재정권에 대한 민주주의 국가들의 압박을 의미한다. 이 모든 것이 민주화에 이롭게 작용한다.[33]

국가 형성을 논할 때 경제사가들은 이데올로기, 외교, 군사력 등보다는, 자연자원, 인구, 국내외의 생산, 동질적이고 우호적인 사회, 권력의 근간(sinews of power)에의 접근성 등을 중시하는 경향이 있다. 장기적인 경제발전 촉진 문제에서 제도를 중시하는 문헌이 많으나 이러한 제도를 유지하는 국가의 역할에 대해 관심을 덜 표한다. 자유주의적 헌법을 최적으로 여기고 개인과 민간기업, 대의정치를 중시하는 전통이 뿌리 깊다.[34] 그러나 17-18세기의 지정학적 갈등, 절제되지 않은 경제경쟁, 법, 질서, 정치안정 등에 대해 대내적 위협이 존재하는 홉스적 세계에서 이러한 사고는 적절하지 않은 듯하다. 그 당시는 재정적 제국주의 경쟁에서 이겨야 하는 재정적 주권(fiscal sovereignty) 다툼이 더 중요했다.[35]

아세모글루와 로빈슨은 최근 다른 저서에서 국가 차원의 권력과 경제적 번영이 교차하는 이유에 대해 다음과 같이 주장한다.[36] 즉, 문화, 기후, 지리, 환경은 중요하지 않고 정치와 경제제도가 관건이라는 것이다. 비슷한 역사적, 문화적 배경을 가진 아프리카의 보츠와나는 고속성장하는 반면 짐바브웨, 콩고, 시에라리온은 빈곤과 폭력에 시달린다. 고도의 동질성을 가진 남한과 북한도 대조적이다. 남한은 유인을 제공하고 기술혁신을 포상하는 사회를 형성했으며 모든 사람이 경제적 기회에 동참할 수 있게 했다. 정부가 투명성을 유지하고 국민 대다수의 욕구에 대응한 덕택에 경제적 성공이 지속될 수 있었다. 불행히도 북한의 인민은 수십 년간 기근과 정치적 억압에 시달려야 했다. 변화가능성이 안 보이는 매우 다른 경제제도 때문이다. 남북한의 격차는 완전히 상이한 제도 궤적을 그려낸 정치의 산물이다. 이 밖에 로마 제국, 마야의 도시국가, 중세 베네치아, 소련, 라틴 아메리카, 영국, 유럽, 미국, 아프리카, 현대 중국의 예를 섭렵한 그 책은, 엘리트가 대중을 착취할 수 없게 만드는 제도가 번영의 긍정적 피드백을 형성하며, 이러한 체제가 전복되면 빈곤의 부정적 악순환으로 빠져든다고 반복강조한다. '권위주의적 성장'은 장기적으로 지속가능하지 않다는 뜻이 포함되어 있다.[37] 그러나 이들의 설명은 다소 피상적이고 자의적인 것으로 보인다. 4장 말미에서 아세모글루 등의 계량경제분석을 비판한 적이 있다. 여기 언급한 저작들에서는 이론 및 가설에 치우쳐 역사 해석을 어설프게 자의적으로 몰아붙인 느낌이다. 이들이 제도와 성장의 미묘한 관계에 명쾌한 대답을 시도하고 있지만 연결고리도 실증적 뒷받침도 초보적이다.[38]

재정국가

오브라이언(Patrick O'Brien)은 다음과 같이 말한다. 경제가 성장하는 데 강력한 재정국가(fiscal state)의 등장이 중요했다. 이 과정에는 내전, 공화정, 왕정복고를 거치면서 재정국가를 건설한 1642-1688년간 영국이 가장 빨랐다. 대륙은 여러 정치적 이유로 불발에 그쳤다.[39] 군사적 혁신과 잦은 전쟁으로 재정수요가 증가함에 따라 대륙 나라들의 중앙정부는 점점 더 재정확보의 어려움에 처했다. 세원포착, 감시(monitering), 조세평가, 징수 등을 민간업자들에 외주하는 것이 모두 힘들어지고 부패, 독점, 매관매직, 민간의 재산권 주장 등이 난무했다. 약탈적 수취 단계에서 벗어나 적절히 확보된 예산에 따라 작동하는 재정금융국가(properly funded fiscal and financial states)로 발달하여 수확체감 단계에 이른다는 주장이 여기에 적용된다. 영국은 1688년 이전의 내전, 공화정, 스튜어트 왕정복고 기간을 거치면서 성공적 재정국가가 탄생할 정치적 합의와 행정적 근간을 마련했다. 새로운 재정근간(fiscal constitution)으로서 군대, 특히 해군 유지가 가능하게 되었다. 여기서 정치적 합의란 부유한 엘리트가 질서, 정치 안정, 해외사업 보호를 위한 더욱 강력하고 집권된 국가 형성에 합의한 것을 말한다. 이 과정에서 저항이 작은 간접세(excise and stamp duties) 비중이 커지고 조세수입을 담보로 한 차입이 급증했다. 총 조세수입에서 차지하는 부채원리금 상환(debt service) 비율은 18세기 내내 60% 수준을 유지했다.[40] 다른 말로 하면 건전한 재정국가란 징세 능력과 차입 능력에 달렸다. 정부부채의 크기 자체가 문제가 아니라 채무를 진 국가의 신인도가 문제인 것이다.

프랑스, 스페인, 오스트리아, 덴마크, 러시아나 오토만 제국 등은 영국처럼 조세를 많이 거두거나 차입할 수 없었다.[41] 세원 확장을 위한 개혁에 정치적 제한이 컸고 따라서 차입에도 한계가 있었다. 영국의 예외성에는 지방세 비중의 감소, 각종 면세특권의 소멸 등도 포함된다. 내전, 공화정과 왕정복고, 명예혁명 등을 거치면서 세원평가, 징세, 조운 등을 담당하는 관료체계가 발달했고 징세하도급(tax farming)이 사라졌다. 지방호

족의 부와 권력도 약화되었다. 이러한 예외적 재정구조는 건전한 국가를 형성시켜 네 가지 중요한 공공재를 공급했다. 즉 대외적 안보, 대내적 정치안정, 재산권 보장, 해외사업 보호 및 보조가 그것이다. 특히 해외사업을 위한 상비 해군에 대한 투자가 엄청났다. 자유주의적 전통과 자유와 민주를 위한 헌법이 경제성장을 낳는다는 주장이 있지만, 당시 영국은 조세인상에 우호적이고 정부부채누적에도 동의하는 정치관계가 조성되어 있어 이것이 지주, 상인, 산업엘리트의 안전보장, 질서유지, 재산권보호, 해외팽창을 가능케 했다고 새로이 해석되기도 한다.[42]

오브라이언의 설명은 군사기술의 혁신(military revolution)이 전쟁 비용을 키운 가운데 전쟁이나 국내 정치 불안에 의해 재정수요가 늘어나면 중세적 영지수입으로 모자라므로 중세 '영지국가(domain state)'가 쇠퇴하고 근대 '조세국가(tax state)'가 등장한다는 전통적인 가설의 변형이라고 할 수 있다. 근대 유럽은 권력추구와 잔존을 위한 투쟁으로 조세를 더 거둘 필요가 생기자 도시 중심의 시장과 교역에 과세하고 대신 재산권 보호 등 공공재를 공급하여 경제성장에도 도움이 되었다는 것이다. 영국의 경우에는 정치적 변혁, 그리고 간접세와 차입(국채발행)의 증가를 강조했다. 그러나 웨어럼(Andrew Wareham)에 따르면 영국이 중세 앵글로 색슨 시대에 이미 교회의 요구 증가와 바이킹(노르만) 침략에 대비하기 위한 왕실 재정 압박으로 세수증대정책을 썼다고 한다.[43] 즉 중세 = 영지수입, 근대 = 조세 식으로 대비되는 것도 아니며 영지수입과 조세가 동시에 존재했던 예가 많다는 것이다. 시실리, 덴마크, 독일의 헤세, 북송 등의 사례를 분석하여 조세국가를 유지하기 위해 대의정치와 재산권 보호가 필요하지도 않았다고 주장한다. 근대국가 성립에 중앙 재정을 지나치게 중요시하지 말고 언어, 문화, 종교행사, 지방 주도의 분권적 발전에 눈을 돌리라는 뜻이다.

'재정국가'는 슘페터의 '조세국가'[44]를 조금 더 포괄적으로 이해하자는 뜻에서 만든 용어다. 일찍이 슘페터는 국왕의 수입이 직영지(royal domain)에서 나오는 사적 영역에서 조세라는 공적 영역으로 변화함에 따라 국가의 성격도 영지국가에서 조세국가로 바뀐다고 하며, 이것이 서유럽에서는 18세기경 절대국가 형태를 띠고 19세기 국민국가, 민주주의로 이행하는 도중에 나타났다고 설명했다. 이후 이러한 국가발전의 2단계설은 다양하게 발전하여 〈표 8〉과 같은 체계를 띠게 된다. 이 가설을 16-19세기 유라시아 각국의 역사를 통해 구체적으로 살펴보자.[45]

우선 전쟁과 국제 무역이 일반적으로 재정국가 형성에 주된 요인이었음이 관찰된다. 15세기에 유라시아 교역이 새로운 전기를 맞자 지중해 도시국가 제노바, 베네치아는 국제 무역에 조세를 부과했으며 오토만 제국의 재정도 발달했다. 국가 간 경쟁과 상인의 재산권 보호 필요 등이 재정 시스템 진화에 일정 역할을 했다. 15세기부터 중국이 조세은납으로 전환하면서 아메리카 귀금속에 대한 수요가 늘어나기 시작한 것도 주목할 만하다. 16세기에 포르투갈의 해외 무역 이윤은 국왕의 수입이었다. 재정 시스템은 변하지 않았고 포르투갈은 영지국가의 성격을 유지했다. 해외 영토에서 얻는 수입이 있었으므로 지대수취국가(rentier state)이기도 했다. 이와 대조적으로 카스틸(Castile, 이후에는 Aragon, Valencia, Catalonia 등을 통합하여 스페인)은 조세수입이 국왕에 귀속되었지만 제노바와 독일 은행가들의 신용에 기반한 재정 시스템을 구축했다. 이후 합스부르크 제국은 광범위한 영토를 다스렸고 제국 내의 이질성이 심했다. 합스부르크 시스템에 대응하느라 오토만 제국, 프랑스, 밀라노, 베네치아 등이 재정개혁을 시도했다.

17세기에도 전쟁과 국제 무역, 식민지 쟁탈전 등이 재정 시스템 진화에 영향을 주었다. 유럽의 재정군사국가 형성의 2차 국면이다. 네덜란드

표 8. 영지국가에서 조세국가로 이행

구분	영지국가 (Domain State)	조세국가 (Tax State)
금융이론	Jean Bodin, Kaspar Klock, Melchior von Osse	Justus Lipsius, Bartholomanaeus Keckermann
정부형태	개인적, 의사결정에 제한 없음	제도적, 법으로 정의된 절차
중앙행정	소규모	대규모 참모진, 명확히 규정된 권위를 전문부서가 장악
지방행정	자생적 자치	중앙정부에 의해 통제됨
관리	혈연 귀족	훈련된 전문가
국가의 책임	법질서의 유지	추가하여, 모든 생활에 영향 미치는 규제
재정수입	물납	금납
공공재정 세입	영지의 잉여생활	조세
조세	특수목적에 제한된 간헐적 보조	정규적인 직접세, 간접세
부채	실물이자나 영지담보대출의 연장을 위한 단기 차환	국가나 통치령이 금융가에 장기적 보증
경제에서 역할	독립적, 능동적, 그리고 수익성 높은 생산자	이윤생산자에 징세라는 방법으로 동참
경제정책	물가하락을 위해 시장개입, 식품공급 보장	시장감독, 상공업의 잠재적 수익에 보조금
공기업	영지 관련 농업, 광업	독점력 부여, 공급보장과 가격보장
정치참여	거의 없음. 영지분쟁 때나 나올까	초기에는 정치에 적극적, 조세를 정당화, 나중에는 절대국가의 횡포에 밀림
사회적 귀결	거의 없음. 농업경제의 안정	생산성 증가 압력, 사회규율, 구매력의 재분배
통계	거의 없음. 산출 추계를 위한 조사 간간이	생산성 조사 빈번함, 가구, 토지소유자, 상공인의 조세등록 강요

자료: Krüger 1987, p. 52

는 효율적 재정 시스템과 국제금융이 동시에 발달했으며, 프랑스는 스페인과의 전쟁, 30년 전쟁, 루이 14세의 대영국, 대 네덜란드 전쟁을 통해 리슐리외(Cardinal Richelieu)의 개혁이 이루어졌다. 스웨덴이 전쟁 때문에 근대적 재정 시스템 요소를 도입했고, 스웨덴 군사국가의 위협에 대응하여 덴마크-노르웨이, 브란덴부르크-프로이센도, 또 다른 나라들도 개혁 쪽으로 기울었다. 영국은 1688년의 재정혁명으로 조세를 의회가 통제하고 부채가 축적되었으며 중앙은행을 설립하여 공채관리를 담당케 했다. 조세와 차입위험을 줄이도록 엘리트들이 정치적, 사회적으로 연합했다. 포르투갈, 스페인, 네덜란드, 영국의 아시아 원정으로 아시아 재정 시스템도 변화했다. 신대륙 귀금속 공급이 화폐수요를 충족시켜 화폐가치 하락(debasement)을 막아주었다. 카스틸과 오토만, 무굴의 통화를 안정시켰고, 중국도 유동성이 늘고 조세은납화가 촉진되었다. 도시화와 화폐유통이 재정발달에 도움이 되었다. 그리고 군사기술의 세계적 전파도 재정체제(fiscal regime) 변화에 영향을 주었다. 새 군사기술이 만주에 퍼지자 중국에서 명·청 왕조 교체가 있었고 청나라의 재정개혁이 뒤따랐다. 황제 직영지 수입에 더해 세원 포착과 확대로 조세의 비중이 커졌으며, 세율은 계속 유럽보다 낮았으나 증가하는 재정수요를 감당했다. 무굴 제국 재정도 팽창했고 일본은 1590년대의 개혁으로 연공을 쌀로 거뒀다. 일본은 영지국가로 남아 있었으나 농업산출의 40-50%를 수취했다.

18세기에도 식민지 쟁탈전, 국제전쟁으로 특히 해군비용이 높아져서 조세 시스템이 합리화, 동질화되었다. 관세와 간접세가 중요해지고 수입상품 분배 독점에서 얻는 세입도 증가했다. 토지세 비중이 줄어든 만큼 중간층과 특권층의 부담이 커졌다. 식민지와 국제 무역 확장에 군주와 상인 집단의 이해가 일치했다. 중상주의 국가가 시장을 보호하고 상인계급의 재산권을 방어했다. 화폐가치도 안정되었는데 의회가 강한 영국, 네덜란드나 스페인, 프랑스 등 절대국가에서도 그러했다. 러시아 같은 곳에서 통화는 불안했다.(잦은 debasement) 다른 세원이 생겼으므로 구엘리트(귀족과 자유도시)와 국가의 친밀도가 손상을 입지 않아 사회적, 제도적 시스템에 근본적인 변화는 없었다. 교역에 대한 과세가 스페인, 영국, 네덜란드보다 덜했던 프랑스, 제노바, 베네치아, 오토만 제국은 정치 불안으로 향했고, 농산물 과세 중심의 재정경직성은 무굴 제국을 영국 동인도회사(EIC)에 패퇴하게 만들었다.(1757) 청나라는 토지세와 소금 독점 수입이 국내질서유지와 외세대응에 충분치 못했다. 일본은 징세하도급(tax farming)이 주 수입이고 해외 무역을 통제했으므로 그쪽의 세수는 거의 없었다.

19세기는 나폴레옹 전쟁 시 유럽 각국이 부채를 축적한 일로 시작한다. 영국을 제외하고는 재정 시스템이 취약하여 재정위기가 만발하고 이에 따른 개혁과 함께 조세국가, 자유주의 국가가 형성된다. 중앙정부가 조세를 독점하고 각종 특권이 종료된다. 개인이 궁극적 과세대상으로 확정되며, 의회가 예산과 국가부채를 관리한다. 크림전쟁과 러일전쟁의 패배로 러시아는 대대적 개혁을 시도한다. 아편전쟁 패배 후 청나라의 사정도 급변했으며 관세를 도입했다. 일본은 개항과 함께 메이지 유신을 통해 조세국가 쪽으로 방향을 잡는다. 이들은 재정국가 형성과 동시에 국제투자유치에 힘쓴다.

재정국가 형성의 비교사에서 몇 가지 지적할 점이 있다. 우선 중앙집권과 타협, 신뢰가 서로 얽혀 있다는 것이다. 이것은 절대국가이건 공화정 요소가 있는 나라이건 도시국가이건 동양의 제국이건 마찬가지다. 둘째로 전쟁의 영향이 유럽과 아시아에 다른가. 유럽이 국제 전쟁 빈도가 높다는 주장은 맞지 않는 듯하다. 오토만 제국, 무굴 제국, EIC의 인도 전쟁이 잦았고 일본은 전국시대가 오래 지속되었으며 중국은 내분보다 외적 방어에 신경을 더 썼다. 전쟁의 효과는 계제에 따라 다른데 19세기 재정국가는 평시에 형성되었다. 이때는 내부질서유지, 재산권 방어가 중요했다. 셋째, 재정국가에 이르는 길이 영지국가에서 진화한다는 공동모델을 따른 것 같지 않다. 법적 기초에 따라 일방적 진화나 목적론적 과정이 아니라 후퇴, 지방분권도 있고 병존도 보인다. 20세기에 오면 모습이 대개 비슷해진다. 넷째, 정보의 문제가 있다. 일본의 연공은 농업생산량을 추계하여 부과하고(石高制), 무굴 제국은 풍흉에 따라 농지세가 달라지며 카스틸은 무역량과 개인소득이 세원이므로 이 모든 것은 정보수집, 지방-중앙 간 정보전달에 의존하고 비용이 든다.

다음에 고려할 점은 재정 시스템은 기본적으로 단일국가를 단위로 하는데 국제금융 네트워크에 큰 영향을 받는다는 것이다. 합스부르크 제국은 독일(예를 들어 Fuggers)과 제노바의 국제은행에, 17세기 포르투갈은 유대인 국제네트워크에, 프랑스는 투스카니 은행들, 스위스의 위그노에, 영국은 네덜란드 자본에 많은 도움을 받았다. 전쟁과 국제금융 네트워크의 관계, 나아가서는 국제 무역, 자본이동, 환어음, 상품이동 관련 '코스모폴리탄 자본'의 역할을 이해해야 한다. 재정국가의 재정, 국가채무 등을 국제적 환경 내에서 해석해야 한다. 이런 문제는 아시아 쪽에서는 늦게 발생했다. 재정 시스템 자체가 모방, 전파되는데 여기에 시차가 있다는 뜻이다. 또한 국제 무역에서의 위치, 즉 지정학도 중요하다. 국제전쟁에서 소원, 밀착 정도가 문제다. 나라의 크기도 설명력을 가진다. 작은 나라에서 큰 나라로 갈수록 처음에는 규모의 경제, 나중에는 규모의 불경제가 작용하여 적정규모가 있는 듯 보인다. 그러나 이렇게 단순하지는 않다. 국제적으로 '중심' 국가들이 제국을 형성하는 등 복잡해지고 규모뿐만 아니라 통치 영역의 분산도, 제도의 다양성, 국제네트워크에서의 위치, 재정 기술과 금융체제의 도입 능력, 국제자본이동에서 독립 정도, 모든 것이 재정 시스템 효율과 재정국가로 전환에 요인이 된다.

조세체계와 부채문제가 재정국가 형성과 불가분의 관계에 있다. 1914년의 시점에서 성공 스토리는 북대서양 쪽의 유럽인 것으로 보이는데 이제 나라별로 구체적인 과정을 살피자. 네덜란드는 16세기에 의회와 국왕이 화의를 이루고 금융혁명을 추진한다. 재정은 지방분권이나 전쟁수요에 잘 대응했다. 부채가 누적되고 징세도급도 상용했다. 18세기 영국과 경쟁시 재정수요가 증가하자 취약성이 노출되기도 했는데, 상대적으로 누진세지만 국제상인에는 저율과세였고 국채에는 내국인들이 주로 투자했다. 합스부르크 치하의 저지대(플랑드르, 나중에는 벨기에)에서는 엘리트와 통치자의 협약이 있었고 스페인이 전쟁비용을 부담했다. 차츰 벨기에 납세자의 부담이 늘었다. 그리고 소비세가 대종이었으므로 빈곤층에 조세가 귀착되어 역진적인 체계였다. 프랑스는 절대주의 왕정이 엘리트에 특권을 부여하고 재정에 왕권행사를 자제했으나, 이는 매관매작이 중요했던 절대주의 재정의 한계를 보여 준다. 로(John Law)의 시스템이 붕괴하면서 재정국가 개혁과정이 중단된다. 그래도 '통화안정'(1726-1785), 국가의 총부채 감소가 지속된다. 그러나 정치불안, 부채증가, 지출증가, 조세저항 때문에 대혁명의 길로 들어섰다. 영국은 18-19세기에 의회정치가 꽃 피웠으며, 투표자의 대표와 채권자가 재정을 통제했다. 토지소득에 기반을 둔 예산은 투명성과 행정효율을 제고했고 차츰 관세, 물품세 비중이 증가했다. 프랑스에 비해 이자율이 낮아 부채관리가 쉬웠다. 신뢰도가 다시 정착하여 공공지출이 줄고 국가는 이해중재자라는 믿음을 얻었다. 이것이 '소득세' 도입을 가능케 했다.

중세 독일 도시, 영방은 제국으로 가면서 영지국가에서 조세국가로 전환이 전쟁을 매개로 이루어졌다. 타협과 간접세 도입이 돋보이는 가운데 직영지(royal domain) 수입도 오래 잔존했다. 19세기에 들어서야 재정통일, 부채국제화, 소득세 도입이 가능하게 되었다. 오스트리아도 비슷하다. 러시아는 다양한 사례를 가지고 있으나 전쟁과 영토확장이 중요했고 이와 함께 드러난 정보의 문제가 컸다. 소비세, 수입관세, 외채가 주요 세입이었고 19세기에는 공업에도 과세했다.

포르투갈은 17세기에 새로운 조세를 시도했고 18세기 후반에야 자유주의 재정국가 형성에 착수하여 19세기에 성취했으나 여러 모로 취약하다. 관세 비중이 크다. 이와 대조적으로 카스틸(Castile, 1714년경부터는 스페인)은 16-17세기 전쟁비용 때문에 재정 시스템 개혁이 이루어졌다. 그러나 18세기 합스부르크 왕조(Habsburg)의 유럽 지배가 시들었다. 부르봉 왕조(Bourbon)의 득세에 대항하여 준-국민국가(proto-nation state)를 건설하려고 노력하지만 프랑스, 프로이센, 영국보다 뒤졌다. 펠리페 2세의 국가 파산과 부채의 유동화(monetization)는 그림자가 길었다. 이탈리아의 도시국가와 농촌의 모자이크는 15-18세기 동안 상공업 과세가 대부분이었고 차츰 소비세가 증가했다. 이자율 하락 경향은 제도효율을 보여 주고, 채권자와 엘리트의 이해가 일치하는 면도 있지만, 국민국가 형성은 매우 느렸다. 교황청은 바티칸 중앙정부와 채권자가 밀접한 관계였다. 종교적 요인이 엇물려 재정관리가 효율적이었는지 낮은 이자율이 유지되었고 징세하도급, 소비세, 관세 등도 보인다. 오토만 제국(지금의 그리스를 일찍부터 지배)은 장기적으로 신축성, 타협, 실용주의가 두드러진다. 1450-1580년간 중앙집권, 군사팽창, 소득증가, 통화안정이 진행되는 가운데 농업세, 징세도급에 기반한 재정레짐은 분권화 쪽으로 기울었다. 엘리트 감세와 19세기까지 잔존하는 '권력균형(provisioning)'이 특징이라고 할까. 1780-1914년 기간은 재정중앙화, 부채팽창, 그리고 '서유럽식' 개혁이 전쟁과 내부공고화 노력과 더불어 추진되었다. 개혁이 잘 진행되지 않아 1875-1876년 국채 모라토리엄, 1881년 국가재정의 일부를 서유럽이 통제하는 등 위기를 겪었다. 결국 지금 유로존 위기의 진원지인 남부 유럽 국가들의 20세기 초까지 재정건전도는 북서유럽보다 못했던 것이다. 남부 유럽은 양차대전과 전간기에 혼란이 상대적으로 더 심했다. 전후에도 이탈리아와 그리스는 사회당과 공산당이 강세여서 재정부담이 늘어났으며 스페인과 포르투갈은 각각 1970년대까지 파시스트 독재 하에서 억압되었을 뿐 대중소비를 위한 재정수요가 상존했다. 즉 재정건전도가 뒤졌던 남유럽의 유산은 사라지기보다 증폭되었다.[46]

중국은 장기적으로 내부전쟁, 외부 압력의 요인이 재정 시스템 형성에 기여했다. 농민토지소유-효율적 관료제-낮은 조세로 이어지는 도덕적 관용이 더 중요하다는 주장이 있다. 전쟁 이외에 관개, 곡창제도(granary) 즉 흉년에 대비한 곡물 비축과 적절한 방출이 초점이다. 그리고 관료와 지방 엘리트 관계의 특수성을 따져야 한다. 일본은 영지국가가 오래 잔존했다. 메이지 유신 후 지조 개정, 의회의 예산통제, 국법은행, 금본위제, 외자도입 등으로 급변한다. 무굴 제국과 EIC 치하의 인도는 화폐경제가 팽창하여 군사재정 체제를 계속 유지했다. 토지세와 타협이 근간이며, EIC 기간에 상업소득세, 관세 비중이 커졌다. 군비와 공납이 중요했고 다른 경제적 투자는 없었다.

결국 제도화된 폭력이 시민권을 방어하면서 19세기에 중앙집권으로 나아간 것이 재정국가인가. 그 이전에는 군인들이 징세한 경우도 많고 공적 영역과 사적 영역의 구분도 모호하다. 슘페터의 단계설이 안 맞는 예도 많아서 중국이나 인도에는 영지국가의 역사가 없었고 그런 면에서는 로마 제국도 영지국가가 아니다. 조세국가 형성은 국가 형성의 일부이며, '국민국가' 형성과 관련하면 국가와 개인관계를 따져 봐야 하는 매우 다양하고 복잡한 과정이다. 전쟁과 교역이 중요했음이 19세기에 확연히 나타나는데 17-18세기에 유럽에서 먼저 보인다. 효율적 재정 시스템이 경제성장의 필수조건인지 최초로 영국에서 그러한 과정을 보였는 지에 대해서는 4장에서 살핀 바 있다. 영국이 모범적인 재정군사국가로 등장하는 이야기는 11장에서 추가로 논의한다.

중국의 제국형태와 폭력에 대한 취약성

재정국가에 대한 이야기를 더 해 보자. 중국의 조세가 낮은 수준이었다는 것은 여러 군데 기록에서 알 수 있다. 마(Ma)는 중국의 절대주의에 대한 기본 모델을 설정한다.[47] BC 2세기에 중국 통일을 처음 이룩한 진(秦)나라부터 청 제국까지의 통치사상은 가부장적 가계개념에서 확대된 핵이다. 진나라 때 법가(法家)사상, 군현제(郡縣制) 등의 도구를 이용하여 지방귀족을 척결하고 모든 통치가 황제에게 집중되는 중국식 절대주의 방식이 일찍부터 정착되었다. '국가(國家)' 즉, 나라가 집안이란 뜻 아닌가. 그래서 황제-관료-인민의 위계질서 하에 장기적 안목을 위한 독점통치가 균형을 이루었다. 중국은 제국 규모가 유달리 컸으므로 조세수취도 낮고 왕조 안정을 위한 조망과 함께 오랫동안 외연적, 스미스적 성장을 이루는 균형을 유지했다는 것이다. 진나라는 세습귀족이 없고 황제의 율령을 관료가 집행하는 소위 '소유와 경영의 분리' 같은 효율적 통치제도의 압권이었다. 그러나 진나라의 전제정치는 곧 한(漢)제국의 유교적 포용으로 대체되었으며 3-8세기까지는 세습귀족제가 다시 융성하였다.

더 큰 변환은 당, 송의 개혁으로 이루어졌다. 이 시기에 황제의 권위, 권력 공고화가 서서히 이루어지면서 과거제 방식의 관료충원과 이들의 연고지 배제 임용(3-5년간 순환근무) 등으로 지방토호의 권력을 초월한 황제책임통치가 뿌리내렸다. 송나라의 철학자 주희(朱熹)의 사상이 유교적 인민주의 통치에 큰 영향을 끼친 것으로 알려져 있다. 당, 송 정치경제 개혁은 여러 분야에 걸쳐 전환점이었다. 당나라가 도입한 균전제(均田制)는 토지를 생산성에 따라 성인 남성가장에 대여하고 대가로 지대, 부역, 공물(租庸調)을 수취하였는데, 송나라 때 모든 조세를 토지세(주로 금납)로 통일했다. 이것은 사실상 토지재산권을 인정한 조치로서

20세기까지 지속된 획기적 개혁이었다. 토지세가 세수의 근원으로 자리를 잡았을뿐더러 이때부터 예산정액주의가 뿌리를 내렸다. 특별한 경우를 제외하고는 일정 총액만 징수하는 정도로 잉여수취는 제한되었다. 또한 병역의무도 부병제(府兵制))에서 모병제(募兵制)로 이행함으로써 인신자유가 확립되었다. 물론 이와 같은 '가부장적 절대주의' 제국이 완전한 장기적 안정을 유지하지는 못했다. 진나라 통일 후 2,000여 년 동안 통일제국으로서 유지된 기간은 935년간에 그쳤다. 나머지는 제국 내 분할전쟁, 더 잦게는 북방 유목민의 침략에 대응한 전쟁에 시달렸다. 다행히 송나라 이후에는 통합추세가 강력해졌다. 서유럽 국가들의 중상주의적 각축, 경쟁과 대비되는 명나라 이후의 제국안정 추구를 정치철학의 차이에서 찾는 학자들도 있다. "서유럽의 권력자들이 마키아벨리(Niccolò Machiavelli)의 『군주론』을 읽는 동안 중국의 관료들은 큐준(邱濬 1420-1495)의 『대학연의보(大學衍義補)』에 매달렸다."[48] '대학연의보'란 유교의 4서 중 하나인 『대학(大學)』 8조목 격물치지(格物致知) 정심성의(正心誠意) 수신제가(修身齊家) 치국평천하(治國平天下) 중 앞 6조목을 밝힌 남송시대 진덕수(眞德秀)의 『대학연의』에 이어 '치국평천하' 2조목을 밝힌 것이다. 1487년에 완성되고 총 160권으로 구성된 이 책에는 관개, 곡물저장, 조세정책, 소수민족 통치를 포함한 국가행정지침이 들어 있다. 청나라 황제들도 이를 참고하여 경제정책을 통한 물질적, 사회적 안정을 추구했다.

청나라(1644-1911)의 예를 보면 강희제(1661-1722), 건륭제(1735-1795) 때 특히 사회 경제가 번성했다. 1683년 '3국' 평정, 1685년 대만정벌, 1689년 러시아와 강화조약, 1696년 신장병합, 1720년 티벳을 사실상 지배하는 등, 청나라는 인구나 토지면에서 중국 역사상(몽골 제외) 최대 제국을 건설했다. 이것은 중국이 폐쇄적이고 서양이 프론티어 정신(개척자적 진취성)으로 무장했다는 문화적 설명을 반박하는 근거가 될 수 있다. 청나라의 중앙아시아 정복과 제국 형성에 대한 한 매혹적 연구서는 명·청 시대 사회경제제도가 서유럽과 비슷하다는 '유라시아 유사성 가설(Eurasian similarity thesis)'과 청나라가 한족 문화에 동화되지 않았고 중앙아시아와의 연결을 유지했다는 '알타이 학파(Altaic school)'의 설명을 비판적으로 종합하며, 오히려 군수와 전략에 기반을 둔 안보목적의 국가건설과 군주권 강화를 강조한다. 청 제국이 쇠퇴하는 내향적 국가였기 때문에 근대서양과 무관하게 살았다는 전통설을 극복하려는 문헌도 많다.[49] 그렇기는 하나 중앙정부세입이 명목가치로 거의 불변이었다는 점이 강조되어야 할 것이다. 적어도 1662-1849년간은 3,600만 타엘 정도의 수준이었다. 17세기 말-19세기 중엽까지 실질 재정규모는 하락세였다. 세수가 비교적 안정적인 가운데 중앙재정 준비(銀)는 들쑥날쑥했다. 이것은 백련교의 난(18세기 말), 아편전쟁(19세기 초), 태평천국의 난(19세기 중엽) 때문이었다. 1776년의 통계에 따르면 세수의 70%가 토지세였고 현물로 거둔 비중은 22%였다. 세출의 50%는 군인봉급, 17%는 관료의 보수였다. 수리사업, 기근구호에는 10% 정도만 할당되었다. 가용한 통계를 믿는다면 역대 왕조 가운데 청나라의 1인당 조세가 가장 낮았다.[50]

국제적 비교를 시도해 보자.[51] 17-18세기에는 청나라의 세수가 상당히 높았다. 그러나 19세기에 오면 영국이 중국의 4배 이상이다. 1인당으로 비교하면 중국이 가장 눈에 띄게 낮은 세금부과 나라였다. 〈표 9〉에서 보는 바와 같이 세금이 많이 부과된 순서로 따져 전반적으로 네덜란드, 영국, 프랑스, 스페인, 오토만 제국, 러시아, 중국 순이었다. 19세기 전반 아편전쟁 때는 1인당 세수가 영국이 청나라의 100배 정도 된다. 총국민생산 대비 조세부담 비율은 영국이 1688년 명예혁명 때 3%에서 1810년 18%로 늘었다. 반면 중국은 1910년대에도 2.4%에 불과하다. 특

표 9. 총중앙정부 연수입 국제비교

a. 총 수입 (은, 톤)

	중국	오토만	러시아	프랑스	스페인	영국	네덜란드
1650–1699	940	248		851	243	239	
1700–1749	1,304	294	155	932	312	632	310
1750–1799	1,229	263	492	1,612	618	1,370	350
1800–1849	1,367					6,156	
1850–1899	2,651					10,941	

b. 1인당 세수의 국제비교 (은, 그람)

	중국	오토만	러시아	프랑스	스페인	영국	네덜란드
1650–1699	7.0	11.8		46.0	35.8	45.1	
1700–1749	7.2	15.5	6.4	46.6	41.6	93.5	161.1
1750–1799	4.2	12.9	21	66.4	63.1	158.4	170.7
1800–1849	3.4					303.8	
1850–1899	7.0					344.1	

c. 1인당 수입/미숙련도시노동자의 일당

	중국	오토만	러시아	프랑스	스페인	영국	네덜란드
1650–1699		1.7		8.0	7.7	4.2	13.6
1700–1749	2.26	2.6	6.4	6.7	4.6	8.9	24.1
1750–1799	1.32	2.0	8.3	11.4	10.0	12.6	22.8
1800–1849	1.23					17.2	
1850–1899	1.99					19.4	

연도는 나라마다 조금씩 다르다. 중국과 영국은 각각 베이징, 런던을 나타냄.

자료: Ma 2011b

히 영국 세수의 80% 정도는 간접세임에 주목할 필요가 있다.

다시 강조한다면 청나라는 독점통치, 장기적 안목, 제국의 크기 때문에, 제국의 통일성, 왕조 안정, 외연적(스미스적) 성장에 목표를 둘 수밖에 없었다. 그 방편으로 낮은 조세와 상공업간섭에 대한 자제를 택했다.

그러나 대규모 제국이 장기적으로 독점적인 절대통치를 행사하는 데는 나름대로의 약점을 갖게 마련이다. 이것이 결국 서유럽의 특징인 정치적 분권(즉, 여러 국민국가들의 집합), 재산가와 정치력의 연대, 국가권력의 강제력이 남용되지 않는 자본집약적 국가, 전쟁자원을 동원하면서 금융재정을 발달시키는 효율적인 국가기능 발휘 등의 장점을 압도하지 못했다. 국가의 신뢰성 있는 약속(credible commitment)과 이를 보장하는 대의기구(의회)가 16세기 홀란드, 17세기 영국 등이 발행한 국채, 상업적 조세의 안전성을 보장했다.

이에 비해 중국의 장기안정균형은 유인(incentive)을 왜곡시키고 정보비대칭성에 시달리는 상황을 조성했다. 환관의 발호, 중앙에서 파견한 공식관료와 지방의 비공식 관료간의 갈등, 지방재정의 부족, 여기서 비롯된 각종 부패, 또 이들을 감시하고 시정하는 비용과다 등이 그 증세다. 중국은 조숙한 절대주의, 대의기관의 결여, 폭력 통제로 얻는 경제적 지대를 독점하려는, 즉 상업세력이나 부유한 재산가 등 이해 집단과 타협하지 않는 정치권력 때문에 금융발달이 늦었다. 이것이 조세징수 노력도 차입의도도 무산시켰다. 여기에 황제-관료-인민 간 대리인 문제의 악순환까지 겹쳐 대분기의 연원이 되었다고 마(Ma)는 주장한다. 낮은 조세, 높은 이자율, 낮은 금융 중개 수준 등의 증세가, 낮은 임금, 낮은 1인당 소득으로 이어지는 것은 요즈음 저개발국에서도 확인되는 현상인데, 이것이 17-18세기 중국의 정체를 나타내는 대분기의 모습이다. 특히 중국의 높은 이자율과 낮은 임금은 영국의 낮은 이자율과 높은 임금과 대비되는 상대가격 차이로서 이것을 강조하는 학자가 많다.[52] 마의 견해에 따르면 그 배후에 정치적 제도의 차이가 있다. 이러한 마의 주장에는, 유인 왜곡과 정보비대칭 문제만 해결할 수 있다면, 대규모 중앙집권적이고 관료제에 뒷받침된 절대정치가 때에 따라서는 경제성장에 이로울 수도 있다는 가설이 숨어 있는 것처럼 보인다. 그러나 그러한 가정은 비현실적이다.

요컨대 군사기술의 혁신(군사혁명)과 국가재정이 서유럽 근대국가의 성격에 미친 영향은 매우 컸다. 다시 해상팽창으로 되돌아가자. 유럽의 해외팽창 초기에는 군사력이 다른 문명권에 비해 우월하지 않았다. 비유럽권은 유럽의 군사혁명 성과를 수용하려고 해도 할 수 없었다든가 이를 수용하지 않았기 때문에 비유럽권이 유럽에 패배했다는 견해도 사실과 맞지 않다. 자바의 경우, 일찍부터 서구의 군사기술을 도입, 적용했다. 군사기술의 신속한 수용이 17-18세기 자바역사의 특징이다. 일본은 서양에 비해 뒤지지 않은 군사력을 보유했기 때문에 서양 군사기술을 받아들이지 않았다. 인도는 18세기 중엽까지는 영국, 프랑스 등과 백중세였다. 18세기 이전까지 유럽 군대는 외국에서 고전했다. 유럽의 군사적 우위가 확립된 것은 19세기의 일이다. 16-18세기 중 유럽은 공세적이고 다른 문명권은 수세적이었는데, 1750년대를 전환점으로 유럽의 군사적 우위로 최종적인 결판이 났다. 19세기 산업혁명과 함께 군사의 산업화가 진행되자 유럽의 우위가 명백해졌다.

군사력에 사기와 조직력이 포함됨을 언급했다. 유럽처럼 중앙집권적 국가 간 전쟁이 없는 제국에서는 보수적이고 문약하고 전쟁기술이 필요하지 않을 것이며 군사적 패배를 별것이 아닌 것으로 여길 소지가 있다. 중국 같은 나라에서는 문명에 오랑캐가 동화될 것이므로 문화적 자존심을 지키려고 했을 수 있다.[53] 전쟁에 대한 시각도 문제이다. 주경철에 따르면 유럽인은 전쟁을 벌일 때 이윤획득과 같은 목표를 세우고 이를 이루기 위해 "합리적으로 폭력을" 집중한다.[54] 다른 문명권에서는 적나라한 폭력사태는 드물다고 말한다. 동남아시아에서 전쟁의 목표는 사람에 대한 통제였다. 즉, 영토를 차지하려는 것이 아니라 인적자원을 늘리려고 하였다. 멕시코에서 전쟁은 성스러운 경연이고 의식이지 대량학살 행위가 아니었다. 근대 유럽이 보인 폭력성의 특징은 '합리적' 폭력이라서 가공할 위력을 발휘하고 파괴적이다. 이윤을 얻기 위해 수단방법을 가리지 않고 최대한의 폭력행사를 한 결과 최종적으로 군사적 우위를 점했다는 것이다.

해상팽창과 군사력에 관하여 유럽중심주의를 극복하고자 노력한 주경철의 저작을 더 살펴보자. 여기서 유럽중심주의란 유럽이 역사적으로 우월한 지위를 차지했다는 주장이 아니라 "유럽이 절대적 보편성을 가진 기준이 되어 나머지 모든 지역의 역사를 그 기준에 맞추어서 의미를 부여하는 것이다."[55] 근대 초까지 세계의 무게 중심은 유라시아 대륙의 동쪽이었다. 근대 해상팽창이 본격화될 무렵, 유럽의 해상팽창과 중국의 해상후퇴는 세계사의 흐름을 변화시킨 중요한 계기였다.[56] 즉, 15세기 정호(鄭和)의 원정 결과 동남아 여러 나라들이 중국에 조공을 바치는 나라로 되었으나, 이후 명나라가 해양 진출을 포기하고 내륙으로 방향을 선회, 고립주의를 취한다. 1405-1433년에 7회에 걸쳐 아프리카 서해안까지 진출했던 엄청난 규모의 선단은 폐기되어 땔감으로 쓰였고 해군들은 광산으로 가거나 실업자가 되었다.(〈그림 10〉[57] 참조) 북방 내륙지방에서 이민족들의 준동이 심했고, 농민봉기 등으로 국가 전체의 무게중심이 북쪽으로 이동했다. 수도도 베이징으로 옮겼다. 해양진출을 지속하려면 대규모 원정사업에 드는 재정을 감당해야 했고 부가적으로 얻을 이익이 체감한 측면도 있었다. 강력한 해금정책과 함께 농업에 절대적 가치를 두는 자기충족적 이데올로기로 나아간 것이다.

이에 반해 유럽 상인들은 국가권력의 강력한 후원을 받아 인도양에서 남중국해까지 진출한다. 유럽의 힘이 압도적이었다기보다 "아시아의 상업세계가 다문화적이고 평화적이었기 때문에 아시아가 유럽인을 용

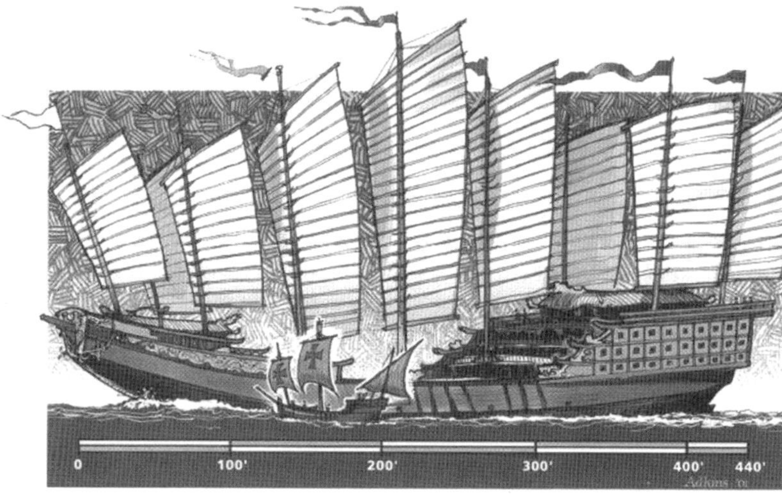

그림 10. 정호의 기함과 콜럼버스의 산타마리아
주: 길이가 각각 135m, 20m
자료: Goldstone 2009, p. 28

인하고 받아들였을 뿐이다."[58] 유럽인은 일정한 지역에서 특정 상인을 겨냥하여 무력행사를 하는 데는 앞서 있었다. 주요 상업거점을 장악하고 차츰 광범위한 지역에 영향력을 발휘하게 되었다. 이에 반해 중국은 민간인의 해상활동이 지속되기는 하였으나 국가의 지원이 없어 상대적으로 불리하였다.

이리하여 유럽의 해상팽창은 지배와 종속, 착취와 약탈의 측면을 포함한 식민주의와 제국주의로 이어졌다. 18세기 말에 이미 유럽은 전 세계의 35%를 지배하고, 19세기 이후 유럽과 미국이 전 지구적 패권을 장악하였다. 15-18세기 동안에는 인구와 총생산 면에서 (1인당이 아니라) 아시아와 유럽이 비슷하였으나 19세기 이후 대분기(Great Divergence)가 일어났다. 이를 설명하는 데에 유럽중심주의 시각과 '캘리포니아 학파'[59] 들 간에 큰 차이가 있으며, 주경철은 "대항해 시대의 팽창이 가져온 지리적 외연의 확대와 구조적 변화를 우리 나름대로 정리"하고 있다.[60] 그러나 유럽의 '폭력'을 좀더 일관성 있게 설명하고, '합리적 폭력'의 배경과 원인을 밝히려는 노력을 했으면 하는 아쉬움이 남는다.[61]

제7장

약탈설, 유럽중심주의, 오리엔탈리즘

◆

유럽중심주의를 비판하고 대안적인 가설을 주장하는 가장 극단적인 대표적 학자가 프랑크(Andre Gunder Frank)일 것이다. 프랑크는 마르크스부터 베버, 토인비, 폴라니, 월러스틴을 대표적인 유럽중심주의자로 지목하면서 이들이 반역사적이고 반과학적인 이데올로기에 사로잡혀 있다고 비판한다.[1]

유럽중심주의

자칭 유럽중심주의자 랜디스(David S. Landes)는 유럽의 우월적 특수성을 이성, 자유, 개인주의 같은 '문화'에서 찾고 있다. 랜디스는 유럽이 경제적 우위를 갖게 된 잠재력이 이미 11세기 초에 확립되었다고 본다. 유럽은 첫째, 과학이 발달한 발명적 사회였다. 기계가 인력을 대체하고, 무생물에서 동력을 얻으며, 원자재가 다양하고 풍부했다. 둘째, 근면, 절약, 정직, 인내, 성실함이 존중되고, 셋째, 배우려는 자세 등이 유럽에 특유했다. 랜디스는 유럽에서 중세 교회의 중요성과 사유재산 보호제도도 강조한다. 유럽 이외의 세계는 전제적이고 빈곤하며 암흑에 싸여 있었

고, 서유럽은 계몽주의, 산업자본주의, 국민국가를 꽃피웠다.[2]

이에 반해 프랑크는 아부-루고드의 '13세기 세계체계'와 월러스틴의 '근대 세계체계'를 연장선에서 파악하고, 유럽이 일시적(?)으로 패권을 잡기까지 계속 아시아가 세계경제에서 우위를 점하고 있었다고 주장한다. 1750년 이후 아시아가 순환적 경기하락 국면에 들어서자 유럽이 이에 편승했다는 것이다. "서양은 아시아 경제라고 하는 열차의 3등 칸에 달랑 표 한 장을 끊어 올라탔다가 얼마 뒤 객차를 통째로 빌리더니 19세기에 들어서는 아시아인을 열차에서 몰아내고 주인 행세를 하는 데 성공했다…. 아메리카의 화폐를 가지고…."[3]

프랑크의 세계 무역론

프랑크는 1400-1800년 기간에 초점을 두어 세계분업과 무역수지를 살핀다.[4] 우선 해상 교역 외에 보완적인 육상 교역이 중요했다. 서아시아, 중앙아시아 지역과 남아시아를 가로지르는 카라반(Caraban) 무역의 비중이 해상 교역보다 더 컸다. 대서양 지역의 무역에서는 중남미가 새로운 종자, 플랜테이션 작물, 곡물, 금·은을 수출했다. 영국은 공산품을 수출하고 인도와 중국의 섬유류를 재수출했다. 북아메리카는 카리브 해의 설탕과 당밀을 수입하고 곡물, 목재, 해군용품을 수출, 유럽에는 당밀가공 럼주 수출, 기타 운송, 금융, 노예 무역으로 자본을 축적했고 아시아 직항로 개척에 노력했다. 아프리카는 기존 무역패턴을 확대하여 인도양까지 연결했다. 서유럽은 만성적인 무역적자였고 아메리카, 아프리카의 금·은을 재수출했다. 아프리카-서아시아 지역에서는 오토만 제국과 페르시아 제국이 교역과 이민의 중심이었다. 페르시아는 유럽에 비단과 모직물을 수출하고 유럽은 아시아산 후추, 면직물, 도자기를 귀금속으로 결제했다. 서아시아는 유럽에는 흑자, 아시아에는 적자였다.

인도양 지역 무역을 보면 무굴 제국은 인도를 통합시키고 도시화와 상업화를 앞당겼다. 인도산 면직물과 후추를 유럽과 아메리카로 수출하고, 동남아에는 면직물을 수출, 후추를 수입했다. 내륙수로 및 육로 카라반도 발달했다. 벵골 지방은 물자가 풍부하여 인도 전역으로 면직물, 견직물, 쌀을 공급했다. 벵골에 집결된 물자는 전 세계로 수출되었고 중국수출용 아편을 재배했다. 동남아시아는 오랫동안 향신료, 후추 등의 생산과 무역에 종사해 왔다. 자바산 쌀이 전역으로 수출되고 인도네시아 열도에서 상품이 동서 간에 교환되는 구도였다. 1403년에 건설한 말라카는 중국 선박의 반환점이었으며 세계 최대의 후추시장으로 성장했다. 또한 말라카는 인도산 섬유제품의 동남아시아 보급기지이기도 했는데 이 제품은 마닐라를 거쳐 아메리카까지도 갔다. 내륙으로도 향신료와 주석을 유럽, 서아시아, 인도에 수출하고 인도수입품을 중국으로 재수출했다. 동남아시아의 대유럽 수출은 대중국 수출의 8분의 1에 불과했다. 일본은 중국과 동남아시아에 은과 구리를 대량수출하고 중국에서 비단, 인도에서 면직물을 수입했으며, 조선, 중국, 동남아시아로부터 생산재와 소비재를 수입했다. 쇄국정책이 대외 무역을 퇴조시키지는 않았다.

명·청 시대 중국은 인구, 생산, 소비가 모두 증가했다. 해상 무역 제한 조치에도 동남부 지역 무역은 번창했다. 이모작, 옥수수와 감자의 도입으로 인구가 1500년에 1억 명에서 1800년에 3억 명으로 증가했다. 환금작물 재배, 수공업, 무역이 증대했다. 동남아시아에서 쌀 수입과 개간 확대가 있었다. 중국은 도자기와 비단, 차 생산부문에서 압도적 우위를 점했는데 이 수출과 함께 엄청난 양의 은이 중국에 유입되었다. 중국은 인도에서 면직물, 동남아시아에서 후추, 백단, 목재를 수입했다. 국내소비용으로 면직물을 생산하여 유럽에 수출하기도 했다. 중국과 동아시아 간 조공 무역체제가 세계 은 무역의 중심이었다. 명조가 채택한 조세 은납화 조치는 중국 중심의 세계경제라는 맥락에서 중국이 글로벌한 무역을 이끈 원동력이었다. 육로의 카라반 무역도 계속해서 활기를 띠었다.

이와 같은 분업 및 무역체제가 실재했던 세계경제에서 아메리카, 일본, 아프리카, 유럽은 만성적인 무역적자를 보인 지역이었다. 아메리카와 일본은 자체 생산된 은으로, 아프리카는 금과 노예로 적자를 메웠다. 유럽은 아메리카, 아프리카, 아시아 세 지역의 상품을 이동시키는 중간 '관리자' 역할을 하며 근근히 버텼다. 세계경제의 양대 중심지역은 인도와 중국이었다. 양국이 군림할 수 있었던 것은 압도적으로 우위에 있었던 제조업 생산력 덕분이었다. 세계경제를 동심원 구조로 생각해 본다면 중국과 동아시아 간 조공 무역체제(조선, 일본, 동남아시아 포함)가 맨 안쪽에 있고, 남아시아, 서아시아, 동아프리카, 중앙아시아, 러시아가 다음이며, 유럽과 아메리카가 가장 바깥쪽에 있는 모습을 그릴 수 있다고 프랑크는 과감하게 주장한다.

이렇게 본다면 유럽은 "세계경제체계를 '창조'하지도 않았고 세계'자본주의'를 발전시키지도 않았다."[5] 세계 무역이 늘었지만 아시아와 유럽 간 무역은 아시아 내 무역에 비교하면 얼마 안 되었다. 1688년에 "인도에 있는 항구 몇 군데에서 아시아 각지로 가는 물량이 유럽의 모든 항구에서 아시아로부터 받아들이는 물량의 열배는 된다"는 것이다.[6]

그러면 왜 서양은 (일시적으로) 승리했는가. "아시아에서 18세기 후반에 'A국면'의 팽창기가 막을 내리고 수축기로 접어들었다. 이틈에 주변적 지위에 머물러 있던 서양이 세계경제와 세계체제에서 자신의 절대적, 상대적 입지를 강화할 절호의 기회를 잡게 되었다." 즉 "'서양의 발흥'은 '동양의 쇠락'에 뒤이어 나타났다." 서양은 어떻게 발흥했는가. "한마디로 말해 유럽인은 그것을 샀다. 처음에는 아시아라는 열차의 좌석 하나를 샀다가 나중에는 열차 전체를 사들였던 것이다." 이를 위해 유럽은 아메리카의 은, 플랜테이션 작물, 노예 무역 등을 통해서 돈을 모았다. 유럽이 가진 것이 있었다면 '후발성'의 비교우위 정도였다. 유럽이 산업혁명기에 노동절약적인 기계를 발명한 것은 유럽의 상대적 고임금, 고비용 생산구조 때문이다. "수입대체산업을 육성하다가 수출 주도로 돌아서 처음에는 자기들의 안마당이던 서아프리카와 아메리카에 주로 수출하다가 서서히 세계경제로 진출했다." "영국이 처음에 취한 조치는 18세기 상당기간 동안 인도 면직물이 자국 안으로 들어오지 못하게 하는 것이었다. 영국은 이것을 유럽과 아메리카로 재수출했다. 그리고 이 노른자 시장을 장악하기 위한 시도에 들어갔다. 기계혁명이 면직물 산업에서 시작된 것은 절대로 우연이 아니다."[7]

세세한 역사분석의 정확성 여부를 떠나, 프랑크의 이러한 용감한 주장은 시각의 전환이라는 면에서 큰 반향을 일으켰다. 사실 유럽중심주의를 '중국중심주의'로 대체한 것 말고 '유럽의 발흥'을 설명하는 틀은 매우 일방적이다.[8] 그러나 일방적이나마 그의 주장은 15-18세기의 세계경제의 비교사적 재평가를 자극한다는 점에서 의미가 있어 보인다.

오리엔탈리즘

더 고전적 작품으로 사이드(Edward W. Said)의 책 『오리엔탈리즘』이 있다.[9] 사이드에 따르면, '오리엔탈리즘'이란 동양에 대한 서양의 사고방식이다. 즉, 서양의 동양 지배방식이자 편견과 왜곡에서 비롯된 허상일 수가 많다는 것이다. 오리엔탈리즘은 유럽인의 경험 속에 동양이 차지한 위치에 근거를 둔 개념이다. 동양은 '타자'의 이미지이자 유럽의 실질적 문명과 문화의 필수적 구성부분이다. 그것은 이 필수적 구성부분을 문화적으로 이데올로기적으로, 학술적 논의형태로 표현하고 대변한다. 이 논의는 제도, 어휘, 학문, 이미지, 주의주장, 식민지 관료제, 식민지적 스타일로 구성된다. 오리엔탈리즘은 '동양'과 '서양'의 존재론적 인식론적 구별에 따른 사고방식이며 동양을 지배하고 재구성하고 억압하기 위한 서양의 방식이다. 주로 프랑스와 영국의 사업을 지칭하는 유럽 문화는 스스로를 동양과 구분함으로써 유럽의 힘과 정체성을 획득한다. 19세기 초까지는 인도와 '성서' 관련국들과의 관련이 중요했다. 유럽의 문화적 '헤게모니'에 따라 오리엔탈리즘도 지속, 발전되며 왜곡과 부정확함도 이와 함께 지속되었다. 이와는 대조적으로 미국의 동양에 관한 이해는 서유럽의 동양 이해보다 훨씬 단순하다.

오리엔탈리즘의 범위를 살펴보자. 프랑스인, 영국인, 미국인이 자기네 역사적 지적 배경을 근거로 하여 동양인에 대한 경험을 축적한 과정, 특히 아랍과 이슬람 세계를 둘러싼 경험의 질과 성격은 어떤 것이었는가. 1910년 영국 하원에서 이집트 점령(1882-1922)의 필요성이 논의될 때 이 논의는 영국인의 이집트에 관한 지식, 지배, 권위를 전제로 하고 있었다. 이들은 '그 나라'의 자주성을 부인하면서, 동양인은 '하위 종족(subject race)'이며 동양적 심성은 정확함을 기피하고 논리적 능력이 결여되어 있다고 보았다. 오리엔탈리즘을 단순히 식민지 지배를 합리화하는 수단이라고 단정해 버리면, 그것은 오리엔탈리즘이 식민지 지배라는 사실을 추인하는 것이 아니라 도리어 그에 앞서 식민지 지배를 정당화하는 차원을 간과하는 것이 된다. "오리엔탈리즘은 동양적인 사물을 조사, 연구, 판결, 훈련과 규율, 통제의 대상으로 삼아 교실, 법정, 감옥, 도감 속에 배치하는 동양에 관한 지식이었다."[10] 사고에 대한 강제와 제한의 집합이자 관념체계로서 근대 오리엔탈리즘은 18세기 말-19세기 초 '동양 르네상스'에서 비롯된다. 그러나 이러한 사고는 처음부터 이분법적 정치적 전망에서 비롯된 것이었다.

오리엔탈리즘은 1312년경 서양에서 공식적으로 학문의 한 분야로 출발하여 대상영역을 확대했다. 서유럽에서 성서학, 언어학, 이슬람학, 중국학 등이 발달했고, 18세기 말 아베스타와 산스크리트 문헌 공개로 연구 대상 범위가 광대해졌다. 『동양 르네상스』라는 백과사전식 서술에서 시작하여 각종 연대기, 인류학, 고고학, 사회학, 경제학, 역사학, 문학, 문화연구가 만발하였다. 그러나 실증적으로 확인되지 않은, 상상의 지리학, 역사학이 존재했음을 부인할 수 없다. 이미 고대 그리스의 아테네 연극 아이스킬로스의 『페르시아인』, 유리피데스의 『바쿠스의 여인들』 등에서도 고대 그리스인의 생각 속에 지리적 경계가 그어지며, 동양적 신비 속에 동양의 광폭성이 들어 있었다. 지리적 구분의 정착은 성서와 기독교의 발흥부터다. 마르코 폴로의 여행, 이슬람의 침입, 정복, 십자군 원정 등을 겪으면서 유럽인의 동양에 대한 사고에는 친숙한 것에 대한 경멸과 신기한 것에 대한 환희, 공포가 동시에 나타났다. 유럽인이 그린 오토만, 아랍의 표상과 기독교도의 이슬람관 등, 이 모두가 상상력의 산물이고 신화인 면이 있다. 오리엔탈리즘의 '표준서'를 진실한 동양으로 받아들이도록 서양독자들에게 강요한다. 반경험적인 동양의 '동양화', 도식화의 극적인 예가 데르브로(Bathlemy d'Herbelot 1625-1695)의 『동양전서』와 단테(Dante Aligheri c.1265-1321)의 『신곡』이다. 단테의 「지옥편」 제28곡에 등장하는 마호메트의 형벌 묘사는 가공할 만큼 종말론적이다.[11]

오리엔탈리즘은 동양에 대한 서양식 접근이며 학문이고 발견이자 실천의 대상이다. 이는 또한 꿈, 이미지, 어휘의 집합이다. 이슬람을 빼면 유럽인에게 19세기까지 동양은 전설적인 존재이자, 누구도 도전해 보지 않은 영역이었다. 아랍과 이슬람만이 정치적, 지적 또는 경제적 차원에서 도발적 존재였다. 1798년 나폴레옹의 이집트와 시리아 침략은 오리엔탈리즘의 근대역사에 중대한 결과를 가져왔다. 사전준비를 철저히 하고 학자를 대동하여 이집트를 점령(1801년까지)한 프랑스는 「이집트 협회」를 창립하고 1809-1828년간 23권의 『이집트지』를 출간했다. 이것은 물론 착취를 목적으로 한 현지조사 기록이다. 그렇지만 근대 오리엔탈리즘의 여러 사업을 연구하는 데 매우 유용하다. 나폴레옹 원정이 가져다 준 또 다른 부산물은 수에즈 운하 건설(1869 개통)과 영국의 이집트 점령이었다. 그 결과 동양이 반항적 적대자에서 협력하고 순종하는 동맹자로 변했다. 이 사건은 "결국 위협적인 이슬람이라는 인식을 불식시킴으로써 동양에 관한 지리적 정체성을 없애버렸다."[12]

나폴레옹이나 수에즈 운하 등과 관련하여 유럽인이 이룬 '성취'는 오리엔탈리스트들의 저작에 의존한 면이 크다. 그러한 성취가 반복되면 그 의존도는 더욱 높아지며 특정한 상투적 관념에 사로잡히게 된다. 19-20세기에 오리엔탈리즘은 학술적 논의에서 제국주의적 제도로 진화했다. 정식화하고 정의하는 것에서 실천할 대상으로 전환된 것이다. 오리엔탈리스트들은 동양과 동양인을 연구 '객체'로 인정하고, 인종주의 색채가 농후한 유형학의 대상으로 삼았다. 이것은 본질적으로 비역사적이다. 패권주의와 인간중심주의가 특히 인문사회과학의 영역에서 유럽중심주의와 깊이 연결된 것이다.[13] 비교언어학과 비교문헌학은 이제 인종차별주의를 학문적 주제의 기초로 삼았다. 그리고는 역사인류학과 문화인류학을 지배하였다. 이러한 형태의 오리엔탈리즘은 2차 대전 이후 위기를 맞게 된다. 새로운 제3세계 속에서 더 이상 '오리엔탈리즘적 사고 내에 존재하는' 동양을 인식할 수 없게 된 것이다. 즉, 오리엔탈리스트들이 예견할 수 없었던 일이 생겼다. 이 위기는 텍스트와 현실의 괴리를 극적으로 드러낸다.

비교언어학, 비교문헌학의 차별주의적 저술의 대표적 예를 들면 슐레겔(Karl Wilhelm von Schlegel 1772-1829)의 『인도인의 언어와 지혜에 관하여』(1808)와 스콧(Walter Scott 1771-1832)의 『부적(*Talisman*)』(1825), 디즈

레일리(Benjamin Disraeli 1804-1881)의 『탕크레트』(1847) 등이다. 이들은 2차 대전 이후 오리엔탈리스트가 예견할 수 없었던 일을 생각하고 있었는가?[14]

사시(Silvestre de Sacy 1758-1838)와 르낭(Ernest Renan 1823-1892)에 관한 언급도 이와 관련하여 중요하다. 사시는 현대동양어학교 아랍어 교사를 지냈으며(1796) 교장을 역임했다(1824). 콜레주 드 프랑스 교수(1806), 아시아협회 초대 회장(1822)을 지냈고 『아랍 명문집』 전 3권을 편집했다. 오리엔탈리즘의 2세대 출신, 르낭은 문헌학에 출중했으며 공적 논의를 체계화하고 이를 확대, 계승시켰다. 18-19세기 새로운 문헌학 발달에 기여한 르낭은 언어의 신성기원설, 신과 인간을 매개로 하는 연속체설을 부정했다. '조상어' 개념을 부상시키는가 하면 '어족' 개념을 만들었고 문헌학과 오리엔탈리즘을 종합했다. 르낭은 "셈족과 셈어가 오리엔탈리즘의 문헌학적 연구의 창조물이라고" 인정했다. 르낭에게 '창조'란 첫째 발성, 둘째 배경, 즉 역사, 문화, 인종, 심성, 셋째 분류체계의 정식화를 의미했다. 여기에 르낭의 본격적인 오리엔탈리즘이 숨어 있다. 특히 그는 '창조'적으로 '셈어'를 분류하여 이를 생물학적으로 비유기적인 언어라고 매도했다.[15]

오리엔탈리스트가 창조해 낸 열등하고 종속적인 동양 이미지란 무엇을 말하는가. 윤리적 차원에서 영국 식민지 지배를 비난하던 마르크스의 관점은 어떻게 동서양 불평등론으로 왜곡되었는가. 인간으로서의 동정심은 어디로 사라졌는가. 오리엔탈리즘적 비정 속에 묻혀 버렸는가. 인간의 실존적인 정체성보다 집합적 개념으로 동양을 사용하는 것이 용이했기 때문인가?[16]

오늘날로 올수록 오리엔탈리즘 같은 분야는 누적적이고 집합적인 성향을 띤다. 그 성향은 고전학, 성서학, 문헌학 등 전통적인 학문, 공적인 여러 제도, 즉 정부, 무역회사, 지리협회, 대학, 특정 종류의 작품, 즉 여행기, 탐험기, 환상적인 이야기, 이국적인 풍속묘사와 결부될 때 특히 위력을 발휘한다.[17] 잠재적 오리엔탈리즘은 거의 무의식적인 확신으로 이루어진 것이다. 여기서 합의, 고정성, 지속성은 그야말로 고질적이다. 오리엔탈리즘은 동양의 사회, 언어, 문학, 역사, 사회학 등에 관해 표명된 여러 견해 형태로 표출된다. 동양 관련 지식에 생기는 모든 변화는 이 오리엔탈리즘 부문에서 일어난다. 즉 생물학적 인종 불평등론, 윤리적 정치적 교훈, 남성적 세계관, 문화사 등에는 오리엔탈리즘이 잠재된 형태로 스며 있다. 이것이 식민화 과정에서 모습을 드러낸다. 텍스트 의존적이고 관조적이던 유럽의 동양에 대한 인식이 행정적, 경제적, 심지어 군사적 형태로 변모하고, 동양은 이질적 공간에서 식민지 공간으로 바뀌는 것이다.

이러한 오리엔탈리즘의 세속성은 역설적이게도 온갖 양식과 전망이 난무하던 1차 대전을 전후한 시기에 변모한다. 유럽의 동양지배가 당연한 사실이라는 주장이 이상하게 받아들여지도록 변화했다. 동양에 서양의 계몽이 필요하다는 주장도 더 이상 설 자리가 없다. 이제 편협하고 외국인 혐오적인 자기규정을 초월하여 문화적으로 자기를 규정하는 것이 중요한 과제로 떠오른다. 이것은 문화적 위기의 새로운 국면인가. 이슬람 연구에 관한 오리엔탈리즘의 입장은 다른 인문학과 비교하여 퇴행적이었다. 그 방법론과 이데올로기는 총체적으로 후진적이었고, 역사, 경제, 사회, 정치 등 여러 면에서 현실세계의 발전과는 상대적으로 고립되었다.[18]

2차 대전 후, 특히 아랍 · 이스라엘 분쟁 이래 아랍무슬림은 미국 대중문화의 문제아가 되었다. 학계, 정계, 재계에도 아랍이 중요한 관심의 대상이 되었다. 국제적인 힘의 분포도 영국, 프랑스에서 미국으로 쏠렸다. 1967년 6월 전쟁, 1973년 10월 전쟁(제4차 중동전), 오일 쇼크 등으로 '셈족'에 대한 적대감의 대상이 유대인에서 아랍인으로 옮아갔다. 아랍 문제는 1948년 이스라엘 건국 이후 극복해야 할 장애물로 간주된 것이다. 오리엔탈리스트는 동양의 난해한 언어를 습득하지 않았고 이제 더 이상 하려 들지도 않는다. 그 대신 오리엔탈리스트는 훈련받은 사회과학자로 시작하여, 그 학문을 동양이든 그 어디에든 적용한다. 미국의 중동연구에서는 문학, 문헌학의 지위가 상대적으로 낮다. 오리엔탈리즘의 새로운 편향이 자리를 잡았다. 문화관련 정책도 의회 국가안전보장의 한 수단으로 인식해야 하는 것으로 변했다.[19]

사이드는 진실된, 또는 참된 동양이 존재함을 시사하지도 않고, '내부인'의 시야가 '외부인'의 시야에 대하여 갖는 필연적인 우월성을 주장하지도 않는다. 그냥 어떤 지리적 공간에 고유한 종교, 문화, 인종적 본질에 근거하여 정의할 수 있는, 근본적으로 '상이한' 토착의 원주민이 '구성된 실체'로 존재함을 말했다. 오리엔탈리즘의 대안은 무엇인가? 지역연구들 가운데 '반(反)식민지화'를 위한 새로운 출발이 몇몇 있다. 사이드는 오리엔탈리즘만큼 타락하지 않은 학문이 존재함을 믿는다. 이슬람의 역사, 종교, 문명, 사회학, 인류학 등 규범적, 제국주의적, 지리적으로 정의된 것이 아니라 지적으로 정의된 학문분야에 충실해야 한다고 주장한다. '동양'이라는 개념이 없다면 어찌 할 것인가? 그러한 개념에서 벗어나 인간의 역사와 경험에 근거한 인간의 자유와 지식이 학자에게 규범이 되어야 한다.[20]

사이드에 따르면, 권력과 지식의 절묘한 만남과 그로 인한 상호작용이 오리엔탈리즘이라는 공고한 틀을 형성했다. 몇 세기에 걸쳐 인류, 특히 서양인이 그 틀 안에 꽁꽁 갇혀 있다. 그러나 설령 오리엔탈리즘에 세뇌를 당했다 하더라도 동양에 관한 연구를 체념하고 포기해서는 안

된다고 사이드는 당부한다. 끊임없이 자신을 점검하고 "방법론적 자각으로 자기를 열어간다면" 자기를 속박하는 오리엔탈리즘의 족쇄를 풀 수 있다는 것이다.[21]

더 긍정적 시각

클라키(J. J. Clarke)는 '오리엔탈리즘'을 사이드보다 훨씬 더 긍정적으로 해석한다.[22] 사이드에게 오리엔탈리즘이 중동에 치우친 이념적 허구의 체계이고 사이드의 저작이 서유럽 자유주의 및 '지배사'를 비판하는 침울한 색조를 띠었다면, 클라키는 그 명암을 드러내고 인도와 중국에 초점을 맞춘다. 창조적, 개방적 텍스트로서 서양의 동양 지배사에 균열을 내며 권력을 전복시키는 오리엔탈리즘을 추구한다. 인도나 중국에 대해 서유럽과 다른 타자성을 인식함으로써 '만남'과 '대화'가 '융합'으로 승화한다는 해석학(hermeneutics) 방법을 추구한다. 오리엔탈리즘에 최대한 중립적 시각이 가능하다는 것이다. 서양은 중국과 인도의 철학, 종교, 과학에서 많이 배웠고 서유럽의 위기를 치유하기 위한 거울로서 오리엔탈리즘을 택했다. 계몽사상가들은 중국의 유교철학에서, 영국의 이신론자들(deists)은 중국식 자연종교와 문화예술에서 많은 부분을 원용했다. 낭만주의자들은 인도의 신비적 경향에 열광했다. 19세기에는 불교의 영향이 매우 컸다. 20세기에는 동양에 대한 '흥분열(kindling fever)'로 시작하여 철학, 종교, 심리학, 생태학에 이르기까지 동양의 영향이 서양에 광범위하게 퍼졌다.

이것은 중립적 비교기준이 있어야 비교사가 가능하며 동양과 서양, 인접국가를 연구함으로써 이러한 시도를 행할 수 있다는 '연결사(connective history)'의 입장과 상통한다.[23]

센(Amartya Sen)은 인도에 관한 서구적 시각을 세 가지로 나눈다. 먼저 문예적(curatorial) 범주는 이 세 가지 가운데 가장 보편적인 것인데 인도 문화의 다양성에 주목하고, 이를 분류하고 드러내려 하는 부류다. 다음으로 권위적(magisterial) 범주는 영국의 통치자들의 시각에서 본 것으로, 인도를 제국주의적 힘이 행사되는 통치영역으로 간주한다. 마지막으로 이국취향적(exoticist) 범주는 인도의 불가사의한 면에 집중한다. 센은 인도를 바라보는 서구인들의 인식이 인도인의 자아인식에 상당한 영향을 미쳤다고 한다.[24] 역설적이다.

제8장

문화와 종교

경제와 1인당 소득을 지속적으로 성장하게 하는 요인은 기술진보와 자본형성, 다른 말로는 효율과 투자율이다. 이 효율과 투자율을 결정하는 것은 인간의 행위다. 여기에 정책, 정치, 문화가 관련되고 개인주의, 제도 등의 요인도 작용한다. 문화는 인간의 행위, 즉 '제약 조건 내에서의 극대화' 문제에서 '제약'에 해당한다. 이 제약 자체를 인간이 바꾸기도 한다. 사회적 균형은 토지, 노동, 자본의 상대적 부존, 기술수준, 선호 등의 상호작용을 거쳐 도달한다. 이들은 차례로 기후, 언어, 문화적, 법적 제도에 근거를 둔다. 이러한 균형이 다시 특정한 경제, 문화, 정치적 결과를 가져오는 것이다. 달리 말하면 요소부존, 문화, 정치가 인류의 과거와 미래에 영향을 미친다. 문화는 경제적 성과에 어떤 역할을 하는가? 다음과 같이 설명하는 랄(Deepak Lal)의 순서에 따라 이를 살펴보자.[1]

문화

문화는 "공동체를 특징짓는 행동양식"이고, "인간의 상호작용을 비공식적으로 제한하는 게임법칙"이다. 인간의 지성이 환경을 바꾸고 새 환경에 적응하는 방법, 그 방법을 사회관습으로 고정시키는 방식이 문화다. 이에 따라 사회적 '균형' 상태에 이르면 새로운 것을 학습하지 않고 행동이 일상화된다. 환경의 다양한 측면과 관련된 신념은 크게 두 가지다. 하나는, 먹고사는 법에 관한 '물질적 신념'이다. 이는 물질문화의 형태를 결정짓는다. 다른 하나는 인생관, 즉 그 목적, 의미, 다른 사람과의 관계를 결정짓는 세계와 인간이 우주를 이해하는 방식이다. 사회적 결과를 설명하는 여러 균형 가운데 시장균형이 가장 빨리 이루어진다. 물질적 대상에 대한 신념의 균형이 그 다음이다. 이것이 시장과정이 작동하는 조직과 영역을 결정한다. 우주론과 관련된 문화적 균형형성은 이보다 더 늦다. 가장 느린 것이 인간 개인의 생물학적 성향과 이기심들이 서로 작동, 충돌하면서 도달하는 균형이다.[2] 사회화 과정의 중심에는 수치심(shame)과 죄의식(guilt)이라는 '도덕적' 감정이 있다. 이는 생물학과 문화에서 나온다. 사회적 반응은 물질문화(경제), 정체(polity), 우주론(cosmology) 형성의 순서로 이루어지며 이 세 가지는 상호 의존한다.

이에 관해 좀 더 부연 설명을 덧붙여 보자. 수치의 문화와 죄의 문화는 두 유형의 도덕적 행동을 구별하기 위해 일부 문화인류학자들이 사용하는 용어다. 수치의 문화에서 도덕적 행동을 가장 강력하게 규제하는 것은 다른 사람들로부터 인정받지 못하고 질책을 당하고 조소받지 않을까 하는 데서 오는 공포와 당혹이다. 반면, 죄의 문화는 양심에 토대를 둔다. 죄의 문화에서는 개인이 도덕적으로 행동하지 못할 때, 그 표시로서 죄의식이 생긴다. 이것은 내면적 갈등의 체험이며 개인 정신의 일부가 상처받아 그 상처가 자기 행동을 비난하는 것을 뜻한다. 자신에 대한 비난이란 적극적으로는 속죄, 소극적으로는 후회가 된다. 즉, 자율적인 도덕성이라고 할 수 있다. 문화인류학자들에 따르면, 수치 문화에서 죄의 문화로 발전한 문화의 대표적 예가 그리스 아티카 문명이

며 그리스 비극에서 이런 감정이 많이 표출된다.[3]

인도

인도에서 BC 1500년경 인더스 문명이 몰락하고 인도유럽어를 쓰는 여러 부족이 북서쪽에서 펀자브 지방으로 이주했다. 이곳에 준유목민들이 정착하여 농경을 시작한 이후 도시 문명을 건설했다. 이 문명에서 힌두족과 카스트 제도가 가장 강력했으며 오래 살아남았다. 힌두 사회체제는 자급자족적 촌락공동체와 카스트 제도, 대가족으로 구성되었다. 이들은 분산되어 있어 중앙권력이나 교회가 필요 없었다. 촌락공동체는 완전한 아우타르키는 아니었지만 교역 지역이 한정되었다. 통혼은 내부에서만 이루어졌다. 직업이 위계적으로 구분, 분리되어 있었고, 때로는 지역별로 분리되기도 했는데, 브라만(성직자), 크샤트리아(기사, 군인), 바이샤(상인), 수드라(노동자, 농민)였다. 4대 카스트 내에서 세분된 서브 카스트(subcaste)가 경제의 근간이었다. 서브 카스트는 원래는 직업별 전문화에 기반을 두었으며 이동이 불가능하지는 않았다. 즉, 다른 직업 선택이나 이주 통로가 완전히 막혀 있지는 않았다. 카스트 제도는 노동집약적 농업체제에서 노동공급을 안정적으로 확보하는 데 기여했다.

인도는 지리적 여건, 교통통신 미발달 등으로 통일제국을 형성하기 어려웠다. 강력한 중앙집권국가가 없으면 노동공급을 강제하거나, 이주를 제한하기가 어렵다. 그래서 카스트에 따른 분업, 지역마다 사회적 추방(local social ostracism)과 이를 집행하는 일이 중요했다. 위계적 카스트에 따라 직업을 세분, 전문화하면 억압받은 그룹이 촌락에서 이주하여 따로 살려고 해도 보완적 숙련이 없어 정착하기 힘들다. 보완적 카스트와 같이 이주해야 하는데 이들은 이미 높은 지위를 누리고 있어 이주할 유인이 없을 수 있다. 카스트 제도는 카스트 대표자회의에서 공개투표방식으로 이루어지는 정책결정, 이에 따라 비적응자를 추방하는 방식으로 유지되었다. 반체제 연대는 조성되기 힘들었다. 인도가 독립할 무렵 노동부족은 해소되었으나 카스트 체계의 유제는 오래 남아 문화적 안정을 유지했다. 힌두 사회경제체제는 촌락생산물의 일부를 당대의 지배자에 할애했다. 즉 전쟁의 승리자에게 지불했다. 전쟁은 전문가끼리 치렀으므로 촌락공동체는 상대적으로 평화를 누렸다. 이러한 고대적 태도가 지배하는 사회에 영국이 도입한 민주주의 체제가 단단히 뿌리내렸다.

힌두제도는 대가족제로 사회조직 단위는 개인이 아닌 가족이었다. 힌두제도의 이러한 모습은 이슬람 치하에서도 달라지지 않았다. 영국이 지배하던 시기에, 인도에도 개인주의, 보편주의, 합리주의에 입각한 법적 혁신 시도가 있었다. 그러나 가족, 결혼, 이혼, 입양, 상속, 종교, 재판에 관련한 사적 법률은 그대로 유지되었다. 식민지배 이후 인도는 개인, 가족 관련법을 개정했다. 최하층 '불가촉천민(untouchable)'을 폐지하고 일부다처를 불법화했으며 이혼, 카스트 간 결혼, 과부개가 등을 허용했다. 과부와 딸에게 상속권을 주고 힌두 사원관리를 개혁했다. 정부의 사법, 행정 기능을 분리하여 교역과 계약을 관장할 서구식 법적 전통이 뿌리내리게 했다. 위계와 공동체에 관한 전통적 가치가 소멸하고 지위보다 계약을, 타협보다 명료한 결정 등을 우선시하고, 법 앞에 평등을 강조하는 법적 인프라가 구축되고 정비되었다. 이러한 개혁은 중요했다. 물론 아직도 전통과 그 유제, 대가족의 기능적 의무, 공동재산권 등이 남아 있기는 하다.

인도의 1인당 소득의 변화는 BC 300년경부터 근대까지 미미했을 것으로 추정된다. 1750년부터 1960년까지도 별 기복이 없이 비슷했다. 이 시기의 소득은 1965년 가격으로 150달러 정도로 매우 높은 수준이다. 이에 관해 스미스적 성장을 경험한 '고수준 균형의 덫(high level equilibrium trap)'에 걸렸다는 표현을 쓸 수 있다. 잘살기 때문에 기술진보의 유인이 없었다는 것이다.[4] 인구는 BC 300년에 1억 명, 1600년에 1억 2,500명, 1820년에 3억 8,000명으로 외연적 성장과 보서럽적 과정(Boserupian process)을 겪었다. 농가규모가 작아지면서, 달리 말해 인구밀도가 높아지면서 토지생산성이 높아지는 '이시카와 관계'(石川 Ishikawa curve)가 관찰된다.[5](〈그림 11〉 참조)

인도인의 독특한 우주론 개념을 여기서 다루기는 어렵다. 인도인의 세계관은 쉽게 풀어 쓸 수가 없다.[6] 첫째, 브라만과 크샤트리아 간에 권력과 지위의 불합치 문제가 있다. 둘째로 힌두교의 교리 즉, 개인적 내면적 구원과 내세적 '개인주의'가 압도적 힘을 지니며 '믿음보다는 행동

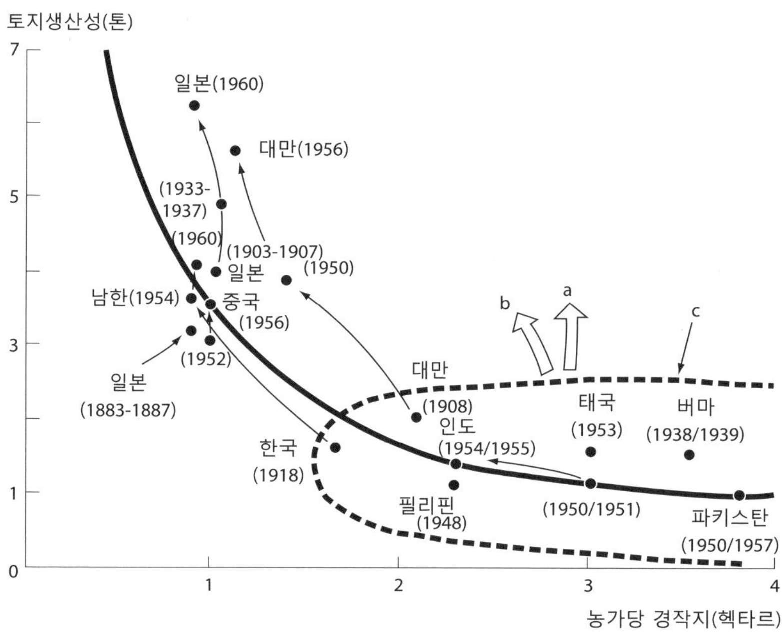

그림 11. 쌀농사의 토지경영규모와 토지생산성

자료: Ishikawa 1967, p. 78

이 환생을 결정한다'는 교리는 중국보다 서방세계 종교에 더 가깝다. 그렇다고 해서 이것이 곧 서방세계의 개인주의 개념과 동일한 내용은 아니다. 여기에는 의무적인 의식(ritual)이 더해진다. 또한 랄의 설명에 따르면 인도는 죄의식보다는 도덕적 양심과 수치심에 기반을 둔 사회다.

중국

중국으로 가 보자. 한(漢) 왕조(BC 206-AD 220)까지 중국 농촌에서는 건조농법을 사용하여 주로 기장을 많이 생산했다. 이후 5-6세기에 양쯔강 델타에 대규모 이민이 유입되면서 수도작이 압도적으로 많이 이루어졌다. 14세기 이전까지 새로운 쌀농사 기술의 완성도가 높아졌으나, 1368년 명 왕조 이후 기술진보는 미미하였다. 양쯔 강 유역 개발 후 보서럽적 성장[7]이 이루어져 인구증가와 함께 이시카와 곡선을 따라 올라갔다. 1400-1800년간 인구는 6,500만 명에서 거의 4억 명으로 6배 증가했다. 이것은 연율 0.4-0.5%에 해당한다. 중국이 중앙집권적 제국을 유지하면서도 '봉건제 없는 장원'이 발달했다. 중국은 외부침입에 취약했다. 장원은 청나라 초까지 잔존했고 그 이후에는 영주가 지주, 지대수취자로 변신했으며 신분관계가 금전관계로 변화했다. 19세기 초까지 인구밀도 급증, 농민폭동, 토지개량 투자 감소, 분할상속 등으로 토지규모가 작아져 '소농사회'로 이행했다.

송나라의 경제적 '기적'은 이후 왜 다시 오지 않았을까. 이에 관해 다음과 같은 설명이 있다. 유교적 가치관은 군인과 상인 모두를 경시하는 경향이 있었다. 정치행정체제는 산업, 상업, 군사적 팽창을 체계적으로 제한하였다. 교역이나 제조업으로 부를 축적하는 행위를 부도덕하게 생각하고, 성찰, 직관, 형이상학을 강조하는 사회 분위기가 압도했다. 즉 우주를 바라보는 유교의 세계관은 낙천적 태도, 가족주의, 관료적 권위주의 등이었다.

중앙집권화 문제를 보자. 이미 BC 217년 진나라 때 제국 전체의 농토 한곳 한곳마다 자세한 수확정보를 기록하는 등 중앙통제가 이루어졌다. "국가주의가 중국통치계급의 종교였으며…."[8] 중국 사회는 인구밀도가 높아 개인주의적 요소가 덜 하고 집단지향적 사회윤리가 더 발달했다. 기후가 좋은 탓인지 사람들은 낙천적이었다. 중국사회의 지리적 특성도 있었다. 동서로 강이 연결되어 전문적인 교역상인의 역할이 상대적으로 덜 필요했다. 남북으로 교역이 이루어지는 시기에 가서야 송나라 상인들이 중요해졌다. 1411년 대운하 개통 후 해운이 필요하지 않게 되었다. 명나라는 해외 무역을 단절하고 해군을 포기했으며 쇄국으로 돌입했다. 고수준균형의 덫에 걸린 것이다.

랄의 설명방식에 따르면, 중국 문명에는 사회화 과정에서 원죄 개념이 통용되지 않는다. 개인을 사회에 통합시키는 과정에서 개인 내면의 죄의식보다 수치심을 자극하는 문화적 요소가 더 컸고 도덕적 설득이 법적 강제보다 선호되었다. 사회에서 가족과 조상숭배가 중요한 덕목이었다. 가족적 가치가 격세유전적으로 전달되면서 이것이 근대적 시장경제 발달을 뒷받침할 법적 기초 형성을 방해했다.

이슬람 세계

이슬람권은 어떠했는가. 이슬람 문명은 7세기에 국제무대에 혜성같이 등장하여 14세기 융성기에 이베리아 반도부터 인도네시아까지를 지배한 후 쇠퇴했다. 근동 지방은 비잔틴과 이란 제국의 영향 하에 있었다. 7세기에 아랍 족이 침략했고, 나중에는 터키 족이 그 뒤를 이었다. 아랍 지역은 도시화 지역이 많았다. 아랍인들은 유대교, 기독교 같은 외래종교보다 모하메드의 새 종교에 끌렸다. 예언자 모하메드 알리가 죽자(AD

632) 정치적 혼란이 왔다. 시아파(쉬테)는 알리의 사위인 후계자를 추종했다. 한편, 다수인 수니파는 왕조세습이 권력찬탈이자 알라의 경건함이나 부족의 관습에도 맞지 않는 일이라며 분파했다. 우마이야 왕조를 계승한 압바스 왕조는 타협적 차원에서 법률전문가 집단인 울레마에게 권력을 주었다. 왕은 질서유지를 위해 부족장들을 억압할 필요가 있었다. 세수분배와 관련된 분란 요인도 해소해야 했다. 칼리프의 전제정치는 종교와 상관없이 불가피했다. 또한 아랍 부족 연합유지를 위해 약탈을 자행할 수밖에 없었다. 이 때문에 문명세계를 정복하는 활동이 지속되었다.

무슬림 팽창은 715년 옥수스 지방에 터키가 개입하면서 멈췄다. 718년에 무슬림은 비잔티움 포위공격을 멈추고 철수했다. 무슬림이 약탈하기 위해 지속하던 팽창은, 투르 전투에서 733년에 무슬림이 프랑크 족에 패배한 이후 주춤해졌다. 터키 족이 이슬람 세계의 실권을 장악했다. 압바스 왕조가 쇠퇴하고(1258 무렵), 오토만 제국이 이슬람 문명의 핵심으로 떠올랐다. 오토만 제국은 17세기 말까지 기독교 세계를 위협하다가 비엔나 포위공격 사건(1683) 이후 쇠퇴했다.[9]

중동 지역은 이집트 나일 강 유역, 메소포타미아 티그리스 강, 유프라테스 강 유역을 제외하고는 지리적으로 건조한 황무지여서 관개와 토양보존 문제가 중요했다. 북쪽으로 광활한 유라시아 스텝지대와 연결된 아라비아 반도, 이집트와 터키의 중앙고원, 이란 등지의 사막과 스텝지대에서 농업과 교역이 이루어졌다. 압바스 왕조는 지중해와 인도양을 연결하여 9-11세기에 스미스적 외연적 성장을 구가했다. 이들이 스스로 창조한 것은 별로 없었다. 이들은 다만 고대 그리스, 인도, 중국 문명의 사상과 기술을 전파하는 역할을 하면서 광범한 지역을 공통된 이슬람 문화로 통합하여 '경제 기적'을 낳았다. 상공업에 비해 농업은 침체했다. 경작지가 감소하고 토양이 황폐해졌다. 12-13세기부터 19세기까지 농업뿐만 아니라 상공업 경제도 쇠퇴일로였다. 18세기의 중동 경제는 10-11세기보다 못했다. 이와 함께 정신적, 문화적으로도 쇠퇴했다. 구체적으로 전쟁, 전염병, 국가쇠락, 관개 및 토양보존 실패, 인구 감소, 목재와 석탄부족, 발명 결여, 약탈적 성향의 국가로 인한 사유재산 불안 등이 있었다. 이것이 이슬람적 세계관과 정체 등과 연관된 것일 수 있다.

이슬람교는 유일신과 선지자 모하메드를 믿는다. 이슬람교에는 교회위계나 성직이 없고 울레마가 주요 결정을 담당했다. 이슬람교는 유대교, 기독교와 비슷한 점도 있지만, 다음과 같이 몇 가지 다른 점이 있다. 첫째, 히브리 족은 유대교를 믿지만, 유대교의 유일신은 개인적이고 질투심이 있으며 자의적이기도 했다. 기독교의 신에는 그리스의 우주 개념과 로마의 다신적 요소가 가미되어 있다. 기독교의 신에 대한 태도는 이슬람에 비해 상대적으로 유연했다. 이에 비해 이슬람교는 신이 전능하여 인간의 자유의지가 끼어들 여지가 없었다. 둘째, 아랍은 종교적 내셔널리즘이 강하여 순교가 아니라 정복활동으로 포교하면서 제국을 추구했다. 서방에서 종교적 내셔널리즘은 세속적인 면이 강했고 이것이 국민국가 형성에 기여했다. 이슬람은 나중에 국민국가 개념을 도입했다. 셋째, 이슬람 사회에는 원죄 개념이 없으며, 죄의식이 아니라 수치심에 기반을 둔 사회화 과정을 겪었다.[10] 무엇보다도 이슬람교는 유대교, 기독교와 같은 신을 믿는다. 그런데 그들의 선지자가 가장 나중에 다녀갔으므로 유대교, 기독교는 포용할 수 있으되 이미 낡은 것으로 치부한다. 반면 기독교에서는 이슬람교를 이단 취급할 수밖에 없다. 인접하여 교류, 상종, 전쟁을 하면서도 무슬림들이 기독교도의 생활에 '무관심'했고, 기독교인들이 무슬림을 호기심과 적대감으로 대한 것은 이해할 만하다.[11]

정체(polity)는 어떠한가. 마그레브(아프리카 서북부)의 부족 지역에서는 유목민이 벌이는 정복과 정주 문명과의 상호관계에 따라 왕조가 성쇠했다. 3장에서 언급했듯이 오토만 제국의 술탄들은 통치를 데비쉬름(devshirme), 즉 발칸의 기독교인들을 노예화, 개종시킨 후 고급관료로 발탁하는 제도에 의존했다. 수도의 특수 기병대와 제국의 보병, 포병을 포함한 엘리트 상비군 재니서리(Janissary)도 술탄의 노예군에서 공급하였다.[12] 술탄 자체가 오랜 세월 형제 간 전투를 거쳐 적자생존하는 방식으로 제국을 유지했다. 나중에 후궁(하렘)에서 술탄 계승에 관한 조작이 성행했고 이 폐단은 제국 쇠퇴의 증상으로 나타났다. 이집트 맘루크(Mamluks, 노예로 구성된 지배층 군사계급) 국가의 기원과 결과에 대해 논란이 많으나 이 체제는 분명 기술집약적 성장을 방해했을 것이다. 9-11세기 맘루크의 전성기 기간이 특히 그랬을 것으로 추정된다. 이집트는 18세기까지 맘루크가 지배했다. 무슬림 군대는 전제적이었으며, 국가와 사회, 중앙의 군사 권력과 지방경제력 간에 괴리가 있었다. 이슬람교는 법률 중심적 종교였지만, 경제발전에 도움이 되는 법체계는 아니었다.

압바스 왕조는 이슬람법 위에 군림했다. 이슬람법은 율법(shariah)에 성문화되었다. 여기에는 계약과 경제행위에 관한 의무조항 관련 내용이 들어 있었다. 그러나 형법, '헌법', 행정법은 없었다. 쿠란(Timur Kuran)에 따르면, 이슬람 초기에 계약법이 발달했다.[13] 이 법은 소극적으로 투자자의 개인자산을 보호했으며 적극적 파트너는 무한책임을 졌다. 파트너가 죽으면 파트너십은 자동적으로 종료되었다. 일부다처제가 허용되던 사회였고 이슬람 상속법상, 상속 때 상속인이 다수일 경우가 많았다. 이는 파트너십이 대규모로 형성되어 장기간 유지되는 것을 방해했다. 그뿐만 아니라 이 때문에 기업이 성공했다 하더라도 곧 사라지거나 창업자의 사망 이후까지 지속되지 못했다. 단순한 파트너십에서 법인으로 진화하는 일은 드물었다. 이슬람 법, 계약, 상속, 결혼 등의 이와 같은 상

호작용은 중동경제를 쇠퇴하게 만들었다.[14]

모든 토지는 국유이면서 토지세의 대상이었다. 이외에 이슬람교도가 아닌 자들은 인두세도 내야 했다. 힌두교와 마찬가지로 국가와 사회가 괴리되어 사회변화가 없는 가운데 왕조가 교체되었다. 가족 이외의 집단에 대한 보호가 없었고 이 또한 경제발전을 저해했다. 교육은 주입식 암기위주였다. 이로 인해 9-11세기를 지나면서 호기심과 혁신이 봉쇄되었다.

이것은 울레마들이 그리스 개념을 버린 데 기인한다. 이 사실은 압바스 왕조의 경제 기적에 비추어 볼 때 독특했다. 이는 송나라 침체에도 비견할 만했다. 문화적, 정치적 결과로 기술이 쇠퇴했다. 사회안정을 위해 규제가 만발했다. 이슬람교가 사회안정을 위해 각종 정책을 정당화하고 사상적, 제도적 경직성을 묵인한 것이다. 압바스 왕조 시대의 경제성장은 이데올로기보다 지중해와 인도양 경제통합의 산물로 보인다. 이슬람교는 시장메커니즘을 지지하면서도 공정가격을 강조하고, 압바스 '르네상스' 이후 신축적 해석을 봉쇄했다. 20세기에 와서 이 문명의 활기에 대한 어떤 희망이 보인다면 이슬람 세계의 가족 중심을 기반으로 한 사회가 서방기술, 제도를 도입하여 중국, 인도식으로 발전할 가능성이 있다는 점에서 그렇다. 이 가능성이 잘 풀리지 않으면 권위주의적이면서도 불안정한 정체와 종교체제로 갈 우려가 있다.

서유럽

정체와 경제는 물질적 조건(상대적 요소부존)과 정신세계(문화의 사상적 측면) 간 상호작용의 산물이라고 할 수 있다. 근대 이전의 인도, 중국, 이슬람 세계는 스미스적 성장의 고수준 균형의 덫에 걸렸다. 서유럽은 기술집약적 성장을 이룬 예외적 사례이자 기적이다. 우선 서유럽의 물질적

기반을 살펴보고 정신세계의 변화를 검토하자.[15]

서로마 제국이 멸망한 후 권력의 세분화가 진행되다가 국가가 거의 사라지고 봉건제가 성립했다. 봉건영주들이 북쪽 삼림을 제거하고 경작지를 확장했으나 인구가 줄면서 노동부족 현상이 심각해졌고 결국 장원제가 도입되었다. 중국에서는 통일제국이, 인도에서는 사회와 유리된 채 불안정하고 약탈적인 성향의 국가가 출현한 반면, 서유럽에서는 서로 경쟁하는 정치단위들의 집합 체제가 들어선 것이다. 이와 같이 지리적, 생태적, 역사적 경험 차이 때문에 정체가 달라졌다. 서방세계는 국가가 구성원들과 재정적으로 준계약 관계에 묶여 있었다는 점에서 독특하다. 노동부족에 대응하는 방식도 달랐다. 중국은 지주소작제, 인도는 카스트 제도였다. 이에 비해, 서유럽은 서유럽 특유의 제도 즉, 법적 권리와 의무의 상호인식이 통용되는 서유럽 봉건제를 만들어 냈다. 15세기 이후, 유럽 인구와 경제가 회복되고 농업, 상공업이 획기적으로 발달하자 노동을 토지에 계박할 필요가 없어져 농노제가 사라졌다. 물론 동유럽은 이와 다르다. 이슬람 세력 확산으로 동방 교역로가 봉쇄되면서 유럽은 미주와 아프리카, 아시아로 팽창했다. 산업혁명은 유기적 농업경제를 광물에 기반을 두는 공업경제로 전환하는 기술집약적 성장이었다. 자유무역과 증기선이 19세기 황금기에 세계경제를 창출하는 데 기여했다. 라틴아메리카, 아프리카, 동남아의 여러 곳에서 스미스적 성장이 이루어졌으며, 일본과 인도에는 프로메테우스적(기술집약적) 성장이 전파되었다.

제도적으로는 이탈리아의 도시국가가 상인의 상업활동에 우호적 환경을 제공했다. 이 지역은 자본주의 정신, 시장제도, 합리성으로 향하는 시발점이었다. 경제적 번영과 군사적 방어, 법, 질서가 교역과 서로 의존하면서 유지되었다. 상인들이 정치력을 장악하고 가족 간 신뢰가 상거래 계약(법)으로 대체되었다. 로마법 제도가 여기에 기여한 바가 컸고 상업이 진화했다. 국가가 사유재산권을 인정했다. 분산되고 허약한 유럽의 정치적 단위들(서유럽 봉건제)이 르네상스 절대국가, 근대적 국민국가로 진화하는 과정에서 중세 영주의 재산권이 상대적으로 안전하게 보장되었다. 부르봉, 합스부르크, 튜더 왕조에서 '절대적' 공적 권위(절대왕정)와 '절대적' 사유재산이 동시에 공고화했다. 오토만 제국의 술탄, 중국의 황제, 일본의 쇼군과는 달리 서유럽은 유독 대의정치에 의한 과세('no taxation without representation')가 자리를 잡아갔다. 고대 그리스의 과학적 태도도 일상화했다.

서유럽 국왕들은 재정적 곤란에 처했을 때 자금 염출을 위한 방편으로 대의정치를 허용했다. 이와 함께 서유럽에서 대의정치가 시작되었다. 중세 이래 서유럽에서 왕과 도시상인 간 유대의 정치적 측면이 그 단적인 예다. 도시가 부의 증가와 함께 유사시에 장비를 잘 갖춘 수천의 남자들을 전장에 내보낼 수 있게 되었을 때, 봉건질서 수호자들은 도시의용군(city militia)이라는 구상에 처음에는 코웃음을 쳤다. 그러다가 레냐노 전투(1176) 등 그런 '풋내기'들이 보여 준 승리에서 그들의 능력을 확인한다. 프랑스에서 왕의 지배를 결정적으로 정착시키고 왕의 특권 확산을 촉진한 부빈(Bouvines) 전투에 도시의용군이 공헌했다. 이들의 유용성 때문에 프랑스 왕들은 스스로 공동체의 보호자로 자처하면서 왕권의 근거가 도시특권과의 연대에 있는 것처럼 여기도록 노력했다. 영국에서 도시상인들은 왕을 지원하는 대신 귀족과 연합하여 왕으로 하여금 귀족의 요구를 승인하도록 했다. 국왕직속 신하 전체회의의 승인없이 군역대납금(軍役貸納金)이나 특별보조세를 징수할 수 없다는 규정은 영국의회의 과세에 대한 통제의 기초가 되었다. 물론 참된 의미의 영국 의회(대의제)의 기원은 1295년 에드워드 1세가 소집한 이른바 모범의회다.

에드워드 1세는 대불전쟁과 스코틀랜드-프랑스의 제휴에 대비하기 위한 자금마련을 목적으로 귀족, 고위성직자, 기사, 시민대표를 소집했다.

이탈리아, 독일, 네덜란드 등지의 도시들은 자치도시 공화국이 되려는 경향을 보이거나 영방국가의 지배 하에 속하였다. 이때 도시가 단순히 영방국가에 예속되기만 한 것이 아니었다. 영방 군주들은 도시소유자본이 필요해서 그들을 그저 무시해 버릴 수 없는 형편이었다. 국가 권력이 증대되고 권력유지비가 많이 드는 만큼 국가는 점점 더 도시상인의 금고에 접근했다. 12세기에 이미 왕들이 도시상인의 돈을 차용한 사실이 확인된다. 도시가 돈을 담보 없이 대부해 줄 리 만무했다. 도시상인은 그 돈이 상환되지 않을 위험을 잘 알면서도 빌려 주고, 대부를 승낙한 액수만큼의 대가로 새로운 특권을 요구했다. 봉건법상, 봉건제후의 상위 주군이라도 도시로부터 강제로 자금을 탈취하지 못했다. 이때 도시의 특허장이 가장 중요한 보증이 되었다. 왕과 도시상인은 타협하여, 성직자와 귀족만 참여하던 회의에 도시상인을 들여보내는 습관을 점차 만들기 시작했다. 도시상인은 자기네 업무에 관해 회의를 진행하기 시작했다. 그런 집회가 12세기에는 아직 드물었지만 13세기에는 급증했다. 14세기에는 신분제(대의제)로 공인화되었다.[16]

생태적 요인 덕분에 그리스는 중요한 제도적 정치적 유산 즉, 민주주의 국가 제도를 서유럽에 남겼다. 그리스는 토양도 좋고 노동이 별로 필요하지 않아 비교적 사회통제가 덜 필요한 가운데 민주주의가 발흥했다. 부족회의는 고대 그리스인과 힌두 족에 공통적으로 존재했다. 이 부족회의에 기초하여 그리스 사람들은 자치도시국가인 폴리스(polis)를 탄생시켰다. 폴리스에서는 시민권이 다른 모든 인적 교류에 우선했다. 이 시민권 개념은 인도나 중국에 없었던 유일한 중심조직 원리로서 서유럽 정치발전에 심오한 영향을 미쳤다. 삶, 죽음, 구원에 대한 궁극적 질문에 대답을 다양하게 추구하여 탐구적 그리스 정신을 낳았다. 북쪽에서 인도유럽어 족이 전파한 범신론과 이오니아 고대여신의 출산신화가 융합하여 철학이 탄생했다. 우주를 지배하는 자연법을 추구하여 서구과학의 연원이 되었다.

개인주의란, 사회는 자생적이고 평등한 개체로 구성되어 있고 궁극적으로는 어떤 집단보다 개인이 중요하다는 생각이다. 엄밀히 말해 개인주의는 다음과 같이 이해할 수 있다. 이를테면 고대 그리스는 인간이 스스로를 개인으로서 의식한 문명, 즉 개인주의 문명을 최초로 쌓아 올렸다. 개인주의란 개인행동의 근원이 어떤 외부 권위나 주술적 힘에 있는 것이 아니라 개인 자신 속에 즉 자신의 욕구, 희망, 이념 가운데 있으며 자기 내면생활을 자기가 결정한다는 것이다. 고대 그리스인들은 법을 개인의 특정 조건에 맞게 유연하게 만들고자 했다. 개인을 혈연, 집단의 지위 같은 외적 요인보다는 개인간의 이해관계, 개인의 능력 같은 요인에 더 많이 좌우되게, 또 개인이 부족의 전통적 속박에서 벗어나 개인끼리 협력에 토대를 둔 사회조직을 출현시키도록 노력했다.

이러한 사고방식은 개인재산의 개념, 개인의 정치적 법적 자유, 개인이 신과 직접 대화한다는 이념 등에 반영된다. 영국에서는 13세기에 훗날 개인의 자유를 보장하는 토대가 될 법조항이 도입되었다. 예를 들어 마그나 카르타 제39조는 "자유인은 정당한 합법적 절차 없이 구속되거나 투옥되거나 재산을 박탈당하지 않는다"고 규정했다. 개인주의 문화는 핵가족과 낭만주의적, 즉 개인의 감정과 개인의 의사에 입각한, 사랑을 강조한다. 전통적인 대가족, 중매결혼, 혈연 중심의 농촌사회와 대조된다.

기독교는 유대교처럼 유일신을 숭배한다. 유대교는 인종적 선택이므로 포교활동이 불필요하다. 기독교는 성서를 통해 교세를 확장한다. 기독교는 개인주의적인가. 사회적 세계에서 살면서 자족하는 '외부지향적 개인(out-worldly individual)' 개념이라면 그렇다. 그리스도의 가르침에 따르면 인간에 대한 근본적 개념은 신과의 관계에서 개인(individual in-relation-to God)이다. 자기초월을 통한 개인의 해방, 그리고 마음은 하늘에 있는 개인들이 지상에서 결합하는 것이 기독교에서 용인되는 형태이다. "시저의 것은 시저에게"라는 예수의 가르침은 외부지향적 개인에게 지상의 권력을 인정하라는 말이다. 세상의 질서를 절대가치에 종속되는 상대적인 것으로 규정하는 정연한 이분법이다.[17] 가치의 위계적 상대화는 교회와 국가의 '위계적 보완성'을 의미하며 사제가 왕의 신민이면서 종교적으로, 또 절대적으로는 우월함을 뜻한다. 5세기에 성 오거스틴(Saint Augustin)은 자연법의 적용범위를 제한하고 신의 섭리를 고양했다. 교회의 우위, 교회를 통한 통치를 주장했으며 이것이 바로 외부지향적 개인을 '현세적 개인(in-worldly individual)'으로 전환시키는 과정의 시작이었다. 이 과정은 칼뱅(Calvin)에 의해 완성된다.[18]

청교도 윤리가 자본주의 정신을 만들었는가. 성 오거스틴의 '돌연변이'를 인정하면 인과와 시기 문제가 해결된다. 개인주의의 성장이 북중부 이탈리아 도시국가에서 1300년부터 시작한 르네상스를 가능케 했다. 고대로마를 재발견하고 휴머니스트가 기독교와 결별하지 않게 된다. 마키아벨리는 기독교나 사적 도덕을 탈피한 '권력추구' 정치원리를 주장했다. 기독교가 비슷한 것을 개발한 이후에 유럽 절대국가가 이런 원리에 입각하여 정치행위를 할 수 있었다. 베버의 '청교도→자본주의 정신' 가설을 우회적으로 해석할 수 있다는 주장이다. 즉, 5세기 성 오거스틴→개인주의→14세기 르네상스→종교개혁→절대국가→자본주의의 연결고리로써.[19]

'유럽'은 대륙인가? 아니다. 이슬람이 동쪽과 남쪽을 막아서 생긴 지역일 뿐이다. 로마 제국의 북서부와 게르만 야만인들의 융합에 의해 창조된 사회적 사실이지 생태적 실체가 아니다. 유럽이라기보다 '기독교국(Christendom)'으로 알려졌다. 정치적 분산과 문화적 통합도 유럽에 유일한 것이 아니다. 인도도 그러했다. 정체에서 프로메테우스적 성장으로 직접 연결되지도 않는다. 유럽의 교역로(1. 스칸디나비아-라인 강-스위스-북동 이탈리아, 2. 플랑드르-동북 프랑스-루와르 강-지중해-북서 이탈리아)를 기독교 '국가'가 통제하는 방식이 인도와 달랐을 뿐이다. '개인주의'와 '위계인(homo hierarchicus)'의 차이이다.

1075년 '교황혁명'이란 그레고리 7세가 교황이 모든 교회에 법적 정치적으로 우위에 있고 세속적 규제에서 성직이 독립적이라고 천명한 사실을 가리킨다. 여기에 자본축적, 인구증가, 지중해 장악, 비잔티움과 이슬람 제국의 쇠퇴 등이 겹쳐 유럽이 팽창을 시작한다. 11-13세기에 상법이 진화하고 제도적 인프라, 즉 환어음, 약속어음, 동산 모기지, 산업신용체계의 복잡성을 반영한 파산법, 선하증권, 근저당 대부, 코멘다와 유한책임, 상표, 특허, 채권과 기타 증권, 저축은행 등이 발달했다. 로만가톨릭이 교회국가로 형성되어 법국가, 통치제도와 관료장치, 전문적 사법, 재정, 재판기구 등을 갖추었다. 세속정치가 이를 모방했다. 정치적 생태적 환경이 비슷하지만 힌두교와 기독교는 이 점에서 크게 갈린다. 기독교 특히 시스터시안 교단(Cistercians)은 자연 활용을 적극 권장함으로써 북부 삼림 지역을 농경지로 개간하는 작업을 추진하고 게르만 부족장을 왕으로 세웠다. 기독교는 세속보다 우위였던 반면, 힌두교는 성속이원주의를 택했다.

그 이전 6세기 말에 교황 그레고리 1세는 상속을 제한하여 교회의 재산을 증식하려고 혼인·가족 관계에 개입했다. 근친결혼을 금지하고 입양을 제한했으며 축첩, 이혼, 재혼을 비난했다. 이러한 규제는 로마법에도 성서에도 근거가 없는 조치였는데 상속자가 없어진 가계의 기부로

7-9세기 동안 교회재산이 급증했다. 10-11세기에 수도원 토지몰수, 노르만 족의 약탈, 내부횡령 등으로 쇠락했으나 11세기 말에 교황혁명으로 교회재산을 회복하려고 노력했다. 성직자의 결혼을 금지하고 근친결혼 금지를 강화했다. '파문'이라는 무기의 효력이 대단했다. 그러나 영국에서는 16세기 전반 헨리 8세의 종교개혁과 교회 토지몰수로 교회권력이 사라진다. 그렇다 해도 6세기 그레고리 1세의 가족에 대한 개입과 11세기 그레고리 7세의 근대적 법제도의 창건은 서유럽에 영속적인 영향을 미쳤다. 중심적 우주론적 신념인 개인주의에 버금가는 것이었다. 또한 그레고리 1세의 '혁명'이 북서유럽 특유의 핵가족 형성에 기여했다. 핵가족은 사회보험패턴을 바꾸고 가부장권을 약화시키고 연애결혼을 촉진하고 상속에서 유언의 중요성을 높이는 등 개인주의 발달에 도움이 되었다. 의도하지 않은 결과였다. 연애결혼은 다른 경로로도 교회의 산물이다. 성 오거스틴이 '원죄'의 개념을 발명했다고 할 수 있는데 사랑과 성행위를 분리하고 금욕과 순결을 강조했으며 죄의식에 기반한 도덕, 이혼금지 등이 12세기부터 더욱 강화되었다.

서유럽의 특징적 가치인 개인주의가 과학혁명과 산업혁명을 낳았으나 한편으로는 공동체와 창조적 갈등을 야기했고 다른 한편으로는 오거스틴으로 정형화된 기독교 우주관에 매몰되었다. 종교개혁이 서구 사상의 일체감을 파괴하고 정치적 정당성에 충격을 주었다. 17세기에 국가와 사회의 구분, 사회계약론이 서양사상의 지배적 부분이 되었다. 정치적 사회적 관계와 달리 경제적 관계는 자연법 비슷한 원리에 지배받는 듯했다. 그런가 하면 계몽주의에 대한 반발로 사람들은 고유문화를 옹호하고 사회에서 문화를 분리하여 내셔널리즘으로 치달았다. 사회가 독자적이라면 정체, 경제, 문화는 의식적 인간관계의 형태이다. 이것이 근대 정치적 충돌의 배경이 되었다. 종교개혁은 민주주의의 씨앗이며 종교전쟁과 우주론적 혼란을 불러왔다. 이를 잘 이해하기 위해 서유럽의 발흥부터 산업혁명의 전파, 영국 제국 하의 세계경제통합, 자유주의적 국제경제질서(LIEO) 등을 살펴볼 필요가 있다. LIEO의 경제적 기둥, 즉 자유 무역과 자유방임은 민족주의와 집산주의에 의해 무너졌다. 유치산업 보호론과 미주독립전쟁으로 시작한 정치적 민족주의는 제국전쟁, 아프리카 분할, 중국에서 이권다툼, 인도의 동인도회사에서 국왕으로 통치권 이전 등으로 확산되었다. 1차 대전은 고전적 자유주의의 종말이었다. 이후 집산주의의 악몽과 함께 전 세계가 미쳐 돌아갔다. 사상적으로는 계몽주의가 시작한 세속화가 완료되었다. 신은 죽었다. 개인주의적 정열을 제어할 죄의식이라는 사회와 동력이 사라졌다. 영적 공허는 프로이디즘, 환경주의 등 새로운 '종교'가 메웠다. 정치적으로는 민주주의가 승리했다. 구체제 복종체제의 기반인 수치심도 쇠퇴했다. 1950년대와 1960년대는 성혁명과 페미니즘으로 가정의 규칙에 대한 일반적 의심이 만연했다. 미국 주도의 세계에서 세기말적 비관주의가 풍미했다. 수치심과 죄의식에 기반을 둔 사회응집력이 상실되었다. 가족혁명으로 사회안전망이 필요했는데 의도되지 않은 결과로 복지국가의 병폐인 이혼율 급증, 10대 미혼모 가장 가계, 사생아, 마약남용, 범죄, 가족 간 유대 이완 등이 드러났다.

유라시아 문명들의 지난 1,000년간 역사를 요약하면 다음과 같다. 1) 지리적 여건이 우주론적 신념과 정체를 결정했다. 2) 이 문명들이 때에 따라 스미스적 성장을 경험했다. 예를 들어 압바스 왕조, 송나라, 도쿠가와 일본 등이다. 3) 우주론적 신념('문화'의 중심요소)이 서구의 발흥을 설명한다. 기독교 개인주의가 프로메테우스적 성장을 가져왔다. 교황혁명도 도움이 되었다. 4) 전통적인 '가족의 가치'가 붕괴되고 오거스틴의 '돌연변이'에 의해 원죄, 죄의식이 사회질서를 유지했다. 5) 개인주의와 프로메테우스적 성장이 세계로 전파되고 세계시장이 확장되면서 사회 응집력이 파괴되었다. 죄의식과 수치심의 역할이 쇠퇴하고(과학혁명과 신의 몰락) 사이비 종교가 만연한다. 진화심리학에 의하면 경제적 행위는 본능이다. 수렵채취에서 농경정착으로 이전한 이후 기회주의적 행위를 제약할 사회적 규범이 발달했다. 두 차례의 교황혁명이 이러한 전통적 제약을 제거하고 내포적 성장을 가능케 했다. 이와 함께 다른 열정도 해방되어(의도되지 않은 결과) 전통적(수치심), 또 새로운(죄의식) 응집력 기반을 상실케 했다.[20]

여기서 기독교→개인주의→과학혁명, 산업혁명이라는 것도, 청교도 윤리→자본주의 정신 이라는 것도 다음과 같은 반론에 시달릴 수 있다는 것을 지적하자. 첫째 기독교는 과학혁명에 저항했다. 코페르니쿠스는 파문을 두려워하여 죽을 때까지 연구결과를 발표하지 않았으며 갈릴레이의 종교재판은 유명하다. 훨씬 후의 일이지만 다윈(Charles Darwin)의 진화론은 교회의 인정을 받지 못하고 심지어 미국은 지금도 초중등교육에서 창조론만 가르치는 주도 있다. 또는 창조론의 변종인 '인텔리전트 디자인(intelligent design)'만이 허용된다.

랄처럼 해석하면 일본의 공업화, 아시아 신흥공업국, 최근 중국과 인도의 급성장을 설명하기 곤란하다. 자본주의는 여러 문화와 동행할 만큼 신축적이지 않는가? 문화가 경제에 미친 영향을 강조하는 논리는 인과의 오류(*post hoc ergo propter hoc*)를 범할 우려가 있다. 역사는 경제→문화의 방향을 시사한다. 문화는 경제적 사회적 요인들의 균형을 표현하고 있다. 또한 경직적 관습으로의 문화는 선택을 제한할 수 있다. 즉 양방향의 관계 설정이 가능하다. 랄은 물질문화와 우주론을 대비시켜 우주론이 더 경직적이라고 하지만 이 역시 역사의 산물이고 때로는 급변하기도 한다.[21]

다른 접근들

문화와 경제의 상호작용을 다른 식으로 이해할 수도 있다. 자본주의를 역사범주의 '시스템'이 아니라 '문화현상'으로 보는 방법이다. "자본주의는 이윤추구 투자자들의 경제관행에 뿌리내린 문화체제이다."[22] 더 잘 살기 위해 상품을 생산하고 교환하려는 것이 인간의 보편적 본성이 아니라 자본제 성립과 함께 온 문화적 변화, 즉 새로운 사고방식이나 행동양식이라고 해석할 수 있다. 유럽의 발흥이라는 주제에 맞추자면, 16세기에 신대륙에서 옮겨 온 새로운 먹거리와 17세기 영국의 농업자본주의에 힘입어 흉내, 사치, 허영의 경향이 소비에 대한 열광으로, 시장발달로, 경제에 대한 새로운 생각으로 변한 것이다. 물론 이러한 새 '문화현상'은 산업혁명 이후 널리 전파되고 심화하면서 동시에 변모를 거듭한다.

개인주의를 성장 친화적으로 단정 짓는 것이 앵글로색슨 문화의 산물이라는 지적도 있다.[23] 앵글로색슨 문화는 막스베버가 말하는 청교도 윤리, 근검, 절약, 그리고 랜디스의 '파우스트적 윤리', 즉 자연을 지배, 착취하려는 태도와 행동인데 이것이 개인주의에 입각하고 있음은 자명하다. 스미스의 개인별 분업이 생산성 향상을 가져온다는 설명에 매몰되면 집단행위가 바람직할 가능성을 염두에 둘 겨를이 없다. 그러나 분업에는 조직이 필요하고 조직의 위계적 통제가 필요하다. '개인'을 미화한 밀(John Stuart Mill)은 개인의 자유를 지고의 선으로 받들고 개인과 사회를 경쟁관계, 적대관계에 두었다. 이들의 긍정적 상호작용 가능성은 생각하지 않았다. 경제학자들은 시장을 통해 개인이 '극대화'를 한다고 보았다.

산업혁명에는 개별기술 발명보다 응용, 개인행위의 조직과 다양한 전환이, 즉 문화가 중요했다. 영국 공업화의 전파에서 가까운 이탈리아보다 미국 동북부가 훨씬 빨랐던 것은 앵글로색슨 문화 때문이다. 미국이 영국보다 더 개인주의적이었다. 인구밀도가 낮아서 집단의 반복적 접촉이 덜하고 개인이 문화의 중심이자 초점이었다. 미국 경제성장의 세 가지 요인은 풍부한 자원, 앵글로색슨 개인주의, 대량생산이다. 풍부한 자원을 이용하기 위해서 문화, 기술, 조직이 맞아야 하고 여기에 '자유토지'와 '연방주의'가 등장한다. 대량생산을 위해서도 기업경영을 담당하는 '개인'이 필요하다. 그러나 향후 100년은 다를 것이다. 일본식 종신고용, 노동자교육, 부서 간 교류는 상당기간 동안 팀웍 효율, 애사심, 충성심, 자부심을 높이고 생산성도 증대하는 효과가 있었다. 경쟁과 협동의 적절한 배합에서 더 성장지향적인 문화가 형성될 것이다. 시장과 위계질서의 상대적 우위에 따라 기업지배구조도 달라진다. 상호작용 네트워크에 의해 안정적이고 협동적인 그러나 배타적인 동질적 사회가 형성되어 우위를 유지할지 모른다. 집단주의가 개인주의 사회보다 선택이 더 많고 단기에서 더 효율적일 수도 있다. 그러나 이노베이션에서는 아마도 뒤지지 않을까? 4장에서 언급한 중세 상인들의 경쟁으로 돌아온다면, 마그레브 상인들은 집단적 계약집행 전략을 통해서 위약한 대리인을 모든 상인이 집단적으로 징벌한 반면 제노바 상인들은 개인적 징벌 전략을 통하여 계약을 집행했다고 한다. 두 가지 경우 모두 전략적 교역 환경에서 게임의 균형이 될 수 있으며 주요 차이는 상인과 대리인의 문화적 신념에 기인한다고 보았다. 물론 이들의 경쟁에서는 제노바 상인들이 앞섰다.[24] 또한 중국은 혈족 집단에 근거한 위계적 조직이 협동 유지에 중요했으나 중세 유럽의 협동적 조직은 혈족을 벗어난 도시로서 외부적 집행이 더 효율적으로 이루어졌다고 한다. 문화와 제도의 차이를 연결시키려는 시도의 연속으로 보인다.[25]

제9장

신다위니즘?

◆

제1장의 서두에 맬서스 체제에서 MEG로의 이행과 산업혁명의 연관성을 언급한 바 있다. 그러나 이의 연관은 이론적, 실증적으로 엄밀하게 정식화된 적이 드물다. 산업혁명기의 맬서스적 규제는 신장단축 등 단기적인 생물학적 생활 수준의 하락으로 나타났을 뿐이고, 체제변화를 이해하려면 기술진보뿐만 아니라 인구만으로 설명되지 않는 경제적 발전, 농업 비중 감소, 새로운 사회계급 형성, 정치력 재분배 등 범유럽적, 다차원적 발전을 총체적으로 보아야 한다. 즉 산업혁명은 도시화와 더불어 "맬서스적이면서 동시에 보서럽(Boserup)적인" 연합적 인구경제관계가 장기적으로 성립되는 과정으로 이해해야 한다는 주장, 그러한 절충설 정도가 있을 뿐이었다.[1] 여기서 맬서스적 관계는 인구와 1인당 소득의 역관계를 말하고 보서럽적 관계라 함은 이 둘의 정상관을 의미하는데 인구밀도가 어느 정도 이상이 되어야 도입할 수 있는 기술진보가 특히 농업부문에 존재한다는 뜻이다.[2]

맬서스 체제

클라크(Gregory Clark)는 영국산업혁명과 맬서스 체제 종식의 관계를 직접적으로 파고들었다.[3] 그는 맬서스적 경제를 단순명료하게 모형화하고, 독자적인 진화론, 자연선택가설을 가미하여 새로운 설명틀을 제시했다. 맬서스 경제의 논리에 따르면 1800년경까지 인간과 동물은 똑같이 '자연' 경제법칙에 따라 생활했다. 장기균형에서 출생과 사망은 일치했다. 다만 장기균형을 클라크가 지나치게 강조한 것이 아닌지 의심이 든다.

클라크에 따르면, 임금이 높을수록 증가하는 출생과 임금이 높을수록 감소하는 사망이 일치하는 수준에서 균형 1인당 소득과 균형인구 수준이 결정된다. 생산과 분배는 물질적 생활 수준과 총인구를 역관계로 규정한다. 〈그림 12〉에서 설혹 초기소득이 Yo에, 인구가 No에 있다 하더라도 이 소득수준에서 출생률이 사망률보다 높으므로 자연히 인구가 증가하고 소득이 감소하여 균형수준 N*, Y*로 회귀한다. 〈그림 13〉에서 보듯이 이 모형에서 출생률의 외생적 증가는 균형 1인당 소득을 낮추고 균형인구를 높인다. 〈그림 14〉에서 나타내는 바와 같이 사망률의 외생적 감소도 마찬가지다. 또한 기술진보는 단기간 소득을 높일 수 있지만 이 소득수준에서 출생이 사망보다 높으므로 인구가 증가하여 장기균형 소득은 원래수준으로 복귀한다. 이것은 〈그림 15〉에서 명백하다.

이 모델을 도식적으로 해석하면 '선악'이 뒤바뀐다. 사망률을 낮추거나 출생률을 높이는 다산, 청결, 평화, 공공구휼, 자녀보호, 소득분배개선, 자선, 근면 등이 균형 1인당 소득을 하락시키는 '죄악'이 된다. 대신 사망률을 높이거나 출생률을 낮추는 절제, 불결한 환경, 폭력, 흉년, 영아살해, 소득불평등, 이기주의, 나태 등이 1인당 소득을 상승시키는 '선행'인 것이다. 이러한 맬서스의 함정을 벗어나기 위해서는 〈그림 14〉에서와 같은 단기적 기술진보가 아니라 〈그림 2〉에서 보듯이 임금수준과

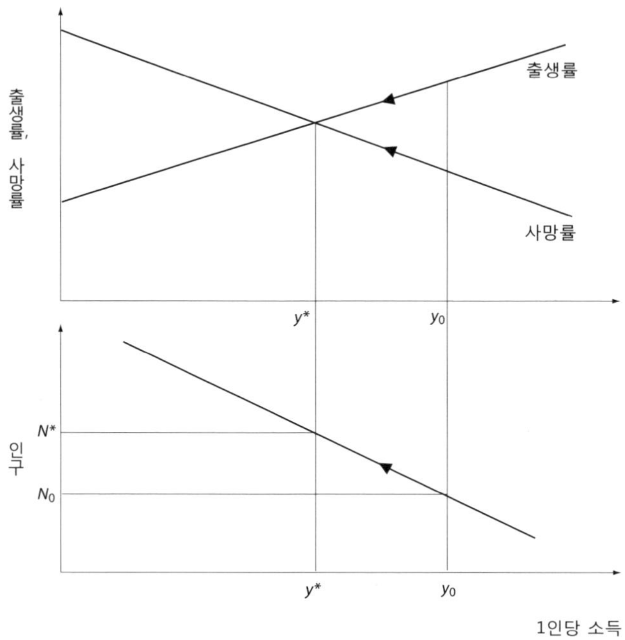

그림 12. 맬서스 경제의 장기적 평형상태

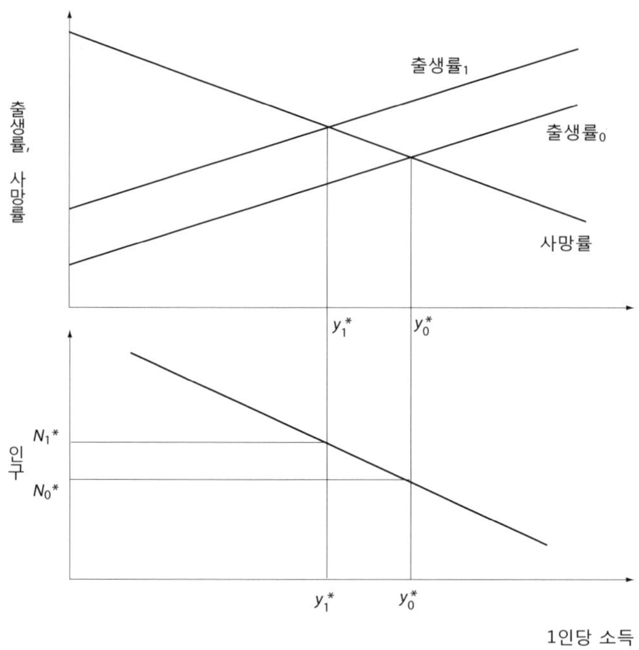

그림 13. 출생률 곡선의 이동

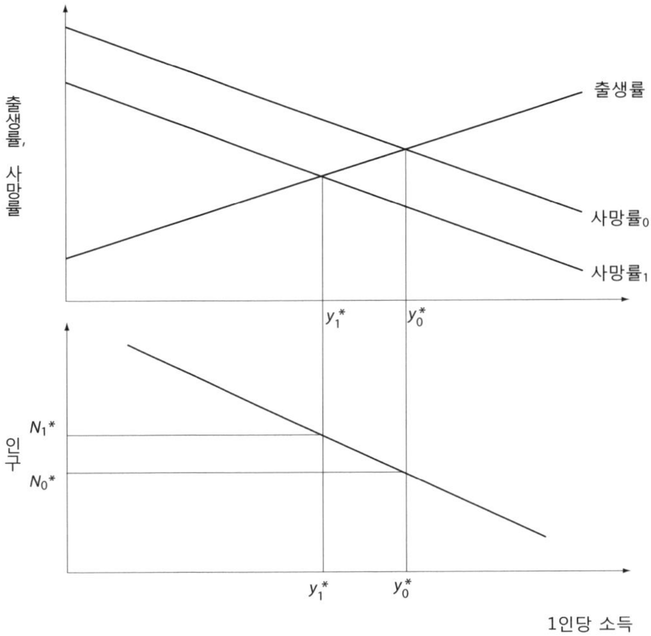

그림 14. 사망률 곡선의 이동

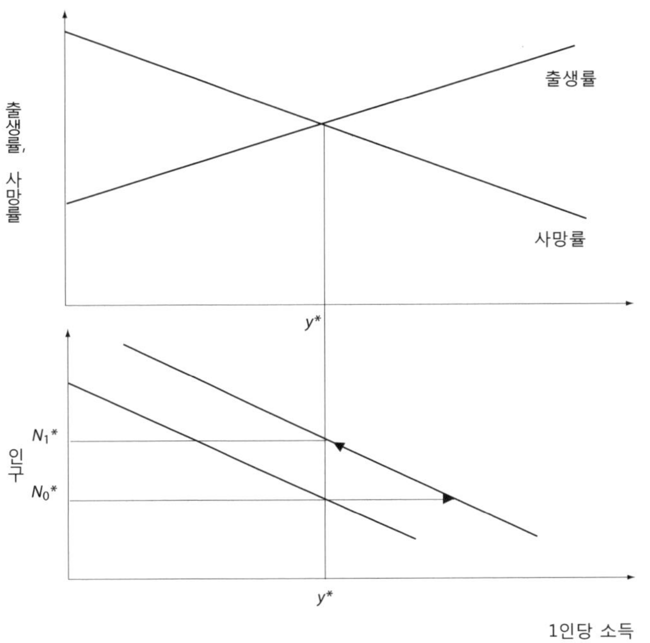

그림 15. 고립적 기술 진보의 효과

인구를 동시에 증가시키는 MEG를 향한 엄청난 생산성 변화가 일어나야 한다.

영국의 실질임금은 1200-1800년간 큰 폭으로 변화하는 추세가 없이 거의 비슷했다. 물론 인구와 반비례하는 변동이 있긴 했다. 북부 이탈리아나 네덜란드가 영국보다 더 높았다. 또한 시기적으로 보아도 고대가 잘 살았다. 시공간적 격차는 기술적 수준과는 상관없다. 맬서스 체제의 소득은 출생률, 사망률에 따라 결정된다고 모델을 만들었음을 기억하자. 기술진보와 생활 수준이 관계없다는 증거는 많다. 평균 신장, 유골 기록 등에 의하면 오히려 수렵채취시대가 농경사회보다 생활 수준이 나았다. 또한 노동시간이 증가해 온 것을 보면 인구증가로 증산효과가 사라짐을 알 수 있다. 근면이 죄악이고 나태가 선이다. 종교적으로 공휴일을 강제하면 복지가 증진한다. 식품소비, 신장자료, 기근기록 등을 보면 중국, 인도, 일본 등이 18-19세기에 유럽보다 빈곤했던 것으로 보인다. 그랬던 데는 출생과 사망 탓이 컸으리라. 유럽 여성들은 초혼이 늦고 독신율이 높고 사생아가 적었다. 반면 아시아는 조혼이며 독신율이 낮은데 결혼출산율이 낮고 영아살해 등으로 총출생은 비슷했을 것이다.

부자다산론

유산검증기록(probate records) 분석결과 17세기 초 영국은 부자가 다산이었다. 사망률과 생활 수준의 역관계는 밀접해 보인다. 부자의 출생률이 높고 사망률이 낮다는 것은 곧 하방적 사회이동성을 말한다. 즉, 부자가 많아져서 이들 중 일부는 상대적 하층으로 이동할 수밖에 없다. 적자생존(survival of the fittest)이란 '부자생존(survival of the richest)'과 같다고 클라크는 주장한다. 부자의 자손도 부자가 많은데, 이것은 상속뿐이 아니라 문화적, 유전자적 유산 때문에 그들이 돈을 더 잘 벌기 때문이다. 즉 산술, 문자해독, 인내, 교역, 절약, 신중, 생산, 타협, 근면 등 부자가 될 덕목을 물려받은 '근대적 인간(modern man)'이 대두한다는 것이다.[4] 이렇게 인구에서 부자가 차지하는 비중이 늘어난 결과가 산업혁명으로 나타났다고 주장한다. 물론 산업혁명을 설명하는 많은 요인 중의 하나가 인구동학이라는 뜻이다. 클라크는 다음과 같은 부가적 설명을 덧붙인다. 즉, 영국의 인구증가와 미국의 경작지 증가가 맞물려 영국이 식품과 원자재 수입을 할 수 있게 되고, 반대급부로 제조업 수출 필요가 급증하여 공업화가 이루어졌다는 것이다. 또한 MEG로의 이행은 오랜 기간에 걸쳐 이루어졌다.

우리의 질문, 왜 중국, 인도, 일본이 아니고 영국이 먼저 공업화를 시작했는가. 아니면, 왜 유독 영국에서 산업혁명이 일어났는가에 대한 답은 부자생존에서 찾는다. 역동적인 중간계급사회의 도래 면에서 영국이 앞섰다는 증거로 높은 교육수준과 낮은 이자율을 제시하고 있다. 그리고, 1300-1750년간 맬서스적 압력이 영국에서 훨씬 심했다고 말한다. 다시 말하여 선택적 잔존과정의 여지가 영국이 훨씬 좁았다. 반면 소득에 따른 출생률 차이가 중국, 인도에는 별로 보이지 않는다. 부자라서 살아남게 되는 경향이 없었고 하방이동성도 안 보인다. 일본에서는 사무라이에게 아들이 없어 입양하는 사례가 많았다. 즉 살아남는 아들의 비율이 17세기 초 영국의 부자들보다 낮고 계속 낮아졌다. 청나라 황실족보 분석결과 남자 1인당 출생이 18세기 초 7에서 1750-1849년에 4.8로 하락하여 일반인 평균 4.2보다 별로 높지 않았다. 영국의 부자는 같은 기간 8.1로 영국 평균 4.8을 크게 상회했다. 결론은 1200-1800년간 영국에서 경제적으로 성공한 자의 가치가 문화적, 유전적으로 자손에 전파된 속도가 상대적으로 빨랐다는 것이다.

비판

클라크에 의하면 영국에서는 인구변천(demographic transition: 다산다사→다산소사→소산소사로의 이전)이 다른 곳보다 더 일찍 진행되어 인구가 더 이상 1인당 소득의 결정요인이 아니게 되었다. 소득과 출산율의 관계도 정상관에서 역상관으로 바뀌었다. 즉, 맬서스 함정에서 벗어났다고 주장하는데, 당시 영국의 인구증가 속도를 볼 때 이는 의심스러운 가설이다. 영국은 산업혁명기에 다산소사의 과정에 있었던 것이다. 이러한 인구패턴을 어떻게 '대분기'의 한 증상이라고 볼 수 있을까? 또한 노동력의 질 때문에 아시아로 기술확산의 속도가 늦었다는 설명은 근거가 충분치 못하다.

클라크의 부자생존설에 대해서도 엄청나게 많은 논란이 축적되었다. 책이 출간되던 해에 미국 사회과학사학회 연차총회(SSHA 2007)에 서평 세션이 마련되었을 정도다.[5] 『유럽경제사학회지』(*European Review of Economic History*)는 한 호를 전적으로 이 책에 대한 심포지움으로 채웠다.[6] 이제 이들 서평에서 지적된 여러 문제점을 가감 없이 열거해보자. 사실 클라크의 작업은 유력한 가설을 제시하고 증빙자료를 제공했다기보다 논쟁의 초점을 바꾸어 '유럽발흥'에 관한 논의를 확대한 의미가 컸다.

우선 자세한 단기분석을 보면 맬서스 이론이 맞지 않는 면이 많다. 도시화를 예로 들자. 네덜란드 역사에서는 맬서스 이론과는 달리 소득증대→영양섭취, 사망률감소→인구증가→수확체감, 소득감소의 경로가 아니라 소득증대→제조업품 수요상승→도시화 가속→위생, 건강악화→인구감소, 임금상승의 과정으로 진행되었다. 이는 맬서스 이론을 기각해야 한다기보다는 MEG 이전 기간에도 다수의 균형이 존재할 가능성이 있다는 것을 말해 준다.[7]

실질임금-인구밀도의 역관계는 지주 귀족의 정치력 부침으로도 설명가능하다. 또한 맬서스 균제상태로의 수렴은 몇 세대가 아닌 몇 세기에 걸치는 현상이다. 즉 단기적 현상에 대한 제약력은 약하다. 토지-노동 비에 따라 임금의 인구탄력성이 달라진다. 30년전쟁 같은 것이 적극적 규제인가. 물가변동은 폐쇄경제를 가정하는 맬서스 동력으로 설명할 수 없다. 16세기 아메리칸 인디오 몰살도 그러하다. 맬서스동학이 지니는 설명력은 14세기 흑사병과 이후 회복기 정도에밖에 없다. 게다가 이민과 식량수입도 많이 이루어지고 있지 않은가.[8]

사망률이 높아야 1인당 소득이 높다는 설은 지나치다. 특히 중국, 일본은 위생상태가 좋아 사망률이 낮으므로 소득이 낮다는 설명이 그렇다. 임금자료를 비교해 보면 동아시아는 자작, 소작이 많고 임노동자는 극빈층이었다. 또한 네덜란드는 임금이 높아도 출생률 상승과 사망률 하락이 관찰되지 않는다. 18세기에 영국의 출생률이 낮고 사망률이 높았다는 주장은 잘못된 것이다. 당시 인구가 증가하고 있었다. 농경사회의 축적된 부를 무시하고 수렵채취사회와 비교하는 것은 무리한 일이다.[9]

부자생존 선택과정은 검증하기 어려운 가설이다. 부르주아적 심성이 중요하다는 것은 맞는 말이다. 그러나 부자생존→부자들의 가치체계 전파→인내, 근면, 창조력→모든 사람이 잘살게 된다는 각 단계의 연결고리에는 근거가 없다. 부르주아 가치가 소멸되는 모습도 많이 관찰된다. 사회적 다위니즘은 취약한 가설이다.[10]

영국 부자와 일본 귀족, 청나라 황족을 비교하는 것은 적절한 비교가 아니며, 부자끼리, 귀족끼리 비교하는 것이 타당하다.[11]

기본적으로 맬서스 가설이 역사적 자료로 잘 검증되지 않는 것이 문제인 듯하다. 또한 맬서스이론에는 인간의 최적화 행위라는 미시적기초가 빠져있다. 장기적인 소득 결정도 인구 이외의 여러 변수가 고려되어

야 한다.[12]

결국 부자생존설은 검증하기 곤란하고 검증되지도 않았다. 사망률 분포의 특이성, 계층별 혼인율 차이, 낮은 결혼출산율, 높은 입양률 등 중국의 인구동태에 관해서는 다음 장에서 자세히 논의하도록 한다.[13]

지지

한편, 최근 들어 클라크의 '부자생존가설'을 실증적으로 지지하는 연구가 나왔다.[14] 보베르크-파즐릭(Nina Boberg-Fazlic) 등은 1541-1824년간 26개 교구에 걸친 캠브리지 인구사 그룹의 자료를 이용하여 산업화 이전 사회 영국의 사회경제적 계층별 출산율 차이를 검토하고 분석했다. 그들은 클라크가 제시한 결과와 같이 부유층이 1700년대까지 실제로 높은 출산율을 나타냈음을 밝혔다. 또한 그 사실은 부유층 여성들이 일찍 결혼하고 출산 간격이 짧았음에 기인한다는 것을 보였다. 클라크의 '중간계급 가치'가 산업혁명 전 영국사회에 널리 전파되었다는 가설에 대해서도 추가적인 분석을 수행했다. 사회적 이동성 표를 작성하여 부유층 자녀가 빈곤층보다 규모가 작지만 실질적으로 사회 전반에 확산되었다는 사실을 증빙했다. 사회적 이동성에 대한 연구가 더 활발해지기를 기대한다. 또한 18세기 오토만 제국의 중북부 아나톨리아 지방 유산검증기록에도 아들의 부가 아버지의 부와 상관관계가 있는 것으로 나타났다. 그러나 영국에 비해 탄력성이 낮은데 이것은 상속제와 관련이 있는 것으로 해석되며 그 결과 영국보다 18세기에 전반적으로 부의 분포가 더 평등했다.[15]

다른 측면에서 보자면 '부자생존설'은 지리, 환경이나 제도, 정치의 역사보다 인구의 특성, 즉 일반화된 신뢰, 개인주의 등이 세대 간에 전달되는 과정을 중시하는 설명이다. 클라크의 경우에는 '일에 대한 태도'

의 세대 간 전파에 주목했다. 스폴라오와 워크치아그(Enrico Spolaore and Romain Wacziarg)는 생물학적 유전적, 문화적 행태적으로 세대 간에 전승된 인성이 직접적으로 생산성에 미친 영향, 또 간접적으로 기술혁신의 방해요인이나 허용요인으로 작용하여 장기 경제발전에 미친 영향에 관한 최근 문헌을 잘 종합, 검토하고 있다.[16]

우선 직접적 유산을 내세우는 가설로서는 이 책의 12장에서 소개할 '통합성장이론(unified growth theory)'의 초기 형태를 들 수 있다. 인간의 출산전략이 세대를 거쳐 내려오는데 이런 특성의 진화적 동학이 산업혁명의 시작과 인구변천에 중요한 의미를 지닌다. 저출산 전략이 유전적, 문화적으로 '자연 선택'되어 맬서스 함정에서 벗어난다는 것이다.[17] 다음으로는 '유전적 다양성'에 관한 연구가 있다. 이는 인구 집단 간 유전적 차이가 아니라 인구 집단 내 유전자의 이질성을 말함인데, 인류가 발생지 동아프리카에서 유라시아, 오세아니아, 아메리카로 이주하면서 유전적 다양성이 줄어든다. 유전적 다양성이 생산성에 미치는 효과는 양면적이다. 이질적 인구 집단은 개인간 신뢰와 조정에 어려움이 있는 반면 특화와 분업, 보완에는 이롭기 때문이다. 비용과 편익을 따질 때 적절한 수준의 다양성이 경제적 축적에 이롭다는 주장이다. 이와 유사하게 문화적 다양성도, 따라서 지리적 고립정도도 최적 수준이 있을 것이다. 이러한 '적절한 수준'은 역사적 계제에 따라 바뀔 수도 있다.[18] 또한 세대 간 전승된 인성이 서로 다른 인구 집단 간에 교역 및 기술이전을 방해하여 소득 격차를 심화시킬 장벽이 되기도 한다.

제10장

중국 경제사의 새로운 모색

중국 경제사 연구는 문화혁명과 그 후유증 때문에, 또 공산당 치하에서 경도될 수밖에 없었다. 또한 그 이전에는 서양인들이 중국 경제사를 외면하거나, 중국에 대한 근거 없는 편견이 난무했고 이것이 효과적으로 극복되지 못한 채 있었다. 단선적 발전론에 사로잡혀 자본주의 '맹아'를 찾아 헤매는 것이 고작이었다. 최근 들어 미국 캘리포니아 학파를 중심으로 새로운 모색이 활발해졌다. 3장에서 9장까지 유럽의 발흥과 대분기 설명에 대한 중국 입장의 비판을 제시했지만, 이 장에서는 대안적 설명을 다각도로 찾아보고자 한다. 장의 후반에서는 일본 경제사도 따로 논의한다.

교과서적 논의

이에 관한 골드스톤(Jack A. Goldstone)의 교과서적 논의부터 살펴보자. 19세기 이후 두드러진 서양의 중국에 비한 우위는 수백 년 전으로 거슬러 올라간다고 유럽중심주의자들은 주장한다. 캘리포니아 학파는 이를 부인한다. 다음의 8개가 부인의 근거다.[1] 1) 중국에 과잉 인구증가가 없었고, 2) 가내공업으로 면직, 식품가공 등이 발달했고, 3) 상인이 번성했고, 4) 명나라 청나라의 국제적 견제행위가 매우 역동적이었고, 5) 중국의 농업생산성과 생활 수준이 18세기까지 유럽중심 지역과 비슷했고, 6) 중국이 18-19세기 중 팽창했고, 7) 중국의 은 수요가 16-19세기 세계적 교역의 추동력이었고, 8) 정치동학이 유럽왕국들과 비슷했다.

캘리포니아 학파의 주장의 한 예를 들자. 유럽에서 17세기에 엄청난 정치적 위기가 도래하여 이것을 극복하느라 군사적 역량이 축적되었고 그래서 국제적 경쟁력이 높아졌다는 가설이 있다. 골드스톤은 이를 반박한다. 중국도 17세기에 재정, 사회, 물질적 원인으로 주요 정치 위기가 도래했으며, 왕조 교체, 제도적 변화와 혁명, 폭동 등을 경험하면서 성장했다는 것이다. 그리하여 중앙집권, 국가권력 팽창, 문화적 동화의 길로 나아갔다. 19세기 들어 서양이 우위를 점한 것은 유럽의 일부, 특히 영국의 변화에 기인한다. 한편으로는 과학혁명이, 다른 한편으로는 종교적 포용과 다원적 정치가 뉴턴적 과학문화로 융합되고 서양식 우주관이 반전되었다. 즉 서양에서 고전적 성속 이분법이 사라지고 자연법적 접근으로 지식, 기술이 축적되어 산업혁명으로 이어졌다. 석탄과 신대륙이 강조되기도 한다.

'유럽의 발흥'은 매우 역설적인 것이다. 특히 기후, 토양, 농업생산성 등 기본적인 배경을 볼 때 더욱 그러하다.[2] 유럽은 겨울에 강수량이 많고 여름에 건조, 온화하여 밀, 보리, 귀리, 호밀 등 곡물농업을 할 수 있었으나 개간과 지력소모에 따른 시비가 필수적이었다. 따라서 역축, 쟁기질, 윤작 등이 중요했다. 윤작 중에 휴경기간도 둬야 했다. 예를 들어 밀은 가을에 심어 겨울에 추수한다.(동곡) 그 다음에 귀리, 호밀을 심어 봄에 얻는다.(춘곡) 그 다음은? 그 땅은 놀려야 한다. 그렇게 하면 경작권이 있는 곳에 남아 있으면서 무엇인가 새로운 일을 해야 했다. 경작권은 당시의 보유권 개념에 비추어 보아 상당한 권리였다. 이런 것을 염두에 두어야 한다.

중앙아시아와 중동은 강수량이 적어 말, 양, 낙타, 염소, 소 등을 유목했다. 눈이 많은 고원, 또는 나일·티그리스·유프라테스 강 범람 지역에서는 관개농업이 발달했다. 인도, 중국, 일본, 한국, 동남아는 계절풍과 장마, 건조한 겨울과 강수량 많은 여름 기후, 비옥한 토양 등이 어우러져 집약적 농경을 하기에 좋았다. 농기구가 일찍 발달했고 역축도 필요 없었으며 휴경을 할 이유가 없었다. 관개와 간단한 비료(돼지 분뇨 등)로 북중국에서는 밀·조·콩을, 남중국, 인도, 동남아, 일본, 한국에서는 쌀을 재배할 수 있었다. 이 지역 노동생산성과, 특히 토지생산성은 매우 높았다.

아시아는 주기적 가뭄이나 홍수에 대한 대책이 문제였다. 하지만 관개가 중요하여 이 때문에 전제국가가 발달했다는 설은 사실과 다르다. 관개는 지역공동체 수준에서 수행되었으며 정부의 수로개척은 교역목적이었다. 7-10세기 건설된 중국의 대운하가 그 예다. 양잠, 견직과 면직도 일찍 발달했고 재료공학에서 우위를 보여 청동, 철기, 도자기, 종이, 인쇄, 염료, 화학제품이 번성했다. 후추, 계피, 정향, 차, 커피 재배에도 우월했다. 이 모든 것들이 1750년경까지 동양을 부유하게 했고 서양에 대해 기술 우위를 갖게 했다고 골드스톤은 주장한다.[3]

골드스톤에 따르면, 1800년 이전 농업혁명, 상업혁명이 중요한 변화였다. 영국은 1660-1760년간 인구가 정체한 가운데 농업이 발달하여 도시화와 곡물 수출이 돋보였다. 1760년 이후에는 인구증가와 농업생산성 정체 때문에 곡물 부족과 실질임금 하락이 있었다. 중국은 15-16세기에 쌀 종자가 개량되어 남부에서는 쌀-밀, 쌀-콩 이모작이 가능하게 되었다. 북부에서는 면화, 옥수수, 콩, 수수, 차, 뽕나무 등을 재배했다. 18세기쯤이면 농업이 훨씬 다양하게 발달하여 영국과 달리 농산물을 수출했다. 1700-1800년간 인구가 배증했는데도 그 이전과 같은 생활 수준을 유지했다. 중국은 가내방적에서 생산성이 월등하여 1800년대에도 유럽에서 중국의 고급 면사를 수입했다. 산업혁명 초기 영국면직물은 품질이 낮았다. 인도는 18세기에 고급 면직물을 전 세계에 수출했다. 영국은 19세기까지도 중국에 팔 것이 없어 아편전쟁을 일으킨다. 결국 산업혁명은 아시아의 고급제조업을 따라잡는 과정이었을 뿐 생산성 우위는 나중의 일이라는 것이다.[4]

종교와 사회변화를 보면 특정 종교가 경제성장에 이로운 것이 아니었다. 여러 종교가 포용되고 혼합될 때 혁신과 성장이 있었고 경직된 단일 정통 독단은 성장을 저해했다.[5] 서양종교가 더 능동적이고 탐험, 획득, 물질적 진보를 자극한 반면 동양종교는 자연과 조화를 강조하고 선교에 소극적이며 내성적이고 명상 위주라는 설명 역시 골드스톤이 보기에는 사실과 맞지 않다. 칼뱅주의자들이 구원을 확인하기 위해 근검절약으로 이윤을 축적했고, 또 교황의 권위를 따르기보다 성경공부, 개인적 신앙, 인쇄술 발달과 문자해독, 탈권위적 독립사상 등을 통해 과학혁명을 이루었다는 설도 의문스럽다. 이슬람도 기독교와 같이 역동적이었으며 불교도 근검절약으로 수도승의 경제력이 상당했다. 개신교 네덜란드는 17세기에 번성했으나 18세기에는 오히려 후퇴했고 영국이 우위를 가져갔다. 다음으로는 가톨릭인 벨기에, 프랑스가 뒤따랐다. 과학혁명을 보아도 케플러, 보일, 뉴턴이 청교도인 반면 코페르니쿠스, 갈릴레이, 데카르트 등은 가톨릭이었고 오히려 루터교, 칼뱅 교도들에게 박해를 당했다. 토리첼리(Evangelista Torricelli), 파스칼(Blaise Pascal)도 가톨릭이다. 중국, 인도, 페르시아, 이슬람 제국 등이 발명, 경제성장과 국제 무역을 주도했다. 결국 기술진보와 경제성장을 주도한 종교는 시기마다 다르며, 공통점을 찾자면 여러 종교를 포용할 때 팽창하고 단일교 정통을 고수할 때 쇠퇴했다는 것이다. 센(Amartya Sen)은 인도의 다원주의, 의사소통, 다종교적이고 다문화적인 정체성을 강조한다.[6] 추아(Amy Chua)는 강대국이 될 필수조건이 다원성과 관용이라고 주장하면서, 1688년 명예혁명으로 네덜란드의 윌리엄이 영국 국왕이 된 이후 '권리의 장전', '관용법(Act of Tolerance)' 통과와 함께 타인종, 타종교를 포용한 것이 영국의 패권장악에 결정적이었다고 설명한다. 유대인과 위그노, 그리고 스코틀랜드인의 공헌은 "압도적인 수준을 넘어서 중추적인 수준"이었다는 것이다. 그 한 가지 사례로 영란은행을 들고 있다. "영란은행을 입안한 것은 스코틀랜드인이었고 그 은행의 창립자금을 댄 것은 위그노교도들이었으며, 그 은행의 대부금을 중개한 것은 유대교도들이었다."[7]

흔히, 교역과 정복은 항상 같이 가며, 1500년경 유럽이 양자에 다 우월하지 않았다고 한다. 즉 유럽팽창은 정치군사력이 반영된 사건이 아니고, 아시아 교역을 위해 오토만 세력을 우회하려는 시도의 산물이었다. 약육강식이 아니라 각종 우여곡절이 있었다. 아시아가 19세기까지도 기후관찰, 천문항해, 조선술에서 우월했다. 포르투갈이 인도양 항해 때에 아랍인, 인도인의 도움을 받은 기록이 있다. 해군력을 이용해서 고아, 호르무즈, 말라카를 제압하지만 그 대가로 얻은 무역량은 보잘 것 없었다. 19세기가 되면 유럽의 생산기술, 전쟁기술이 발달한다. 그런데 아시아는 상대적으로 정체하여 혼란이 왔다고 골드스톤은 주장한다.[8]

가족생활과 생활수준을 보면 대조적이면서도 비슷하다.[9] 1500-1750년간 세계인구가 배증하였다. 영국은 250만 명에서 527만 명으로, 중국은 1억 명 미만에서 2억 명 이상으로 증가했다. 결혼과 가족생활이 대조적인데도 인구증가율이 비슷한 것이다. 북서유럽은 핵가족이 일반적이고 개인이 일정 수준 이상 경제력을 축적해야 결혼할 수 있었으므로 만혼 또는 독신이 많았다. 남동유럽은 대가족제 하에서 조혼이 가능하였다. 중국은 장자와 종손은 대가족, 차남 이하는 핵가족이었는데 조혼이 가능하였다. 조혼의 경우에도 남편이 도시에 혼자 나가 일하거나 과부개가 제한, 또 영아유기 및 살해 등으로 자녀수가 많지 않았다. 즉, 인구증가율과 평균수명이 비슷하였다.[10] 대도시의 크기(도시화율은 다름)와 농업생산성 면에서는 중국이 우월하였다. 1500년에나 1800년에나 세계 최대의 도시는 베이징이었다.(〈표 10〉 참조) 북서유럽은 삼포작에서 휴경이 없는 지속적 윤작으로 발달하는 중이었으며, 중국은 비료 다량 투입, 이모작 등으로 토지생산성이 향상되었다. 여기에서 조파기, 물소, 관개펌프, 품종개량 등의 역할이 컸고 여성은 견업과 면업에 종사했다. 기근시에는 정부가 비축식량을 방출했다.[11]

경제발전에서 대가족과 핵가족 가운데 어느 쪽이 유리한가, 그 우열을 가르기는 쉽지 않다.[12] 고대에 이미 근동에 파트너십이 발달했는데 이것이 지중해 지역으로 계승되어 나중에 지중해에 코멘다, 프라테르나(fraterna)로 나타났다. 가족, 친지끼리, 동향인, 촌락단위 또는 개인 간에 파트너십이 형성된 것이다. 가족 간 공동소유를 덜 자본제적이라고 할 것인가? 힌두 족의 '연합'가족은 같이 살지 않더라도 4대까지 대가족을 유지하며 '가장'이 가족재산권을 행사하고 공동기업, 상인공동조합의 형태를 띠었다. 중국이나 일본에서도 유교적 전통에 따라 대가족이 사업을 같이 하는 관습이 현재까지 남아 있다. 서양 개념으로는 개인주의가 더 성숙한 형태이고 핵가족이 자본제적 발전에 가까우며 공동체에서 개인주의로 '발전'한 과정을 흔히 이야기한다. 그러면서도 대륙의 분할상속에 비해 영국의 장자상속의 이점을 언급한다. 그러나 서유럽에도 가족기업이 많으며 기업지배구조 논의는 간단한 문제가 아니다. 이 이야기는 다음 기회에 다시 살펴보자.

국가, 법률, 조세, 혁명 논의에서는 유럽에서 국가 간 경쟁으로 감세,

표 10. 세계에서 가장 큰 상위 10개 도시: 1500, 1800, 1950년

1500년

순위와 도시	인구
1. 베이징, 중국	672,000
2. 비자야나가르, 인도	500,000
3. 카이로, 이집트	400,000
4. 항저우, 중국	250,000
5. 타브리즈, 이란	250,000
6. 이스탄불, 터키	200,000
7. 가우르, 인도	200,000
8. 파리, 프랑스	185,000
9. 광저우, 중국	150,000
10. 난징, 중국	147,000

1800년

순위와 도시	인구
1. 베이징, 중국	1,100,000
2. 런던, 영국	861,000
3. 광저우, 중국	800,000
4. 에도(도쿄), 일본	685,000
5. 이스탄불, 터키	570,000
6. 파리, 프랑스	547,000
7. 나폴리, 이탈리아	430,000
8. 항저우, 중국	387,000
9. 오사카, 일본	383,000
10. 교토, 일본	377,000

1950년

순위와 도시	인구
1. 뉴욕, 미국	12,463,000
2. 런던, 영국	8,860,000
3. 에도(도쿄), 일본	7,000,000
4. 파리, 프랑스	5,900,000
5. 상하이, 중국	5,406,000
6. 모스크바, 러시아	5,100,000
7. 부에노스아이레스, 아르헨티나	5,000,000
8. 시카고, 미국	4,906,000
9. 루르, 독일	4,900,000
10. 캘커타, 인도	4,800,000

자료 : Goldstone 2008, p. 84

재산권보장, 대의정치가 도래했다고들 말한다. 그러나 17-18세기 혁명은 유럽만의 현상이 아니라 국가 형성의 장기파동에 의한 세계적인 것이었다고 캘리포니아 학파는 주장한다.[13] 중앙집권과 종교 강화가 세계적 추세였다는 것이다. 영국은 조세가 매우 높았다. 영국의 특수성은 의회권력 강화, 보통법, 종교적 다원주의와 포용에서 찾아야 한다. 즉, 유럽이나 아시아에서 혁명과 반란을 겪으면서, 유럽 쪽이 더 많은 정치적 변화를 이루었다는 생각은 사실과 맞지 않다는 것이다. 이들을 볼 때, 1500-1800년의 정치구조 변화는 세계적 현상이었다. 16세기 말-17세기 중엽에는 내전과 반란이 프랑스, 영국, 네덜란드, 스페인, 나폴리, 포르투갈, 보헤미아, 오토만 제국에 두루 있었다. 명나라가 멸망하고 무굴제국이 분열되었다. 17세기 말-18세기 중엽에는 프랑스, 이탈리아, 독일, 오스트리아, 헝가리에 혁명이, 오토만 제국 내에 이집트, 그리스, 세르비아의 반란이 있었다. 19세기에는 인도에 대항명(Great Mutiny)이, 중국에 태평천국의 난(1851-1864)이 일어났다.

기본적으로 이러한 사건들의 배경에는 인구증가와 곡물가격 상승이 있다. 종교분쟁과 조세저항이 이에 가세했다. 유럽의 17세기 반란은 왕권을 제한하고 '자유'를 쟁취하기 위한 것이 아니었고 단지 특권을 얻기 위한 것이었다. 이는 영국 제임스 2세, 프랑스 루이 14세, 네덜란드 칼뱅주의자들의 독재에서 알 수 있다. 영국은 명예혁명 이후에도 지주권력 독점이 지속되었다. 이것은 18세기 말-19세기 중엽까지도 마찬가지였다. 민주와 자유는 19세기 말의 이야기이다. 아시아의 반란은 계급구조와 권력관계를 급변시켰다. 호족세력이 약화되고 토지소유규모가 감소했으며 지방세가 낮아져서 경제발전에 도움을 주었다고 골드스톤은 보고 있다.

법률과 조세의 측면을 보면 아시아의 법은 통치자의 칙령에 불과했다. 그런데 이것이 오히려 번영을 촉진하고 힘센 자의 착취를 제한하여 농업과 교역을 증진했다고 해석할 수도 있다. 유럽은 고대 로마 공화정 때 로마법에 기초하여 시민을 대표하는 의회에서 법을 제정하며, 시민권과 법인권을 보장하고 통치자의 행위를 제한했던 역사적 유산을 간직하고 있다. 로마 제국 이후 이 원리가 흐지부지되다가 11세기 교황 그레고리 7세는 교회법을 로마법에 입각하여 정착시켰다. 13세기쯤이면 국왕들도 이를 원용하였다.

영국은 16세기에 헨리 8세가 가톨릭을 폐지하고 수도원 토지를 몰수하면서 교회법과 로마법이 약화되고 판례 중심 보통법체계가 강화되었다. 로마법이 관료적 절대주의에 이용당할 위험이 있는 반면, 영국의 보통법은 통치자가 간여하기 힘든 면이 있으며, 의회도 강력하게 유지되었다. 그럼에도 18세기 영국은 세계에서 가장 높은 조세와 관세 체계를 가지고 있었다. 오히려 오토만 제국 터키가 증세를 위해 지방자치를 허용했다. 중국은 상인들이 거의 면세를 누렸으며 인도도 상인보호에 신경을 썼다. 중국에서 세율이 낮았던 것은 농민복지를 염두에 둔 것이었다. 19세기 청나라의 조세는 GDP의 10% 정도로, 지대와 지방세를 합하면 농민부담이 40-50%가 되어 유럽의 소작인 부담과 비슷했다. 영국 농업노동자의 생산으로 부양되는 다른 사람들의 소비 규모도 같은 수준이었다.

18세기에 영국 중앙정부는 GDP의 18% 정도를 확보했다. 이는 중국, 프랑스의 2배 정도였다. 다른 나라가 주로 농민이 조세를 부담하고 상인은 거의 면세라면 영국은 19세기까지 상인, 제조업자에 고율로 과세하고 관세도 높았다. 세수는 주로 해군력 유지, 부채이자 지불 등에 썼는데 그만큼 교역팽창과 추가차입을 가능케 했다.

산업혁명을 과학의 진보, 기술혁신의 문화와 연결시키는 데는 골드스톤도 5장에서 제시한 설명을 따르고 있다. 골드스톤은 특히 화석연료 에너지를 동력으로 전환하는 엔진 창조와 응용을 강조한다.[14] 결국 유럽의 발흥에는 다음 여섯 가지 요소가 중요했다.[15] 1) 새로운 발견의 군집이 전통적 종교의 권위에 반기를 들게 했다. 여기에는 신대륙과 천문학 혁신이 포함된다, 2) 실험적 연구와 자연세계의 수학적 분석을 결합한 과학에의 접근이 발달했다, 3) 증거, 증명, 과학적 조사의 목적과 관련한 프란시스 베이컨 사상의 영향력이 컸다. 여기서 과학의 목적은 대중의 물질적 편익임을 강조한다, 4) 실험과 관찰을 할 때 과학적 도구를 사용했다. 온도계, 기압계, 망원경, 현미경, 진공펌프 등이다, 5) 관용과 다원주의, 영국 국교의 신과학 지지가 중요하다, 6) 기업가에 대한 지원, 기업가, 과학자, 엔지니어, 기능공 등의 밀접한 사회관계가 두드러진다. 예를 들어 왕립협회의 회원이 다양하다거나 능력 있는 자에 직업을 제공하는 것 등을 말한다.

이러한 여섯 가지 요인이 축적된 결과, 유럽이 유럽보다 우월했던 아시아의 기술을 따라잡고 넘어서게 되었다고 골드스톤은 주장한다. 이렇게 넘어서는 과정이 일종의 문화적 현상으로 19세기 영국에 집중되었다. 다른 지역에서는 왜 근대적 경제성장이 지체되거나 방해받았는가. 그것은 과학적 훈련과 기업가적 기회가 결여되었기 때문이라는 것이다.[16] 즉, 1) 자연자원 수출국에는 한계가 있다, 2) 교육의 질과 방향의 문제: 폭넓은 교육, 자유사상, 기술훈련, 공학, 경영학 등이 중요하다. 교육이 법률, 행정, 사회과학, 예술, 인문학, 의학, 회계학, 신학 등에 매몰되면 곤란하다. 대학교육이 너무 많아도 역효과가 난다. 3) 새로운 산업을 창조할 아이디어와 능력이 있는 자에게 기회를 주어야 한다. 사회주의 경제는 여기에 애로가 있다. 4) 폐쇄경제는 빈곤의 길이다. 5) 종교적 독단은 혁신을 방해한다. 6) 단순한 따라잡기보다 창조력이 중요하다. 이러한 방해요인이 점차 제거되면서 전 세계에 MEG가 전파될 것이었다. 그런 의미에서 '유럽의 발흥'은 매우 전환적이었긴 했으나, 그것은 19-20세기 두 세기에 걸친 '일시적'인 것으로 해석할 수 있다.

홉슨의 동양선구론

홉슨(John M. Hobson)은 동양이 어떻게 현대서양의 발흥을 가능하게 했는가에 대한 숨은 이야기를 들려준다.[17] 즉, 유럽중심주의는 서양의 발흥을 내재적인 우월한 미덕과 번영의 결과, 자발적으로 성공한 과정으로 본다. 또한 동양을 서양강국들의 희생양 또는 수동적 방관자로 본다. 반면 홉슨은 동양의 매개자 역할을 강조한다. 홉슨에 따르면, 동양은 6세기 이후 독자적, 실질적으로 경제발전을 선도했고, 세계경제를 적극적으로 창조, 유지했으며, 자원목록을 개발, 전파함으로써 서양의 발흥에 상당히 기여했다. 500-1800년간 진보한 동양이 있었기에 서양이 이를 따라올 수 있었다. '동양적 서양'의 실증적 증거가 많다. 첫째, 동양의 자원들이 유럽의 주요 전환기마다 영향을 미쳤다. 둘째, 동양의 자원, 즉 토지, 노동력, 시장에 대한 유럽의 제국주의적 도용의 효과가 컸다. 650-1000년에 중동과 아프리카의 이슬람은 고도의 확장력과 응집력을 보여 주었다. 1000-1517년에 세계경제의 윤곽이 드러났다. 북쪽 경로에는 13세기 몽골 제국이 중국과 유럽 간 세계적 무역시장을 조성했다. 이에 따라 우수한 동양사상과 기술이 전파되었다. 중앙경로에는 중동 이슬람의 확장력이 계속 유지되었다. 남쪽 경로에는 1291-1517년간 유럽이 이집트의 무역패권에 의존하였다. 1517년 이후까지 이슬람 무역 헤게모니가 지속되었다. 그 확장력이 이집트에서 오토만 제국으로, 인도의 무굴 제국과 동남아시아로 넓어지면서 1800년까지 강력했다. 응집력의 주도권은 1100년경 중국으로 넘어가 19세기까지 지속되었다고

홉슨은 말한다.[18]

11세기 송나라는 산업화의 기적을 일으켰다. 이 기술적 이념적 혁신이 서양의 발흥에 큰 영향을 주었다. 철강, 수송 및 에너지, 조세제도, 종이와 인쇄, 녹색혁명, 항해, 화약 등의 혁명을 포함한다. 1434년 명나라의 무역금지령 이후에도 국제 무역이 지속되었다. 조공체제는 중국의 무역제도였으며 동아시아와 동남아시아의 무역관계는 더욱 넓어졌다. 중국에 조공을 바친 나라들은 이 조공 무역이 부를 취할 수 있는 방편이었으므로 조공체제에 자발적으로 참여했다. 사 무역도 위장된 형태로 지속되었다. 15세기 중반 이후 은 유통으로 경제가 전환하여 중국의 은 수입을 통해 세계적 무역망이 형성되었다.[19]

홉슨은 서양의 경제발전에서 동양에 기원을 두고 있는 기술과 제도를 찾기는 어렵지 않다고 말한다. 서유럽 중세체제는 마구와 쟁기, 말등자 등이 기술적, 신분적, 군사적, 정치적으로 동양적 요인과 융합되어 이루어진 것이었다. 이것은 서유럽에서 봉건제가 성립할 수 있게 한 구체적 예들이다. 코멘다, 환어음, 보험, 은행, 회계학 등 동양에서 전파된 금융제도는 지중해 무역부흥에 큰 역할을 했다. 삼각돛, 선미재 등도 서유럽 항해혁명이 동양에 기원을 두고 있다는 증거들이다. 에너지나 공업화에 동양에서 이전된 수차, 제분소, 풍차, 물레, 종이, 철 등의 기여가 컸다. 1500-1800년에 서양이 팽창할 때도 항해술과 과학부문에서 오히려 아시아가 유럽을 개조했다고 볼 수 있다.[20]

르네상스와 과학혁명의 바탕이 된 중요한 사상도 동양이 세계화하면서 이슬람을 거쳐 전파된 것이라고 한다. 9세기 초 압바스 왕조는 바그다드에서 그리스, 페르시아, 인도의 지식을 집대성했다. 이슬람의 과학적 방법론과 지적 성과가 르네상스와 과학혁명에 중요했다. 인쇄술도 중국과 한국에서 먼저 발달했다. 16-17세기 유럽의 군사혁명도 850-

1290년 중국의 기술에서 비롯되었다. 영국의 산업혁명은 주로 다른 지역의 발명을 흡수, 차용하여 이루어졌다. 예수회 선교사를 통해 중국의 계몽사상과 기술이 전달되었다. 영국 산업혁명의 근간인 철강, 직물 기술도 중국에 기원을 두고 있다.[21]

요컨대 1500-1900년 서양의 혁신기 동안 자생적 합리성과 민주주의는 유럽에 존재하지 않았다. 그렇건만 어쩌다 동양의 주도권이 서양으로 넘어가 현대자본주의로 이어졌는가. 첫째, 유럽 발전의 주요 시기마다 우수한 동양의 사상, 제도, 기술전파가 큰 몫을 했다. 서양은 동양의 자원을 잘 받아들이는 우수한 적응력이 있었으며, 여기에 고압적이고 민족적인 정체성을 더 꼽을 수 있다. 둘째, 동양자원에 대한 유럽의 제국주의적 도용을 들 수 있다. 셋째, 우연도 작용했다. 이는 아시아인들이 세계경제를 창출해 둔 덕으로 해석할 수 있다. 결론적으로 서양의 발흥은 유럽사회구조의 내재성과 연결되는 것이 아니라는 것이다.[22]

포머란츠의 생태론

외부적 요인과 우연성을 강조하는 면은 포머란츠(Kenneth Pomeranz)에서도 두드러진다.[23] 포머란츠에 따르면, 1800년까지 서유럽은 노동절약적 기술진보가 있었으나 토지절약적 기술에는 뒤졌다. 해외의 자원을 활용하지 못했다면 인구증가 압력 때문에 노동집약적 성장의 길로 들어섰을 것이다. 그랬다면 대분기(Great Divergence)는 없었을 것이다. 여기에 석탄 공급의 입지 등 우연요소가 가미된다. 다만 문명 대 문명, 대륙 대 대륙 비교보다 영국, 네덜란드, 구자라트, 양쯔 강 델타, 관동평원 등 핵심 지역을 직접 비교하는 편이 낫다고 주장한다. 예를 들면 중국에서 양쯔 강 델타 지역이 인구밀도도 가장 높고 경제가 발달한 지역이었으므로 이 지역과 유럽에서 가장 앞선 영국을 비교하자는 것이다.(〈표 11〉 참조) 또

표 11. 1843년 중국 대구역의 면적·인구·인구밀도

대구역	면적(km^2)	인구 (100만 명)	인구밀도 (km^{2}당 인구수)
북중국	746,470	112	150
양쯔 강 하류	192,740	67	348
양쯔 강 중류	699,700	84	120
남동해안	190,710	26	136
영남*	424,900	29	68
북서중국**	771,300	29	38
양쯔 강 상류	423,950	47	111
남서중국	470,570	11	23
만주	1,230,000	3***	2
대만	36,000	1	28
합계	5,186,340	409	79

*해남도(海南島)가 포함된 수치.

**신강(新疆)이 제외된 수치.

***1851년의 인구 수치.

자료 : Naquin and Rawski 1987(1998), 299쪽

자유시장, 수공업, 상업적 농업, 교역, 기술확산을 분석할 때 영국 또는 서유럽 평균을 '규범'으로 둔 '규범에서의 이탈(deviation from norm)' 방식이 아니라 '상호비교방식(reciprocal comparative method)'을 택하자고 포머란츠는 주장한다.[24]

다음과 같이 포머란츠의 설명은 이어진다. 유럽은 농민 1인당 가축수가 많았다. 유럽식 농업 시스템에서는 역축이 중요했다. 아시아 농업에서는 역축 부족이 애로사항이 아니었다. 쌀농사에는 축력이 많이 필요 없고 비료로서 우마의 분뇨도 중요하지 않았다. 수송에도 역축이 모자라지 않았다. 중국과 일본은 수로가 잘 발달되었고 육로 수송에 전투마를 사용했다. 도시화 비율이 높았는데도 장거리 곡물 수송에 곤란을 겪

었다는 기록이 드물다. 축력으로 제분소가 운영되었겠지만 쌀은 가루로 만들지 않았다.

1850년경 북서유럽의 기술수준이 우월했다고 하나 1750년에는 생산성 우위가 뚜렷하지 않다. 유럽에 '과학적 문화'가 존재한다는 사실도 모호하다. 에너지, 즉 수차, 증기기관 부문의 최첨단 기술은 우월했을 법하다. 그러나 이것이 평균기술로 계몽주의에 의해 확산되었는지 불분명하다. 관개기술은 중국, 일본, 인도가 우월했다. 아시아는 인구밀도가 높은 가운데 식량과 직물원료를 공급하는 지역이었다. 토지비옥도도 잘 보존되었다. 직포, 염색, 도자기, 철강, 위생 및 식수, 의술에서도 아시아가 유럽에 앞섰다. 유럽에서 과학협회들이 종교 도그마를 회피하고 과학기술을 전파했다면 중국에서는 의서, 농서 등 책자 유통이 많아서 공식 회합이 필요 없었다고 포머란츠는 주장한다. 서적출판의 비교는 5장에서 다루었다.

영국이 겪던 원면공급 애로는 미국 남부의 면작으로 해결되었다. 토지부족은 유럽 내에서 해결이 불가능했다. 미국이 직면했던 노동애로는 아프리카 흑인노예공급으로 극복되었다. 중국이나 일본에서는 이런 식으로 외부에서 공급애로를 풀 수 없었다. 16-18세기 인구증가, 경제성장시 삼림이 훼손되는 속도는 인구밀도가 높은 중국보다 유럽에서 더 빨랐다. 19세기 초에 유럽에서 삼림고갈과 장마피해를 완화한 것은 석탄이었다. 석탄이 목재사용을 대체하여 이것이 가능했다. 이에 더해 신대륙의 식용작물 특히 감자의 도입, 토지집약적 산물, 즉 면화, 사탕, 곡물, 목재, 육류, 양모와, 구아노(guano) 같은 토지회복적 산물의 수입으로 유럽은 생태적 압력에서 벗어날 수 있었다. 중국, 일본에도 감자가 도입되긴 했으나 쌀이 충분했으므로 감자는 산간 구황작물 정도로 이용되었다.

영국에 수력이 풍부했으므로 석탄은 면 공장의 증기기관으로 산업혁명에 기여한 것보다 난방과 취사용 목재를 대체했다는 점이 더 중요하다. 물론 철강, 철도, 양조, 유리, 정밀기계, 면직, 광산의 배수 등 여러 분야에서 석탄은 동력으로 큰 역할을 했다. 석탄, 증기기관 복합체와 석탄이 목재공급 애로를 극복하는 대체 자원으로서 등장한 것이 양쯔 강 유역보다 영국이 빨랐지만 이것은 지리적 우연 때문이다. 중국의 탄광은 북부와 북서부에 있고 인구와 경제의 중심부는 15세기경이면 남부에 있었다. 또한 중국 탄광은 배수보다 환기가 중요했고 석탄은 주로 난방용으로 쓰였다. 대조적으로 유럽의 탄광은 영국에 주로 많았다. 영국에서 탄광과 숙련공과 소비수요가 지리적으로 집중되었기 때문에 공업화에 도움이 되었다는 것이다.[25] 그러나 양쯔 강 델타에서 석탄사용 기록도 많으며, 영국에 석탄이 풍부했더라도 탄광에서 소비지까지 운반하는 문제가 있다. 여기에 석탄이용에 대한 국가정책의 중요성이 있다. 가격을 낮게 규제한다든가 해상운송 중 해적 또는 전쟁 중일 경우 적군으로부터 석탄운반선을 보호하는 등 중앙정부의 노력이 영국에서 훨씬 적극적이었다는 지적이 있다.[26] 내륙 운송에서도 중요한 수력공학기술의 기여가 컸다. 1759-1761년간 건설된 브리지워터 운하(Bridgewater Canal)가 대표적 예다. 브리지워터 공작 애거튼(Francis Egerton)은 자기 소유의 대규모 탄광과 맨체스터의 공장지대를 연결하는 운하를 열정적으로 추진하여 자신의 탄광에서 채굴한 석탄가격을 절반으로 낮추고 그 지역 석탄시장 점유율을 높였다. 브리지워터 운하의 길이는 16km에 불과했지만 지형상 구릉이 많은데다가 바지선을 띄울 만큼 충분한 물을 공급할 하천이 없었다. 공작과 수석 엔지니어는 복식수문 대신 고가식 수로다리를 건설하고 운하에 채울 물은 지하수에서 끌어왔다. 광산 내부에서 바로 채굴한 석탄을 바지선에 실을 수 있었고 이 석탄은 고가수로를 통해 예상보다 훨씬 낮은 비용으로 맨체스터로 운송되었다. 석탄 판매량이 치솟자 공작은 영국 최고 부호의 반열에 올랐고 브리지워터 운하는 영국 전역에 운하건설 열풍을 불러일으켰다. 이 운하 호황은 60년 후 미국의 이리 운하로 재현된다.[27]

누가 무엇을 소유하는지가 분명해져야 시장경제가 도입될 수 있다. 소유가 분명치 않다면 누가 누구에게 무엇을 팔 수 있겠는가. 토지를 누구에게 팔고 임대할 것인가를 누군가가 규제하면 그만큼 토지시장의 효율이 떨어지고 기술진보를 저해한다. 우리는 4장에서 '제도' 특히 재산권과 시장의 효율성을 강조한 바 있다. 북서유럽에서는 국가의 탄압, 자의적 조세나 독점, 부자유 노동, 토지사용의 제한, 직업이동성 제한 등등이 빨리 소멸하여 일찍 근대적 경제성장으로 이행할 수 있었다. 그러나 실은 중국, 일본이 더 자유시장에 가까웠다고 포머란츠는 주장한다.[28] 포머란츠에 따르면, 중국은 명나라 초기(1368-1430)에 양쯔 강 유역 토지를 국가가 몰수했으나 1500년대 중엽까지 모두 되돌려주었다. 청나라에서 국가소유 토지는 3%에 불과했는데, 이마저도 관습소작권 토지는 주로 친척이나 촌락 내의 농민에게 임대되었다. 당시 중국사회는 '친척'의 범주가 넓었으므로 친척 우선(kin first) 때문에 민간소유로 간주할 수 없다는 주장은 틀렸다. 양쯔 강 유역 토지의 거의 절반이 소작이었다. 이 관습도 잘 지켜지지 않았고 외부인에게 양도되는 일이 빈번했다. 또한 토지개량을 위한 투자를 할 때 이에 대한 소작인의 결정권이 컸고 지주경영은 드물었다. 이에 반해 서유럽의 농지는 매매에 제약이 많았다고 포머란츠는 말한다. 19세기에도 영국에서 토지 가운데 50%는 가족이 정착해 있어 매각이 불가능한 토지였다. 즉, 자유토지시장을 찾아보기 힘들었다는 것이다. 임대시장도 18세기까지 소작권이 상속되었고 공동경작 관습이 남아 있었다. 토지개량투자는 지주책임이었다. 토지소유가 집중되어 있지 않아 새로운 윤작체제 등 기술을 도입하려면 인클로저가 필수적이었는데 그 비용이 컸다. 프랑스는 분할상속 때문에 토지규모가 영세화되었고 인클로저 수행이 어려웠다. 다시 말해 서유럽은 토지이용에 규제가 많아 신농법 도입이 지연되었고 토지매매 시장에서도 경제성보다는 사회적 신분유지를 위해 토지를 구매하는 경우가 흔했다. 좌우지간 서유럽은 재산권이 불분명하여 시장실패가 일어났다. 이에 반해 18세기 중국, 일본은 토지개량 때 관개제공자에 보상을 했으며 급수권 분쟁조정 등에 관습적 합의가 있어서 효율적이었다고 포머란츠는 주장한다. 이것은 좀 지나친 주장이라는 느낌이 든다.

예컨대 토지시장에 관해서는 반론도 만만치 않다.[29] 가장 중요하게는, 양쯔 강 유역 농지의 지대(소작료)가 경쟁시장의 수요공급과는 상관없이 정치적으로 결정되었던 것으로 확인된다. 관습적 경작권을 보유한 농민들의 정치력 때문에 지주들은 농업경영에서 배제되었다. 중국은 향촌 지주보다 도시에 거주하는 부재지주가 압도적이었다. 이들은 경제외적으로 정해진 소작료(여름 추수량의 40-50%)에서 세금을 부담하고 남는 연간농업생산의 30% 정도를 수취하는 이자수입자(rentier)에 불과했다. 그러므로 지주도 농민도 경제적 경쟁과는 무관한 집단이었다. 이들은 이윤극대화를 위한 노력을 기울일 필요가 없었다. 생산성이 떨어지는 것은 당연했다. 또한 조혼다산의 인구동태와 분할상속제도가 맞물려 토지경영규모가 계속 축소되었다. 15-18세기간 양쯔 강 유역의 가구당 농지는 2.9에이커에서 1에이커로 줄었다. 영국에서 임금노동자를 고용한 농경단위가 확대되었던 것과 대조되는 현상이다. 농업에서 시장압력에 의한 노동생산성 제고 면에서 (영국과 나머지 지역 간에) 엄청난 차이를 보였다.(〈표 12〉 참조) 그 결과, 농업부문에서만으로도 중국은 맬서스적 생태위기로 빠져들었고 영국은 산업혁명을 위한 자본축적이 진행되는 과정을 밟았다고 해석된다.

표 12. 영국, 중국, 양쯔 강 델타의 평균 농가규모, 1300-1850년 (단위: 에이커)

연도	1279	1400	1600	1700	1750	1800	1850
영국	13.9		72	75		151	
중국		4.2	3.4				2.5
양쯔 강 델타 (넓은 의미)		3.75	1.875	1.875	1.25	1.16	1.04
양쯔 강 델타 (좁은 의미)		2.89				1.04	

주: 좁은 양쯔 강 델타는 수저우, 송장, 타이캉; 넓은 델타는 Pomeranz(2000)에 따름.
자료: Brenner and Isett 2002, p. 620

노동시장을 보면 양쯔 강 유역의 노동고용 형태는 부자유 농업노동에서 15세기 말 임금노동으로 대체되었다. 1600년대 초에는 자유소농 또는 계약소작자에 의한 경작으로 바뀌었다. 남아 있던 부자유농민은 명·청 교체기에 해방되었다. 서유럽도 1500년경이면 농노제가 시행되는 곳을 찾아보기 힘들다. 그래도 각종 장원적 부담이 잔존했다. 영국은 19세기까지 교구에 머물지 않으면 빈민법의 구호 대상에서 제외되었다. 사실상 이주 제한의 효과가 있었던 셈이다. 이주는 토지노동비율이 높은 프론티어 지역으로 가거나 자본노동비율이 높은 도시로 가서 건설, 서비스, 제조업에 취업하는 형태였다. 16-18세기에는 첫 번째 패턴이 지배적이었는데 여기서 유럽보다 중국이 더 자유로웠다. 유럽에서는 사람들이 동유럽으로 이주하려면, 서유럽에서는 이미 사라지고 없는 억압적인 농노제가 동유럽 지역에서는 시행되고 있었기 때문에 그 대가(신분상 손실)를 치러야 했다. 신대륙으로 가려면 이주비용이 높아서 부자유계약(indentured servitude 등)을 감수해야 했다. 중국은 정부가 이주정착을 촉진하여 여비, 정착금, 종자, 역축, 기본정보, 농지 등을 제공했다. 17세기 말-18세기에 중국에서는 1,000만 명이 주로 저개발 지역으로 이주하여 자작농이 되었다. 자본풍부지역으로의 이주는 유럽에서 더 많이 나타나지만 18세기까지 이 패턴은 흔하지 않았다.

농산물시장은 영국, 프랑스에서는 수요독점, 매점매석이 잦은 반면, 청나라는 농산물시장 경쟁을 촉진했다고 포머란츠는 주장한다. 곡물상인, 면화상인, 브로커의 면허 시스템이 농민들로 하여금 누구에게 팔지를 결정할 선택권을 보장했다는 것이다.

청나라 때, 정부당국은 농촌여성의 방적 직포를 장려하여 면화종자를 분배하고 팸플릿을 나누어 주는 등 기술전파에 앞장서 농촌수공업이 발달했다. 그 결과 '남경여직'의 분업이 자리를 잡았다. 서유럽도 농촌수공업이 발달했으나 도시 길드 독점권이 오래 잔존했다고 포머란츠는 말한다.

황종즈(黄宗智 Philip Huang)는 농촌의 가족노동을 분석하면서 '과밀(involution)' 개념을 도입했다. 과밀이란 노동투입이 지나치게 집약된 상태를 말한다. 노동투입당 산출이 일정하게 유지되면서 성장할 경우 집약화(intensification), 수확체감에 따라 감소할 경우 과밀, 기술진보에 의해 증가할 경우 발전(development) 등으로 분류하여, 과밀은 '발전 없는 성장'으로 보았다.[30] 즉, 청나라 경제가 과밀되었다는 것이 황종즈의 주장이다. 당시 청나라에서는 보수 없는 가족노동에 의존하여 생산과 교환이 이루어지므로 노동절약적 기계에 투자하는 것이 별 의미가 없었다. 농촌수공업이 팽창하지만 노동생산성은 정체했다. 또한 그것은 소농생산과 생존의 상업화일 뿐 자본주의 기업의 맹아가 아니었다. 특히 당시 여성노동에는 기회비용이 없었다.

유럽에서도 이와 비슷한 현상이 있었다. 프리스(Jan de Vries)는 16-18세기 '근면혁명(industrious revolution)'에서 노동공급은 늘고 1인당 소비는 감소했다고 했다.[31] 중국의 '과밀'과 유럽의 '근면'은 약간 다르지만 대립개념은 아닌 것 같다. 생활 수준, 노동투입의 향방, 가계의 동학 등이 비슷하다. 16-18세기 남성임금자료나, 토지생산성 상승과 지대 하락, 콩깻묵 비료 사용증거 등을 보면 오히려 중국보다 유럽이 더 '과밀'하여 노동시간 증가와 수익률 감소가 두드러진다. 여성임금에서도 중국이 덜 '과밀'한 것으로 나타난다. 중국 여성의 생산품은 시장판매가 이루어지는데, 유럽의 선대제는 상인이 생산물을 독점하여 농촌수공업자들은 채무노예와 거의 다를 바가 없고 저임금이 지속되었다고 프리스는 주장한다.[32]

자본시장은 18세기에 서유럽이 가장 효율적이었다. 17-18세기에 신용도가 높은 차입자의 이자율은 네덜란드 3%, 영국 4-5%, 17세기 말 인도의 쉬라 7%, 신용이 높지 않은 일본 다이묘의 차입이자율은 1707-1740년에 12.45%, 1860년대에 8.68%, 중국 18세기의 이자율은 이보다 더 높았다. 당시 물가상승률을 모르기 때문에 실질이자율은 불확실하다. 단기와 장기 간 구분이 모호하며 또한 위험요소들이 제거되어야 한다. 중국은 양잠, 견직 부문에서 단기금융이 많았다. 유럽은 선대제 상인이 농촌수공업에 투자하는 사업은 기업가적 위험부담이 덜했다.[33]

그래도 중국이 자본부족 애로에 시달린 것 같지는 않다. 자본주의 초기단계에서는 자본부족보다 투자출구가 문제였다. 생산에서 자본조달이 문제가 되는 일은 대규모 자본이 필요하게 되는 19세기 말의 일이다. 중국, 일본의 이자율이 높았다고 해도 이것이 농업성장이나 프로토 공업화 발달에 지장을 초래할 정도는 아니었을 것이다. 예컨대 철도건설에는 기업형태와 자본비용이 중요했다. 그러나 이것은 산업혁명이 진행되는 가운데 발생하는 일이며 이때는 기업이나 자본 이외에 기술의 기여도도 중요했다. 도로와 운하 면에서, 중국은 수로가 유럽보다 훨씬 잘 발달했다. 그러나 도로는 형편없었다.[34]

포머란츠(Kenneth Pomeranz)는 생태 압력의 비교에도 주력했다. 중국에서는 토지제약 때문에 인구증가, 1인당 소비증가, 공업 특화를 동시에 추구하기 어려웠다. 19세기에 이러한 것에 박차를 가하기가 더욱 힘들었다. 교역발달이 도움이 되었지만 이 문제를 해결하는 데는 역부족이었다. 이 문제를 극복하는 데 서유럽이 누릴 수 있었던 이점은 주로 생태적인 것이었다고 포머란츠는 본다. 탄광입지의 행운과 신대륙의 자원이 중요했다는 것이다. 서유럽, 중국, 일본의 중심부 지역은 인구밀집, 토지 제약, 삼림황폐의 압력이 심하여 식량과 섬유작물을 수입했다. 경작지 확장은 한편으로는 목재 부족, 다른 편으로는 목초지 부족, 가축 감소, 비료 부족으로 이어졌다. 유럽은 신대륙을 이용한 극복의 길이 있었지만 중국은 삼림황폐와 토양고갈로 귀결되었다고 한다. 목재가 부족하여 목재 가격이 급등했다. 목재를 아끼기 위해 연료로는 주로 쭉정이, 풀, 분뇨를 이용했다. 곡물과 목재를 수입했다. 양쯔 강 하류 면작 지역에서는 만주에서 콩깻묵 비료를 수입했다. 중국이 인구밀도가 높아서 유럽보다 생태문제가 심각했을까. 포머란츠는 건설이나 연료집약적 생산을 자제했으므로 신대륙이 없었을 경우의 유럽보다 생태 압력이 덜했을 것이라고 한다. 수도작이 행해지는 곳에서는 토양보다 물에 영양소가 포함되므로 토양고갈 문제도 덜했다. 중국에서 돼지두수가 증가하고 콩깻묵 사용도 늘었다. 양쯔 강 유역은 삼림보다 물이 문제였다. 배수 시설을 늘려 경작지를 확장하면 삼림훼손보다 낫다. 그러나 19세기가 되어 곤란에 처했다. 서유럽은 석탄과 신대륙에서 생태 압력을 극복했다. 일본은 어업, 수산업에서 식품과 비료를 획득했다. 19세기 중국은, 석탄과 식민지가 없었던 덴마크와 비슷한 어려움을 겪었다.

중국, 일본, 서유럽의 중심부는 인구밀도가 낮은 지역에서 토지집약적 상품(특히 에너지 형태)을 수입했다. 서유럽은 발틱 지역과 동유럽에서 곡물, 목재, 가축 등을, 신대륙에서 여러 가지를 수입했다. 양쯔 강 하류는 동남아, 인도의 특산물, 양쯔 강 상류의 쌀, 목재, 만주의 목재와 콩을 수입했고, 일본은 비단, 쌀, 목재를 수입했다. 그리고 주로 제조업품을 수출했다. 그러나 이런 패턴에는 일정한 제약이 있었다. 이와 같은 중심-주변부 무역패턴은 다음과 같은 경우, 즉 원자재 수출 지역이 수입대체공업화를 하거나, 수출품 생산에 수확체감이 있거나, 목재를 더 먼 거리로 운송할 때에는 확장되지 못했다. 그럴 경우 중심부의 인구가 감소하고 주변부 인구가 증가했다.

서유럽-동유럽 교역에는 다른 형태의 제약이 있었다. 동유럽에서 제2 농노제가 시행되고, 도시화와 프로토 공업화(proto-industrialization)는 지연됨에 따라 인구증가나 수입대체가 중국 내륙보다 느렸던 것이다. 그래서 서유럽이 동유럽에서 1차 산품을 수입할 때 이와 교환할 제조업품 수요가 동유럽에서는 크지 않았기 때문에 교역팽창에 한계가 있었다. 서유럽 산업혁명 이후의 생산물은, 동유럽에서 농노해방, 공동경작지 소멸 등으로 시장이 충분히 발달한 후에야 동유럽에 팔릴 수 있었다. 그 이전에는 서유럽에 생태압력이 심해서 석탄과 신대륙에 의존해야 했던 것이다. 신대륙은 노예 플랜테이션 상품작물에 특화했으므로 수입대체 유인도 없고 동유럽처럼 시장수요 문제도 없었다. 이처럼 생태적 압력과 관련하여 독특한 중심-주변 관계가 성립된다. 이 생태적 압력완화는 그 크기 측정이 가능하다고 본다. 사탕의 칼로리를 밀 경작지로 환산하고 육포, 선박, 목재를 삼림면적으로 환산하며 원면, 양모, 곡물도 경작지 면적으로 환산할 수 있다는 것이다.[35]

포머란츠가 석탄과 식민지에 너무 집착한 면이 없지 않으나[36] 그가 생태적 압력에 주목한 것은 가히 창의적이다. 포머란츠의 생각은 기본적인 요소부존, 즉 노동-토지 비율의 중요성으로 회귀하도록 일깨워 준다.[37] 영국이 석탄 대체로 해결한 목재 부족의 생태적 압력은 중국이나 일본에서도 상당했는데 일본은 적극적인 벌목통제 및 조림사업을 통해 어느 정도 관리가 가능했지만 중국은 중앙정부의 정책이 잘 집행되지 않아 결국 삼림이 황폐화되었다. 반면 인도는 목재가 풍부하여 석탄사용과 석탄을 이용한 공업화에 늦었다는 설명이 있다.[38]

환경에 대한 압력은 엘빈(Mark Elvin)의 관심사이기도 하다.[39] 그는 재생가능자원의 복구비용과 재생불가능자원 획득의 실질비용을 합하여 전체산출로 나눈 것이 '총압력도'라고 본다. 엘빈에 따르면, 이 총압력도는 기술상의 변화나 절제 등에 따라 달라질 수 있다. 또한 비선형관계, 상호연관성, 변화율, 인구증가, 자연과 인간의 경계를 넘나드는 이동 등을 감안할 필요가 있다. 농업에 국한할 경우, 18세기에 환경에 대한 압력은 중국이 프랑스로 대표되는 서유럽보다 훨씬 높았다. 영국과 네덜란드가 그 중간쯤에 위치한다. 둑, 저수지, 갑문 등 관개시설, 제방, 방파제 등 방제시설, 수송을 위한 대운하 등을 포함하는 수리시설을 유지하기 위한 작업 범위는 전반적 여건상 유럽보다 중국에서 컸다. 비용도 막대했다. 중국은 토지이용이 유럽보다 훨씬 더 집약적이었으며, 지력회복 노력이 중요했고, 땅에 거름을 투입함으로써 휴경지 없이 경작하는 등 인력소요가 상당했다.

『중국인에 관한 기억』(*Memoires*, 총 16권)은 제수이트(Jesuit) 선교사들이 중국에서 선교활동을 하면서 남긴 비교관찰 기록이다. 엘빈은 다음과 같이 이를 광범위하게 인용하고 있다. 즉, 중국에는 프랑스처럼 휴한지가 없고 숲, 초원, 포도밭, 공원, 별장이 없다. 소(프랑스와 중국의 토지당 마리 수 비교는 10:1 정도)나 가축의 도움 없이 인간의 힘으로 농사를 짓는다. 육식은 돼지나 닭에 의존한다. 인구 압력과 인구 규모 때문에 산비탈까지 계단식으로 경작한다. 습지대는 논으로 개발, 과수로 울타리를 만들고, 둑길에 면화와 옥수수를 심으며, 언덕이나 가파른 강둑에는 뽕나무, 척박한 습지에는 갈대를 기른다. 텃밭 농업도 흔하고 다양한 거름을 사용한다. 인분비료의 이용은 도시오염방지 효과가 있다. 유럽은 자원을 제한적인 범위에서 이용한 반면, 중국에서는 자연을 보완, 모방, 자연에 부합되게 썼다. "중국인이 자연에 가한 변화는 항상 자연과 일치했다"는 것이다.[40]

또한 바그너(Wilhelm Wagner, *Die chinesische Landswirtschaft*, 1926)를 인용하여 분뇨수집에 열심인 모습, 노동력 다량투입, 경작지를 평평하게 고르는 작업, 배수 등의 과정을 설명하였다. 환경회복의 상대비용이 후기 제국시대 중국에서 훨씬 컸고 전통기술에 의한 발전 가능성이 고갈되었다. 이 때문에 19세기 농촌근대화 도전에 반응이 늦었고, 외국인 기술과 자본을 도입한 상하이 등의 근대화에 농촌 지역이 제동을 걸었다. "의식의 변화라는 수단을 통해 … 환경적 어려움에서 빠져나올 수 있다는 희망이 없었다"는 뜻이다.[41]

프로토 공업화

왕궈빈(王國斌 R. Bin Wong)은 이들보다 먼저 상호비교방식을 시도한 바 있다. 그는 국가형성과 경제발전을 비교하고, 정치적 저항을 분석하여 사회이론 자체를 확대, 수정하려고 노력했다. 이를 일반화 하려면 다차원적인 표준이 있어야 가능하다. 왕궈빈은 우선 유럽을 표준으로 설정하여 중국을 보고, 중국을 표준으로 하여 유럽을 분석한 다음, 비유럽 지역 역사의 동학을 재구성하고자 했다.[42]

중국사에서 경제변화 문제를 다룰 때 유럽과 다른 점, 비슷한 점을 부각시키고 잘 안 된 핑계를 중국정부, 제국주의, '봉건'권력에 돌리는 것이 전통적이었다고 왕궈빈은 말한다. 근대전기 유럽의 성장동학을 볼 때, 스미스적 분업과 특화에 의한 생산성 증가, 시장확대가 중요했다. 그러나 유럽과 신대륙의 분업관계는 사탕생산의 노동규율, 흑인 노예제 등을 감안하면 스미스적이 아니다. 유럽과 아시아, 특히 중국과의 교역도 스미스적 특화에 따르는 지속가능한 경제적 분업이 아니고 은을 매개로 한 특수관계였다.[43] 유럽은 경작지 확장, 자본과 노동투입 증가, 분업과 특화, 기술진보가 있었으나 18세기까지 기본적으로 농업경제였다. 중국에서도 스미스적 동학이 관찰되며 상품작물, 수공업이 발달하고 교역이 증대하였다. 양쯔 강 하류에서 면공업, 견공업, 쌀농사 등이, 광동성과 동남해안에 사탕, 과일, 차 등이 두드러졌다. 대운하 지역도 상업화가 상당히 진행되었고 생산성 향상이 뒤따랐다. 관개, 종자개량, 시비로 토지생산성이 증가하고 외연적 성장(extensive growth)이 이루어졌다. 인구증가와 함께 척박한 땅으로까지 경작이 확대되고, 밀·조·옥수수·고구마 재배도 증가했다. 생산물시장뿐만 아니라 장단기 토지시장, 노동시장이 발달했다. 소비금융에도 면, 견직물 생산에도 신용이 중요했지만 신용시장 발달은 늦었다. 16세기, 18세기에 경제가 팽창했으나 명·청이 교체되는(1643-1644) 17세기에는 경제가 정체했다. 1850-1950년간 무역은 외국인이 주도했지만 무역의 기회가 분명히 확대되었다. 개항장과 철도의 역할이 커지면서 스미스적 성장이 지속되었다. 이것이 계속 유지될 수 있었을까. 맬서스적 함정에 빠지지 않았을까?[44]

중국의 조혼습관을 보고 '적극적 규제가 작동하는 인구체제'라고 부르는 것은 단순하다. 1700-1840년 청나라 귀족 집단에서 첫 출산은 결혼 후 평균 37개월 때 이루어졌다. 이것은 유럽인 결혼 후 첫출산 시기보다 2배나 길다. 산모가 막내를 출산하는 평균 연령이 34세로 유럽 산모의 단산연령 40세보다 훨씬 낮다. 수유기간 때문인지 출산간격도 길어 결혼출산율이 유럽의 3분의 2도 안 되었다. 즉 중국에 예방적 규제의 증거가 많이 보인다. 여기에 영아살해, 특히 여아살해가 많아, 이것이 인구증가를 제한했고 인구의 성비가 불균형해졌다. 기근은 잦지 않았고 평균수명도 유럽과 비슷했으며 하락하지 않았다. 그러나 압력이 비슷하더라도 체제와 동학이 달라서 공업화 저해 요인으로 작용했을 수도 있다. 중국에서 자본주의가 일어날 전제조건으로서 경제동학은 19세기까지 유럽과 크게 다르지 않았다. '근면혁명'에 해당하는 모습은 중국사회 묘사에도 적용될 수 있을 것이다. 중국에서 상업적 생산을 위한 노동 다량투입, 견직, 면직, 새로운 윤작, 개간 등이 일어난 것도 유럽과 비슷하고, 황종즈가 말한 '과밀'과 근면혁명은 그 현상이 서로 많이 다르지 않다. 유럽이 산업혁명으로 이행한 결과를 놓고 그 이전의 현상을 달리 구분하는 일에는 무리가 따른다고 왕궈빈은 말한다.

유럽은 16-18세기에 농촌수공업, 혹은 프로토 공업화에서 18세기 말-19세기에 도시공장공업으로 이행했다. 중국 역시 유럽처럼 농촌공업이 발달하였으나 자본제적 공업화로 나아가지 못했다. 그러나 유럽에서도 농촌수공업→기계화 공장의 논리적 고리가 불분명하므로 중국이 프로토 공업의 덫에 걸렸다거나 '과밀'형 상업화라고 한탄할 일이 아니라는 것이다.[45] 유럽중심주의자들은 프로토 공업화는 공업화의 첫 단계이고 둘째 단계의 산업혁명으로 자연스럽게 이행되었다고 주장한다. 농촌공업으로 농촌부문의 구질서가 해체되고 농업 지역별로 생산이 특화되었으며, 농촌인구가 증가하고 가족 내 분업관계가 근본적으로 변화했다는 것이다.[46] 이 가설은 많은 이론적, 실증적 문제점을 해결하지 못한 채 논란의 대상이 되었다. 우선 빈곤한 지역인 목초지나 산간 지역에 값싼 유휴노동력이 많아 농촌수공업이 번성했다는 설명이 사실과 부합되지 않는다. 오히려 '프로토 공업' 지역이 임금도 상대적으로 높고 부유한 농촌인 경우가 많았다. 농촌수공업 지역의 인구증가율이 상대적으로 높지 않았고, 가족 규모도 증가하지 않았다. 농촌수공업 도래 이전과 그 이후의 결혼관습이나 출산행위에 차이가 보이지 않는다. 또한 가족공동체적 심성(mentality)은 농촌수공업이 확산되기 오래전에 쇠퇴하였고, 개인주의는 훨씬 일찍 도래했다. 이러한 전제적인 사실 부인 외에 프로토 공업이 산업혁명을 불러일으켰다는 추론에 대해서도 많은 비판이 따른다. 즉 농촌수공업이 자본축적에 의해 공장건설을 가능하게 하였고, 인구를 증가시켜 노동공급을 촉진하였다는 주장과는 달리 자본형성의 원천은 매우 다양했으며 노동공급도 프로토 공업 이외의 지역에서 더 많았다.[47] 오히려 농촌수공업 지역의 노동자들이 공장노동에 배타적이었다. 노동공급량도 문제이나 산업노동자계층의 본질을 생각한다면 농촌수공업에서 공장제 공업으로 전환하는 과정이 결코 자연스러웠을 리가 없다. 그리고 실제 공장밀집 지역이 농촌수공업 번성지와 일치하지도 않는다. 그런데도 프로토 공업화론은 인구, 가족관계, 사회구조, 농촌수공업, 공장제의 성립 등을 종합적으로 조망할 기회를 제공하여 많은 새로운 연구들을 자극하였고, 아직도 논리적 정합성과 실증적 근거를 추구하고 있다.[48]

중국에서 농민층 분해나 농촌에서 도시노동자 배출이 활발하지 못했던 것과 같은 예는 18세기 말 프랑스에도 있었다. 프랑스에서는 농촌공업이 소멸하고 농업만 남는데, 이 과정은 특히 토지개혁 이후에 가속되었다. 또는 계속 선대제 농촌수공업자들이 존재하면서 이들이 집단적 저항으로 공장설립을 방해하는 경우도 있었다. 수직포공의 저항이 성공한 지역에서는 탈공업화가 진행되었다. 결국 프로토 공업이 발달해도 그 이후에 공장제로 가는 길, 프로토 공업과 기계화된 공장공업이 병존하는 길, 탈공업화, 이렇게 세 갈래 길이 있었으며 농민은 임금노동자, 수공업자, 소작인으로 이행하게 된다.

중국은 소규모생산, 자소작, 반농반공 등이 대종이고 지주의 대규모 경영은 드물었다. 중국과 유럽 양쪽 모두 같은 상업화의 결과인데도 중국은 계급분화가 보이지 않고, 서유럽은 인클로저의 방향으로, 동유럽은 제2농노제로 나아갔다. 아시아에는 소규모 집약적 수도작과 여가를 이용한 소상품생산이 많았다. 중국, 일본, 동남아시아에서 그러했다. 유럽은 농촌계급분화가 시장형성과 농촌공업 발전에 중심역할을 했으나, 중국은 사회관계, 사회구조 변화 없이 상업과 농촌공업이 발달했다. 유럽이 자본주의적 생산관계, 사회관계에서 '프롤레타리아'를 '재생산'했다면 중국의 '세미-프롤레타리아'는 성비 불균형 때문에 스스로를 재생산하지 못하고 사회적으로 하향 이동하는 계층으로 주저앉았다.

공장제 자본주의로 이행하는 과정에 기술진보의 논리가 들어온다.[49] 근대 초기 유럽사회의 발전은 시장생산에 적용되는 기술, 문화적 가치 즉, 종교의 현실적응성, 발명가의 지위에 대한 사회적 인정과 물질적 보상, 억압적이지 않은 정부 등으로 다양하게 설명될 수 있다. 중국은 철학적 세계관과 정부정책이 기술 억제적으로 바뀌었다는 해석이 있지만 이를 확인할 길은 없다. 특히 '거시발명'은 사회관계가 가하는 제약적 요인으로 잘 설명되지 않는다. 영국에 산업자본주의 또는 미네랄 경제가 도래하는 과정에서 눈여겨볼 것은 공장생산을 운영하겠다는 의사결정은 시장이 아니라 자본가가 내렸다는 사실이다. 영국은 상업이 발달하여 직물공업이 팽창할 수 있도록 원자재가 잘 공급되었다. 여기에 인도의 면포가 자극이 되었다. 제도는 중공업에 중요했다. 중공업에는 대규모 자금이 필요하고 규모의 경제를 누릴 이점이 크다. 19세기 유럽의 시장통합 경험이 이를 보여 준다.

유럽과 중국의 경제가 18세기까지 비슷했다면, 정치는 오래전부터 상당히 달랐다. 물론 양측 정치의 우열에 관련된 판단을 내리기는 곤란하다. 결과를 가지고 유추 해석할 수도 없다.[50] 유럽에서 왕들은 국가 형성 초기부터 국가 내 다른 권력자, 즉 귀족, 성직자, 상인과 경쟁했다. 중국은 수세기 동안 국가수취분이 일정했다. 유럽은 토지세 인하 경쟁 때문에 소비, 교역 등에 과세했으며, 15세기 말에는 국가가 부유한 상인에게서 자금을 차입하는 등 새로운 국가재정 조달 방법을 고안했다. 조세징수도급(tax farming), 단기부채의 장기채로의 차환, 새로운 조세를 도입할 때 이루어지는 타협, 자금을 제공한 상인에게 특권부여, 또는 대의제, 해외팽창, 동인도회사 같은 장치 등이다.

중국은 이런 어려움이 없었다. 농업수입이 줄어들자 10-12세기에는 상업수입에 의존했고 13세기 몽골은 교역세 이외에 새로운 부유 지역에 농업세를 부과했다. 14세기 이후 농업수입이 중국 국가재정의 기본이 되었다. 명 태조는 농업사회 질서를 추진했다. 토지세가 근간이 되고, 징세와 이 세금을 중앙정부로 수송하는 일이 지방관리의 기본업무였다. 16-17세기 지대 금납화와 함께 토지세 금납화도 이루어졌다. 자금의 지리적 이동을 촉진할 제도적 장치가 마련되었고 그 수송망은 유럽보다 훨씬 정교했다. 재정 압박 시에는 별도의 '기여금'이 부과되었다. 토지세부가세, 소금독점, 상인기부금, 과거시험 전형료 등이다. 이것은 유럽의 '타협'과는 성격이 달랐다. 그리고 정부의 차입관행도 없었다. 정부는 오히려 여유자금을 은행에 예치하여 이자수입을 챙겼다. 유럽처럼 정부 차입을 위한 신용제도 발달사례도 없었다. 은행, 주식회사, 회사설립인허 등도 늦었다. 18세기 말에 중국의 교역세 규모가 차지하는 비중은 매우 작아 1766년에 11%였고, 소금독점 기타를 더해도 25%에 불과했다. 이는 농업수입이 효율적으로 징수되기 때문이었는데, 평화유지를 위해 상업부문의 세율을 낮춘 측면도 있었다. 조세저항을 최소화하고 지방 관리가 상업수입을 착복하는 일을 막을 의도였다. 중국의 세정은 14세기 중엽-19세기까지 경쟁을 통해 경제팽창을 촉진하지도, 제도변화에 박차를 가하지도 않았다. 토지 개간 시에는 면세를 누릴 수 있었다. 일반적 저율조세를 시행함으로써 생산성을 향상시킨 몫이 경작자에 귀속되게 했다. 정부와 상인의 경제, 정치적 관계는 유럽에 비해 제한되었다.

중국 제국은 한, 수, 당 시대에 이미 신민을 평등하고 안정적으로 다스리는 것이 정치라는 인식이 뿌리내렸다. 토지분배와 토지과세도 이 원칙에 따라 시행되었다. 정부는 호족들을 견제했으며 유교사회 질서유지에 힘썼다. 11세기에 상업화와 함께 토지시장이 발달했다. 15세기 명나라는 국가통제와 간접적 감시를 양축으로 하는 정책을 폭넓게 구사했다. 기본적으로는 18세기까지 농업경제를 기반으로 한 상업발달을 추구했다. 16세기에 상업화, 이윤추구, 경제팽창이 이루어지는 시기에는 이를 둘러싼 엘리트들 간의 갈등이 있었다. 18세기에는 비교적 안정이 되었고, 정부는 계절 및 풍흉 간 곡물공급을 보장하는 데 신경을 썼다. 곡물분배 안정화는 지역 수준에서까지 추구되었고 증산정책도 시행되었다. 규제는 소금독점과 간간이 해외 무역을 통제하는 정도가 있었을 뿐이다. 전략적으로 조공체계가 규제되기도 했지만, 국내에서 차, 말 등의 교역 자유는 보장되었다. 정부는 신민의 잦고 긴 이동이나 사치 등을 우려하고 유교식 근검 정직 절제를 강조했다. 상인의 이윤추구에도 한계가 주어졌다. 유럽에서 추진된 상업자본주의 촉진에 관한 생각이 중국에는 없었다. 중국에서는 사회안정과 사회질서를 제각각 보존한다는 생각('fractal' vision)이 중요했다.[51]

중국과 유럽의 정치경제를 비교하면, 유럽은 정부가 도시수공업 생산에 통용되는 길드 규제를 해체한 후 직물생산은 농촌으로 이산되었다. 또한 중앙집권국가가 농촌 직물교역 규제를 시도했으나 농산물이나 농촌공업 생산에는 개입하지 않았다. 중국은 관개, 시비, 개간 등 증산정책을 시행하고 자치통감을 편찬했다. 유럽의 농촌 직조공 가운데는 남성도 많았던 반면 중국은 여성이 이를 전담했고 남경여직이라는 가내분업이 자리 잡았으며 이동이 제한되었다. 유럽은 동유럽에 농노제가 다시 도입되고 서유럽 농민들은 자유선택권이 주어져 딸들을 하녀로 내보내는 등 이동성이 컸다. 젊은 여성이 도시로 이주하여 공장에 취업하는 일도 많았다. 중국에서 이런 일은 유교적 전통에 맞지 않아 중국 여인들은 집안에 머물렀다.

상업, 상인들에 대한 태도는 유럽과 중국이 비슷했다. 단지 중국사회에는 사치를 제한하는 노력이 있었다. 유럽에서 부유한 상인이 정치자금을 제공하는 일은 중국보다 훨씬 많았다. 중국은 교역에 저율 과세했다. 정부는 부가 집중되는 일을 원치 않았다. 유럽은 해상팽창이 재정수입으로 연결되었다. 그러나 중국은 재정수요가 크지 않아 새로운 형태의 세입, 차입이 필요하지 않았다. 즉, 국가가 시장경제와 상행위를 저해한 것이 아니라, 중국은 단지 유럽식 대규모 독점상업 자본을 원치 않았을 뿐이다.

물론 소금전매와 조공 무역 같은 예외가 있다. 중국은 해외 무역이 이윤을 많이 가져오리라고 생각하지도 않았고 그것이 정치적으로 이로울 것이라는 생각도 하지 않았다. 중국인에게 젱호의 원정은 비용이 많이 들고 국내 사회 안정을 해칠 위험만 있었다. 중국에서는 유럽처럼 상인이 정치력을 갖지도 않았다. 유럽국가 간에 벌어진 중상주의적 해외사업경쟁 같은 것은 중국에서는 고려되어 본 적이 없었다. 유럽식 패턴이 산업혁명의 가능성을 빨리 실현할 수 있었는지도 모른다. 유럽의 정치경제 시스템에는 일단 공업화가 시작되면 이를 촉진하는 면이 있었다. 중국은 제도의 신축성이 없고 사회 안정을 해치는 변화를 회피했다. 공업화를 반기지도 않았을 것이다. 물론 20세기에는 상황이 달라졌다.

인구체계

중국의 인구체계연구는 리종칭(李中淸 James Z. Lee)과 왕펑(王豊 Feng Wang)의 획기적 저작으로 그간의 오해가 바로 잡아졌다. 이후 새로운 중국 인구사 연구가 지속적으로 축적되고 있다.[52] 바로 잡은 것의 대표적 예는 다음과 같다. 사망률을 높인 요인이 기근이 아니고 영아살해였다. 여아의 사망이 높았다. 출산율은 조혼임에도 결혼출산율이 낮아서 그렇게 높지 않았다. 오히려 입양이 많았다. 남자는 조혼이 아니고 독신율이 높았다. 인구변천은 서양보다 연속적이고 계획적이며 집단행동의 결과였다. 또한 중국이 기근과 빈곤으로 고난을 겪었고 이것은 조혼, 다산에 의한 과잉인구의 결과였다는 주장은 잘못된 추정이었다. 인구압력 때문에 노동절약적 기술진보도 없고 적극적 규제가 특히 18세기 말-19세기에 인구를 조정했다는 설명도 사실과 맞지 않다.[53]

영국 인구사 연구에서는 경제조건에 따라 결혼율이 정해지고 이어서 인구 수준이 결정되면 균형실질임금에 도달한다는 논리가 실증되었다. 이 과정은 시차가 길고 개인선택으로 예방적 규제에 도달하는 저압체계였다. 반면 중국은 흔히들 다산다사의 고압체계라고 단정 짓곤 하는데 사실은 그렇지 않다. 결혼출산율이 낮고 사망률도 적절한 수준이었다. 즉, 중국 인구체계는 여아살해, 높은 남성 독신율 등, 여성 초혼연령만이 아닌 다양한 규제방법을 사용한 매우 복잡한 체계였다.[54] 중국에서는 내생적인 자제로 인구증가가 억제되었는데 그 방식은 주로 출산율을 낮추는 것이었고 성비불균형도 이에 큰 영향을 미쳤다. 성비불균형이란 여성이 조혼이더라도 남성은 만혼이거나 독신이 많았다는 것을 뜻한다. 결혼 후에도 출산시작이 늦고 임신을 멈추는 시기가 빨랐다. 절제, 피임, 임신중절 등으로 출산율이 낮았다. 또한 여아살해로 인구가 억제되었으며, 오히려 여러 형태의 입양으로 인위적인 친족관계를 형성하는 경우가 많았다. 외생적인 압력, 예를 들어 곡물가격 상승에 따른 사망률 증가와 출산율 감소는 여러 형태로 나타나는데 중국은 집단적 효용극대화 체계가 작동하고 있었으므로 인구 압력에 잘 견디었다. 이와 같이 잘 억제되어 7,500만 명이던 인구가 1700년까지 1세기에 2배로 느는 데 그쳤다. 1750-1950년 동안에는 2억 2,000만 명에서 5억 8,000만 명으로 3배 가까이 늘었다. 이것은 18세기에 경제적 기회가 확대되어 인구 억제를 완화하였고 20세기 초에 가족 내 가부장적 권위가 하락하여 집단적 자제의 효과가 줄었기 때문이다.

맬서스는 개인이 인구억제방식을 통해 복지향상을 추구한다고 가정했지만, 중국처럼 개인재산권이 불안하고 집단적 정치가 압도적이면 그러한 메커니즘이 작동하지 않는다. 중국은 집단적으로 인구를 억제하여 빈곤을 회피하였으며 인구 증가는 기회에 대한 반응이었다. 중국에서 가족이란 위계적 가부장적 사회제도이고 연령별, 성별, 세대별 역할분담에 따라 의무, 책임, 권한이 나뉜다. 가족이 따로 살더라도 대가족의 집단결정이 인구적 효과를 가져왔다. 유교윤리가 사회질서를 보장한 것이다. 국가는 조세보다 부역을 중시하여 인구에 관심이 많았다. 호적제도가 기원전 5세기부터 발달한 것도 그런 연유일 것이다. 정부는 결혼, 출산, 영아살해, 이주에 간섭했고 인권보다 상속이나 의무를 중시했다. 유교적 베풂의 정치로 인해 개인재산권 보호에 관한 생각이 발달하지 않았다. 공산주의 치하에서는 가족계획이 강압되었다.[55]

서양의 초기 정치철학에서는 개인이 배제되어 있었으나 점차 개인주의, 인본주의, 계몽주의로 이행했다. 중국의 유교철학에는 집단과 개인이 융합되어 있다. 인구자체가 정치에 영향을 받는 경로종속적 변화가 있었다. 예를 들어 서양에서 가톨릭 이데올로기는 일부일처제를 강요했고, 공산치하 중국은 가족계획을 도입했다. 양자 다 혁명적인 변화였다.

서구 인구체계에서 개인주의적 행태는 20세기 말에 이혼급증, 미혼출산 등으로 나타난다. 이는 여성 스스로의 권리보호 차원의 움직임으로써 정치, 사회적 변화의 산물이다. 중국은 1950년 중매결혼을 장려하고 외도를 법으로 금지했으며 1980년에는 이혼을 쉽게 만들었다.[56]

3원적 구조

뎅 강(Gang Deng, Kent G. Deng)은 근대 이전 중국 사회경제를 종합적으로 분석했다.[57] 그는 중국사회를 농업우위, 자유농민, 농업을 중시하는 정부의 '3원적 구조(trinary structure)'로 파악하고, 그 배경에 환경, 토지소유, 사회구조, 유교이데올로기가 있다고 보았다.[58] 중국사회에서 농업이 장기적으로 압도적 우위였던 것은 환경조건과 토양변화에 기인한 것이었다. 이로부터 자본축적과 투자의 방향이 정해졌다. 주나라(BC 1030-BC 221) 때의 봉토가 일찍 소멸하고 사적토지소유가 확립되었으며 노예, 농노가 없고 토지는 분할상속되었다. 진, 한은 토지소유권을 보호하면서 제국을 팽창했으며 이 과정에서 가족단위 집약농법이 발달했다. 소유형태가 진화하고 자유보유와 경작권 등이 출현하지만 제국의 근간은 자유농 사적 토지소유였다. 토지구성은 자작, 소작, 관료에게 지급된 토지 등의 형태가 혼재하였다. 농민가구에게 시장기회가 있긴 했으나 시장경제에 몰입되지는 않아서 자급과 시장이 공존했다. 자유농민들의 행위는 정치, 상인계급, 인구에 영향을 주었다. 농업을 중시하는 생각은 농본주의 춘추시대에 이미 정착되었으며 유교, 도교, 음양, 법가를 막론하고 이를 추구했다. 농업우위를 강조하는 생각은 전문상인의 성장을 제한했고 기술발전이 농업에 편중되는 결과를 낳았다. 특히 도(道), 천(天), 인(仁), 예(禮), 덕(德) 등의 유교이데올로기는 농업과 교역을 차별하는 태도를 낳았으며, 사(士)의 역할과 실용주의를 농업 쪽으로 몰고갔다.

정치, 경제, 사회에 걸친 이와 같은 3원적 구조는 지극히 안정적(현상유지적, 균형적)이었다. 안정적이라 함은 지속성장이나 혁명적 변화가 없음을 의미한다. 한, 송, 청나라 때 번영 속도가 빨라지는 시기가 있었으나 곧 균형으로 회귀했다. 송대의 번영 시기에, 정부구조 약화, 소작률 증가, 남쪽으로의 인구 이동(재배치), 상업발달, 특권층의 성장 등이 수반되었다가 곧 중단되었다. 상업부문의 재산권이 취약했고 인구이동에 따라 균형이 깨졌으며 남송 정부는 신뢰를 잃었다. 도시화와 비농업인구 급증, 상공업발달, 공공지출증대와 인플레이션 등이 모두 중단되었다. 결국 3원적 구조로 돌아갔다. 균형이 회복된 것이다.[59]

뎅 강의 3원적 구조론은 중국이 공업화로 가지 못한 원인을 찾는 일을 넘어서서, 농업우위, 자유농민, 농민적 토지소유, 농본정부가 중국식 균형을 유지하면서 중국식 발전을 하고 있었다는 설명으로 귀결된다.[60] 중국만 보는 '중국중심주의적' 접근의 연구결과는 대략 다섯 가지로 요약할 수 있다. 1) 근대 이전 중국은 과학기술, 농업생산성(노동생산성과 토지생산성), 군사력에서 우위를 가졌다. 2) 근대 이전의 표준으로 볼 때 중국은 고도의 상업화와 도시화를 달성했다. 농민이 '기업가적'으로 되었다. 명나라 때부터 20세기 초까지 농산물의 20-40%를 시장에 판매했다. 이것은 GDP의 6분의 1에서 3분의 1에 해당한다. 4,500개의 장시가 프로토 공업화 체계에서 운영되었다. 송나라의 철공업 발달은 세계적인 수준이었다. 가내직물업이 20세기 초까지 번성했다. 1750-1875년간 차와 비단을 주로 수출했으며 제조업품도 19세기 초까지 수출했다. 전통적 중국경제는 '농업적 상업경제'였다. 3) 생산자 유인을 제공할 재산권 보호가 확고히 존재했다. 토지소유에 입각한 자유소농이 1차 대전 이후까지도 지배적인 형태였다. BC 3세기에 이미 만리장성에 투입된 자원과 그 투자가 보호되었다. 법과 질서가 공동체적으로 유지되었다. 토지

시장이 발달했고 분할상속제였다. 흉작과 곡물가격 등에 관한 정보통신이 원활했다. 현금대부가 발달하고 토지소유 집중은 방지되었다. 곡물창고는 구휼을 담당했다. 토지절약적 기술이 진보했고 유교적 농업중시 경향이 유지되었다. 4) 송나라 경제를 정점으로 '고수준 균형의 덫(high level equilibrium trap)'에 걸렸다. 즉, 엘빈에 따르면 중국이 부, 안정성, 고도의 과학적 성취에도 불구하고 자생적 산업혁명을 이루지 못한 것은 전(前)산업경제가 너무 효율적이라서 기술진보의 자본비용을 지불할 이윤동기가 없었기 때문이다. 중국 제국의 생산방법과 교역망이 극히 효율적이고 값싼 노동이 풍부했으므로 수요공급이 일치하는 균형점에서 효율을 더 향상시킬 경제적 압력이 없었다. 또한 유교의 영향으로 지적 탐구의 중심이 자연과학과 수학에서 사회철학과 도덕으로 옮아갔다. 수요공급의 불균형 때문에 과학혁명, 계몽주의, 기술혁신을 겪은 영국과 대조적으로 고수준균형은 변화를 원치 않았다.[61] 5) 17세기 이후 인구가 급증했으며 부유한 남동지역 생활 수준은 18세기에 서유럽과 비슷했다. 교육수준과 문자해독률도 높았다.

중국학적 접근에 비해 '비교사적' 접근은 매우 복잡하다.[62] 중국이 왜 공업화로 못 갔는가. 왜 영국은 산업혁명을 이룩했는데 중국은 그러지 않았는가. 이런 질문 자체가 일의적 발전단계설의 산물인 면이 있다. 유럽과 중국은 다윈의 종(種) 개념으로 볼 때 서로 달라서 단순 비교하기가 곤란하다. 중국은 중국 고유의 경제적 기능, 기제를 갖추고 있다는 것이다.

그래도 중국이 가장 공업화에 근접했는데 왜 멈추었는가를 설명하려는 가설은 9개로 분류해 볼 수 있다. 1) 유교이데올로기가 창조성을 억제했다? 그러나 유교적 일본은 일찍 서구화했고 한국은 2차 대전 후에 서구화했다. 2) 시장발달이 결여되었다? 중국에서도 사적 소유권, 기본적 재산권이 이미 BC 6세기부터 발달했고 법과 질서, 시장경제, 화폐제도, 국내외 교역망을 갖추었다. 특히 송나라를 보라. 3) 환경적 요인, 지중해가 강조된다. 그러나 중국해가 비슷한 역할을 하며 중국의 환경도 이민, 교역에 이로웠다. 4) 계급투쟁이 사회변화의 원동력인가? 계급 없는 '아시아적 생산양식'은 발전이 없다는 것인가? 그러나 중국의 젠트리는 유럽이나 도쿠가와 일본의 영주와 달리 소규모 경영형태로 발달했다. 5) 인구모델: 과잉인구가 중국성장을 저해했다? 인구밀도 결정론은 사실과 맞지 않다. 인구가 급증한 명·청 기간에 양쯔 강 유역의 잉여농업노동은 수공업에 흡수되었다. 또한 기술진보로 수확체감도 극복되었다. 예를 들어 경지확장, 신품종작목, 새로운 시장기회 등으로 15-18세기에 곡물생산이 배증했고 이 중 62%가 시장 거래되었다. 가난한 북동지역(산동)에도 경작지가 배증하고 다모작, 새 작목, 농산물 수출, 인구증가에 대한 예방적 규제 등에 증거가 있다. 어쨌든 대규모 식량부족은 없었다. 6) 기술결정론, 기술진보를 중국 인구증가가 상쇄하고 1인당 생산이 정체했다? 명·청 기간에 녹색혁명이 있었다. 중국은 감자 등을 유럽에서 도입했고, 고구마, 옥수수, 면화, 땅콩이 신대륙에서 전파되었다. 청나라 후기까지 생활 수준이 높았다. 7) 지대추구 정부와 착취하는 지주 탓인가? 유럽이나 일본과 달리 중국은 특수하게도 농촌인구가 자작농과 소지주로 구성되어 있었다. 이 결과가 저생산과 고율조세인가? 소경영이라 자본주의화가 되지 않았는가? '과밀'인가? 이 모두 사실과 맞지 않는다. 1750-1950년간 인구가 3배 증가했다는 것은 먹을 것이 충분했다는 이야기다. 명·청 기간 소작률은 남부가 북부보다 높았다. 그런데도 남부 인구가 더 빨리 성장했다는 사실은 지주 착취설을 반박할 수 있는 근거가 된다. 또한 중국정부는 작고 전문 관료로 구성되었다. 8) 국가의 역할: 중국정부가 전제적, 보수적, 권위적, 약탈적이었다? 그렇지 않다. 중국은 실은 선량하고 허약했다. 시장이 발달하고 예술, 도시, 과학, 기술이 번성했다. 중국 제국 내 국가 간 경쟁이 부족했다고? 중국은 북쪽의 이민족과 계속 경쟁해 왔다. 안정유지도 중요한 덕목이다. 9) 세계체계론: 아편전쟁 이후 유럽, 일본 중심부는 중국 주변부를 발전하지 못하게 방해했다. 이처럼 9개의 가설 모두 왜 중국은 산업혁명을 일으키지 못했는가에 대한 설명으로서 만족스럽지 못하다. 결국 중국은 농업우위, 자유농민, 중농주의 정부의 3원 구조가 매우 안정적이었기 때문에 중국식 균형을 유지하면서 나름대로 장기발전을 하고 있었다는 것이다.

덩은 나중 저작에서 장기적인 관점으로 중국 제국, 즉 진한시대에서 아편전쟁까지를 하나의 시스템으로 파악하고 발전과 정체를 설명하고 있다.[63] 그는 중국을 농촌은 관습-시장, 도시는 시장-관습, 국가부문은 정책-시장이 공생(symbiosis)하는 장기안정 시스템으로 파악하고 일종의 구조적 균형이 있었음을 상정한다. 초기에는 제국건설과 공고화를 위한 제도개혁과 함께 생활 수준이 꾸준히 상승했다. 이러한 유인은 결국 장기균형을 달성하였고 그 균형유지에 몰두하여 신축성을 잃었다는 것이다. 국가도 농민도 시스템 유지에 급급하고 변화의 가능성을 외면했다. '고수준 균형의 덫' 가설을 다시 떠오르게 하는 설명틀이다.

1700-1820년간 중국은 1인당 소득을 희생하지 않으면서 엄청난 인구 증가를 달성하여 세계 GDP에서 차지하는 비중이 23.1%에서 33.4%로 커졌다.(유럽은 23.3%, 26.6%)[64] 스기하라 가오루(杉原薫)에 따르면, 첫 번째 국면 1500-1820년에는 노동집약적 동아시아 패턴이 자본, 자원집약적 서유럽 패턴보다 성과가 좋았다. 두 번째 국면 1820-1945년간은 동아시아의 비중이 작아졌다. 이는 서유럽(넓게는 대서양경제)이 인구 증가와 함께 1인당 소득의 상승을 달성했기 때문이다. 세 번째 국면인

2차 대전 이후에는 서유럽적 성장과 동아시아 패턴이 융합하여 아시아의 비중이 다시 높아지고 세계적 수준에서 공업화가 진행되었다.[65]

19세기

이러한 국면 구분은 18세기에 청조가 권력과 사회경제의 최정상이고 19세기부터 서서히 정체 또는 쇠퇴가 시작된다는 전통적 관찰과 합치한다. 즉 인구증가, 지리적 이동, 농업, 산업생산의 팽창, 전국적 교역, 화폐경제의 발달 등이 생태파괴와 인구과잉으로 한계에 달했다. 그리하여 가뭄, 홍수와 1820-1840년대 은 유입 중단 및 은 유출, 백련교의 난(1796-1806), 관료의 질적 저하, 지방 신사층의 부패 등을 가져왔다는 것이다.[66] 악화된 세수구조, 군사기술 변화에 따라 군사적 독점력이 약화하고, 행정력이 와해되었다. 발전촉진보다 안정추구에 우선을 둔 정책은 결국 정부 스스로 자금과 통제문제를 겪게 내몰았다. 아편전쟁(1840-1842), 태평천국의 난 등의 소요사태가 나기 이전에 이미 1820년대, 1830년대에 아편 무역이 확대되었다. 은이 유출되어 디플레이션과 경기하락이 도래했다. 19세기 초부터 서서히 변화가 진행된 것이다.[67]

19세기 중국에서 경제, 정치, 행정이 서서히 쇠퇴한 증거는 다양하게 나타난다.[68] 운송도 매우 비효율적이었다. 도로가 농지 외곽 가장자리로 나 있어 수레가 다니지 못하고 가축이나 짐꾼이 운반했다. 송·원 시대까지도 도로에 신경을 썼으나, 명·청 기간에는 간선도로가 사라지고 정부는 도로 보수에 나서지 않았다. 수로 수송은 약간 낫다. 운송 시스템이 후퇴하고 있음은 미가의 계절변동으로도 알 수 있다. 운송과 시장은 19세기 말보다 18세기 초에 훨씬 효율적이었다. 도량형은 BC 1세기 진시황 때 통일되었는데, 명·청 시대에 오면 엉망이 되었다. 곳에 따라, 때에 따라 1척, 1석, 1리, 1두, 1무 등이 의미하는 바가 달랐다.

화폐는 혼란스럽고 상업발전에 장애물이었다. 동전과 은괴의 이중통화제가 때와 장소에 따라 들쭉날쭉했다. 정부는 은 부문을 책임지지 않았고 은화주조도 하지 않았다. 상인이 은 공급을 담당했는데 중량과 순도도 각양각색이고 멕시코 주화나 지폐, 은행의 신용증서 등까지 통용되는 등 혼돈상태였다. 작은 거래는 동전, 큰 거래와 조세 등 공식거래에는 은괴가 사용되어 은동 교환비율이 불안정했다. 이 자체가 화폐제도의 혼란을 의미했다. 특히 은 유출 기간에 교환비율이 급등한 것은 화폐부문의 와해를 뜻했다. 금융기관으로 전포(錢舖 화폐교환소), 전장(錢莊 지역은행), 표호(票號 전국적 은행)가 있었으나, 금융행위에는 개인관계가 중요했다. 한마디로 자본시장이 비효율적이었다.[69] 화폐제도에 관해서는 다음 장에서 자세히 논의한다.

생산물 시장은 3일 또는 5일마다 서는 정기시장 체계로 구성되었다. 명·청 시대의 시장체계는 표준 시장-중간 시장읍-중앙 시장읍-지방도시-지역도시의 위계질서를 가졌다. 표준시장권마다 평균 18개의 촌락이 포함되어 있었으며 시장도시가 발달하고 증가했다. 표준 시장권에는 공통된 농민사회가 형성되어 있어 같은 방언, 문화, 통혼, 집회소, 비밀결사의 단위로 발전했다. 지역 위에 8개의 대지역이 존재하고 대지역 내에 중심과 주변이 구분되었다.(〈지도 10〉, 〈지도 11〉 참조) 송대에는 해외무역이 활발했으나 명대에 이를 억제하여 교역을 조공제도에 묶었다. 기존의 대규모 사 무역을 공식적으로 인정하고 자유항을 개방했으며 서유럽상인들이 등장하고 은 유입이 가속된 것은 명대 후반의 일이다.[70] 1827-1849년에 대규모 은 유출로 경제위기가 초래되었다. 이는 앞뒤로 아편 무역과 태평천국에 관련된다.

국가와 상업 간 관계의 성격은 중개인 제도를 통한 1) 부양, 2) 착취와 억압, 3) 방임과 무시 등으로 분류할 수 있다. 명·청 시대에는 중국

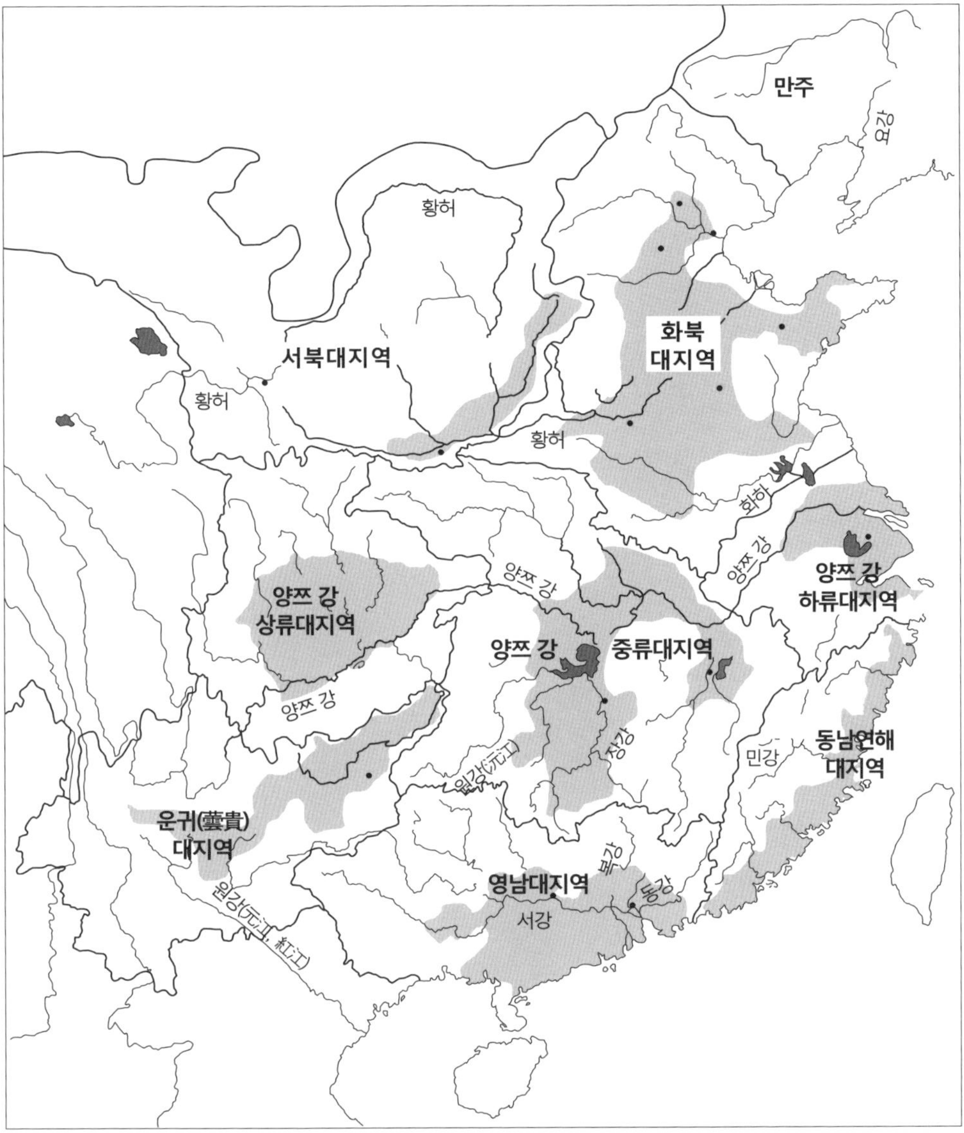

지도 10. 주요 하천과 관련되는 중국 농촌의 대지역

자료 : Eastman 1988(1999), 171쪽

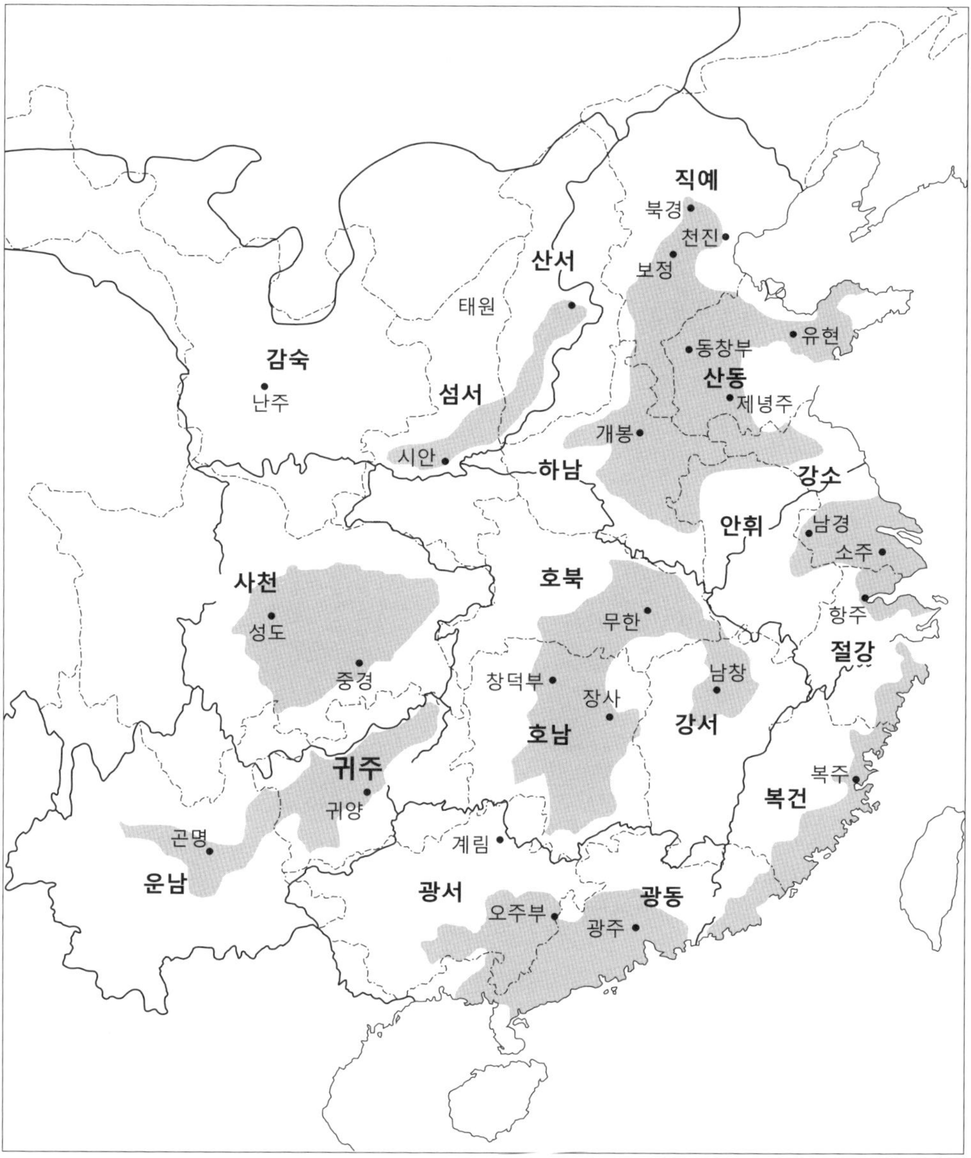

지도 11. 성(省) · 대도시와 대지역, 1843년
자료 : Eastman 1988(1999), 172쪽

모든 행정의 특징인 중개인 제도를 상업에 대한 정책에도 이용했다. 정부는 중개인에게 면허를 부여했고 도매중개인은 '아행(牙行)'이라 불렀다. 태평천국의 난 이후 정부는 아행허가증 추가판매를 주요 재정수입원으로 삼았다. 정치, 군사, 교육 근대화 자금 때문에 청조는 재정 위기를 맞아 아행이 징수를 대행하던 세금의 세율을 대폭 인상했다. 1753년에 상업부문 세금은 재정수입의 26%를 차지했으나 1908년에 65%로 커졌다. 그동안 토지세는 배증했고 상업부문 세금은 10배가 되었다. 1930년대가 되면 아행제는 징세도급제로 타락했다. 아행허가증은 발급 자체가 경매의 성격을 띠었으며, 광주에서 무역을 중개하는 대상인 13행과 소금거래를 독점하는 60개의 '염상(鹽商)'은 반(半)관적 착취의 표상이었다. 중개인 제도 때문에 지원, 착취, 억압이 동시에 나타나도록 정부가 방임한 것이다.

농촌수공업은 16-18세기 중국과 17-18세기 초 영국이 비슷했을 것이다. 그러나 유럽은 상인이 선대제 생산을 조직하기까지 한 반면 중국 상인들은 중개만 하였다. 이것은 중국에 시장메커니즘이 더 잘 작동했다는 뜻이 될 수도 있고, 아니면 상인에게 혁신유인이 결여되어 있었다고 볼 수도 있다.

19세기 후반 서유럽의 충격을 받은 이후에는 중국의 해외 무역이 빨리 늘어나지 않는 가운데 금융, 철도, 근대적 제조업 등 부문에서 외국인 경영이 늘었다. 결국 20세기 초의 '농민궁핍화'도, 상업의 쇠퇴도, 수공업이 근대공업으로 이행하지 못한 것도 전부 19세기에 서서히 진행된 것으로 볼 수 있다.[71]

일본 경제사

일본 경제사 연구도 오랫동안 마르크스주의가 다수를 차지하고 대부분

편향되어 있어, 비교사에 별 도움이 되지 않았다. 그러나 메이지유신 이후 근대경제사 연구는 오가와 가즈시(大川一司) 등의 『장기 경제통계 추계』(LTES 1965-) 발간과 함께 활발해졌다. 메이지유신(1868) 이후 1885년까지를 MEG로의 이행기, 1886년 이후를 MEG로 보는 문헌들이 많이 축적되었다.[72]

이행기의 특징은 각종 제도개혁이 많았다는 것이다. 우선 신분제가 철폐되고, 행정구역 개편과 함께 교역 및 이주가 자유로워졌다. 이로 인해 이미 17세기의 상업혁명 이래 진행되던 전국적 시장형성이 더욱 촉진되었다. 혁명에 성공한 메이지 정부로서는 당면 과제가 전국에 걸친 지배권 강화였다. 이를 위해 다이묘의 영지, 백성을 관장하는 문서 등을 천황에게 바치게 하였다. 소위 판적봉환(版籍奉還)으로서 처음에는 자발적으로 행해지다가 곧 정부의 명령으로 시행되었다. 한편 여러모로 재정적 위기에 놓여 있던 다이묘들도 부채를 중앙정부가 대신 부담할 것을 기대하여 이에 별 저항을 보이지 않았다. 그리고 결국 1871년의 폐번치현(廢藩置縣)으로 봉건적인 막번체제는 해체되고, 3부 72현으로 구성된 근대적인 행정체계가 성립하여 전국적 통일성을 갖추었다. 한편 계급구성이 복잡했던 무사 집단은 처음에는 두 계급(士族, 卒)으로 정비되었으나, 그나마도 '징병령'(1873), '질록처분(秩祿處分)'(1876) 등에 따라 중, 하층의 무사계급은 신분적, 경제적으로 완전히 몰락하게 되었다.

안정되고 통일된 재정의 기초를 마련하기 위해 '지조개정'(1873)이 시행되었다. 이로써 토지소유권을 공인함과 동시에 지주가 세금을 부담한다는 원칙을 확정했다. 땅값에 따라 전국적으로 통일된 정액금납세제도 수립되었다. 이 개정의 원칙 가운데 하나는 옛 구공조 총액을 일정하게 유지하는 것이었다. 따라서 농민의 조세부담은 변함이 없었다. 하지만 개인이 토지를 매매할 법적 자유를 비롯하여 작물선택이나 미곡매매 등의 자유가 확대되었다. 또한 지세가 정액금납으로 정해졌기 때문에 곡가상승 시 이득을 취할 수 있는 등, 특히 부농층이 상대적으로 이익을 얻을 수 있게 되었다.

이와 같은 제도개혁과 함께 정부는 소위 식산흥업정책의 일환으로 미국식 국법은행제도를 도입하여 통화금융체제를 정비하려 했고, 철도, 우편, 전신의 건설을 추진하였다. 조선 등 군수산업과 생사, 석탄, 동, 시멘트, 유리 부문 관영공장을 설립하였다. 민간기업의 육성을 위해 장비대여 및 자금대부 등도 시행하였다. 이와 함께 주식회사제도를 장려하였다. 이러한 식산흥업정책은 결국 국가제도가 중앙집권적으로 정비되는 데 도움을 주었다. 특정 기업가들에 대한 특혜를 포함한 전반적인 기업진흥정책은 궁극적으로 농민들이 낸 세금으로 추진된 셈이었다. 또한 흥업자금은 정부의 전체 지출에서 보면 작은 부분에 불과했지만 그래도 국내자본 형성에 상당히 기여하였다.

MEG 기간 중 무엇보다도 관심을 끄는 것은 부문별 노동력 분포다. 1차 부문 노동력 비율은 19세기 유럽의 평균적인 수준과 비슷하지만 1차 부문에서 창출되는 소득의 비율은 19세기 유럽수준을 훨씬 밑돌았다. 다시 말해 1차 부문의 노동생산성이 상대적으로 낮았다. 〈표 13〉은

표 13. 부문 간 생산성 격차(비(非)1차산업생산성/1차산업생산성)

구분	1인당 소득(1970달러)				
	300	400	550	700	900
영국	2.23	1.64	1.01	–	1.08
19세기 유럽	2.27	2.07	1.96	1.95	1.99
1950–1970 세계	2.32	2.39	2.54	2.61	2.63
일본 I	2.27	2.92	3.66	5.74	4.56
일본 II	–	–	2.27	2.92	4.27

자료 : 양동휴 1994, 365쪽

부문 간 노동생산성 격차를 보여 준다. 19세기 유럽은 생산성 격차가 서서히 줄어들고, 극단적인 경우 영국의 예를 보면 격차가 급격히 감소하여 사라지고 있다. 반면 일본은 1950-1970년도에 MEG에 진입한 나라보다도 더 생산성 격차가 심했으며 또한 이 격차가 계속 커졌다. 이와 같이 생산성 격차가 심한데도 노동력이 1차 부문에서 다른 부문으로 이동하지 않았다는 것은 농촌에 과잉인구가 축적되었다는 뜻이다. 이 점은 여러 연구자들이 지적한 바 있다. 물론 일본은 인구밀도가 높았으므로, 19세기 유럽이나 전후 세계의 평균적인 수준보다 부문 간 노동생산성 격차가 높았을 것이다. 이 점은 어느 정도 이해할 수 있다. 그러나 극심한 생산성 격차가 줄어들지 않고 오히려 늘어난 것이다.

메이지유신 이후에 관한 연구에 비해 에도 시대(도쿠가와 막부 1603-1868) 관련 연구는 일본인들이 쇄국, 빈곤, 착취에 시달렸다는 잘못된 시각에서 벗어나는 데 오래 걸렸다.[73] 물론 중국 경제사의 새로운 모색보다는 훨씬 빨랐다.

에도 시대

농업기술발달, 농촌상공업 성장, 교육, 문자해독, 농민의 토지소유 또는 소작권개선, 소규모 경영의 정착 및 이에 대한 핵가족의 의사결정 등 기본적인 자생적 경제성장의 자원이 일본에 조성되어 있었다. 그러므로 일단 구미 외세의 자극을 받고나자 이에 대응하여 급속히 공업화를 이룰 수 있었다는 것이다. 가족 단위의 소규모 경영의 관습에서 일본식 시간관념이 생성되었다. 시간은 개인의 것이 아니라 가족의 것이라는 생각이 일본에 뿌리내린 이후 일본인은 공장이나 기업에 쉽게 적응했다는 설명이 있다.[74]

하야미 아키라(速水融)는 '경제사회의 성립'이라는 관점에서 에도 시대의 경제를 살펴본다.[75] '경제사회'란 종교, 신분, 문화 등 다원적 가치 기준 가운데 경제적 가치가 독립하여 자율적으로 작동하기 시작한 사회를 가리킨다.[76] 이런 관점에서 에도 시대는 능률이 개입된 경제행위가 발생하고 집약적 농업의 소경영이 보급되는 등 경제사회가 형성되고 성립한 기간이다. 이 시대 일본에 '근면혁명'이 일어나 노동시간이 증가하고 소득과 생활 수준이 향상되었다. 이것이 농업기술 전파를 동반했다. 물질적 측면만이 아니라 교육과 지식수준도 크게 개선되었다.

에도 시대 이전에는 평균 20-30명으로 구성된 대규모 가족이 묘슈(名主)가 이끄는 묘덴(名田) 경영을 영위했다. 농민은 생산물 형태의 연공을 율령정부와 영주에게 납부했다. 도시에 거주하는 영주는 사치품이나 수입품 구입을 위해 제한된 시장에서 상인, 수공업자와 거래했다. 연공운송에 애로가 있고 율령정부의 행정력이 별로 좋지 않아 14-15세기 중 연공의 금납화가 이루어졌다. 농민은 연공납부를 위해 농산물을 내다 팔아야 했으므로 시장이 발흥했다. 이제 농민의 생산목적에 자급, 연공납부만이 아니라 판매 용도가 추가되었다. 시장생산 유인이 생기자 생산량이 증대했다.

우선 경지면적이 확대되었고 다음으로는 토지생산성 증대, 토지이용의 고도화가 필요했다. 생산성 향상은 장기간에 걸친 소농 자립과정에 의해 이루어졌다. 묘슈가 예속노동을 고용하는 묘덴 경영을 포기하고 묘덴이 분할되었다. 예속노동인 나고(名子)와 게닌(下人)이 해체되었다. 소가족노동을 통한 소농경영이 15-16세기에는 기나이(畿內) 평야지대로, 17세기 중엽이면 전국적으로 확산되었다. 그 결과 농업기술의 발전이 노동력 집약과 경지면적당 수확량을 증대하는 방향으로 자리잡았다. 즉, 수전경작을 중심으로 한 관개농경의 기술적 요구와 가족노동이라는 노동력의 역사적 성격이 결합되었다. 이후 최근에 이르기까지 일본농업의 기술발전은 계속 동일한 방향으로 진행되어 왔다. 에도 시대에 이미 경지면적당 수확량은 세계적인 수준에 도달해 있었다.[77] 소농경영하의 농민들은 장시간 고된 노동을 가족에 대한 의무로 받아들이며 경제적 유인에 대응했고, 이에 따라 근면이 덕목이 되었다. 이러한 농촌의 변화와 함께 도시도 변했다. 상인과 수공업자가 거주하는 시장촌이 성립했다.

기나이 선진지대와는 달리 변경지방에서는 전국시대(1467-1568)에 무질서상태였다. 그렇지만 그 내부로부터 재지 영주층이 세력 각축을 벌이며 점차 지방권력으로 성장했다.(戰國大名) 전국다이묘는 영지를 경영하고 소령(所領)을 형성했다. 이들은 치수공사에 공을 들였으나 경제적 후진을 면하지 못했다. 16세기 후반 전국다이묘가 변경지대에서 영역확대를 거의 마치고 중앙으로 진출하려던 바로 그 시점에 기나이 주변에 새로운 형태의 영주제가 성장했다. 오다 노부나가(織田信長)의 권력구조는 다른 전국다이묘와는 다르게 체제를 정비하여 병사와 농민을 구분하고 상비군을 갖추었다. 조카마치(城下町)라는 소비인구 거주지가 형성되었으며 이들이 다시 농촌을 자극하여 경제사회로 이행을 촉진했다. 오다의 뒤를 이은 토요토미 히데요시(豊信秀吉)는 비교적 단기간에 전국을 통일하고 권력구조를 확산했다. 다이묘의 배치전환을 통해 16세기 말-17세기 초에 전국다이묘들도 이봉(移封)되었고, 영주들은 강제로 토지와의 관계를(즉 토지 기반을) 잃었다. 토지조사(檢地)와 연공분배(石高制)를 통해 쇼군이 다이묘들을 통제하는 '집권적 봉건제'가 자리를 잡았다. 영주는 연공수취권만 유지했다.

이 시기의 국제환경은 복잡했다. 일본인의 해외진출, 노략질(倭寇), 무역, 조선침공, 유럽 기독교세력과의 접촉 등 우여곡절 끝에 일본은 결국 쇄국정책을 채택한다. 쇄국은 내부지향적 발달, 국내시장 확대를 위한 것이며, 쇄국을 유지할 능력을 보여 준다는 의미도 있어 이 시기를 국가 형성(nation building) 과정으로 이해할 수 있다. 또한 쇄국이 외국과의 완전한 단절을 뜻하는 것은 아니었다. 나가사키는 개방하였고 쓰시마(對馬)의 조선 무역, 사츠마(薩摩藩)의 류우큐우 무역은 공인했다. 일본은 기독교를 탄압했지만 해외지식은 '네덜란드학(蘭學)' 유입으로 의학, 자연과학, 미술 분야에서 두드러졌으며 일본 내 합리주의적 사고 형성에 큰 영향을 미쳤다.

마지막으로 정권을 장악한 도쿠가와 이에야스(德川家康) 이래 에도막부의 쇼군은 활발하게 이봉을 전개했다. 선진지역 출신의 다이묘도 후진지역 영주로서 경험해 볼 것을 요구했고, 또 전국다이묘에게도 이봉을 강요하여 전국다이묘를 토지에서 분리시켰다. 검지(檢地)를 통해 측정된 평균생산량(石高)을 척도로, 그 많고 적음에 따라 다이묘 이하 무사들의 신분질서를 정하는 기준으로 삼았다. 농민에 대한 공조부과도 촌고(村高)에 따랐다. 가신들은 토지에서 분리되어 조카마치에 거주하는 관료군이 되었다.

경제구조를 보면, 소규모 농지를 경영하는 농민들은 화폐와 쌀로 영주에 연공을 납부하고 이를 위해 시장에서 상인, 수공업자와 거래했다. 다이묘들은 시장에서 연공미를 팔고 화폐로 생활용품을 구입했다. 상인, 수공업자는 무사나 농민보다 명목상 하층민이었으나 재산을 축적할 수 있었다. 농민, 상인, 수공업자는 착취와 빈곤에 시달린 것이 아니라 상대적으로 안정적이었다. 오히려 영주지배권이 토지와 유리되어, 즉 정치권력과 경제력이 분리되어 무사층이 치부를 하지 못했다. 이것이 에도 시대의 특징이었다. 일반서민의 경제활동이 활발했고 평민(町人) 문화가 개화했다. 에도 시대 동안 인구는 1,000만 명에서 3,500만 명으로 늘었다. 경지면적은 배증했고, 농업생산은 4배로 증가했다.[78] 평균수명도 상승했다. 이것은 생활 수준 향상을 의미한다. 막부가 에도에 설치되어 그것만으로도 에도는 큰 도시로 성장할 수 있었는데, 참근교대제(參勤交代制, 藩의 영주가 격년으로 에도에서 근무하는 것) 때문에 전국의 다이묘와 그 가족, 가신이 에도에 거주해야 했다. 이 역시 에도가 대도시로 된 이유였다. 다이묘의 연공수입 3분의 1이 에도왕복과 에도생활에 소비되었다.[79] 에도 시대 중엽에 에도 인구는 100만 명으로 추산된다. 간토(關東)지방경제는 기나이보다 뒤졌으므로 에도와 오사카 간 소비재 교역과 화폐의 흐름이 중요했다.

다이묘의 영지는 규모에 따라 큰 차이가 있었으며 전국적으로 약 270개에 달했다. 막부의 직할 영지도 곳곳에 산재하여 도쿠가와 후반기에 전국 생산량의 4분의 1을 차지했다. 영주들의 거주지(城)를 중심으로 사무라이와 상공업자들이 모여들어 다수의 지방도시(城下町)가 발달했고, 중앙도시로 에도, 교토, 오사카가 성장했다. 특히 상업중심지 오사카(大坂)에는 전국의 다이묘들이 영지의 물품을 저장, 판매하기 위해 창고인 구라야시키(藏屋敷)를 설치했다. 막부 말기에 구라야시키의 수는 130여 개까지 늘었다. 여기에 전속되어 재고품 판매를 위탁받은 도매상인들은 특권 동업조합 가부나까마(株仲間)를 조직하여 상업을 독점했다. 대규모 상업금융자본인 미쓰이(三井), 스미토모(住友) 등도 이때 성장했다. 수공업도시 교토, 상업도시 오사카를 포함한 기나이 지방과 정치 중심이자 소비도시인 에도 간에 경제교류가 중요했음은 말할 필요도 없다.[80]

이와 같이 바쿠한(幕藩) 체제와 고쿠다카(石高) 제도는 소위 '중앙집권된 봉건제'를 정착시켜 사회안정, 시장발달, 경제적 유인제공의 효과를 가져왔다. 사무라이와 상공인들은 도시에 농민은 농촌에 분리 거주하게 했다. 도량형 통일과 막부의 화폐주조 독점, 광산직접통제, 중앙시장과 해외 무역 규제, 효율적 조세제도와 재산권 보호 등이 그 구체적 양상이다. 1615년의 법령으로 표현되는 '의무'(요쿠役) 체제는 사회안정과 시장경제 발달의 기반이었다. 황제, 쇼군, 다이묘는 평화유지와 외적에 대응하는 의무를, 사무라이는 전시에 무사로, 평시에 관리(役人)로의 의무를, 농민은 연공(지대+토지세), 부역, 촌락에 대한 의무, 도시민은 연공이나 숙련노동공급의 의무를 진 것이다.[81]

병농분리, 조카마치의 소비인구집단, 에도 거대도시, 오사카 발전과 전국적 상품생산 등이 농촌의 경제사회화를 부추겼다. 각 영주는 치수관개공사에 노력했다. 1700-1750년경이면 소가족경영으로의 이행이 완료되었다고 볼 수 있다. 표준적으로 논 1정보(町), 밭 5단보(反) 규모로 가족노동 집약농업이 영위되었다. 근로는 미덕이고 장시간 노동이 관행이며 1인당 우마수가 급감했다.[82] 집약농업을 한 결과 토지비옥도가 하락했다. 지력을 유지하기 위해서는 비료 투입과 심경(깊은 쟁기질)이 필요했다. 비료는 퇴비 등 자급비료로 모자라서 어류 따위를 시장에서 구입하여 비료로 사용하는 '금비(金肥)' 의존도가 높아졌다. 이것은 농민에게 자금압박을 가했다. 또한 금비는 잡초를 번성케 하여 시비와 함께 제초에도 상당한 작업량이 소요되었다.

토양산성화 때문에 심경이 필요했다. 그런데 가축이 감소했으므로 농기구가 인력에 맞춰 소형화했다.(예: 쟁기→괭이) 이에 따라 노동투입의 강도를 높여야 했다. 계절에 따라 노동수요가 달라졌으므로 임금 노동자(奉公)를 고용하는 일은 드물었고, 가족노동 소경영이 유지되었다. 농번기에는 품앗이로 대처했으며 경작규모를 확대하기는 어려웠다. 토지소유권 이동과 집적(토지소유 확대)이 있더라도 규모의 경제를 누리기는 어려웠고, 수확체감에 직면하여 부농형 경영으로 진전되지는 못했다. 오히려 토지 대여가 나은 방법이었다. 그리하여 '지주제'의 원형으로서 소작이 나타났다. 서유럽 중세와 달리 일본 농업사회에는 영주직영도 없고 농민을 토지에 묶어 두는 일(농노제)도 없었으며 농민층 분해도 느렸다. 대신 농민의 도시이주 현상은 빈번했다.

장기적으로 에도 시대의 영주경제는 정체했다. 정치권력과 경제력의 괴리에 따른 불건전 재정이 문제였다. 우선 가신단의 규모가 너무 컸고, 쌀값에 비한 일반물가의 상승으로 무사층의 실질수입(화폐+미곡)이 상대적으로 줄어들었다. 특히 중하층 무사의 타격이 컸다. 무사층은 이미 경제적으로 쇠퇴해 있었다. 그래서 메이지유신 이후 연공에 의한 봉록을 폐지해도(질록처분) 저항이 크지 않았다. 에도 시대 말기에는 집약적 농업으로 인해 경작지 확장과 자본축적이 중단되거나 역전되었다. 자연히 노동자 소요가 늘어나는 등 농업경영이 한계에 도달하는 가운데, 농촌공업까지 시도되었다. 이에 따라 노동시간이 늘고 노동강도가 극히 높아져서 평균수명이 정체할 정도였다. 상인들은 영주들과 거래하는 '어용상인'이나 특권상인에 불과했다. 즉, 서유럽처럼 지배층에 대항하는 시민, 부르주아적 기능은 수행하지 못했다.

다른 말로 하자면, 경제적 발달과 영주제는 대립적이 아니었다. 메이지유신 후 옛 영주층이 피를 흘리지 않고 영주권을 쉽게 양도할 만했다. 소농경영은 결혼율, 출산율을 증가시키고 인구를 증가시키는 경향이 있었다. 이에 따른 과잉인구 압력이 있었다. 또 에도 시대의 시장은 국내로 제한되어 있었다. 이 모든 것이 자체 추진력으로서 공업화가 추진될 수 있는 여건이 조성되는 것을 저해했다. 일본에서 공업화는 외부의 충격을 받아 이에 대응하는 과정으로서 이루어졌다. 그 결과가 급속한 이중구조적 공업화, 과다한 군비지출, 정부·기업 간 유착, 가족제도가 침투한 '종적(縱的)' 사회 내의 종신고용 연공서열 등으로 나타났다.[83]

한편 도쿠가와 일본에서도 스미스적 성장이 '사회적 수준의 분업'과 중간재(방적, 철강, 기계 등) 시장의 형성에 의해 이루어졌다. 사이토 오사무(齊藤修)에 따르면 도쿠가와 일본의 농촌에서도 프로토 공업화가 뚜렷이 보인다.[84] 그의 임금비교에서는 근대 초기에 북서유럽, 특히 영국과 동아시아의 격차가 컸다. 그러나 도쿠가와 시대의 죠슈한(長州藩)의 자료를 분석한 결과 농촌소득의 42% 정도는 농업 이외의 생산에서 나왔으며 이렇게 추산한 가구당 소득은 아마도 영국 농촌 노동자의 가구당 소득과 맞먹었으리라고 한다. 또 한 가지 결과는 소득분배가 영국보다 더 평등했다.[85] 이것은 농민들이 조면업 등 프로토 공업의 이윤획득기회를 이용했으며, 대조적으로 국제 무역이 결여된 가운데 도시상인들과 사무라이들이 상대적으로 덜 번성했기 때문이다. 북서유럽과 도쿠가와 농민들이 똑같이 스미스적 성장을 누리고 있었으나 시장성장과 가계경제행위의 상호작용에서는 구조적 차이를 보였던 것이다. 그 결과 도쿠가와 농민은 부업형태의 상품생산에 종사함으로써 토지에서 유리될 필요가 없었으며, 일부는 소작형태로 존재했다. 농민의 경작권이 보장되었고 1643년 토지판매금지령도 이에 일조했다. 그런 의미에서 '소작시장'은 공식적 토지재산권의 확립(1870년대 지조개정) 이전에 이미 운행 중이었고 이것은 소득분배를 불평등보다는 평등 쪽으로 향하도록 제한했다.

이러한 프로토 공업화 자체가 쇄국에 의해 중국의 통제와 영향에서 독립할 수 있었기 때문에 가능했다는 오랜 논쟁이 있으나 그 연결고리가 주로 막부의 중앙집권과 정치안정인지, 에너지의 내부지향적 집중인지 불확실할뿐더러 증명하기도 쉽지 않다.[86] 실제로 대외관계가 완전히 끊긴 것도 아니었다.

금융부분은 어떠한가. 도쿠가와 경제의 스미스적 성장, 즉 농촌공업화와 지역 간 교역을 위해 오사카에서도 농촌에서도 어떤 형태로든 자본동원이 필요했을 것이다. 전근대적 시장분할 상황에서 준자본시장 비슷한 신용체계가 발달했으며 이런 경우 제도적 성숙보다 지역 간 경쟁과 계약 네트워크가 중요했다.[87] 우선 오사카의 부유상인들이 다이묘들에게 신용대부를 하는 관행이 있었다. 다음으로는 은화 지역인 오사카와 금화 지역인 에도 간 결제를 위해서는 환어음 사용이 필수적이었다. 상업도시마다 환전상과 상인들이 상업어음을 이용했다. 스펙트럼의 반대쪽에는 일반인을 위한 전당포, 저축대부조합 등이 농촌과 도시에 존재했다. 몇몇 부유한 농민이나 상인은 대부를 위한 차입을 하기도 했는데 이것은 지방은행의 초기성장으로 해석할 수 있는 부분이다. 부가적으로 막부는 오사카-에도 신용시스템을 유지할 수 있도록 법적 보호를 제공했다. 물론 국제 무역이 제한되고 국내시장이 분할된 상황에서 주식이나 채권을 거래하는 자본시장이 발달할 수 없었고 공채매매를 위한 공개시장도 없었다. 그러나 농촌 중심 성장에 필요한 자본조달에는 큰 애로가 있었던 것이 아니었다. 전국규모의 은행이나 자본시장 발달은 19세기 말까지 기다려야 했다.

이제 장을 마무리하며 도쿠가와 일본과 중국의 청나라를 비교해 본다면 농업사회이고 비교적 쇄국정책을 썼다는 점이 유사하다. 그러나 일본이 상대적으로 상업과 금융발달이 앞선 점과 분권적 체제와 제국으로 정치조직이 대비된다는 점이 대조적이다. 그 결과는 주지의 역사이다.[88]

제11장

화폐와 금융[1]

◆

오랜 연구역사에도 불구하고 16-19세기 귀금속의 국제이동, 특히 중국으로 은 유입의 성격에 관해서 이견이 아직 분분하며 그 결과에 대해서도 마찬가지다. 이 장에서는 이러한 혼란 상태를 조금이나마 명료한 방향으로 정리하고 귀금속 이동이 동아시아 3국의 화폐제도에 갖는 의미를 종합적으로 새롭게 해석하고자 한다. 기존 연구와 가설을 검토하고 해결해야 할 문제를 제기한다. 글의 진행과 함께 자연히 드러나겠지만 기존 가설에 대한 필자의 입장을 미리 제시한다. 16-19세기 동안 귀금속, 특히 은의 이동을 살펴본다. 워낙 많고 상충적인 통계들이 산재해 있는데 우선 있는 그대로 정리하며 각각의 추계가 어떤 의미를 갖는지 생각할 기회를 제공한다. 일본(도쿠가와 시대), 조선, 중국(명·청)의 화폐제도를 따로 따져 본다. 동아시아의 관점에서 이와 같은 자료의 의미를 분석한다. 마지막으로 세계적 시각으로 귀금속 이동과 동아시아 화폐권을 해석하고 그 의미를 살핀다.

기존 가설

우선 '비축설/퇴장론'이 있다. 은이 일단 중국으로 들어가면 다시 외국으로 나오지 않을 뿐만 아니라 중국 내에서도 생산이나 물가에 영향을 주는 일 없이 퇴장되어 사라진다는 것이다. "중국과 인도는 세계에서 유통되던 귀금속의 묘지가 되어 버렸다. 귀금속은 이곳에 들어갔다가는 다시 나오지 못했다."[2] "기존의 유럽학자들은… [중국으로 유입된] 은이 비축되고 경제활동에 투입되지 못해 가격혁명도 경제성장도 자극하지 못했다고 주장했다. … 기시모토 미오는 비축설을 사실상 지지하여, 관료 및 대상인 등 일부 상층에 이 은이 집중되고 축적된 결과 호황의 과실이 불평등하게 분배되었다는 점을 강조한다."[3] 여기서 '기존의 유럽학자'란 킨들버거(Charles P. Kindleberger), 월러스틴(Immanuel Wallerstein) 등을 지칭한 듯하다.[4]

은 유입이 한창이던 16세기 말, 17세기 초에도 은 부족으로 물가 정체가 도래했다고 개탄하는 기록이 있다. 이는 관료와 상인의 대규모 축재와 은 비축 때문이라는 해석이 있다.[5] 그러나 이러한 가설이 어느 정도 진실을 반영하더라도 대부분의 은은 화폐로 사용되었다.

다음으로는 은 유입에 따라 명나라 경제가 성쇠했다는 설명이다. 16세기에 은 수입에 따라 명 경제가 팽창했다. 이후 17세기에는 은 공급이 감소하고 은의 가치가 장기적으로 하락했다. 이것은 경제이론에 어긋나는 듯 보이나 은값에 대한 기대를 생각하면 설명된다. 이에 따라 인플레이션과 조세은납 재정에 위기가 오고 명나라 경제가 쇠퇴했다는 설이 있으나[6] 실제로 유럽을 통한 아메리카 은의 공급은 감소하지 않았다.[7] 그렇지만 뒤에 보듯이 일본과 마닐라의 은 공급은 급히 감소했으며, 임진왜란 파병으로 은을 소진하여 명나라에 은 부족 사태와 은가 폭등이 도래했다. 또한 은 공급 이외의 요인이 많아 쇠퇴국면(B-phase)으로 접어든 것

도 사실이다.[8]

동아시아 무역권의 입장에서 은 이동을 해석하려는 시각도 있다. "하마시타, 카와카츠, 스기하라 등의 저작을 살펴보면 일본 은의 폭발적 증산과 중국 은 수요의 증대라는 두 가지 요인은 아시아 역내 무역을 규모나 질적인 면에서 비약적으로 성장시키는 기폭제가 되었다." 조공 무역의 틀을 벗어난 비정규적 상인 집단이 등장하고, 비정치적 무역로가 확산되었으며, 새로운 따라잡기형 발전이 가능해졌다. 자립, 자급 능력에서 조선과 일본의 교차가 보인다는 것이다.[9] 이 가설이 앞으로 더 발전될지 주목거리다.

무엇보다 중요한 것은 은의 중국 유입이 어떤 성격을 가졌는가에 관한 논의다. 유럽의 무역 적자 측면에서 볼 수 있는가. 그렇다면 은과 함께 금이 같이 움직여야 하는데 금은 오히려 유출되었다. 중국의 은 수요 쪽의 인과관계임이 여러 곳에서 언급된다. 지폐시스템에서 은 기반 경제(1560-1580 일조편법)로 이행이 은가를 상승시켰다. 은 유입은 재정거래(arbitrage: 금, 비단, 도자기, 차와 은의 상대가격이 차츰 수렴)와 조공 무역의 틀에서 보아야 한다는 것이다. 궁극적으로는 중국의 은 수요가 신대륙 무역을 촉진시켜 아프리카 노예 무역까지 부추긴 면이 있다. 1571년 마닐라 건설도 중요하다.[10]

은 수요는 몽골 시대부터 본격적으로 커지기 시작했지만 15세기 명나라가 동전주조를 중단하고 지폐통용이 잘 안 될 때 급히 늘어났다. 일조편법은 15세기 부역지대 은납과 연결된 것으로서 국가가 시장에 적응한 예라고 할 수 있다. 즉, 은 수요는 국가재정이 아니라 민간 경제가 주도했다. 유동성 수요가 지속적으로 증가하는 가운데 가격에 따라 은과 동을 사용했다. 그리고 거래에 따라 지역시장에서는 동, 지역 간 거래, 해외 무역에는 은을 주로 썼다.[11]

은 이동에는 사이클이 있다. 즉 첫째, 1540년대-1640년대에 포토시, 일본 사이클이다. 신대륙의 귀금속 유출은 초기에는 원주민들이 축적한 금과 은의 약탈형태였으나 차츰 광산개발과 채광에 의해 이루어졌다. 특히 오늘날 볼리비아에 위치한 포토시 은광이 1545년경에 발견되어 은 생산이 급증했다. 1570년경에 수은아말감법이 도입되고 페루에서 수은광산이 개발된 후 은 산출량이 꾸준히 늘었다. 같은 기간 일본의 은 수출은 4,000톤에 달해서 신대륙의 은 수출과 맞먹는다. 둘째, 1700-1750년에 멕시코 은 사이클이 있다. 포토시 은 생산은 1590년대를 정점으로 서서히 줄고 점차 멕시코의 비중이 커져서 18세기에는 멕시코가 안데스 지역을 앞섰다. 멕시코 은은 유럽으로 수출되었으나 일부는 직접 태평양을 거쳐 마닐라를 통해 중국으로 이동했다. 셋째, 1760년 이후의 차와 아편 사이클이 있다. 이 시기에는 중국에서 비단과 도자기를 은과 교환하는 거래에 더해 차를 수입하고 인도에서 재배한 아편으로 결제하는 비중이 늘어났다. 물론 이것은 아편전쟁으로 귀결된다.[12]

중국 은 유입의 장기적 효과는 어떠한가. 중국이 은 수입으로 비단산업 등 경제가 발전하여 부유해진 것[13]이 아니고 중국사회에서 국부가 유출되었다고 해석함이 더 적절하다. 막대한 노동력이 투입된 중국 상품이 유출된 대신 들어온 은은 화폐로 사용되어 지폐를 은으로 바꾼 것일 뿐이므로 오히려 경제적으로 후퇴했다고 볼 수 있으며 은 가치도 하락해서 구매력이 저하되었다. 그러면 유럽은 은 유출과 지폐 확대로 이득을 보았나? 이것의 인과관계는 알기 힘들다.[14] 이와 함께 무역-생태의 상호작용도 따질 수 있다. 비단 수출을 위해 뽕나무 지역에서는 쌀을 수입할 수밖에 없었다.[15]

이러한 기존 가설들을 염두에 두고 실제 사실을 살펴보자. 장 전체에서 다음과 같은 거의 항등식적인 관계를 계속 상기할 필요가 있다. 채광/수입→화폐용 은의 총량→순도, 함량, 표시가격(명목 여부)→통화량→명목총생산. 즉 다른 조건이 동일하다면, 은 수입은 물가를 올리고 경제를 활성화한다. 동전, 지폐, 어음의 병용을 따지더라도 이와 같은 고리에 의해 은 공급에 따른 경기순환이 예상된다.

은의 이동

이제 은의 이동을 본격적으로 살펴보자. 중국의 은 유입에는 금과 교환하는 재정거래(arbitrage)의 형태가 있다. 즉, 1592년-17세기 초 금은의 가격비는 광동 1:5.5-7, 스페인 1:12.5-14, 일본 1:13에서 1627-1644년경이면 광동 가격비가 1:10-13으로 스페인이나 일본과 비슷해진다. 중국 내 은 가치가 다시 상승하여 18세기 초 유럽 금은의 가격비는 1:14.5-14.8이고 중국에서는 1:10-11 수준이었다. 1750년경에 1:15 정도로 유럽과 같게 되었다.[16] 또한 비단, 도자기 수출에 따른 무역수지 보전으로 은이 유입되었다. 두 가지가 동시에 진행된 것으로 보인다.

은 이동량 추계는 다양하다. 신대륙에서 1571년-18세기까지 5,600-3만 1,000톤 평균 잡아 9,000-1만 500톤이 중국으로 이동했는데 이것은 당시 신대륙 총생산 7-15만 톤의 약 10%에 해당한다. 신대륙에서 유럽으로 건너온 은은 발트 해, 중동, 희망봉 여러 경로를 통해 중국으로 유입되었다. 또한 멕시코에서 은이 직접 태평양을 거쳐 마닐라로 온 다음 그곳에서 스페인 상인이나 중국인에 의해 중국으로 이송되었다. 부가적으로 일본에서 유입량은 1550-1700년 기간 6,400-7,500톤에 달했다. 1510년까지 중국의 은 생산 누계는 3,750톤(1억 냥)으로 추정된다. 이를 감안하면 1800년경 중국의 은 보유량은 1만 9,750-2만 2,250톤이 된다. 1800년 이후에는 오히려 은이 중국에서 유출되었으며. 19세기 후반의 유입은 차관이나 직접 투자였다.[17] 1550-1645년 기간만 보면 일

표 14. 신대륙의 귀금속 생산 (톤)

구분	16세기			17세기			18세기			누계		
	은	금	은 환산 합계	은	금	은 환산 합계	은	금	은 환산 합계	은	금	은 환산 합계
Humboldt[a]			17,563			42,040			73,971			133,574
Soetbeer[b]	17,128	327	20,823	34,008	606	42,431	58,530	1,614	84,354	109,666	2,547	147,608
Merrill and Ridgway[c]	16,925	280	20,089	34,435	590	42,636	51,080	1,620	75,380	102,440	2,490	138,105
Morineau[d]	7,500	150	9,120	26,168	158	28,459	39,157	1,400	61,417	72,825	1,708	98,996
Slicher van Bath[e]	11,175	628	18,544	27,640	420	33,734	58,366	1,485	81,970	97,182	2,587	134,247

a. 1500-1800: Humbolt, *Political Essay on the Kingdom of New Spain*, trans. John Black, 4 vols. (London, 1811).
b. 1493-1800: Adolf Soetbeer, *Edelmentall-Produktion und Wertverhältnisse zwischen Gold und silber seit der Entdeckung Amerikas bis zur Gerenwart: Petermanns Mittheilungen*, suppl. 13, No. 97 (1800).
c. 1493-1800: Merrill et al., *Summarized Data of Silver Production*, and Ridgway et al., *Summarized Data of Gold Production*.
d. 1500-1800: Michael Morineau, *Incroyables gazettes et fabuleux métaux* (London, 1985).
e. 1503-1820: B.H. Sliker van Bath, "Het Latijins-Amerikaanse gold en zilver in de kolonial tijd," *Economisch- en Sociaal Historisch Jaarboek* 47 (1984). These are not production figures; see text.
자료: Barrett 1990, pp. 228-229, 합산오류 수정

본 3,700톤, 필리핀 2,300톤, 유럽 1,230톤, 합계 7,230톤으로 일본 비중이 더 크다.[18]

이를 표와 그림으로 보자면 〈표 14〉는 세기별 신대륙의 귀금속 생산 추계이고, 6장의 〈그림 9〉는 1600-1650년, 1725-1750년 기간 생산과 이동의 도식, 〈그림 16〉은 신대륙 생산과 유럽 수입의 추이다.[19]

일본 쪽에서 보자면 전통적인 수출항 나가사키를 출발하여 포르투갈 상인에 의해 마카오를 통해 중국으로 은이 들어가는 경로가 16세기 말까지 이어졌다. 이것 역시 금은 가격비 재정거래 또는 비단 무역 대금 지불의 형태였다. 항구 폐쇄 등 우여곡절 끝에 1630년대-1670년대에는 나가사키에서 홀란드나 중국 상인에 의해 대만으로 은이 이동했다. '쇄국' 이후에도 사쓰마(薩摩藩)에서 류큐(琉球)를 통한 교역이 18세기까지

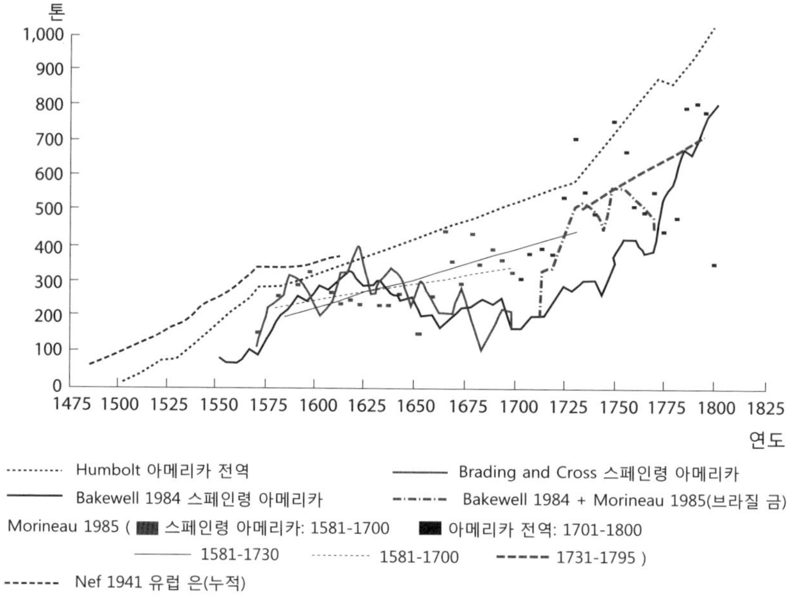

그림 16. 신대륙의 귀금속 생산과 유럽의 수입
자료: Barrett 1990, p. 238

이어졌고 더욱 중요하게는 쓰시마(對馬藩)와 부산을 통한 거래가 1684-1710년 기간 188톤, 1710-1755년 기간 40톤 정도로 이루어졌다. 이 교역로는 예로부터 공 무역, 사 무역에 중요했고 부산에 왜관이 설치되는 등 쇄국 이후에도 무역이 활발했다. 중국 비단과 조선 인삼이 주요 거래 품목이었고 일본은 은, 동 등 금속을 계속 공급했다. 〈그림 17〉과 〈표 15〉는 각각 거래량 추이와 쓰시마-조선 은 무역의 내용이다.[20]

금 생산과 유럽의 수입은 〈표 14〉에서 보듯이 은으로 환산했다. 그러나 금은 중국으로 이동하지 않았고 그 반대 방향이었다. 그 양은 정확한 추계를 얻기 힘들다. 일본 동의 조선 수출 추계는 나중에 소개한다.

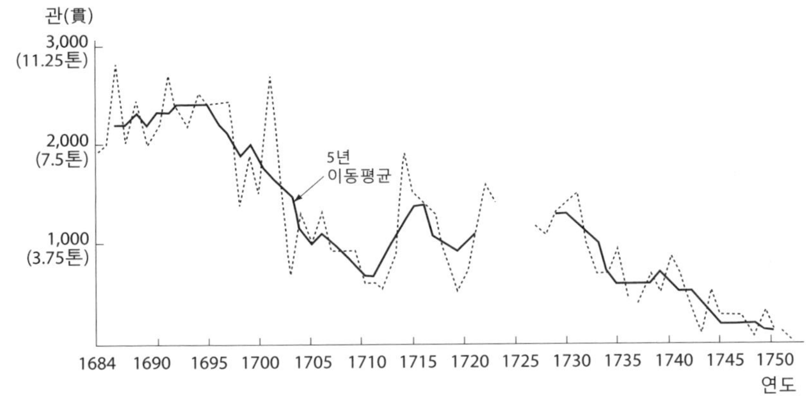

그림 17. 쓰시마에서 조선으로 은 수출, 1684-1751년

자료: 타시로 가즈이(田代和生) 1981, p. 328

표 15. 17-18세기 일본 유통은과 조선 교역은

일본 유통은[a]			조선 교역은		
이름	순도 (%)	통용기간	이름	순도 (%)	통용기간
케이초긴(慶長銀)	80	1601–1738	케이초긴(慶長銀)	80	1611–1697
겐로쿠긴(元禄銀)	64	1695–1722	겐로쿠긴(元禄銀)	64	1697[b]–1711
호에이긴(宝永銀)	50	1706–1722	특주은(닌진다이오고긴) (人蔘代往古銀)	80	1712[c]–1715
에이지긴(永字銀)	40	1710–1722			
미츠호긴(三宝銀)	32	1710–1722			
요츠호긴(四宝銀)	20	1711–1722			
교호긴(享保銀)	80	1714–1738	교호긴(享保銀)	80	1716–1738
겐분긴(元文銀)	46	1736–1827	특주은(닌진다이오고긴) (人蔘代往古銀)	80	1739–1750[d]

a. 田谷博吉, 『近世銀座の研究』, 吉川弘文館, 1963.

b. 공식적으로는 1699년부터 케이초 은에 27% 추가 지급되었다.

c, d. 특주은은 1710-1715년, 1737-1754년 기간 주조되었다.

자료: 타시로 가즈이(田代和生) 1981, p, 299

일본의 귀금속 생산과 수출

그러면 일본의 귀금속 생산과 수출, 또 화폐제도의 변천은 어떠했는가. 일본의 초기 동전주조는 708-958년간 시행되었으나 가치저장 수단이었고 유통은 별로 안 된 것으로 알려져 있다. 대신 중국의 동전을 수입하여 사용했다. 14세기 중엽쯤이면 중국 동전이 전국에 유통된다. 금, 은을 수출하고 동전을 수입한 것이다. 심지어는 동괴를 수출하고 대신 동전을 수입하기도 했으며, 중국 동전 유사품을 주조하기도 했다. 원자재(동)와 주조 기술이 있었음에도 중국 동전에 의존한 것은 일본의 중화문화권 귀속 의미를 지니며, 국제물가 동조를 나타내기도 한다. 중국이 15세기에 주조를 정지하고, 동전 부족으로 일본으로 수출을 제한하자 16세기 후반 동전의 질 저하 때문에 상품화폐, 즉 쌀로 회귀했다.[21]

다시 말하면 11세기 말-12세기 후반 송전(宋錢) 수입 이후, 13세기에 전면적으로 유통이 자리잡았으며, 연공전대납(年貢錢代納)으로 정착되었다. 송전 유통은 일본이 가장 많고 고려, 동남아, 서아시아, 아프리카 동해안까지 퍼졌다. 남송은 국내에서는 오히려 지폐(會子)를 확산시켰고, 금나라도 초(鈔)를 사용, 원·명까지 지폐정책을 추진했다. 이에 비해 14세기 후반-15세기 전반 일본열도는 전귀(錢貴) 상태였다. 자연히 전국시대에는 찬전령(撰錢令), 즉 특정 동전을 선별적으로 사용하거나 악전(惡錢) 수수거부의 기준을 정하는 법령이 만발하였다. 16세기 후반 동전유통의 혼란으로 쌀로 회귀했음은 이야기한 바와 같다. 다행히 은 생산이 증가하여 1530년대가 되면 전 세계 생산의 3분의 1을 차지하게 된다. 자연히 은이 본격적으로 화폐로 동참한다. 이와 함께 동전의 모주(模鑄), 사주(私鑄)가 횡행하여 송전[精錢]과 함께 유통된다. 1569년(영록12) 찬전령, 추가조문 2조를 보면 금 1료(兩)=은 7.5료=동전 1.5칸(貫)=쌀 10효(俵)의 환산을 규정하고 있어 에도 시대 삼화제도의 전신을 볼 수

있다고 주장하는 학자도 있다.[22]

이제 도쿠가와 통화체계의 통일을 살펴보자. 금, 은 생산이 급증(鉛銀分離 灰吹法이 조선에서 전래한 덕이 크다.)함에 따라 금화(순도 84.29%)를 주조했다. 회계단위는 료(兩=4.76몸메, 1몸메=3.75g), 부(分=1/4兩), 슈(朱=1/16兩)였다. 은괴(순도 80% 케이초긴 慶長銀)는 무게로 달아 유통되었다. 17세기 중엽쯤 금화와 은괴는 전국적으로 유통되었다. 소액거래에는 중국 동전이 아직 통용되었는데 1636년부터 일본 동전을 주조하기 시작하여 1660년대가 되면 소액유통을 장악하게 된다.

도쿠가와 일본의 화폐, 즉 '에도 시스템'은 매우 독특하지만 효율적인 것으로 평가되고 있다.[23] 도쿠가와 시대 초기부터 계층적으로 분화된 사회에 알맞도록 화폐의 성질과 통용 범위가 계급과 지역에 따라 달랐다. 사무라이는 금, 상인은 은을 사용했으며 일반인의 일상 거래에는 동전이 쓰였다. 고액의 타원형 금화인 오반(大判, 10兩)과 고반(小判, 1兩)은 우아한 디자인으로 볼 때 선물용으로 쓰인 것 같다. 사회계층에 따라 거의 독립적으로 운행한 '계급'경제의 존재를 상정할 수 있다. 즉 금에 근거한 '기부 경제', 은을 기반으로 한 상인들의 '화폐경제', 동에 의존한 한(藩) 내 일반인들의 거래 네트워크로 구성된 세 가지 금속화폐가 각기 따로 유통되었다.(三貨制度) 금화, 은괴, 동전 간의 교환비율은 막부정부의 고정 노력에도 시장에서 자유로이 변동했다. 지역적 차이도 심해서 에도 등 관동 지방에서는 금이, 상업 중심 오사카 쪽에서는 은이 많이 쓰였다. 은괴 유통이 동아시아 경제권에 공통적인 것이었음을 생각할 때 이해할 수 있다. 은 지역인 오사카와 금화 지역인 에도 간 결제를 위해서는 환어음 사용이 필수적이었다. 상업 도시마다 환전상과 상인들이 상업어음을 이용했다. 추가로 지방영주 발행지폐(藩札, 금, 은 표시)가 지방에 통용되었다.

17세기 말부터는 금이나 은을 종이로 싸서 봉인한 형태의 '화폐'가 고액 거래에 사용되기도 했다. 이것은 주화의 중량과 내용을 거래 시마다 검사할 필요 없이 봉인의 신뢰도로 대신하는 것으로서 그만큼 거래비용을 줄이는 의미를 갖는다.[24]

17세기 초 일본의 은 수출은 세계 은 생산의 30%에 해당한다. 일본 측 자료에 의하면 1560-1640년 9,450톤, 1601-1708년 3,750톤으로 일본 생산의 75%를 수출했다. 물론 금은 가격비에 따른 재정거래 외에 비단 무역, 인삼 무역의 결제가 있었다. '쇄국' 이후의 쓰시마 무역을 다시 보면, 진상(封進)과 공 무역의 경우 조선은 일본에서 호초, 구리, 납을 수입하고 대금을 면포로 결제했으며 이를 쌀(公作米)로 바꿀 수 있었다. 사 무역의 통계는 1684년에 조선에서 일본으로 수출품 중 생사가 50%, 이에 견직물을 추가하면 중국 물품이 전부 80%가 되고, 나머지는 인삼이었다. 일본에서 조선으로 수입 품목은 종류는 많으나 66%가 은이었다. 겐로쿠(元祿) 개주(은 순도가 80%에서 64%로 낮아짐) 이후 인삼을 사기 위해 1710-1715년간 닌진다이오고긴(人參代往古銀)을 특주(80%에 맞추어)했다. 이후 겐분(元文) 개주 후 1737-1754년간에도 그리하였다.(〈표 15〉 참조)[25]

17세기 후반에 금은 생산이 급감했으며 수출이 줄고 오히려 화폐 부족현상이 나타났다. 이제 일본의 주요 수출품은 동과 수산물 등이었다. 귀금속이 부족하여 통화시스템을 재조직할 필요가 생겼다. 귀금속 함량을 낮추는 방식으로 개주(재주조)하기도 하고 지폐(藩札)를 증발했다. 초기 금화의 순도는 84.29%, 은괴(慶長銀)는 80%임을 앞에서 밝혔다. 이하 주요 개주는 다음과 같은데 역시 〈표 15〉를 참조하기 바란다. 1695년 겐로쿠(元祿) 개주가 시작이었다. 금화 순도 57%, 은 순도 64%로 낮추었으며 그 결과 통화량 증가와 미가 상승이 따랐다. 다음 1710년 호에이(宝永) 은은 순도 50%로 떨어뜨린 후 계속 인하하여 40%, 32%, 20%까지 갔다,

금화는 무게가 반감되었고 결과는 물론 인플레이션이었다. 1714년 교호(享保) 은은 순도 80%로 회귀했다. 결과는 물가 하락과 불황이었다. 이것을 견딜 수가 없었다. 결국 1736년 겐분(元文) 개주에서 금화 순도 48%, 은 46%로 타결되었고 그 이후 안정세를 보였다 그러나 1772년 난료니슈긴(南鐐二朱銀)이 도입되었다. 즉, 금화의 보조화폐로서 은전(計數銀貨: 교환비 1:8.8, 19세기 중엽 1:5)을 발행했다. 그것이 사실상 금본위제의 시작이라는 해석이 있다.[26] 기존 은괴(秤量銀貨)의 교환비 1:11.5와 이중구조가 지속되었다.(〈표 16〉 참조) 복본위라면 각 금속의 가치가 자유 변동한다. 은을 금과 고정 비율로 묶는다는 의미에서 사실상 금본위라고 주장하는 것인데 그렇게 만든 보조화폐 이외에 기존의 유통은 은 가치가 따로 변동했으므로 해석에 주의가 필요하다. 더욱이 19세기 초에도 계수은화가 총화폐유통의 20% 정도였음을 감안해야 한다. 또한 계수은화 가치가 기존 은괴(평량은화)보다 높게 유지되는 것은 상식적 예상과 다르다. 일련의 개주에 대한 일반적인 해석은 도쿠가와 전기의 긴축정책에서 후기의 확

표 16. 일본의 금은 가격비 추이

기간	금화: 평량은화	금화: 계수은화
1609–1694	1 : 9.8	
1695–1709	1 : 11.0	
1710–1713	1 : 14.0 1 : 5.6	
1714–1735	1 : 11.5	
1736–1771	1 : 11.5	
1772–1817	1 : 11.5	1 : 8.8
1818–1836	1 : 10.2	1 : 7.2
1837–1855	1 : 8.4	1 : 4.5
1856–1859	1 : 5.0	1 : 5.1

자료: 신보 히로시(新保 博)·사이토 오사무(斎藤 修) 1989, p, 28

장정책으로 이전되었고, 전국 시장의 재편성, 통합에 화폐가 적응했다는 것이다.[27]

좌우간 금, 은, 동, 지폐 전부 도쿠가와 후기에는 명목주의(nominalism)를 채택하였다. 이것이 제 가치(full value)를 반영하는 금속 화폐보다 근대적이라고 할 수 있는지는 불분명하나 국가기구의 권력을 반영함에는 틀림없을 것이다. 국제 무역이나 세계질서에서 벗어난 독자노선이라고도 할 수 있다.[28] 그러나 여기서 쓰시마-부산 교역로 수출용 은 함량을 80%로 유지, 따로 주조해야 했음을 상기해야 한다.(特鑄銀, 닌진다이오고긴) 국제거래에서는 가치유지가 중요하다는 뜻이다. 중국과의 거래에서는 케이초긴을 무시하고 하이후키긴(灰吹銀)으로 갈 수밖에 없었다. 은 함량 95.2%인 소마(石見) 은은 막부의 수출 금지 때문에 별로 쓰이지 않았으나 국제거래에서는 순도 90.7%인 하이후키(灰吹), 세다(佐渡) 은, 레알 등이 쓰였다.[29]

19세기 초가 되면 난료니슈긴의 질이 저하되고, 각종 금화(二朱金, 一朱金, 五兩判, 小判, 一分判)와 은전(一朱銀, 丁銀, 豆板銀)이 만발했으며, 만성적인 인플레이션으로 빠져든다.[30]

조선의 화폐경제

다음으로 조선의 화폐경제 쪽으로 눈을 돌리자. 우리나라는 고대에 금속화폐를 사용했고 삼국시대에는 삼베, 쌀 등 물품화폐를 썼다. 고려, 조선 때는 금속화폐와 지폐를 추진했으나 시도와 실패를 반복했다. 1101년 은병(銀甁) 주조 이래 은화가 지속적으로 통용되기 시작한다. 원 간섭기에는 중국 지폐를 사용하기도 했고, 고액은 모시, 은화, 소액은 쌀로 굳어지는 듯했다. 1401-1470년간 저화(楮貨)가 선을 보였고, 세종대에 동전 통용을 추진했으나 실패했다. 1603-1657년간의 동전 통용책도 좌절되었다. 조선 국가의 동전·지폐 통용책이 실패한 원인은 무엇일까. 첫째, 시장기반이 취약했다. 둘째, 화폐통용정책에 문제가 있었다. 공신력이 결여된 것이다. 셋째, 삼베, 무명, 쌀 등 물품화폐 선호 관습이 뿌리 깊었다. 마지막으로 동철채굴에 한계가 있었으며 금속 공급을 대일 무역에 의존했다. 임진왜란 때 중국 은화가 유통되었고, 17세기에 중일 은견 무역을 중개하면서 일본 은화와 동전이 통용되었다. 18세기 후반 잡세전납이 시작되는데, 금속화폐 통용의 전반적 추세를 보면 17세기에는 은이, 18세기에는 동이 주도했다. 조세전납률은 19세기 중엽까지 25%에 미치지 못했고, 수령이 서울로 쌀을 운송, 면포를 구입 대전방납(代錢防納)한 경우가 많았다.[31]

그러면 조선 후기의 금속화폐 유통을 더 자세히 들여다보자. 우선 동전을 보면 관의 동전 주조는 다음과 같은 시기에 대량으로 수행되었다. 즉, 1678(숙종 4년)-1697년 450만 냥, 1731(영조 7년, 흉년)-1798년 500만 냥, 1809-1857년 600만 냥이었다. 그리고 동전 총량은 18세기 초 500만 냥(미곡생산의 10%, GDP의 3%), 1800년경 900만 냥(미곡의 12%), 1860년경 1,400만 냥(미곡의 13%, GDP의 4%)에 달했다. 동전가치의 추이를 보면 17세기 말까지 신인도와 유통 속도의 변화 때문에 동전가치 변동이 심했다. 1710-1820년에는 물가가 안정되고 오히려 동전이 부족했으며(錢荒) 은화 유통도 감소했다. 1829년에 신전 공급이 시작되면서 추세가 변한다. 다시 말하여 동전량과 동전가치의 변화를 돌아보는 것은 쉬운 일이 아니다. 사주, 훼주(毁鑄), 마손, 개주를 고려해야 하고, 동전의 과다에 따라 화폐가치는 전황과 인플레이션을 넘나들었다. 이하 숙종 4년 상평통보(1678)에서 당백전(1866) 직전까지 기간을 살펴보자.[32]

관의 주전량 추이는 주로 『비변사등록(備邊司謄錄)』을 통해 알 수 있다. 주전량, 주전이익, 주전상황, 주조시점과 행용 간의 시차 등이 기록된 것이다. 다양한 관청이 동전을 주조했는데 예를 들어 중앙각사, 상평청, 호조, 진휼청, 각 지방 감영, 균역청 등이다. 조선은 일본에서 수입한 동(倭銅)을 원재료로 하여 주전했다. 일본에서의 은 수입은 중일 비단 무역의 중개나 인삼 무역의 결과인 데 반해, 동 수입은 동전주조를 목적으로 쓰시마를 통해 특별히 동광(荒銅) 또는 제련동(吹銅)의 형태로 일본 측의 규제 한도인 연 10만 근씩 들여왔다.[33]

공적 주전량에서 실제 동전량을 구하기 위해서는 사주, 협주를 더하고 훼주, 마손, 개주를 빼야 한다. 주전이익은 전가(錢價)에서 동가(銅價)와 공가(工價)를 뺀 것인데 이것이 많으면 사주, 마이너스(숙종 초에 동전 신인도가 낮아서 이랬을 때도 있었다)면 훼주 유인이 있다. 이러한 폐단을 막기 위해 적어도 당백전 때까지는 정부에서 명목가치와 소재금속 가치를 일치시키려는 노력이 있었다. 주전이익률은 원료가격, 특히 주로 일본에서 수입한 동가에 달렸다. 주전이익률은 1706년에 50%에서 18세기 말 20%, 19세기 초 10%까지 내려갔다가 1830년 27%로 회복했다. 그리고 동가 상승에 따라 동전의 중량이 떨어졌다. 영조 18년(1742)에 동전 1문이 2돈(중량단위 1돈=10푼=3.75g)에서 1752년에 1돈 7푼, 1757년에 1돈 2푼으로 낮아졌고 이 무게가 순조대(1779-1780)까지 지속되었다. 즉, 동가가 비싸고 수입이 제한되어 동전 중량이 하락한 것이다. 그러나 1820년대 왜동 수입이 증대하고 갑산(甲山) 동광의 채굴로 원료 공급난이 해소되자 주전이익률이 회복했다. 〈그림 18〉은 주전누계량, 동전량, 은화량을 보여준다.[34]

여기서 1678년 이후 상평통보가 기축통화, 그 이전에는 추포, 은화, 일반무명, 쌀, 소였음을 상기할 필요가 있다. 임진왜란 시에 중국 은, 왜란이 끝난 후에는 일본 은이 유통(은 함량 80%인 8成銀→1699년 6成銀→1707년 7成銀)되었다.[35] 그리고 영조대에도 은(10成天銀, 7成丁銀)이 통

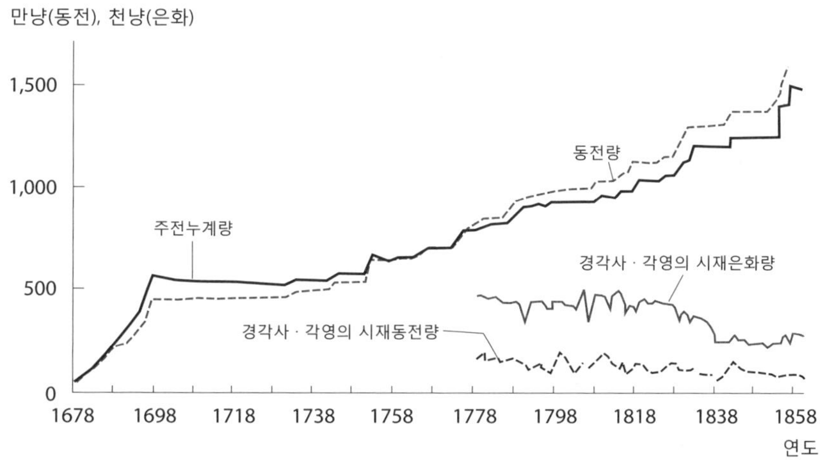

그림 18. 주전누계량, 동전량 및 경각사, 각영의 시재은, 전량
자료: 이헌창 1999, 22쪽

용되었으나 곧 사라졌다. 은 유통은 나중에 자세히 설명하겠지만 왜 은화 대신 동전이 광범위하게 통용되었을까. 18세기에 오면 고액 거래도 동전을 사용하였으며, 유동성 문제가 발생하긴 했다. 아마도 도시와 원격지 시장규모가 작고, 유교 이념이 하층민경제 안정을 위주로 하였으며, 화폐수요 증대도 제한되었을 것이다. 동전 신인도가 확고하고, 은화량이 감소했다. 그러나 삼남지방은 미전목(米錢木), 중국 무역이 성하던 지역에는 은화유통의 패턴이 아직 유지되었다. 기축통화가 추포에서 은화로, 동전으로 변화하는 가운데 총동전량 증가 속도보다 총통화량 증가 속도는 더 느릴 것이었다.

그러면 동전의 가치는 어떻게 변동하였는가. 이것은 은화에 대한 교환비율로서, 또 미곡 구매력으로 따질 수 있을 것이다. 그러나 은동 가격비는 은 유출입에 따라, 미곡 구매력은 미가 변동에 매우 민감히 반응하므로 해석에 어려움이 따른다. 여기서는 물가와 동전수요에 관해 간단히 언급하고 넘어가자. 물가는 1710년대-1820년대에 낮은 수준에서

안정적이었으며 심지어 전황국면이라고 할 만하다. 1830년대-1850년대에는 물가가 상승하였다. 동전수요는 계속 상승하였다.[36] 첫째, 추포와 은화를 대체하였고, 둘째, 시장이 발달하고 인구가 증가했으며, 셋째, 동전유통의 지역적 범위가 확대되었다. 넷째, 부세의 전문대봉으로 동전의 신인도가 안정되었다. 1853-1857년에는 신전이 대량 공급되어 물가가 상승하고 토지생산성과 인구증가가 주춤한다. 이러한 혼란은 이후 당백전 발행과 중국 동전 유입으로 더욱 악화된다.

이제 은의 유입과 유통에 대해 살펴보기로 하자. 조선시대의 공 무역, 사 무역, 밀 무역, 사대교린에 따른 기타 경비 등은 은을 매개로 지출되었다. 무역은, 또는 재정화폐로서의 역할을 한 것이다. 일본의 은은 조선 인삼, 더 중요하게는 중국 비단과 교환되었는데, 조선 내 잔류 은이 화폐로 유통되었다. 조선의 은광에서도 은을 계속 공급했다. 유통량은 17세기에 많다가 18세기에 감소했다.

은의 흐름은 고려 때부터 볼 수 있다. 대외관계에 은을 사용했으며, 국내용으로 은병을 주조하거나 또는 칭량화폐[37]인 쇄은을 사용한 흔적이 있다. 국내 은광에서 공급한 것으로 보인다. 조선시대에는 주로 미, 포, 저화를 썼으나 16세기 말 임진왜란 시 명나라에서 은이 유입되어 17세기에 널리 유통되었다. 토지, 노비 거래에까지 통용된 기록이 많다.

1609년 을유(己酉)조약으로 일본과 쓰시마 무역이 재개되자 18세기 중엽까지 일본 은이 대량 유입되었다. 나가사키, 오키나와 교역로 외에 조일(朝日) 무역이 흥성한 것이다. 쇠퇴는 일본 은의 품질 하락이 전기가 되었다. 예를 들면 1695년 순도 80%의 케이초긴(慶長銀)을 개주하여 순도 64%의 겐로쿠긴(元祿銀)으로 하였다.(〈표 15〉 참조) 1754년에는 일본의 은 수출 억제책에 따라 은 유입이 중단되었다. 대마도 종대문서(宗代文書) 대조선 은 수출 자료 연구에 의하면 1684-1751년간 총액은 832만 냥(순은 환산 635만 냥)에 달했다. 나누어 보면 1680년대-1690년대 연평균 20만 냥, 18세기 연 10만 냥 정도이다.[38] 18세기 중엽 은 유입은 단절되었으며 그 이후에는 동이 무역 결제수단이었다. 일본 동을 수입하여 조선 동전주조가 증가했다.

대중 무역을 보면 은, 인삼을 수출하고 서적, 약재, 모자, 구두, 비단, 생사를 수입했다.

17-18세기 연행사절단(使行)이 청국에 운반한 물자나 은은 연 17만 냥에 달하고, 사 무역(柵門後市 등) 연 30만 냥 정도를 합하면 중국 무역은 연 50-60만 냥에 이른다. 매년 거의 이만큼의 은이 중국으로 유출되었다는 뜻인데 일본에서 들여온 은으로는 이를 감당하기에 태부족이다. 밀수입과 조선산(端川, 成川, 盈德 은광) 은으로 대체했다고 추정할 뿐이다.[39] 이러는 과정에 정부재정에서 차지하는 은의 역할이 커졌다. 1650-1730년간 호조의 은 수입은 연 3만 냥 수준, 이후 크게 감소했다. 지출은 늦게 감소했는데 그만큼 경직성이 있다는 의미이다.

그러면 은저량과 화폐로서의 은은 어떤가. 17세기 중엽 이후 왜란과 호란에서 회복, 안정된 후 대외 무역이 재개되었다. 은은 계속 유출되었다. 이때 정부 보유 은은 호조(은 생산에 과세, 왜관 무역 은 수세, 일부 田稅 은납), 병조(나름의 공물 수입), 해서지방관서(사신의 행차 비용, 무역대금 비축, 군수 대비) 등을 포함하고, 무역 상인이 갖고 있는 은이 민간 보유 은이었다. 이를 전부 합한 은 재고는 1742년에 전국적으로 100만 냥이 되는데, 6성은이 많았다. 평양감영이 30만 냥을 보유했으며 매년 북경에 37-38만 냥씩 수출했다. 1782년 서울 각사, 각영의 시재은은 43만 냥에서 19세기 중엽 20만 냥으로 줄었다.(〈그림 18〉 참조) 18세기 초부터 일본 은의 유입이 감소하는 가운데 대청 무역을 유지하느라 은이 지속적으로 유출되는데 어떻게 19세기 초까지 이만큼(1820년대 40만 냥) 은 재고를 유지할 수 있었을까. 국내 은 생산이 증가했는가, 홍삼 수출이 늘었는가.

민간 보유 은화량은 파악할 방법이 없다. 아마 18세기에 빠른 속도로 감소했을 것이다. 교환의 매개 기능은 줄고 가치저장의 수단으로 더 큰 역할을 하지 않았을까? 그래도 무역은으로서 역할은 지속한 듯 보인다. 여기서 주의할 점은 대일 무역에서는 1611-1697년간 순도 80%의 8성은(케이초긴), 1697-1711년간 순도 64%의 6성은(겐로쿠긴), 1712년 이후 다시 7성은(사실은 8성 特鑄銀)이 수용되었는데, 대중 무역에는 새로 제련하여 순도 높은 정은자, 10성천은으로 만들어 지불해야 했던 것이다.

17세기 말부터 동전 주조와 함께 은동 복본위제가 운행했다. 조세부과 단위는 미곡이며 대동법으로 화폐를 도입했다. 고문서 매매문기를 통해 은화와 동전(18세기 공용)의 유통상황을 파악할 수 있다. 은화는 17세기 후반 목면과 함께 지불수단으로 널리 쓰였다, 그러나 18세기에 오면 거의 모든 거래가 동전으로 이루어진다.[40] 즉, 17세기 후반까지 토지, 노비 매매에 은가 표시가 많으나 18세기에는 사라진다. 하지만 공물방납권 매매에는 은이 계속 지불수단으로 쓰였다.[41]

한편 임진왜란 때 은화를 대량 유출(조선 明銀 유입)한 명나라는 조선에서 은량을 징색하려는 노력을 하게 된다. 이는 광해군, 인조 때까지 계속되며, 조선도 일본 은 유입 등 은 조달에 노력을 기울인다. 조선에 파견된 명군의 군량, 군수물자 조달 비용, 군공에 대한 포상, 전사자 매장비용, 사당(關王廟) 건설 등은 은으로 충당했고 물품은 현지 또는 요동 등지에서 구입했다. 왜란 시기 명의 은 지출은 700-900만 냥으로 추산된다.[42] 또한 단천광산에서 세은(稅銀) 취련시 연철은 탄환 제조에 쓰였다. 이리하여 임진왜란은 미곡, 포에 더하여 유통수단으로 은의 인식을 증대시킨 것이다.

17세기 초 명나라는 은의 유출을 벌충하기 위해 은 징색에 나섰다.

중남미와 일본 은의 공급이 급감하고 임진왜란과 만주족의 준동이 계속되자 명나라에 은 부족 사태와 은가 폭등이 도래했다. 이에 명나라는 조선 주둔 명군의 군량조달을 요구했으며, 또 중강개시 등에서 조선 은이 명으로 유출되었다. 즉, 상세 등으로 명이 매년 2만 냥의 수입을 올린 반면 조선은 수백 냥을 징수하는 데 그쳤다. 광해군, 인조 대에 소사(詔使)들의 은 요구는 연 10만 냥 단위였다. 명나라는 광해군이 첩실 차자라는 빌미로 즉위 때까지 인준하지 않았다. 결국 책봉례 6만 냥을 거두어 갔다. 광해군 대에 왕권을 공고히 하고 중립적 외교정책을 취하는 과정에서 막대한 은자를 명의 소사들에게 유출했다. 인조 반정 이후도 비슷하거나 더욱 심했다. 호란 이후 청의 은 요구는 오히려 가벼웠다, 이는 청나라의 화폐경제가 아직 덜 발달한 때문이었을까. 그들은 은보다 농우, 직물, 곡물을 선호했다.[43]

중국의 은 수입과 화폐제도

이제 이 장의 가장 중요한 부분인 중국의 은 수입과 화폐제도의 변화를 살펴볼 차례이다. 중국 역사에서 동전 대량 주조는 세 번 있었다. 한무제(BC 141-87) 때, 연 50만 관, 북송 왕안석(王安石) 개혁 전후 11세기, 연 500만 관, 그리고 18세기 후반 건륭통보, 연 300만 관이 그것이다. 15세기에는 화폐가 부족했는데, 1436-1503년간 주전을 중단하고 지폐(寶鈔) 통용을 장려했다. 그러나 결국 조개, 쌀, 포, 가죽으로 후퇴할 수밖에 없었다. 동전도 종류마다 지역마다 통용가치가 다르고 명목가치와 실질가치의 차이가 컸다. 동전의 공간적 획일성과 시간적 일관성을 유지하려고 노력했다. 1576년에 주조된 만력통보는 1전이 4g이었다. 네 번 제련하여 순도 93.8%를 자랑하는 최고의 동전이었다. 이것이 유지되지 않을 때 전황(錢荒)과 인플레이션(심하면 동전을 녹여 쓸 유인이 생긴다.)의 사이클이 반복된다. 주전 시 동과 혼합하는 납, 주석, 아연의 비율도 들쭉날쭉했다. (〈표 17〉 참조) 그 이후 동가가 상승하여 100근에 6타엘에서 1620년대에 14타엘이 되었으며, 자연히 동전의 동 함량도 급히 떨어졌다. 1623년에

표 17. 명나라 동전의 금속 함유량과 중량

연도	동(구리) (%)	기타 금속 (%)	동전 천 닢당 구리의 무게(斤)	동(銅) 1근(斤)으로 주조한 동전 개수
1393(洪武)	–	–	6.64	151
1476	–	–	–	150–160
1505	87.5	12.5(납)	–	160
1507–1508	72.0	24.0(납) 4.0(주석)	–	160
1527(嘉靖)	90.9	9.1(주석)	7.88	127
1564	90.0	10.0(주석)	8.00	125
1567	–	–	–	160
1576(萬曆)	93.7	6.3(주석)	8.54	117
1577: 江西	93.9	6.1(주석)	8.94	112
1605: 貴州	–	–	–	140
1622(天啓): 南京	54.3	45.7(아연)	7.84	128
1622: 南京	–	–	4.50	222
1623: 南京	50.0	50.0(납)	5.25	190
1624	60.0	40.0(납)	–	–
1625	–	–	–	150
1628: 湖廣	20.0–30.0	70.0–80.0(납)	–	–
1633: 山東	76.0	24.0(납)	–	185
1633–1636	57.0	43.0(아연)	9.00	111
1637	60.0–70.0	30.0–40.0(아연)	–	–
1638	–	–	6.00	167
1643	–	–	3.00	333

*괄호 안의 연호는 발행된 동전의 조폐 기준을 의미한다.

자료: Glahn 1996, p. 147

는 50%로, 1628년에는 20-30%까지 급락했다가 회복한 것이다.[44] 그러나 저질 통용전이 따로 있었다. 즉 동전 사용에 관에서 주조한 기준전과 사주 통용전의 2중 구조가 항상 존재했다. 정부 발행 초와 민간 발행 표(銀票, 錢票) 같은 지폐도 다소 유통되었다. 매우 특이하게도 정부는 은화 발행에는 전혀 관여하지 않았다. 초, 표 간, 즉 정부부문과 민간부문 간 불통의 이점을 노린 명·청조의 의도로 해석하는 학자도 있다. 정부가 발행하는 동전이나 초와 무관하게 은에 의존하는 재정으로 전환하여 안정성을 누리려는 것이다. 따라서 통일된 은화 도입의 동기가 없다.[45]

화폐통용은 당국의 명령이 아니라 지방상인의 수요에 따라 결정되었다. 사주와 그것의 금지는 수천 년 역사를 갖고 있다. 기준전과 통용전(사주)의 교환비율이 지방마다 달랐다. 금속 함량과 관계없이 지방상인들이 결정한 것이다.[46] 공적지불이나 지역 간 거래에는 기준전이, 지역 내에서는 두 가지가 전부 통용되었다.

1550-1650년간은 중국에서도 '은의 세기'였다. 은 유입 통계는 앞에서 본 바와 같거니와, 여러 경로로 각종 은화, 은병, 은괴가 유입되었다. 1557년 마카오, 1571년 마닐라가 일종의 전기였고, 해금 때, 즉 1523-1567년, 1656-1684년과 그 이후에도 일본 은이 류큐, 쓰시마를 통해 유입되었다. 그 결과 유럽을 통해 온 양은과 왜은, 멕시코 은으로 구성된 각종 형태의 은(元寶, 鷹洋, 馬蹄銀, 元絲銀, 十字, 大髮, 小髮, 馬劍, 蓬頭, 雙頭, 佛頭, 番佛 등)이 통용되었다.[47] 은 유입에 따라 은 가격은 하향추세였으며 결국 국제가격으로 수렴했다. 금은 가격비가 1550년에 1:6에서 1750년에는 1:15로 유럽과 같게 되었다. 은동 교환비율은 〈그림 19〉와 〈그림 20〉에서 볼 수 있다. 은 가격 급등 기간은 1630-1644년과 1808-1849년이었다.[48]

은 가격이 유럽이나 일본과 같아진 다음에는 재정거래(arbitrage) 목적

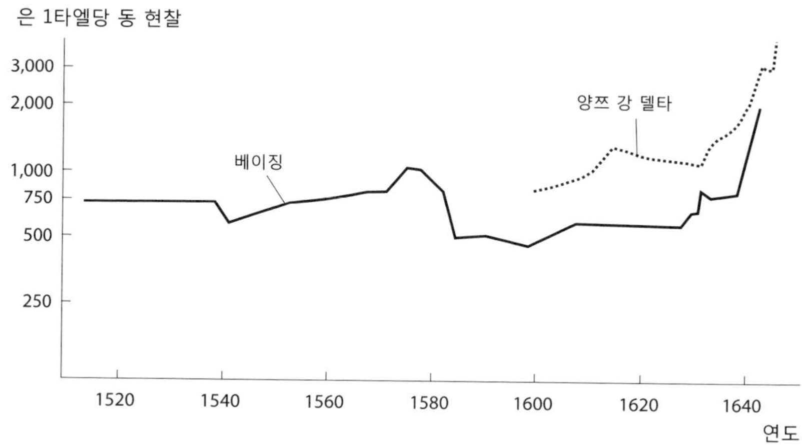

그림 19. 중국의 은동 교환비율, 1510-1645년
자료: Glahn 1996, p. 160

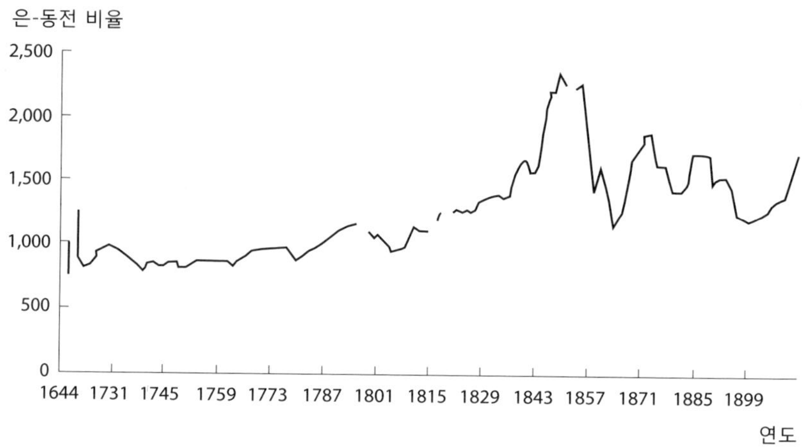

그림 20. 중국의 은동 가격비, 1644-1915년
자료: Lin 2006, p. 3

의 은 유입은 정지되었다. 1808-1856년에는 아편 수입 증가와 차, 비단 수출 감소, 세계 은 생산 감소가 겹쳐 은이 중국에서 유출되었으며 은 가격이 급등했다. 당시 은납 조세는 시장가격으로 징수하고, 군인봉급이나 공공사업비 등은 오르기 전의 공식가격으로 지급하여 조세 저항이

극심했다. 사회혼란은 결국 태평천국의 난으로 이어졌다.[49]

수입된 귀금속을 화폐로 쓰는 것이 화폐경제의 혼란을 초래한다는 사실에 주목할 필요가 있다. 단기에서는 무역 패턴의 급변에 따라 화폐가치가 불안정해지며 장기적으로는 귀금속 획득을 위해 실물(재화용역)이 지속적으로 유출되므로 국민 복지가 하락한다. 더 큰 문제는 중국의 은, 동 복본위제가 정부의 관리 밖에서 움직였다는 것이다. 동전과 은괴의 이중통화제가 때와 장소에 따라 다르게 운행했다. 정부는 은 부문을 책임지지 않았고 은화 주조도 하지 않았다. 상인이 은 공급을 담당했는데 중량과 순도도 각양각색이고 멕시코 주화나 지폐, 은행의 신용증서까지 통용되는 등 혼돈 상태였다. 작은 거래는 동전, 큰 거래와 조세 등 공식 거래에는 은괴가 사용되어 은동 교환비율이 불안정했다. 이 모두가 화폐제도 자체의 미성숙을 의미했다. 특히 은 유출 기간에 교환비율이 급등한 것은 중국의 화폐주권을 의심케 한다.[50] 물론 당시 화폐문제에 대한 중국 지식인들의 고민이 대단했다. 따라서 중국인들이 은 공급 통제에 신경을 쓰지 않았다고 이야기할 수는 없다.[51]

은이 대규모로 유입되기 시작한 16세기 후반 이전에 유통되었던 동전과 지폐(정부발행의 鈔, 민간 발생의 錢票)도 지역적으로 제한되고 통용 범위가 좁았다. 은의 대량 유입 후 은이 무게에 따라 대규모 거래에 통용되었는데 민간에서 은량을 설정하도록 방임하였다. 결과는 지역마다 시기마다 공적 기준이나 표준이 결여되어, 다양한 자발적 은 표시 화폐가 출현한 것이다. 다시 말하여 국가의 화폐통제가 거의 없으므로 시장이 알아서 끌고 나갔다. 외부 은, 주조되지 않은 은, 사주 동전이 공식적 '기준전'보다 우세했다. 이는 당시 환율안정과 무역수지에 신경을 쓴 서유럽과 매우 대조적이다. 화폐에 대한 수요가 은 유입을 이끌었다. 이것은 시장 시스템의 제도적 특성 때문이기도 하다. 지방의 시시각각의 거

래가 중요했던 것이다.[52]

은 유입 중단 및 은 유출로 중국 경제가 위기에 처한 것은 1808-1856년 기간이다. 위기는 은화 공급을 국가에서 통제하지 못하는 은동 복본위제의 취약성에 기인하며 아편 수입 증가와 남미 독립운동 등의 직접적인 영향이 있었다. 결과로서 태평천국의 난 발발과 동아시아의 패권이 일본으로 넘어간 것 등을 들 수 있다.[53] 복본위 자체는 문제 삼을 것이 없다. 유럽이나 미국의 금은 복본위제는 잘 운행했으며 단일 금속 본위제보다 나은 면도 있었다.[54] 중국의 문제는 동전은 주조국에서 관장했으나 은화 공급을 중국 정부가 통제하지 못하고 상인들에게 맡겨놓았다는 데 있다.

은 유입은 은 상대가격에 따른 것이 대종이었다. 은 가격이 국제가격에 근접하면 가격 정화 플로우 메커니즘이 발동한다. 즉 국제수지에 따라 은이 이동하고 물가와 환율이 조정된다. 중국은 계속 비단과 차를 수출하고 은을 수입했다. 1800년경부터 아편 수입이 급증하자 은 유출이 시작되었다. 아편 때문에 1800-1850년간 대인도 중국 누적 무역적자는 은 1만 250톤으로서 1550-1800년간 총 은 수입량의 절반에 해당한다. 19세기 후반에는 모든 외국에 대해 무역적자가 증가했다. 1864-1904년간 누적적자는 은 3만 6,576톤이었다. 19세기 중국의 무역적자로 인한 은 유출은 최소 1만 5,500톤이었으며 금 유출도 많았다. 1880-1910년간 금 수출이 은 수출의 1.6배나 되었다. 여기에 전쟁배상금(남경조약만 429.3톤)이 1899에 2만 6,737.5톤(7억 1,300만 냥)이었다. 청말 외채는 7만 3,563톤이었으며, 보유 은은 4만 3,000톤에 불과했다. 19세기 후반의 은 유입은 주로 차관이었으며 청일전쟁 후에는 직접투자(FDI)가 몰려왔다.[55]

국가가 은의 공급이나 이동에 대해 법적권위나 통제가 없었다. 청나라의 은화경제화(silverization)는 아닌 듯하다. 은 시장은 무정부상태였고, 각기 다른 은화 간 할인율이 시시각각 변화했다. 교환비율도 불안했고, 1냥=37.5g도 잘 안 지켜졌다, 지역마다 무게표준(市平兩)이 달라서 35.14-37.5g을 넘나들었다. 무게를 달아 은을 통용하는 거래도 순도에 따라 재정(arbitrage)이 이루어졌다. 청나라는 은 수입에 관세를 부과하고 있었으므로 은을 법화(法貨)로 두지 않는 것이 관세수입상 이로웠다. 은을 표준화할 유인이 없었던 것이다. 분명히 '사실상 은본위(*de facto* silver standard)'가 아니었다. 은은 청동(bronze)본위의 보조화폐밖에 못 되었다고 혹평하는 학자도 있다.[56]

모든 세금과 요역을 통합하여 은으로 일괄 납부케 한 일조편법은 명 후기에서 청 초기에 시행되었다. 1560-1570년에 강남에서 시작하여 차츰 전국으로 확대되었다. 조세 납부용 은은 순도 98%로 주조해야 했다. 성색은(成色銀) 5냥짜리 은괴 문은은정(紋銀銀錠)과 10냥짜리 은괴 문은원보(紋銀元寶)가 쓰였다. 공식적으로 조세는 은납이었지만 일조편법 하에서도 절반 정도는 물납이 행해졌다. 그리고 국제적으로 비교할 때 세금(GDP의 10% 미만)과 세율이 얼마 되지 않았다. 고액거래, 지역 간 거래에 은을 이용했다고 하지만 18세기 부동산 거래는 동전이 압도했다. 중국의 은은 주로 서비스와 소비, 나중에는 마약중독, 대외부채와 연결되었다.[57]

동아시아 은화공동체?

요약하자면 일본은 1897년, 조선은 1905년에 금본위제를 공식적으로 채택하고, 중국은 1935년 화폐개혁으로 관리통화체제로 이행한다. 그 이전까지 16-19세기, 특히 17, 18세기에는 동아시아 3국이 복본위 금속화폐와 다양한 정도의 지폐, 물품화폐, 그리고 약간의 신용으로 화폐경제를 꾸려가고 있었다. 일본은 17세기에 금, 은, 동 삼화제도를 성립시켰고 18세기에는 명목주의(nominalism)를 뿌리내렸다. 같은 기간 여러 금속을 수출했다. 조선은 물품화폐를 많이 사용하는 가운데 17세기에는 은, 18세기에는 동이 주도하는 복본위제였다. 동전을 주조하기 위해 동을 수입했다. 중국은 지속적인 은 수입이 특징인데 은, 동 이중 금속 화폐를 운행했다. 그러나 잘 살펴보면 은화에 대한 정부 통제가 전혀 없어서 동아시아 3국 중 가장 낙후한 화폐제도를 보여 주었다. 정도 차이는 있지만 세 나라 모두 동전이 기본전과 유통전 동시 통용으로 2중 구조를 나타냈다. 각종 화폐는 거리와 계층, 거래 종류에 따라 통용범위가 나뉘는 모습도 보였다.

세 나라를 각각 평가하지 말고 뭉뚱그려 해석하는 방법은 없을까. 17-19세기 동아시아의 공통점을 가족노동에 기반을 둔 소농사회에서 찾을 수 있다. 그러나 중국이 인구증가가 빨라 1인당 소득이 정체하는 동안 일본은 비교적 빨리 성장했고 조선은 인구도 소득도 정체하는 분기(分岐)가 나타났다. 자연히 도시화와 시장발달에서 일본이 앞섰다. 상품경제가 발전한 만큼 지주, 농민, 상인에 대한 영주의 지배체제도 공고하여 재정규모는 중국과 조선을 압도했다. 19세기 초에 이르면 일본의 1인당 조세수입은 중국의 10배, 조선의 5배가 넘었다.[58] 상품화폐경제가 진전되자 중국과 특히 일본은 시장권과 전표유통권이 확대되었고, 서유럽처럼 영주의 법적 권력에 의존하지 않으면서도 지역유동성을 조성하였다.[59]

국제교역을 보면 조공 무역체제의 틀을 벗어난 비정치적 상인 집단과 무역로가 성장했다. 그래도 동아시아 3국 간에는 국제 무역이 충분치 않아 공동통화권으로 발달하는 일은 상대적으로 늦어졌다. 그럼에도 무역에는 순도가 높은 은이 상당 기간 통용되었음을 상기하자. 즉, 조일 무역에는 순도 80% 정도의 유통은이 통용되었으나 조중 무역 때 10성정은으로 재주조되어 거래되었고, 중일 무역은 대부분 순도 90% 이상의 하이후키(灰吹) 은이나 세다(佐渡) 은, 레알 등으로 결제되었다. 무역이 동아시아, 동남아시아를 연결하는 고리를 형성했다면 이것을 상징하는 것으로 푸젠(福建省)의 메이저우(湄州) 기원인 송부터의 해신 마소(媽祖) 신앙권을 들 수 있다. 중국, 대만, 일본, 동남아 각지에 천후묘가 있는데 이는 어민과 해상의 이동권, 화남화인의 이동을 보여 준다고 할 수 있다.[60] 재정거래에 의한 은의 중국 유입과 금의 유출은 아시아를 은화 중심으로, 유럽을 금화 중심으로 권역화한 경향을 가져왔다는 해석도 가능하다.[61] 아직 뚜렷한 성과는 보이지 않지만 무역에 은을 사용했던 동아시아의 지역질서를 연구하는 작업이 시작된 지 오래다.[62]

세계적 시각

책의 본령으로 돌아가서 동아시아를 세계적 시각으로 평가해 볼 수는 없을까. 근대 초기 유럽 각국의 중상주의 화폐정책은 안정적 환율과 무역흑자에 역점을 두었다. 통화당국의 분산에 따른 통화 표준의 상이함은 국제 교역을 환율이라는 경직적 교환비율의 균형에 의존할 수밖에 없도록 강제했다. 고평가되거나 저평가된 통화는 오래 유지할 수 없었다. 위정자들이 기본적 국내화폐를 발행하지만 금화건 은화건 국제표준에 연결되어야 했다. 따라서 귀금속 간 교환비율은 적어도 16-17세기에 신대륙의 보물이 유입되기 전까지는 매우 안정적이었다. 이와 대조적으로 중국의 관리들은 얼핏 환율결정과 별 관계가 없어 보이는 외환수지나 무역수지 문제에 무관심했다. 그 대신 중국의 통화정책은 재화와 화폐의 상대적 저량(스톡)을 조절하여 이들 간 교환비율을 안정시키는 데 중점을 두었다. 송대부터 동전, 지폐, 은괴를 포함한 다양한 화폐제도의 발달과 함께 관심은 재화의 공급에서 여러 형태의 화폐 간 교환비율을 유지하는 쪽으로 옮아갔다. 그러나 지폐통용정책은 실패했고 통화의 기본은 금속화폐로, 특히 은으로 향했다. 명나라는 명목화폐를 도입하지 못하고 시장에 모든 것을 맡겼으며 은을 국가재정의 근간으로 삼았다. 18세기 이후 유동성 수요증가와 함께 교환의 매개 기능은 동 중심으로 이동하지만 동아시아의 무역결제는 아직 주로 은으로 이루어진다.[63]

앞에서 말한 바와 같이 유럽 나라들에 비한다면 동아시아는 경제개방도가 낮다. 도쿠가와 일본도, 명·청도, 조선도 각각 해금, 쇄국 기간이 있었고 국제 무역보다 국내경제에 더 신경을 썼으며 국내에서 화폐가치의 안정이 문제였지 무역수지나 환율은 상관하지 않았다. 일본은 17세기 이후 잦은 개주를 통해 명목화폐로 이전했으며 조선은 동가 상승에 따라 동전의 중량이 하락했다. 중국 동전도 동 함량이 계속 떨어졌다. 물론 유럽의 화폐가치가 장기간 유지된 것도 아니다. 유럽의 금속화폐도 만성적인 금속 함량 감소(debasement)로 인플레이션을 유발했다. 전시 재정수요를 주조차익으로 감당하려는 목적, 또는 그레셤의 법칙(Gresham's law)에 대응하고자 하는 방어적 목표로 경쟁적으로 화폐 순도를 낮추었다. 잔돈 부족의 불편함을 덜기 위해 품질저하를 감수한 사례도 많았다.[64] 그러나 물가상승은 화폐의 순도 하락만큼 높지 않았고(1540년대 영국, 1480년대 네덜란드), 악화가 양화를 구축하는 속도에도 개입할 수 있었다.(1609 Wisselbank의 사례)[65] 〈표 18〉은 18세기까지 유럽 각국 은화의 은 함량 감소를 보여 주며, 〈그림 21〉은 은화의 은 함량이 지속적으로 떨어져 명목화폐가 되는 과정을 나타낸다.[66] 은 함량 감소는 화폐가치 하락을 가져오므로 국내에서 국가채무의 크기를 줄이는 효과, 즉 국민이 국가에 대부해 준 자산가치가 줄어드는 효과를 갖는다. 그러나 외국에서 차입한 부채를 줄이지는 못한다. 환율이 조정되기 때문이다. 유럽 각국은 금속 함량에 따라 서로 간 화폐의 교환비율을 조정하였

표 18. 16-18세기 유럽 은화의 은 함량 감소

나라	화폐	대상 기간	은 함량 누적 감소율 (%)	최대 감소폭 (%)	연도	은 함량 감소를 통한 화폐가치 하락 기간이 대상기간에 차지하는 비중 (%)	
						전체	15% 이상 하락
오스트리아, 빈	kreuzer	1500–1799	−59.7	−12.5	1694	11.7	0.0
벨기에	hoet	1500–1799	−56.3	−15.0	1561	4.3	0.0
프랑스	livre tournois	1500–1789	−78.4	−36.2	1718	14.8	1.4
독일							
바이에른–아우크스부르크	pfennig	1500–1799	−70.9	−26.0	1685	3.7	1.0
프랑크푸르트	pfennig	1500–1798	−12.8	−16.4	1500	2.0	0.3
이탈리아	lira fiorentina	1500–1799	−35.6	−10.0	1550	2.7	0.0
네덜란드	guilder	1500–1799	−48.9	15.0	1560	4.0	0.0
포르투갈	reis	1750–1799	25.6	−3.7	1766	34.7	0.0
러시아	ruble	1761–1799	−42.3	−14.3	1798	44.7	0.0
스페인, 뉴 캐스틸	maravedis	1501–1799	−62.5	−25.3	1642	19.8	1.3
스웨덴	mark ortug	1523–1573	−91.0	−41.4	1572	20.0	12.0
터키	akche	1527–1799	−59.3	−43.9	1586	10.5	3.1
영국	pence	1500–1799	−35.5	−50.0	1551	2.3	1.3

자료: Reinhart and Rogoff 2009, p. 176에서 작성.

고 환율은 계속 안정적이었다. 19세기 후반 고전적 금본위 시대가 도래하여 유럽 각국은 고정환율로 거래하게 된다.[67]

금속화폐는 원래 귀금속 가치와 일치하는 것을 원칙으로 도입되었다. 가치가 분리되는 것은 중앙집권화된 국가권력이 도래한 후이다. 명목화폐(fiduciary money)의 존재 조건은 행정력과 법질서를 독점하는 국가기구이다. 세계적으로 국민국가 시스템이 성립하고서야 명목화폐가 국제

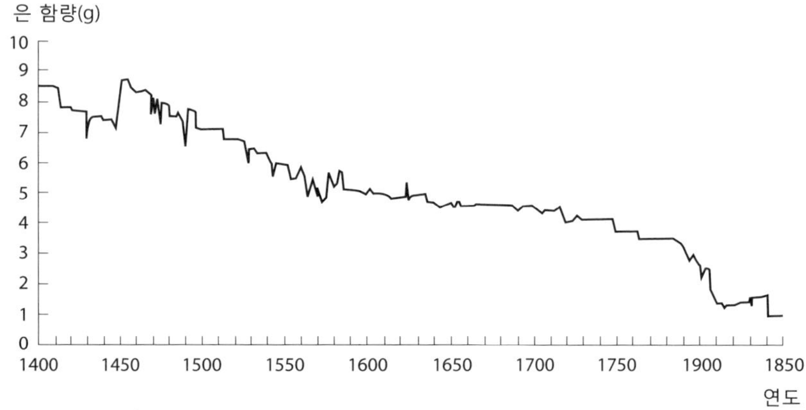

그림 21. 유럽 10개국 은화의 은 함량, 1400-1850년
자료: Reinhart and Rogoff 2009, p. 178

적으로 통용되었다.[68] 안정된 화폐체제는 안정된 국가권력을 바탕으로 한다. 금속화폐는 경제적으로 유럽을 단일질서로 만드는 전제였다. 병사의 '임금지급'(soldo)이 '군인'(soldier, Soldat)의 어원임이 시사하는 바가 있다. 금속화폐를 벗어나면서 근대국가가 발전했다. 영국, 네덜란드 등이 신용화폐로 이전했고, 영란은행(Bank of England), 비셀은행, 신용조직, 조세수입 확보 관료기구, 금융혁명 등이 등장했다. 절대주의 시대에 와서 조세의 의미가 '재정(fiscal)'으로 변했다. 조세국가, 재정국가가 왕실을 위한 것이 아니라 공공영역이 되어 이제 곧 국민국가로 이행할 것이었다.[69]

일찍이 모범적인 재정군사국가가 된 영국의 예를 들자. 초기에 노르만 정복 때부터 중앙집권된 섬나라 영국은 인접국과 군사경쟁은 선택사항이었다. 국왕과 봉건귀족은 협조관계에 있었고 이의 대가로 왕의 입법권을 견제했다(concurrent centralization). 의회가 중요했으며. 백년전쟁 때 프랑스보다 자원과 병력 동원이 더 효율적이었다. 여기에 내란(장미전쟁) 등을 겪으면서 튜더 왕조는 특히 헨리 8세 때 더욱 강화된 중앙집

권을 이룬다. 1630년 통계에 의하면 군대(상비육군 1만 5,000명)는 프랑스(15만 명), 스페인(30만 명)보다 작고 주로 용병이었다. 해군 발달은 17세기 말 이후에 시작했다. 군대확장은 크롬웰 공화정 때로서 상비군이 7만 명에 달했고 이후 4만 명으로 줄었다. 군대가 작아 1640년과 1688년의 시민혁명이 가능했을까? 스튜어트 왕조 절대주의 왕권 확립 노력이 명예혁명으로 좌절되었으나 대륙과 전쟁 때문에 오히려 국가가 더 강력해졌다. 상비육군의 수는 명예혁명 이후 영국 왕위계승을 빌미로 한 대불 9년전쟁 1688-1697년 9만 명, 스페인 계승전쟁 1702-1713년 9만-14만 명(해군 4만 명), 오스트리아 계승전쟁 1739-1748년 9만 명, 7년전쟁 1756-1763년 3만 5,000-4만 5,000명, 미국독립전쟁 1775-1783년 10만 명, 나폴레옹 전쟁 1792-1815년 해군 10만 명이었다. 이에 부가하여 유럽 내 동맹군 지원금 지급 등 재정자원이 중요했다. 이와 함께 조세관리, 행정기구, 군납업자, 무기제조, 조선 등이 발달하고 재정군사국가(fiscal-military state)의 면모를 갖추었다. 절대주의 체제가 아니면서 강력한 군사적 노력이 있었으며 경제가 탄탄하고 조세행정효율이 높았다. 모든 재정에 의회의 동의가 있었다. 군사대국 영국의 경제적, 재정적 기초는 산업혁명, 인구증가, 도시화, 조세행정과 국가기구였다. 징세도급(tax farming)을 중단하고 조세관료를 충원했다. 세리의 수는 1690년 2,500명에서 1783년 8,300명으로 늘었다.(소비세만 1,150명에서 5,000명) 조세는 1715년에 프랑스를 앞질렀다. 1725년 영 1인당 17.6리브르, 불 8.1리브르, 1780년 영 46리브르, 불 17리브르였다. 금융혁명의 내용을 보자면 1694년 영란은행, 1720년 남해회사를 설립하여 국가채무를 차환했다. 부채는 9년전쟁이 끝날 때 1,670만 파운드(예산의 1/3)에서 1713년 3,620만, 1720년 5,000만, 1748년 7,600만, 1763년 1억 3,300만, 1783년 2억 4,500만 파운드로 커졌다. 단기공채를 줄이고 기금화(funded) 장기

공채를 발행했다. 원금은 영구연금 방식이었으며 이자청구권을 양도가능케 하여 주식시장이 발달했다.[70] 재정국가(fiscal state)의 등장은 6장에서 다른 방식으로 설명했다. 재산권 보호와 금융혁명은 4장에서 논의했다.

화폐독점은 국가안보에 중요하다. 조세권 확보 이후에도 전쟁비용 조달에 조폐국 장악이 필수적이다. 이를 위해 평시에 물가 안정이 중요하다. 금속화폐 발달 후 국가역할이 커졌다. 국가기구와 징세권이 충분히 강하면 주전독점이 필요없다. 그러나 전시를 대비하려면 예외적으로 독점이 필요하다. 비상시 독점화폐 함량 감소(debasement)로 단기자금 확보가 가능하다. 그리스, 로마, 중세유럽에서 화폐위조는 반역죄에 해당했다. 결론적으로, 국내외 방위 때문에 국가 화폐독점이 진화했다. 최근 군사기술이 발달하여 평시지출이 증가했다. 조세 및 차입 능력이 커지면서 국가 화폐독점의 기여도가 낮아지긴 했는데 통화정책 때문에 독점이 불가피하다.[71]

은 이동과 무역, 화폐제도로 볼 때 아마도 아시아는 재정국가 형성이 한참 늦었음을 알 수 있다. 화폐제도의 늦은 발달도 재정국가 형성의 지연도 대분기의 한 증세이자 대분기 심화 원인의 일부다. 은 대신 비단과 도자기, 차를 제공한 것이 경제우위를 나타낸다고 할 수 있을지는 모르나 중국의 은 유입 과정은 경제적 후퇴의 과정이었다.[72] 정도의 차가 크겠지만 조선의 왜동 수입도 마찬가지다. 근대국가와 화폐금융이 동시에 발달하는 것을 음미할 필요가 있다. 화폐는 사다 쓸 수 없는 것이다.[73]

제12장

성장이론 분석

◆

경제성장이론은 오랫동안 이론에 머물렀고 실제경제를 설명하지 못한다는 비판을 받아왔다. 특히 비교경제사에서는 원용할 만한 모델이 없었다. 최근의 발달에서 희망적인 요소가 보인다.

성장이론에서 기술진보는 전통적으로 집계생산함수의 외생변수로 취급되어 왔다. 솔로우 모델 같은 신고전파 성장이론에서 기술수준은 외생이고 모든 나라에 같다. 기술수준이 같다면 모든 나라가 같은 1인당 국민소득으로 수렴, 혹은 인구증가 속도에 따른 '조건부 수렴' 경향을 보여야 하지만 이것이 잘 나타나지 않는다. 1980년대 말부터 기술진보를 내생화하는 내생적 성장이론(endogenous growth theory)이 등장하여 2차 대전 후의 지속적 성장과 나라별 성장률 차이를 설명하는 데 동원되었다. 이윤동기에 의한 기술적 지식에의 투자가 주요 설명변수가 되고, 불완전 경쟁 하에서 연구개발부문에 투여되는 자원의 규모는 시장의 크기, 인적자본의 공급가격, 수익의 독점가능성 등에 의존한다고 본다. 연구개발투자가 기술혁신의 기회를 높인다는 가설은 생산함수에 품질 조정된 중간재를 넣는 방식으로 반영된다.[1] 영국 산업혁명 시에는 특허권의 가치가 미미하고 불안하여 연구개발 행위보다는 학습효과가 더 중요했을 것이다. 인적자본의 축적, 특히 학교교육은 빈약했다. 도제제도나 현장실습 등을 통해 두터운 숙련공 층을 형성한 것이 미시발명에 비교우위를 가져왔다고 볼 수 있다. 내생적 성장이론의 유용성은 20세기의 경험을 설명하는 데 더욱 크다.

통합성장모형

저성장, 그리고 저성장에서 고성장으로 이행기를 포괄하여 설명을 가능케 할 통합성장모형(unified growth models)이 발달한 것은 1990년대부터이다. 이 모델들은 인구, 제도의 영향, 인적자본과 문화, 기술의 역할을 중시한다.[2] 인구와 기술이 동시에 증가하면 균제상태(steady state)가 없고 발산하게 되므로 인구변천을 넣어야 한다. 즉 출산과 소득이 어느 수준 이상에서는 역관계로 변해야 한다. 맬서스적 국면, 맬서스 이후 국면, 솔로우 국면을 전부 설명해야 되는데, 우선 규모를 따지는 접근이 있다. MEG로 이행하려면 인구가 많아야 좋다는 것이다. 소득분배와 수요구조가 경제규모가 커질수록 영향력을 발휘하여 전방위 기술혁신(big push)을 가능케 한다. 또 높은 고정비용과 불가분성(indivisibilities)이 중요하므로 규모효과가 있다고 한다. 그러나 1870년 이전에 제조업에서는 고정비용이 얼마 안 되고 수요규모는 국제 무역이 원활했으므로 별 문제가 안 된다. 또한 조정실패(coordination failure)의 위험도 규모에 따라 커지는 것을 감안해야 한다. 모델은 두 부문(two-sector)으로 나누어 토지사용(수확체감) 생산양식과 비토지사용(non-land-using) 생산양식이 외생적으로 주어진 것으로 보는 경우도 있다. 맬서스 부문의 농업은 기술이 1세대(35년)에 3.2% 진보하고 솔로우 부문은 모든 생산요소가 재생가능하고 52%의 기술진보가 있다는 등이다. 그러나 산업혁명기에 농업부문

공업부문의 생산성이 거의 비슷하게 성장했다. 또 이러한 모델들은 전부 어느 나라가 먼저, 왜 공업화를 하는지 설명하지 못한다.

통합성장모형은 인적자본축적과 기술, 인구증가의 '아이디어 생산' 성질을 연결시키려는 노력의 산물이다. 인적자본과 기술진보의 상호작용에 의해서 맬서스→맬서스 이후→MEG로의 이행이 추진되며 기술이 진보할수록 인적자본의 가치가 커진다. 인구가 증가할수록 아이디어가 많이 나오는데 부모가 자녀에 투자를 더 하기 때문이다. 평균수명이 늘수록 인적자본투자가 증가하고 인구밀도가 커지면 단위교육비용이 줄어 문자해독률이 높아진다. 인구-아이디어 메커니즘에 재산권 보호가 가미되어야 기술투자를 하게 되므로 지적재산권 보호가 중요하다. 그러나 인구-아이디어 연결이 실제로 관찰되지 않는다. 나라 크기와 성장률은 오히려 역관계였고 시장크기와 성장도 상관이 없다. 1750년까지 반세기 동안 영국 인구는 정체했고, 중국 인구는 1650년 1.3억 명에서 1850년 4.2억 명으로 급증했지만 산업혁명이 시작하지 않았다.

1500-1870년 동안 인구증가가 1인당 소득에 미친 영향이 높았다가 차츰 기술진보에 자리를 내주었다. 1750년까지를 '맬서스적 시기'라고 한다면 '임금철칙'은 출생률, 사망률 커브의 기울기, 즉 예방적 규제, 적극적 규제의 영향력에 의해 '균형임금'이 결정됨을 의미한다. 더 약한 주장은 균형을 향해 움직이는 메커니즘의 존재만을 강조한다. '인구' 같은 스톡 변수는 늦게 변하기 때문에 임금철칙설은 실제로 잘 맞지 않는다. 1500-1750년 기간 같은 인구증가일 때도 북서유럽에서는 임금이 올랐고 남유럽에서는 내렸다. 노동투입이 증가하면서 프로토 공업화가 일어났다. 더 약한 주장을 뒷받침할 만한 플로우 변수들의 움직임이 단기에서 관찰되었다. 예를 들어 예방적 규제가 더 강하게 나타났다. 산업혁명 이전에 1인당 소득이 증가했고 기술진보가 인구증가로 소진되는

일은 매우 지연되었다. 흑사병 이후 인구회복도 느렸다. 예방적 규제는 곳에 따라 달리 나타났다. 이와 같은 현상은 통합성장모델에 반영할 수 있는 것들이다.

유럽에서는 도시와 농촌의 사망률 격차가 심했다. 한편 중국과 일본의 도농사망률은 비슷했다. 따라서 유럽에서 도시화와 함께 소득에 따른 사망률 곡선 우상향하는 구간이 있고 출생률과 일치하는 균형이 여러 개 있을 수 있다. 이것이 인구증가가 도시화와 기술진보를 동반하는 네덜란드의 '특수성'을 설명해 준다. 19세기 이후에는 소득이 증가하는데 출생률이 감소하여 출생률 커브가 우하향한다. '프린스턴 유럽출산율 프로젝트(Princeton European Fertility Project)'에서 많은 연구를 하고 있는데 출생이 문화, 이데올로기에 의해 결정되고 피임법의 전파는 언어 공용지역에 더 빨랐다는 등의 결과를 내놓고 있다. 소득과 출산의 역관계는 MEG로 이행에 매우 중요하나, 자녀의 양과 질 간의 트레이드오프 이론(자녀양육비의 상승가설) 등은 실제 영국의 경험과 맞지 않는다. 의무교육과 아동노동 규제는 산업혁명기 이후에야 도입되었으며 숙련 프리미엄도 커지지 않고 오히려 줄어들었다.

제도와 경제성장은 4장에서 자세히 논의한 바 있다. 중상주의적 지대추구제도가 쇠퇴하고 자유주의 이데올로기가 정치적 영향력을 얻게 되는 변화에는 종종 폭력을 수반한다. 예를 들면 미국혁명과 프랑스 대혁명이 있다. 영국은 의회가 강력하여 평화적으로 더 '좋은' 제도로 이행했다. 그래도 피비린내 나는 내전을 겪었다. 의회, 보통법 법원, 권리 장전(Bill of Right)이 '법과 질서', 재산권 보호, 왕권 제한, 공공재 공급을 통해 위험 프리미엄을 낮추고 투자를 촉진하며 자본이 축적되고 새로운 아이디어가 산출되어 성장을 가속했다. 그러나 '제도→성장', '절대주의적 왕권 제한(constraint on executive)→성장' 설명은 사실과 잘 합치되지 않는다. '제도'의 개념정의도 모호할 뿐만 아니라 성장을 가속한다는 이론도 취약하다. 절대주의, 권위주의의 대리변수도 매우 자의적이며, 오히려 절대주의가 경제에 도움이 되었다는 그리고 왕권견제세력 자체가 지대 추구자일 수 있다는 주장은 어떻게 반박할 것인가. 특정제도의 호불호보다 제도적 신축성과 순발력(institutional agility), 적응력이 중요할 것 같다. 영국도 귀족과 부르주아 간 권력분장의 형태이고 지대 추구적 귀족권위를 타파해 가는 과정이 아니었다.

문화, 가치와 신념이 법집행이나 계약보다 중요했다는 가설은 성장모델에 넣기가 쉽지 않다. 근면, 절약, 규율, 시간관념, 자존심, 협동, 신사적 행동 등을 중간층의 '인내자본(patience capital)'이라 칭하고 귀족의 여가 즐기기와 대비시킬 수 있다. 부르주아 가치와 노동 강도, 노동시간 증가를 융합할 수 있다. 이러한 '인간의 질'이 다윈주의적 자연선택 모형에 의해 '유전'되므로 통합성장이론에서는 산업혁명이 불가피하게 일어난다고 한다.[3] 9장에서 살펴본 '부자생존' 경로의 종착역이 MEG로의 이행이다. 이자율도 하락하고 인구 구성이 달라지고 모방효과도 가세하여 삶의 질이 향상된다. 인구적 요인, 구조변화, 자본축적을 아우르는 통합성장모형을 통해 왜 영국이 먼저 산업혁명의 길로 접어드는가를 설명하는 포익트랜더와 포스의 글을 〈부록 2〉에서 소개한다.[4]

다른 모든 성장동력은 수확체감의 장벽에 부딪치고 과학, 기술의 진보가 산업혁명과 MEG를 가져온다는 5장의 설명은 아직 소수의견인 것처럼 보인다. 그래도 유용한 과학적 지식의 산물이 분명한 산업혁명기의 기술혁신은 염소표백, 소다제조, 전기통신, 비누와 양초 제조의 화학적 과정 등이 있다. 특허제도는 중요하지 않았지만 학자, 발명가, 기업가들의 공동작업과 교류가 중요했다. '새로운 아이디어'를 모델링하기는 힘들다. 내생적 성장이론은 지나친 단순화인데 '아이디어 생산' 부문의 투자는 위험이 매우 크다. 자본축적과 기술진보의 상호작용도 더 분석할 필요가 있어 보인다.

성장이론은 지속적으로 개선되고 있으나 앞으로 더 많은 발전이 요구된다. 몇 가지 애로를 지적하면 노동시간이 MEG로 이행기에 늘어났는데 이것이 줄어든다는 모델이 많다. 인적자본에 대한 수요도, 인적자본의 수익률로 중요하지 않은데 이를 강조하는 모델이 많다. 절대주의적 왕권을 제한함이 성장요인이 되지 못하는데 이를 중시하는 모델이 많다. 아직까지 통합성장모델은 산업혁명을 잘 설명하지 못하는 듯하다. 그러나 근대 초기를 통틀어 설명하는 데는 조금 낫다. 1500-1800년을 두 단계로, 즉 1) 맬서스적 제약이 해소되는 과정, 2) 인적자본의 중요성이 커지는 과정으로 나누고 이 두 과정에서 '지연'이 어떻게 생기는지 설명해야 할 것이다.

맺음말

머리말과 1장에서 문제를 제기한 후 '서유럽의 발흥'과 '대분기'의 요인을 2장부터 12장에 걸쳐 살펴보았다. 이제 결론이라기보다 에필로그의 형태로 책을 마무리하려 한다. 고전적 유럽중심주의의 결론을 의심하는 대안이 아직 크게 성공하고 있지 못한 가운데 더 깊은 연구가 필요함을 알 수 있었다. 1장에서 '대분기' 시점에 관해 논란이 많음을 밝혔으며 3장에서는 국가 시스템의 경쟁이 이점인지 명확하지 않음을 이야기했다. 4장에서 제도의 차이는 시공간의 계제에 따라 경제성장과 밀접하지 않을 수도 있는 별개 요인일 가능성을 언급했다. 6장은 군사력 형태의 변화와 함께 정치적 요인, 국가의 역할이 변화했음을 관찰했다. 10장은 앞으로 아시아 경제사 연구가 더욱 발달해야 함을 시사하고 있다. 각 장의 설명은 독립적이지만 모두 함께 움직이고 있으며 이를 종합적으로 고찰해야 할 것이다. 예를 들어 영국 산업혁명을 설명하는 최근 두 가지 즉, 모키어와 앨런(Robert C. Allen)의 견해에[1] 대해서 5장에서 계몽사상을 설명할 때, 또 6장에서 재정국가를 설명할 때 다루었다. 이들은 12장에서 다룬 통합성장이론이 산업혁명을 규모 효과나 진화적 선택과정으로 간주하는 것과는 달리, 기술혁신을 중요시했다. 모키어는 유용한 지식 전파의 베이컨식 프로그램과 제도적 유인을 결합한 계몽주의에서, 앨런은 임금구조가 산업기술발달을 촉진하는 유인에서 특수성을 강조했다. 이런 시각에서 본다면 중국에는 산업적 계몽주의도 없었고 임금구조의 기술진보 성향도 없었다. 오직 중농사상만이 팽배했을 뿐이다.

물론 이 책의 일부 설명은 분명히 한계가 있다. 또한 동양과 서양 전근대사회의 역동성을 비교하는 것 자체에 문제가 있다. 즉 5장 비교과학사에서 언급한 'why not'처럼 잘못된 질문일 수 있다는 것이다. 그러나 여전히 질문은 남아 있으며 잘 해결되었다고 보기 힘들다.[2] 20세기에 와서 일본, 그리고 최근에는 중국과 인도가 고성장을 구가하고 있으나 이것은 다른 성격의 경주임을 염두에 두어야 한다.[3]

교대?

예를 들어 구디(Jack Goody) 같은 학자는 유럽과 아시아의 우위는 영원한 것이 아니고 일시적이며, '교대'한다고 설명한다. 기원전 3000년경 청동기 시대에 서아시아에서 시작한 '도시 문화', 즉 '문명'(요리문화 등)이 상인을 매개로 하여 서쪽으로는 그리스, 로마에 동쪽으로는 인도, 중국으로 전파되었다. 르네상스 시대 유럽에서 '학습의 세속화'와 함께 지속적 성장을 가능케 하는 '지식사회'가 도래함으로써 유럽이 잠정적으로 우위를 갖게 되었다. 그러나 이 유럽의 우위는 아시아와 상호작용에서 얻어진 측면이 크고 또 결국 아시아와 교대하는데, 벌써 일본, 아시아의 네 마리 용, 다음으로 중국과 인도의 고도성장으로 우위가 옮아가기 시작했다는 것이다.[4] 이러한 설명은 경로종속을 무시하고 있어 공허할뿐더러 '교대'가 있더라도 다른 성격일 것임을 염두에 두지 않고 있다.

어떤 의미에서 다르냐고? 이것은 현명한 독자들의 판단에 맡긴다. 단지 화두를 던지는 의미에서 두 가지만 예를 들면 첫 번째, 기술진보의 내용이다. 산업혁명이 '대분기'를 가속했다고 여러 번 이야기했지만 그것은 직물, 철강, 조선기술과 관련되었고 이 책에서 주안점을 둔 16-18세기와 요즘의 기술은 비교할 수가 없다. 소위 '2차 산업혁명'이라고 불리는 19세기 말 20세기 초에는 기계, 전기, 화학, 자동차에 기술진보가 집중되었다. 요즘은 ICT, BT 등 첨단산업이 관심사다.[5] 따라잡기, 추월하기의 성격이 달라진 것이다. 두 번째는 '세계화(globalization)'이다. 정치적, 문화적 사고방식, 국제문제의 대응 양상, 모두 세계적인 차원으로 바뀌었지만, 일단 경제적인 의미로만 본다면 '세계화'란 '시장통합'이다. 상품시장, 자본시장, 노동시장, 기술시장이 세계적으로 통합된 정도가 16-18세기와 20세기 이후가 비교할 수 없을 정도라는 것은 누구나 안다. 지금은 모든 사람들이 세계시장을 위해 상품을 만들고 노동서비스를 제공한다. 더구나 완성된 제품이 아니라 부품, 또는 일부 공정 서비스를 외주(아웃소싱-외국 간이라면 오프쇼어링)형태로 생산해 판다. 자본은 인터넷 클릭 한 번으로 엄청난 액수가 움직인다. 느리게 움직이는 '직접투자'도 그 비중이 계속 커져 왔다. 노동의 움직임은 비록 보이는 만큼이 19세기에 비해 줄었다고는 하지만 16-18세기에 비할 수 없고 '보이지 않는' 노동이동은 계측불가능이다. 불법행위를 뺀다 하더라도 첨단 기술의 국제이전은 무엇이 '비교우위'인지를 의심케 한다. 이러한 세계화는 약점도 많지만 보는 이에 따라서는 기회일수도 있고, 기본적 평화론에 부합한다.[6]

이와 관련하여 이 책의 주요 쟁점은 아니지만 경로종속이 다른 성격의 경주에 미치는 영향에 대해 잠시 살펴보자. 20세기에 새로운 '자본주의'게임에서 중국의 비공식적 네트워크(꽌시 關係)와 일본의 회원제 신뢰규범(이에 家)의 유산이 엄청난 영향력을 발휘하고 있고, 그것에 해당하는 한국경제 역동성의 원류에 대한 탐구가 진행 중이다. 역사적 유산의 긍정적 검토는 물론 바람직한 일이다. 그러나 피상적 연결을 넘어서는 연구결과가 나오기를 기대한다.[7]

이 책이 추구한 것은 16-18세기의 유럽 발흥이고 이 설명에서 21세기 이후를 유추하려는 여러 학자들의 노력이 지나치지 않기를 바랄 뿐이다. 예를 들어 브란트 등(Brandt, Ma and Rawski 2012)은 최근 중국의 부상을 18세기까지 중국의 '장점'과 연결시키려고 노력하고 있다. 이것은 '고수준균형'론과 다름이 없고 유럽의 발흥 설명을 오히려 호도한다. 16-18세기 유럽의 추격, 추월을 하나도 설명하지 못한다. 그 이후의 경로종속을 보라. 또한 지금은 화석이 되어 버린 민족주의적 생각을 가지고 역사를 다시 쓰려는 노력에도 재고의 기회가 된다면 바람이 없다.

경로종속 때문에 '서유럽'과 '아시아'의 의미가 달라졌다. 모리스(Ian Morris)의 표현대로 역사의 변화는 "게으르고 욕심 많고 겁쟁이인 인간들이 쉽고 이윤 많고 안전한 행위를 추구"하는 과정이라면,[8] 생물학, 사회학, 지리학에 의해 장기적인 '사회발전'[9]이 설명되고 지리학에 의해 단기적인 서양과 동양의 우위가 갈린다. 또한 사회발전 정도에 따라 지리가 갖는 의미가 달라진다. 〈그림 22〉에서 보듯이 빙하기가 끝나는 BC 1만 4000년-AD 550년까지는 서양이 동양보다 사회발전 정도가 우월했고 550-1750년에는 동양이 우위에 있었으며 1750년 이후에는 서양이 따라잡고 추월했다. 사회발전은 일의적 축적이 아니라 새 문제가 발생하면 천정에 부딪쳐 후퇴했다가 다시 적응하여 발전을 계속하는 과정이다. 정점의 예로 1세기 로마사회, 11세기 송나라를 들 수 있는데 이들 농업 제국은 한계를 극복하지 못하고 산업혁명기에 와서 석탄과 증기를 통해서야 탈출할 수 있었다. 서유럽의 따라잡기에는 지리가 이롭게 작용했다. 2000년의 서구지배의 예상확률은 1800년에는 95%, 1650년에

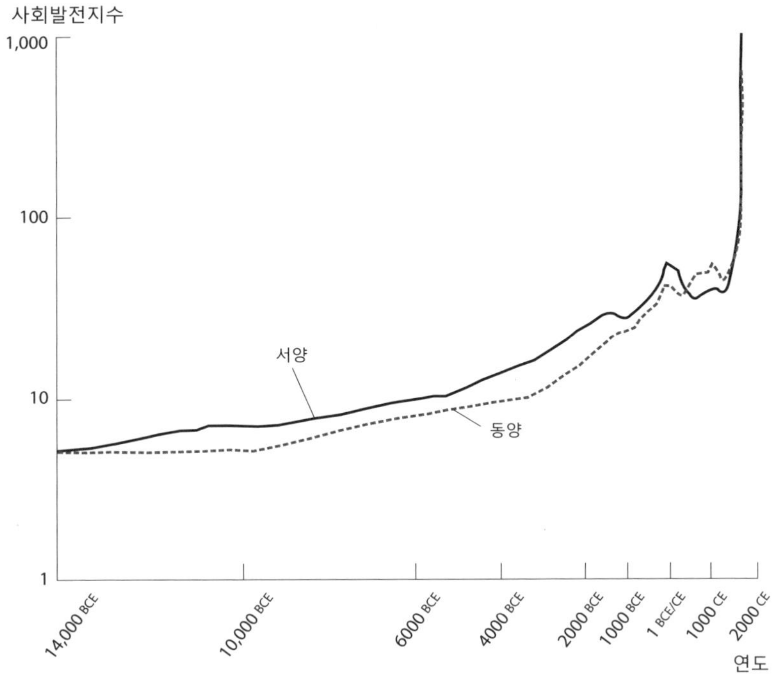

그림 22. 사회발전지수, BC 14000 – AD 2000년
자료: Morris 2010, p. 558

는 80%, 1500년에는 50% 정도라고 할 수 있고 동양의 2000년 지배확률은 거의 0에 가까웠다고 본다.[10] 〈그림 23〉은 20세기 사회발전 속도가 지속된다고 가정했을 때 동양이 서양을 늦어도 2103년에 따라잡을 것임을 예견한다. 21세기에는 사회발전에 따라 지리의 의미뿐만 아니라 생물학, 사회학의 의미가 달라질 것이다. 기술진보가 무한대로 가속되면 컴퓨터 과학자이자 기업가인 커즈웰(Ray Kurzweil)이 말하는 '싱귤래리티(Singularity)' 시대가 도래하여 생물의 의미가 없어지며 동양, 서양의 범주가 쓸모없게 된다.[11] 물론 생태, 환경, 질병, 전쟁과 테러의 위험, 기후 등에서 비관적 경향을 감안해야 한다.

저명한 미래학자 리프킨(Jeremy Rifkin)은 현재 진행 중인 '3차 산업혁

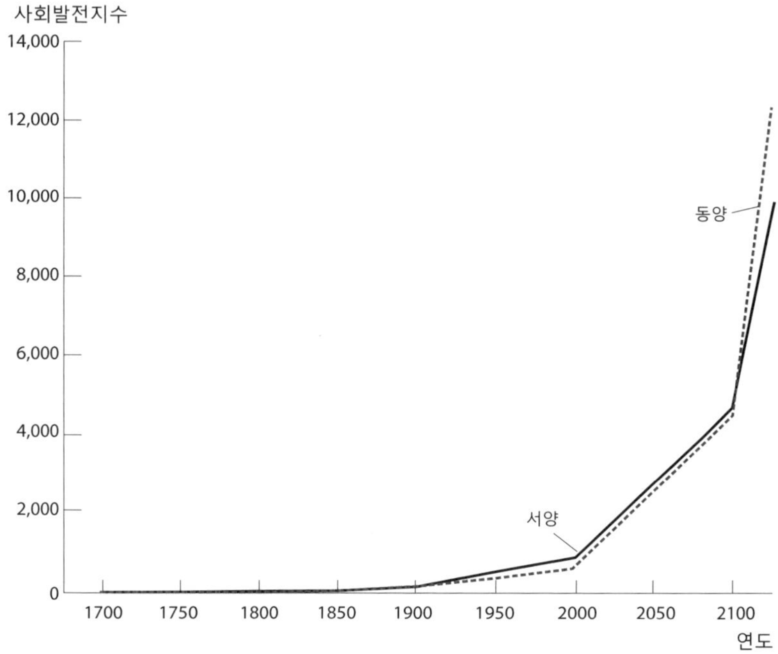

그림 23. 사회발전지수, 1700-2130년
자료: Morris 2010, p. 583

명'이 각 대륙을 단위로(continentalism) 하여 향후 몇 십 년간 정점에 이를 것이며, 이것은 '산업시대'에서 '협업시대'로 '산업혁명'에서 '협업혁명'으로 탈바꿈하는 중요한 전환점이라고 한다.[12] 생소한 개념을 통한 미래예측의 적절성 여부를 떠나 각 경제단위 간 경쟁의 의미가 달라진다는 내 주장이 여러 학자들의 논의에 크게 어긋나지 않음을 보여 준다.

이 책은 주로 16-18세기 동안 유럽의 발흥을 다뤘다. 그러나 19세기 이후의 대분기를 염두에 두고 있다. 모리스 같은 고고학자나 리프킨 같은 미래학자가 아니더라도 대분기 이전과 최근 중국 및 인도의 성장까지 연결시키려는 시도는 많다. 대표적인 거시사가인 퍼거슨(Niall Ferguson)도 서유럽이 세계를 제패한 과정과, 현 시점에서 그 우위가 아시아에 의해 위협받고 있는 지 여부를 탐구하고 있다.[13] 1500년경 유럽 권력은 세계 영토의 10%를 통제하고 부의 43%를 창출했는데 제국주의의 정점인 1913년이면 영토를 60% 가까이 장악했고 부의 거의 80%를 생산했다. 이러한 유럽 문명의 우위를 여섯 가지 요인으로 설명한다. 즉 경쟁, 과학, 재산권, 의술, 소비사회, 직업윤리가 그것이다. 서론에서 도입할 때 정의한 만큼 엄밀하지는 않지만 적절한 예시로 이 요인들의 영향을 설명하고 있다. 자금성의 정태적 완벽성에 비한 향신료 시장에서 유럽 상인들의 피나는 경쟁, 16세기 이스탄불에 타키 알딘(Taki al-Din)이 건축한 천문대의 단명과 대조되는 17세기 유럽의 과학혁명, 북미 진취적 중산층의 재산권 보호와 라틴아메리카 하층계급의 참상 비교 등이다. 의술은 폭력과 전쟁의 부산물이라는 역설은 19세기 이후의 이야기이며, 여기서 무엇을 음미하라는지 이해가 가지 않는다. 소비사회의 강조는 노동자가 동시에 소비자임을 인식한 자본가들이 임금을 압박하지 않았다는 설명, 이를 인식하지 못한 소비에트 러시아가 소비재 생산을 등한시한 채 군비, 핵무기, 우주개발에 몰두하여 결국 몰락했다는 에피소드로 대신하고 있다. 그렇게 보면 소비사회 설명도 20세기에 국한되어 있다. 차라리 17-18세기 '소비혁명'과 신상품 개발(product innovation)을 언급하는 편이 나았을 것이다.[14] 직업윤리의 장에서는 베버의 자본주의 정신 논의를 포함하여 종교와 경제발전 간의 관계에 대한 다양한 성찰을 하고 있다.

퍼거슨은 최근 서양의 재정위기가 서양패권의 급속한 몰락 증세라고[15] 성급한 마무리에 돌입하는데, 아시아가 19세기 말부터 서양의 가치를 받아들인 사실을 서술한 부분과 일관성이 없지 않은가. 서유럽의 독자성이 사라졌다는 말인가. 이 책의 서론에서 언급한 대로 시간이 흐름에 따라 게임의 성격이 바뀌었다는 것을 염두에 둬야 할 것이다. 요컨대 최근 30년간 중국과 인도의, 그리고 그 이전의 한국, 대만, 싱가포르, 홍콩,

더욱 이전의 일본의 고도성장을 동양 전근대사회의 특질과 연결지려는 노력은 쉽지 않다. 아니 필요하지 않을지도 모른다.

노벨상 수상 경제학자 스펜스(Michael Spence)도 세계경제가 수십 년 전에 '대분기'에서 새로운 '수렴의 세기'로 추세전환했으며, 그 후반기에 지속가능한 동반성장을 유지하기 위한 노력이 필요함을 역설하고 있다.[16] 특히 창의적 적응력과 국제적 협력을 강조하는데 그는 기본적으로 '낙관적'이다.[17] 물론 스펜스의 글은 이 책의 주요 내용과 별 관계가 없다.

'수렴' 또는 중국의 선진국 추월 같은 시나리오에는 많은 함정이 있음에도 유의해야 한다. 공산당 독재의 폐해, 금융제도의 낙후, 계약집행의 불확실성, 그리고 인구의 연령구성 때문에 곧 생산, 부양비가 악화되리라는 사실 등이 흔히 지적된다. 특히 착취적 정치체제 하의 '권위주의적 성장'은 장기적으로는 바람직하지도, 지속가능하지도 않다는 설명이 돋보인다.[18] 반면 중국이 인도보다 더 철저한 사회주의적 유산(교육, 보건, 사회안전망)을 갖추고 있으므로 자본주의 개혁 효과를 더 누릴 수 있다는 설명도 있다.[19] 그러나 중국도 인도도 불평등의 문제가 가장 크다.

중국과 인도의 19세기 이전 사료발굴이 본격적으로 진행되는 가운데 중국의 경우 다음과 같은 주제가 차후 주요 연구과제로 떠오르고 있다.[20] 1) 중국제국의 정치경제학, 2) 19세기 중국의 제도와 혁신, 3) 해외 무역이 명청 내부경제에 미친 영향, 특히 해외시장과의 통합정도와 은 유입의 영향, 4) 1900년 이전 국내 석탄공급, 5) 재산권과 전통중국의 법체계, 6) 1900년 이전 통화금융 도구의 진화, 7) 기업조직으로 7개 주제인데 이들 연구가 빠른 속도로 결실을 맺기를 바라마지 않는다.

그러한 과제가 중요하지만 우리는 3장-12장의 내용으로 '유럽의 발흥'과 '대분기'는 물론 그 타이밍을 설명하는 작업이 시기와 계제에 따라 달라진다는 사실도 염두에 두어야 한다.

부록

부록 1

Acemoglu, Johnson and Robinson 모델들

1) 비교발전의 식민지적 연원

모델은 다음과 같으며 y_i는 i국의 1인당 소득, X_i는 설명변수벡터이다.

$\ln y_i = \mu + \alpha R_i + X_i'\gamma + э_i$	R_i 수탈로부터 보호 인덱스(index) 최근 제도
$R_i = \gamma_R + \beta_R C_i + X_i'\gamma_R + \nu_{Ri}$	C_i 초기제도
$C_i = \gamma_C + \beta_C S_i + X_i'\gamma_C + \nu_{Ci}$	S_i 유럽인의 이주정착
$S_i = \gamma_S + \beta_S \ln M_i + X_i'\gamma_S + \nu_{Si}$	M_i 사망률(이주민, 추계치)

2) 유럽의 발흥: 대서양 무역, 제도변화, 경제성장

회귀방정식

$$u_{jt} = d_t + \delta_j + \sum_{t \geq 1600} \alpha_t \cdot WE_j \cdot d_t + \sum_{t \geq 1500} \beta_t \cdot PAT_j \cdot d_t + X'_{jt} \cdot \gamma + \varepsilon_{jt}$$

더 제한적인 구조화된 식은 다음과 같다. 즉 대서양 교역국의 우위를 무역량과 연관시킨 것이다.

$$u_{jt} = d_t + \delta_j + \sum_{t \geq 1600} \alpha_t \cdot WE_j \cdot d_t + \beta_t \cdot PAT_j \cdot \ln AT_t + X'_{jt} \cdot \gamma + \varepsilon_{jt}$$

회귀결과 β_t는 일관적으로 유의한 양수로 추계되었으며 첫 번째 식에서는 연도가 늦을수록 유의성이 높았다. 경제성과의 다른 결정요인은 종속변수가 도시화이건 1인당 GDP이건 첫 번째 식을 사용하건 구조화된 식을 사용하건 상관없이 설명력 패턴에 변화가 없었다. 청교도변수는 계수가 작고 동서유럽, 대서양 비대서양에 차이가 없었다. 전쟁변수와 로마의 유산변수, 위도 등은 유의하지 않았다. 대서양 항구가 도시팽창을 주도했는데 런던과 암스테르담의 인구가 급증했다. 이베리아 반도 도시 중에도 대서양 항구가 빨리 성장했다.

또한 초기제도가 중요함을 감안, 초기제도(15세기 초)와 대서양 무역의 상호작용 변수를 도입한 식을 추정했다.

$$u_{jt} = d_t + \delta_j + \sum_{t \geq 1600} \alpha_t \cdot WE_j \cdot d_t + \beta \cdot \ln AT \cdot PAT_j + \sum_{t \geq 1500} \gamma_t \cdot I_{j1415} \cdot d_t + \eta \cdot \ln AT_t \cdot PAT_j \cdot I_{j1415} + \varepsilon_{jt}$$

추정결과 상호작용변수의 계수 η만 유의하고 β와 γ_t가 유의성을 잃었다. 대서양 무역과 초기제도 자체로는 유의성을 잃는데 스페인, 포르투갈, 프랑스의 우위성, 그리고 초기제도가 좋은 이탈리아 도시국가의 우위가 사라진 것이다.

부록 2

Voigtländer-Voth의 통합성장이론

왜 영국이 최초로 공업화 되었나? 그리고 왜 유럽이 여타 세계보다 앞섰나? 통합성장이론[1]은 침체에서 성장으로 장기적 이행의 주요 측면을 포착한다. 그래도 왜 세계의 일부분이 다른 부분보다 훨씬 더 먼저 공업화했는지에 대한 이론적 모델은 거의 없다. 이 질문에 답하기 위해 포익트랜더와 포스(Nico Voigtländer and Hans-Joachim Voth)는 확률적 2부문 모형을 제시한다. 이 모델에서 맬서스적 제약에서의 탈피는 인구체제, 자본축적과 다양한 자본장비의 사용에 의존한다. 기후에 따른 농업생산성의 충격은 가격과 수량의 변화를 가져오며 임금에 영향을 준다. 자본의 외부효과에 의해서 이와 같은 변동은 인구체제와 상호작용하며 성장속도를 바꾼다. 이 모델은 1700년 영국 경제의 주요 특징과 1850년까지 관찰된 이행과정에 적용된다. 영국 산업혁명은 산출과 생산성의 느린 성장이 주요 측면이다. 출산 제한이 1인당 소득증가에 기여하고 이것이 차례로 공업화 확률을 높인다. 가난한 사람들의 영양상태도 탐구한다. 구 빈민법 같은 재분배 제도의 영향을 검토하고 이들이 공업화 촉진에 결정적이 아니었음을 밝힌다. 다른 나라의 파라미터 값으로 시뮬레이션 한 결과 영국의 빠른 공업화는 부분적으로만 우연의 도움을 받은 것으로 나타났다. 프랑스가 영국보다 빨리 농업에서 제조업으로 이전했을 수 있다. 그러나 그 확률은 25% 이하였다. 최근 문헌에서 주장하는 바와는 달리, 18세기 중국은 맬서스적 제약에서 도피할 기회가 극미했다.

이 모형은 농업과 제조업의 두 부문으로 구성된다. 두 부문은 노동과 자본을 다 같이 투입요소로 사용한다. 농산물 생산에서는 경작 토지를 추가로 필요로 한다. 그리고 다양한 종류의 기계를 사용한다. 새로운 기계의 등장으로 농업이나 제조업 분야에서 생산성이 올라간다. 이 모형에서 성장동인은 자본축적에 있다. 축적된 자본이 지탱 가능한 인구증가율을 높이는데 이 모형의 초점이 있다. 그러므로 이 모형에서는 자본축적이 가능할 경제여건을 마련해 주는 생산성 향상의 충격이 필요요건이다.

이 경제의 총체적인 집계자본 K는 농산물과 공산품 생산에 사용되는 종류 J의 다양한 기계투입 v(j)를 모두 합한 것 $K=\int_0^J v(j)dj$이다. 그 밖에 투입요소로서는 노동 N과 토지 L이 있다. 어느 시점 t에서 노동자에게 지급되는 임금을 w_t, 토지에 귀속되는 지대를 r_{Lt}, 자본의 사용에 지급되는 조 이자율을 R_{Kt}. 자본재 가격을 p_{Kt}로 표시한다. 생산에 투입되는 1인당 자본과 토지를 k_t와 l이라고 할 때 1인당 소득 y_t는 다음 식과 같다.

$$y_t = w_t + r_{Lt}\, l + R_{Kt}\, p_{Kt}\, k_t \tag{1}$$

여기서 1인당 지출 e_t를 제하고 남는 저축부분은 다음기의 소비지출에, 그리고 거기서 또 남는 부분은 그 다음기의 소비를 위한 자본형성을 위해 쓰인다. t기에 쓰고 남은 저축의 일부분은 t+1에 새로 태어나는 출생아의 생계를 위해 지출된다. 또 t+1기에 와서도 전기인 t기에서와 마찬가지로 저축의 일부가 t+2기의 소비지출과 그 기에 태어날 신생아의 생육을 위한 지출로 쓰이고 그 남는 부분이 t+3기의 생산을 위한 자본형성이 된다. 어느 시점에 가서 더 이상의 자본축적이 이루어지지 못해 신생아의 생계가 유지하지 어렵게 될 때에 인구는 더 이상 늘어나지 못한다. 그러므로 '지탱가능 인구증가율' γ_N은 자본축적률로 설명된다.

t기에서 사용된 자본은 감가상각률 δ로 마모되고 다음기 생산에 사용되는 1인당 자본저량은 $(1-\delta)k_t$와 같다. 여기에 t기 소득 중 지출되고 남아서 다음기 생산에 사용될 수 있는 자본저량을 더한 것이 t+1에 형성되는 총자본저량이다. 1인당 자본저량 k_{t+1}은 이것을 이 기간 동안의 인구증가 $(1+\gamma_N)$로 나눈 것이다.

$$k_{t+1} = \left\{(1-\delta)k_t + \frac{y_t - e_t}{p_{Kt}}\right\} \div (1+\gamma_N) \qquad (2)$$

이 식은 솔로우 성장모형에서의 자본축적방정식과 기본적으로 같은 내용을 담고 있다. 농업과 공산품의 2부문 모형에서는 자본재 가격 p_{Kt}가 자본축적방정식에 명시되어 있는 것이 솔로우의 축적방정식과 다르다. 더 중요한 차이는 여기서 자본축적 방정식이 '지탱가능 인구증가율' γ_N의 개념을 설명해 주고 있다는 데에 있다. 다시 말하면 '지탱가능 인구증가율'은 다음 기의 1인당 자본저량이 많을수록 높아진다. 즉 생산성이 높아서 1인당 소득이 높아지든가 지출이 줄어서 다음 기 저축이 늘어나든가 아니면 이 두 요인이 함께 자본축적에 기여한다. 낮은 자본재 가격 p_{Kt}의 기여도 명시된다. 이것은 1부문 솔로우 방정식에서는 빠져 있으나, 2부문 포익트랜더-포스 모형에서는 다루어진다.

지금까지 생산의 측면을 알아보았다. 다음에서는 소비자 효용의 측면을 생각해 보자. 대표적인 소비자의 농산품과 공산품 소비량은 c_A, c_M이고 그의 예산방정식은 $c_A + p_M c_M \leq e$ 이다. 총소비지출액은 농산물 단위로 표시되며, p_M은 농산물 단위로 표시된 공산품 가격이다. 생계를 위한 최소 농산물 소비수준을 $\underline{c}$라고 할 때 이 소비자는 이 수준을 초과하는 소비량 $(c-\underline{c})$에 대하여 효용을 누린다. 그리고 이 농산물 소비는 소비자 효용에 α율로 기여하고 공산물 소비는 $(1-\alpha)$율로 기여한다. 이 소비자의 효용함수는 다음과 같다.

$$u(c_A, c_M) = (c_A - \underline{c})^{\alpha} c_M^{1-\alpha} \tag{3}$$

예산제약 하에 효용을 극대화하면 다음을 얻는다.

$$\frac{c_{At}}{e_t} = \alpha + (1-\alpha)\left(\frac{\underline{c}}{e_t}\right) \tag{4}$$

(3)과 (4)에서 간접효용함수는 다음과 같다.

$$\tilde{u}(p_{Mt}, e_t) = \left(\frac{1}{P_{Mt}}\right)^{1-\alpha} \alpha^{\alpha}(1-\alpha)^{1-\alpha}(e_t - \underline{c}) \tag{5}$$

이제 이 대표적인 소비자가 자신의 후생뿐만 아니라 할인율 $0 < \beta < 1$를 적용하여 얻는 그의 먼 후대의 후생까지를 생각하는 대표적인 가계의 후생극대화 문제를 생각해 보자. 이 대표적인 가계의 전 기간에 걸친 후생함수는 다음과 같다.

$$\max_{e_t} E_0 \sum_{t=0}^{\infty} \beta^t \frac{[\tilde{u}(p_{Mt}, e_t)]^{1-\psi} - 1}{1-\psi} N_t \tag{6}$$

여기서 $1/\psi$는 이 가계의 기간 간 대체탄력성을 뜻한다. 어느 한 시점 t에서 이 가계는 위의 목적함수를 극대화 하는 지출액 e_t를 정한다. (1)과 (2)의 제약 하에 (6)을 극대화하는 일계조건은 다음과 같다.

$$\left(\frac{1}{e_t - \underline{c}}\right)^{\psi} = \beta E_t\left[\left(\frac{P_{K,t+1}}{P_{K,t}}\right)\left(\frac{P_{M,t+1}}{P_{M,t}}\right)^{(1-\alpha)(\psi-1)}\left(\frac{1}{e_{t+1} - \underline{c}}\right)^{\psi}(1 + R_{K,t+1} - \delta)\right] \tag{7}$$

이 오일러방정식은 람지룰이 이 모형에 적합하도록 수정된 형태이다. 공산품 가격과 자본재 가격의 예상증가율이 이 가계의 소비지출결정에 추가적인 요인으로 들어가는 점이 특이하다. 자본재 가격이 다음 기에 올라갈 것이라고 예상하는 가계는 현 시점에서 미리 자본재를 구입할 것이고, 따라서 소비지출은 줄어든다. 공산품 가격이 상승하면 다음 기에 소비가 더 비싸진다. 이 가계의 기간 간 대체탄력성이 클 경우($\psi<1$), 이 가계는 미래소비보다는 현재소비를 늘릴 것이므로 이 가계의 소비지출 e_t가 늘어난다. 이와는 반대로 대체탄력성이 작아서 소득효과가 대체효과보다 큰 경우에는 이번 기의 소비지출이 오히려 줄어든다. 그리고 이것은 이 경제의 투자를 늘림으로써 경제성장에 유리하다.

이 일계조건으로부터 자본의 축적과정을 알아낼 수 있고, 이를 기초로 하여 이 경제의 시뮬레이션을 통한 경제성장 경로를 찾아낸다. 여기서 중심적인 역할을 하는 매개변수는 투입자본재 간의 대체탄력성과 자본재의 농업부문과 공업부문 생산에의 기여율이다. 투입자본재 간의 대체탄력성을 $\sigma>1$라 하고, 자본의 농업부문 생산성 증가에의 기여율을 φ, 자본의 공업부문에서의 기여율을 η라 하자. 그러면, 농업부문의 생산성 증가율 $\gamma_{T,A}$는 자본축적률 γ_K에 자본의 농업부문에서의 기여율인 $\varphi/(\sigma-1)$을 곱한 항에 농업부문에서의 외생적인 생산성 증가율 γ_A을 더하여 얻는다.

$$\gamma_{T,A} = \gamma_A + \frac{\varphi\gamma_K}{\sigma-1} \tag{8}$$

공업부문에서의 생산성 증가율 $\gamma_{T,M}$ 역시 같은 방법으로 다음과 같은 수식을 얻는다.

$$\gamma_{T,M} = \frac{\eta\gamma_K}{\sigma-1} \qquad (9)$$

자본의 생산에의 기여가 농업부문보다는 공업부문에서 더 큰 것으로 생각되기 때문에 (즉, $\eta>\varphi$) 이 경제 전체의 생산성은 농업의 비중은 줄고 공업의 비중이 늘어감으로써 올라간다. 또 다른 주목할 점은 자본재의 분화가 심화되어 그 대체탄력성이 낮을수록 자본의 생산성 증가에의 기여율은 높아진다.

크라프츠(N. F. R, Crafts)의 1700-1860년 기간 영국 경제 성장회계에 따르면 자본은 연평균 1.17%로, 총요소생산성은 0.48%로 성장한 것으로 기록된다.[2] 또한 농업에서의 생산성은 0.15%로 올라가고 있는 점을 감안하여 φ, η, σ의 값들을 계산한다. 여기에 더하여 일계조건에 대한 정책함수에서 필요한 변수들의 초기 값을 사용하여 영국의 1700-1850년 기간 동안 인구, 1인당 실질개인소득, 1인당 실질 산업생산, 투자율, 농업과 공업부문에서의 GDP와 노동의 비율, 1인당 자본장비율 그리고 1인당 자본장비율과 총요소생산성의 증가율에 대한 캘리브레이션의 결과는 실제 역사적인 사실에 잘 맞아 떨어지는 것을 보여 준다.[3]

이들 캘리브레이션 모형의 민감도 검증(sensitive test)에서는 이 모형에서 예상되는 대로 자본의 생산 기여도가 높을수록 인구의 크기, 1인당 소득, 그리고 1인당 자본장비율이 높은 결과가 나온다. 앞에서 언급한 바와 같이 이 모형에서는 기술의 외생적인 충격을 강조한다. 충격변수의 자기상관계수를 0.6으로 놓고, 이 충격을 가했을 경우 산업혁명기간 동안의 확률적 시뮬레이션(stochastic simulation)을 시도했다. 동일한 방법으로 같은 기간 동안 프랑스와 중국경제에 대해서도 시뮬레이션을 시행했다. 과연 '우연(chance)'이라는 요인이 영국의 산업혁명에 있었느냐 하는 것을 생각해 보게 하는 점이 확률적 시뮬레이션의 흥미로운 점이다. 영국과 프랑스의 경우를 비교해 보았을 때 전 노동의 공급에서 제조업이 차지하는 비중, 신생아 출생률, '지탱가능 인구증가율'과 같은 초기조건이 양국에서 서로 큰 차이가 없기 때문에 시뮬레이션 결과는 영국에서 산업혁명이 먼저 일어날 수 있었던 것은 우연적일 수 있다는 것이다. 반면 중국에서 이들의 초기조건은 너무 다르기 때문에 중국이 아니고 영국에서 산업혁명이 일어난 것을 우연으로 돌리기는 어렵다는 결론이다.[4] 가장 두드러진 것은 '실제 인구증가율(γ_b)'과 '지탱가능 인구증가율(γ_N)'과의 차이이다. 이 두 비율의 차이는 인구의 사망률(γ_d)을 뜻하는데 영국과 프랑스 두 나라의 초기조건에서는 이 두 비율에 그 차이가 거의 없다. 영국의 사망률은 0.01%이고 프랑스의 사망률은 0%이다. 이것은 영국과 프랑스 초기조건 인구는 지탱 가능하여 '맬서스 함정'으로부터 벗어날 수 있는 여건이 갖추어져 있었음을 뜻한다. 중국의 사망률은 3.27%로, 초기의 중국경제는 '맬서스 함정'에 머물러 있었음을 뜻하고, 이 함정으로부터 벗어날 준비가 되지 않았음을 말한다. 영국과 프랑스는 '저출산 레짐'의 경제로 중국은 '고출산 레짐'으로 구분된다. 따라서, 어떤 바람직스러운 생산성 향상의 충격으로 영국이나 프랑스의 경제는 자본축적과 생산성 향상의 선순환 궤도로의 진입이 용이했으나, 중국은 그 생산성 충격이 아주 크든지, 아니면 자본축적의 획기적인 변화가 있기 전까지는 '맬서스 함정'에서 이탈이 쉽지 않다는 해석이다.[5]

출산 레짐 이외에도 이 모형에서는 자본축적에 유리한 선행조건으로 공산품부문이 전 산업에서 차지하는 비중과 소득분배를 들고 있다. 제조업의 비중이 높을수록 초기생산성이 높을 것이고, 이것은 자본축적에 유리한 환경이 된다. 최저생계비에 못 미치는 노동자에게로 소득을 재분배함으로써 살아남는 인구의 크기가 커지고, 이것이 자본축적에 유리한 선행조건이 된다. 그리고 이 외생적인 충격은 제조업부문으로 노동의 이동을 가능하게 한다. 공산품 생산에 필요한 투입중간재의 다양화로 노동의 생산성 향상이 이루어지고 근대경제의 성장궤적으로 진입이 가능해짐을 이 모형은 설명한다.

주

( ) 안은 번역 출간연도를 나타냄.
우리말을 참조한 경우에는 '장, 쪽', 외국어 원서를 참조한 경우에는 'ch, pp.'를 썼음.

머리말

1. Saint-Exupéry 1943(2007), 7쪽.
2. Pirenne 1935. 최근에는 카롤링거 경제를 더 낙관적으로 보기도 한다. Findlay and O'Rourke 2007, ch. 2.
3. Lopez 1971.
4. Wittfogel 1957.
5. Adam Smith 1776, pp. 80-81.
6. Malthus 1798, p. 33.
7. Karl Mark, *Surveys from Exile* ed. by David Fernbach, Pelican Books 1973, p. 320, Said 1978(2007), 272쪽에서 재인용.
8. 송나라의 철강공업 통계가 과장되었다는 주장이 있다. 명·청이 더 나았다는 것이다. Li Bozhong(2002); Brandt, Ma, and Rawski(2012), p. 10에서 재인용. 인구밀도 증가가 농업 발달의 척도다. 명·청 시대 강남지방의 공업화도 상당했다.
9. 고수준 균형의 덫에 관해서는 8장과 10장에서 설명한다.

제1장

1. 양동휴 1994, 12장.
2. Kuznets 1966.
3. Bairoch 1981.
4. World Bank 2012.
5. Murphy 1977.
6. Landes 1998(2009), ch. 3은 16세기 초에 이미 유럽의 세계지배 확률은 거의 100%라고 하였다.
7. Li and Zanden 2012.
8. Parthasarathi 1998; 2011, p. 39.
9. Allen 2007.
10. 인도 북부라면 델리(Delhi)에서 러크나우(Lucknow)까지를 포함하는 넓고 다양한 지역이므로 평균적 지표가 의미를 잃을 수 있다. 인도에서 가장 발달한 벵골 지역만 하더라도 근

대 초기에는 워낙 내부 간 차이가 심해 이를 일반화하기 어렵다는 지적이 있다. 영국의 지배를 받은 후에야 동질성이 보인다. Roy 2010, 2011.

11. Pomeranz 2000 ch. 1; 2002. 서유럽은 핵가족, 중국은 대가족 제도를 주로 택하였으므로 서유럽에 개방된 외부 노동시장이 더 발달하여 고임금 경향이 있고, 도시화가 빨라서 (대도시 크기로 보면 〈표 10〉에서 보듯이 중국이 크지만 도시인구를 총인구로 나눈 도시화율은 서유럽이 높다) 도시에 상공업이 집중되므로 도시임금은 더 높은 경향이 있음에도 (Rosenthal and Wong 2011, chs. 2, 4) 그러하다.
12. Broadberry and Gupta 2006. 이 당시 한국의 생활 수준에 관해서는 Park and Yang 2007 참조.
13. Shiue and Keller 2007.
14. Bateman 2011.
15. Allen, Bengtsson, Dribe (eds.) 2005, intro.
16. Bengtsson et al. 2004.
17. Allen et al, 2011 특히 pp. 27-28, figs. 5-6 참조.
18. Baten et al. 2010에 따름. Pomeranz 2000은 중국의 도시 임금이 농촌 소득보다 낮았다고 주장한다.
19. Baten et al. 2010, sec. 3.
20. 여러 요인보다 그 요인이 작용하는 상황과 계제가 더 중요하다는 주장이 있다. 즉 시장, 합리성, 과학, 제도보다 경쟁적 생태적 압력과 정부의 대응이 더 중요하다는 것이다. 영국은 면직업에서 인도를 따라잡아야 한다는 강박관념을 방적기술 진보로 극복하고, 목재 부족의 생태적 압력을 석탄으로 대체함으로써 해결했는데, 이 과정에서 중상주의적 정부정책이 중요했다는 것이다. Parthasarathi 2011, ch. 1.
21. Wittfogel 1957; Harris 1977.
22. Landes 1969, ch. 1.
23. Jones 1987.

제2장

1. Kamarck 1976; Streeten 1982.
2. Easterly 2001, 2006. 최근에 와서 사하라 사막 이남 아프리카의 성장률이 높아졌고 지속적 성장에 희망적인 보도가 늘었다. 가나, 나이지리아, 모잠비크 등 10개국 이상이 6년 이상 성장하였고 산유국이 아닌 에티오피아도 축산업을 중심으로 7.5%의 고도성장을 기록했다. 중간층이 생성 중이고 노동생산성도 증가했으며 인플레이션도 진정 기미를 보인다. 성장 중 금, 다이아몬드, 구리, 석유 등 상품가격의 상승이 기여한 부분은 3분의 1에 불과하고 나머지는 제조업과 서비스의 발전이 설명하는 만큼 '구조변화'가 있다는 것이다. 해외 직접투자가 광물채취보다 인프라, 제조업, 전자통신, 보건위생 쪽으로 집중되고 정치안정과 기업지

배구조개선 등이 뒤따랐다. *Economist*, Dec. 3. 2011, pp. 76-78. 열대지방에 알맞은 기술진보가 축적되었다는 것인가. '기대'의 전환이 중요한 것인가, 성장이 지속될 수 있을지 주목된다.

3. Diamond 1997(2005), 1, 3, 18장; Blaut 1999.
4. Diamond 1997(2005), 7-8장.
5. Ibid., 9장.
6. Ibid., 10장.
7. Findlay and O'Rourke 2007, ch. 2.
8. 금 dinar, 은 dirhem 1:14 복본위제.
9. 머리말의 주 8에서 보듯이 자료의 신빙성을 의심할 수 있다.
10. Abu-Lughod 1989(2006).
11. Findlay and O'Rourke 2007, ch. 3.
12. 이슬람은 문화, 종교 등을 나타내며 무슬림은 이슬람교를 믿는 사람들을 뜻한다.
13. Abu-Lughod 1989(2006), 1장.
14. Ibid., 2-4장.
15. Lopez 1971.
16. Abu-Lughod 1989(2006), 5-7장.
17. Ibid., 8-10장.
18. Ibid., 317쪽.
19. Ibid., 344쪽.
20. Ibid., 347쪽.

제3장

1. Jones 2nd ed. 1987(1993), introduction. 3rd ed. 2003에는 그동안의 비판에 대한 응답의 형태로 자기주장을 재강조하고 있다.
2. Ibid., 1-2장.
3. 이에 대한 반론으로 이 책 제10장을 참조.
4. Davis 2001.
5. Jones 1987(1993), 3-7장.
6. White 1962(2005), ch. 2.
7. Landes 1998(2009), ch. 4.
8. 다음 장에서 더 자세히 논의한다.
9. Jones 1987(1993), 9-11장. 국가 시스템의 장점을 약간 다른 관점에서 접근하는 Ringmar 2007을 보면 자기성찰, 기업가 정신, 다원성에서 중국이 앞섰지만 이들을 조직하는 제도의 결여 때문에 유럽이 먼저 근대화의 길에 진입했다. 사회변화 요인을 제도화하는 데 '다양하

지만 통일된' 시스템이 이로웠다는 것이다. p. 289.

10. Anderson 1974(1993), 392-395쪽.
11. Ibid., 427-443쪽.
12. Landes 1998(2009), ch. 24.
13. Jones 1987(1993), 280쪽.
14. Landes 1998(2009), ch. 21; Landes 2006.
15. Jones 2000.
16. Landes 1998(2009), ch. 22.
17. Jones 2002.
18. Rosenthal and Wong 2011.
19. Ibid. ch. 3.
20. Zelin, Ocko, and Gardella 2004.
21. Wong 2009.
22. Islamoglu and Perdue 2009, p. 14.
23. Ma 2004.
24. Ma 2011a.
25. Sng 2010; Sng and Moriguchi 2013.
26. 여기서 일본의 자료는 쇼군 직영지만 이용했는데 다른 다이묘의 영지 예를 들어 구마모토의 세율은 더 높다. Ibid., fig. 6.
27. 또한 국가 간 경쟁과 전쟁으로 재정국가가 형성된 근대 초기 유럽과는 달리 일본의 높은 세율은 장기 평화시에 이루어졌음이 특이하다. 도쿠가와 일본의 재정지출 구성의 45%를 차지한(1730) '군사비'는 전투방법까지 잊어버린 사무라이들의 녹봉이다. Ibid., Table 1.
28. Ibid., Table 2.
29. Ma 2011b.
30. Yun-Casalilla and O'Brien 2012, p. 24.

제4장

1. de Soto 2000(2003), 인용은 13쪽. 우리말 번역서에는 '주머니'가 아니고 '종모양 단지'로 되어 있다. 종모양 단지는 'bell jar'의 번역인데 Braudel의 불어 원본(1979)의 영역본(1982), vol. 2, p. 248에 enkysté를 bell jar로 해 놓은 것. 주경철의 번역인 '주머니'가 더 적당한 것으로 생각되어 이하 주머니로 통일한다. Braudel 1979(1996) II-1, 352쪽.
2. Ibid., 27-29쪽.
3. Ibid., 38-39쪽.
4. Ibid., 73-74쪽.
5. 여기서 데소토의 사실해석은 지나친 면이 있다. 영국의 재산권 보호는 17세기 후반에 이미

정착되었다.

6. 여기서도 미국의 토지분배 과정을 과장되게 설명하고 있다. 토지소유권은 처음부터 여러 합법적 방법을 통해 분배되었다. 소유형태도 초기부터 매우 간단한 free and common socage였다. Hughes 1983, pp. 15-17. 법체제가 경제에 적응해 가는 과정을 이야기하려면 Horwitz 1979를 언급하는 편이 나을 것이다.
7. de Soto 2000(2003), 132쪽.
8. Ibid., 182-183쪽.
9. Ibid., 211쪽.
10. Ibid., 215쪽.
11. Davis and North 1971; North and Thomas 1973; North 1990(1996), 2005.
12. North 1990(1996), p. 1에서는 제도를 '사회에 적용되는 게임 법칙(rules of the game)'이라고 정의하는데 여기서는 좀 더 포괄적으로 이해하고자 한다. Greif 2006, pp. xiv-xv.
13. North 1990(1996), chs. 12-14.
14. North and Weingast 1989.
15. Cox 2011.
16. Pincus and Robinson 2011.
17. Cox 2012.
18. O'Brien 2011. 효율적 재정제도가 경제성장의 필수적 요건이라고 강조하는 North의 주장이 시기에 따라, 나라에 따라 일반화되지 않음이 나타난다. 인과관계가 반대방향으로 갈 수도 있고 밀접한 논리적 고리가 구체적으로 보이지 않는다는 것이다. Yun-Casalilla and O'Brien (eds.) 2012, pp. 32-33.
19. Neal 1990, 2000, 2012.
20. Temin and Voth 2008, 2013.
21. North 2005(2007), chs. 8-9.
22. Greif 1989, 1994a.
23. Greif 2006, ch. 12. 최근에 Edwards and Ogilvie 2012는 카이로의 Geniza(유대교당의 창고) 문서를 다시 분석하여 마그레브 상인들 간 배타적 연합의 존재를 부인하고, 이들도 원거리 교역에 대리인 협약을 집행하기 위해 공식적 법률시스템을 사용했으며 '집단주의' 문화적 신념을 갖지 않았다고 주장하나 Greif 2012는 강력하게 반박하고 있다.
24. North 2005(2007), ch. 10; North and Thomas 1973(1999).
25. North, Wallis and Weingast 2009. 인용은 p. 40, 장기 경제발전 촉진에 유리한 제도, 규칙, 관습을 유지하는 국가의 역할이 중요하다. 이에 대해서는 6장 말미에 상술한다.
26. Acemoglu, Johnson and Robinson 2001. Nunn 2012는 이주 정착 초기제도 고리에 문화(know-how)를 추가했다. 예를 들어 이민 출발지에 따라 이민들이 이식한 문화가 다르므로 미국의 북부와 남부에서 제도가 달라졌다는 것이다.

27. Acemoglu, Johnson and Robinson 2002.

28. Acemoglu, Johnson and Robinson 2005, 이들의 설명은 기본적으로 Brenner 2003을 연상케 한다.

29. Yoo and Steckel 2010은 팔라우 섬의 제도변화 등을 비슷한 방법으로 분석하고 있다.

제5장

1. Mokyr 1985, 1993.
2. Mokyr 1993, pp. 18-22; Mokyr 1990, ch. 10.
3. Ibid.
4. Mokyr 2005, 2009.
5. Goody 2010.
6. 김영식 2001, 제I부 11장.
7. 김영식 2001, 제II부.
8. 서적 출판 수에 관해 동서양 간 논란이 있다. 물론 이것은 문자해독 자료와 같이 검토해야 한다. 예를 들어 Zanden 2009, pp. 173-193. 또한 명나라 말에 인쇄출판 문화가 혁명적으로 발달했으나 보급이 사대부층에 그치고 말았음을 지적하는 이노우에 2002(2013), 오오키 2004(2007) 참조. 이 정보는 〈교수신문〉 2013. 2. 25에서 얻었음.
9. Mokyr 2002, 2005, 2009.
10. Musson and Robinson 1969; Berg 1994.
11. Jacob 1997.
12. Ibid., ch. 2.
13. Ibid., ch. 4.
14. Ibid., ch. 5.
15. Ibid., ch. 7.
16. Crosby 1997(2005).
17. Ibid., ch. 11.
18. 니덤의 견해는 Needham 1969에 잘 요약되었다. 이후 이 문제에 관해 방대한 문헌이 축적되었다.
19. Graham 1970(1982).
20. Huff 2003.
21. Ibid., chs. 1, 4.
22. 김영식 1986.
23. 김관도·유청봉 1983(1994). 인용은 35, 39쪽.
24. 김영식 1986, 105쪽; 김영식 2013, 4장.
25. 과거시험이 '문화적 감옥'의 기능을 했는지도 모른다. Elman 2000, esp. ch. 4. 나중에

Elman 2005는 이를 반박하면서 제수이트와의 단절이 서양과학 전달을 막았다고 주장한다. 또한 Lin 1995 참조.

26. 김영식 2007. 이 글은 지극히 '상대주의적' 해석인 것으로 보인다.
27. 김영식 2013, 5장.
28. Ibid., 8장.
29. Nisbett 2003(2004).
30. Ibid., p. 150; Nunn 2012, p. 6.
31. Nisbett 2003(2004), ch. 6.

제6장

1. Wallerstein 1974(1999); 1980(1999); 양동휴 1994, 12장.
2. Wallerstein 1974, ch. 1.
3. Wallerstein 1980, ch. 1.
4. Wallerstein 1984.
5. Wallerstein 1974, ch. 2.
6. Ibid., ch. 6.
7. Ibid., ch. 3.
8. Anderson 1974(1993), I부 1장.
9. Skocpol 1977. 이외에 몇몇 비판들을 모아 번역한 정진영 편역(1985)을 참조. Wallerstein(1980, ch. 5)은 이들 국가를 반주변부로 규정하고 중상주의 정책의 성공사례로 설명하고 있다. Wallerstein의 독특한 '중상주의' 개념, 즉 "중심부로 옮아갈 능력을 배양하는 정책"이라는 개념규정은 순환론 같은 생각이 든다.
10. Aston and Philpin 1987.
11. Hechter 1975.
12. Parry 1963, ch. 1.
13. Ibid., ch. 2.
14. Cipolla 1965(2010).
15. Deng 1997은 19세기까지의 약 4000년간 초장기적 분석을 통해 중국의 해상 무역 번성을 강조했으며, 근대 전기 해상활동의 일시적 후퇴도 은 유입 등을 근거로 무역이 줄어든 것이 아니었음을 주장한다.
16. Findlay and O'Rourke 2007, ch. 4; Wills 2011, ch. 1.
17. Hamilton 1934의 자료에는 귀금속의 유럽 유입이 17세기에 감소하는 것으로 되어 있다. 그리고 아메리카에서 귀금속이 유럽에 유입되어 가격혁명을 일으켰다는 해밀턴의 통화주의적 해석은 초기 많은 학자들의 동조를 얻었다. 그러나 시간이 지남에 따라 통화주의 설명은 도전을 받았고 수정주의가 득세하게 되었다. 즉, 은 공급 증가보다 물가상승이 더 앞

섰으며 상승 속도의 시공간 불일치가 드러났다. 은 유입과 은화유통의 괴리도 심했다. 대신 15세기부터 회복되던 인구가 16세기에 빠른 속도로 증가하면서 인구 압력 때문에 곡물 가격과 목재가격이 상승했다는 설명이 힘을 얻었다. 소비자들의 퇴장, 투기, 사재기, 상품의 질 저하, 상인의 매점매석, 사기 등이 물가상승을 부추겼다. 제조업품 가격과 명목임금은 시차를 두고 올라서 실질임금, 특히 미숙련공의 소득이 줄었으며 이자율과 지대가 상대적으로 오르고 양극화가 악화되었다. 이것은 동유럽에 더 심해서 농노제가 공고해졌다. Fischer 1996, pp. 70-91. 또한 소득과 권력의 집중이 '자본제 성립'에 연결된다는 설명이 있다. Wallerstein 1974(1999), 124-140쪽.

18. Fogel and Engerman 1974, pp. 13-29; Fogel 1994, pp. 17-34. 노예 무역의 총규모는 Thomas 1997, pp. 804-805, 861-862.
19. Braudel 1979(1997), III-1, 303-304쪽.
20. 은 유입 중단 및 은 유출로 중국 경제가 위기에 처한 것은 1808-1856년 기간이다. 11장에서 자세히 논의한다.
21. Hillmann and Gathmann 2011.
22. Findlay and O'Rourke 2007, ch. 5; Wills 2011, ch. 4.
23. Findlay and O'Rourke 2007, p. 347.
24. Ibid., p. 364; Findlay 1992.
25. 주경철 2008, 4장; McNeil 1982(2005), chs. 3-; Rogers 1995; Parker (ed.) 1996.
26. '군사혁명'에 관한 자상한 설명으로 박상섭 1996 참조.
27. Hoffman 2011, 2012.
28. Tilly 1990(1994), 3-5장.
29. Fukuyama 2011.
30. Acemoglu and Robinson 2006.
31. Ibid., pp. xi-xiv, 23-30.
32. Ibid. pp. 313-316.
33. Ibid. pp. 31-42, 김재호 2011은 이와 같은 논의들을 조선왕조 정치체제 안정성 분석에 원용하고 있다.
34. Epstein 2000이 이를 잘 대표하고 있다.
35. Dincecco 2009는 1650-1919년 기간 유럽에서 중앙집권화되고 권력이 제한된 정치체제가 분산된 절대주의 체제보다 조세수입이 많았음을 통계적으로 보이려고 노력했다. Dincecco 2011도 참조.
36. Acemoglu and Robinson 2012.
37. Ibid., p. 445.
38. 박경로 2013.
39. O'Brien 2011. 전쟁준비나 정치안정을 위한 투자가 축적되어 법적, 재정적 능력이 커지

고, 이에 따라 국가가 시장 규제와 징세를 수행할 제도적 용량을 갖추게 된다는 구체적 가설로 Besley and Persson 2009 참조. 국제적 비교로는 Bonney (ed.) 1995, 1999; Yun-Casalilla and O'Brien (eds.) 2012 등 참조.

40. O'Brien 2011, p. 429. fig. 2; p. 430, fig. 3.
41. 국가재정과 경제성장의 관계는 오래된 광범위한 주제이다. 금융혁명에 의해 값싼 차입이 재정안정을 이룬 예는 이탈리아, 네덜란드, 영국, 미국, 일본 등에 거친다. Sylla(2002). 17세기 홀란드의 공공부채 조달에 높은 저축률과 효율적 재정제도가 미친 영향에 대한 좋은 연구로 Gelderblom and Jonker 2011 참조.
42. 이러한 장치가 임금을 높여 영국의 기술진보를 촉진했다는 설명이 있다. O'Brien 2011, p. 439; Allen 2009a, 2011 참조.
43. Wareham 2012.
44. Schumpeter 1918(1954).
45. Yun-Casalilla and O'Brien (eds.) 2012; 양동휴 2012c.
46. 양동휴 2012c, 401쪽.
47. Ma 2011b.
48. Rosenthal and Wong 2011, p. 209.
49. Perdue 2005(2012), pp. 536-548; Struve 2004; Rowe 2009.
50. Wang 1973; Zelin 1984; Isett 2007.
51. Ma 2011b; Ma 2012.
52. 예를 들어 Allen 2009a.
53. 예를 들어 Cipolla 1965, p. 117.
54. 주경철 2008, 118쪽.
55. Ibid., vii쪽; 양동휴 2009.
56. 주경철 2008, 1장.
57. 이 그림과 비슷한 모형이 두바이의 이븐 바투타 박물관에 전시 중이다.
58. Ibid., 21쪽.
59. 캘리포니아 지역에서 연구를 하며 유럽중심주의를 비판하고 비교사적 입장을 취하는 학자들로서 R. Bin Wong, Jack Goldstone, Kenneth Pomeranz, Richard von Glahn, Cameron Campbell, Dennis Flynn, Arturo Giraldez, James Lee, Robert Marks, Andre Gunder Frank, Jack Goody, James Blaut, Janet Abu-Loughod 등이다. 물론 이들 각자의 견해가 모두 같은 것은 아니다. 캘리포니아 학파에 대한 우리말 소개로 강진아 2004, 2008 참조.
60. 주경철 2008, 44쪽.
61. 양동휴 2009.

제7장

1. Frank 1998(2003), 32쪽. Blaut 2000은 8대 유럽중심주의 역사가로 Max Weber, Lynn White, Jr., Robert Brenner, Eric Jones, Michael Mann, John Hall, Jared Diamond, David Landes를 들고 있다.
2. Landes 1998(2009); Mokyr 1999; Buck 1999; Stokes 2001.
3. Frank 1998(2003), 106쪽.
4. Ibid., 2장.
5. Ibid., 282쪽.
6. Ibid., 303쪽.
7. Ibid,. 415-416, 433-436, 452쪽; 마지막 따옴표 452쪽은 Braudel 1979(1997)을 인용한 것이다.
8. Wong et al. 2003.
9. Said 1978, 1995, 2003(1991, 2007).
10. Said 1978(2007), 80, 82쪽.
11. Ibid., 130쪽.
12. Ibid., 169-170쪽.
13. Ibid., 179-180쪽.
14. Ibid., 200쪽.
15. Ibid., 248-254쪽.
16. Ibid., 273쪽.
17. Ibid., 351쪽.
18. Ibid., 422, 448쪽.
19. Ibid., 505쪽.
20. Ibid., 551, 561쪽.
21. 1995년판 후기의 요점이다. 그의 관점은 2003년판 서문에서 말한 대로 '휴머니즘'적인 비판, 인간의 자유를 향한 길고도 종종 박해받는 길에서 한자리를 차지해 왔다.
22. Clarke 1997(2004).
23. Lieberman 1999.
24. Sen 2006(2008), ch. 2, sec.3.

제8장

1. Lal 1998.
2. Ibid., ch. 1, 인용은 pp. 6-7.
3. Barbu 1960, esp. pp. 96-97. 수치심과 죄의 대비를 일본 문화에 적용한 이른 예로 Benedict 1946(2008), 293-296쪽을 보라.

4. '고수준 균형의 덫'은 Elvin 1973, ch. 17의 설명인데 경제가 지나치게 효율적이어서 기술진보의 유인을 못 갖는다는 뜻이다. 10장에서 더 자세히 설명한다.
5. Lal 1998, pp. 35-40. 이시카와 커브는 Ishikawa 1967에서 아이디어를 얻은 모양인데 랄의 설명은 그의 논의를 자세히 설명하지도, 확장하여 문화에 대한 함의를 끌어내지도 못했다. 그리고 그림 자체에 오류가 있다. 그럼에도 논리의 맥락상 그림을 전재한다. 그림은 Ishikawa 1967, p. 78. 실선은 직각쌍곡선이며 1956년 중국과 농가소득이 일치하는 점들의 집합이다. 이 소득은 아마도 생존 수준일 것이다. 그림에서 각국을 나타내는 점은 시간이 갈수록 인구 압력 때문에 왼쪽으로 이동하고, 관개, 시비 등 투자 증가로 위쪽으로 이동한다. 바람직한 방향은 a이며, 최소한 b는 되어야 함을 알 수 있다. 점선 c는 헥타르당 수익 2.3톤 이하인 부분이다.
6. Sen 2006(2008).
7. 다음 장 도입부분에서 설명한다. Boseruup 1965.
8. Lal 1998, p. 45.
9. Ibid., ch. 4.
10. Ibid., pp. 56-59.
11. Lewis 2001, pp. 300-304.
12. Anderson, 1974(1993), 393-394쪽.
13. Kuran 2011.
14. Çizakça 2011은 Kuran의 주장이 역사적 사실에 의해 충분히 뒷받침되지 않았다고 반박한다.
15. Lal 1998, ch. 5, 이러한 신념이 결국은 구미 문명의 사회결합을 와해시킨 면이 있다. Ibid., chs. 6, 9.
16. Pirenne 1952, ch. 8, pp. 153-167.
17. Lal 1998, p. 77.
18. 완성된 것이 아니라 엄청난 고뇌 끝에 대강 봉합했다고 보아야 한다.
19. Lal 1998, pp. 78-79.
20. 일본, 인도, 중국 등은 이러한 파우스트적 과정을 따를 필요가 없을 것이라는 언급이 있다. 영혼을 포기하지 않고 서구의 도구만 활용이 가능한가. 신이 없으니까 잃을 것이 없다는 것인가. Ibid., p. 178.
21. Jones 2006.
22. Appleby 2010(2012). 인용은 36쪽.
23. Temin 1997.
24. Greif 1994b.
25. Greif and Tabellini 2010.

제9장

1. Komlos 2000.
2. Boserup 1965.
3. Clark 2007(2009).
4. 이러한 부자의 덕목은 사망률을 낮추거나 출생률을 높이므로 '부자생존'설과 부합하지만 맬서스 체제에서 선악이 도치된다는 앞 페이지의 설명과 모순된다. 그러나 가난한 자들이 사망률이 높고 출생률이 낮아 총인구 추세에서는 상쇄될 것이다.
5. Mokyr, Grantham, Goldstone, McCloskey 지정토론.
6. *EREH* vol. 12, part 2, August 2008. McCloskey, Voth, Grantham, Persson, Clark의 글. 물론 우리가 앞서 살펴본 여러 책들도 비슷한 대우를 여러 다른 학술지를 통해 받았다.
7. SSHA 2007, Mokyr.
8. SSHA 2007, Grantham; *EREH* 2008, Grantham.
9. SSHA 2007, Goldstone.
10. SSHA 2007, McCloskey; *EREH* 2008, McCloskey.
11. *EREH* 2008, Voth.
12. *EREH* 2008, Persson.
13. Lee and Wang 1999.
14. Boberg-Fazlic et al. 2011.
15. Coşgel and Ergene 2011.
16. Spolaore and Wacziarg 2012.
17. Galor and Moav 2002, 클라크의 '부자선택'은 이런 과정이 제도적 특징 때문에 영국에서 가장 빨랐다는 가설이다.
18. Ashraf and Galor 2011, 2013a, 2013b.

제10장

1. Goldstone 2000.
2. Goldstone 2008(2011).
3. Ibid., ch. 1.
4. Ibid., ch. 2.
5. Ibid., ch. 3.
6. Sen 2006(2008).
7. Chua 2007(2008), ch. 8, esp. pp. 296-297. 그러나 영국의 가톨릭 박해는 헨리 8세의 개혁 때부터 19세기까지 유명하고, 개신교 국가였던 미국에서도 가톨릭에 대한 저항이 심했다. 특히 1840년대 아일랜드 이민들이 겪은 차별 및 박해에 대해서는 기록이 많다.
8. Goldstone 2008(2011), ch. 4.

9. Ibid., ch. 5.
10. Lee, Campbell and Wang 2002.
11. Goldstone 2008(2011), ch. 5.
12. Goody 1996, chs. 5-6.
13. Goldstone 2008(2011), ch. 6.
14. Ibid., ch. 7-8; Goldstone 2002.
15. Goldstone 2008(2011), pp. 167-170.
16. Ibid., pp. 172-175.
17. Hobson 2004(2005).
18. Ibid., 1-2장.
19. Ibid., 3장.
20. Ibid., 5-7장.
21. Ibid., 8-9장.
22. Ibid., 13장.
23. Pomeranz 2000.
24. 이 방식은 경제학 관점에서 본 범주적 비교이며 역사적으로 적용이 곤란하다는 지적이 있다. 영국과 양쯔 강 델타는 한 번도 '수렴'한 적이 없으므로 '대분기' 또한 없었다. 오히려 16세기 이후 서유럽의 세계적 팽창 결과 유럽과 중국의 사회문화체계가 유럽 쪽으로 동질화하기 시작했기 때문에 16-19세기 기간 중국사와 세계사의 관계를 분석하는 데는 '문명연구'의 개념과 방법론이 유용하다고 한다. 즉, 핵심 지역끼리의 비교는 지나치게 제한적이라는 것이다. Yifeng 2011.
25. Pomeranz 2000, ch. 1. 다른 말로는 18세기 영국 석탄의 상대가격이 낮았다는 것인데 중국이 값이 더 쌌으며 그 차이가 19세기 기술진보와 함께 줄어들었다는 기록이 있다. Brandt, Ma and Rawski 2010.
26. Parthasarathi 2011, pp. 162-175.
27. Solomon 2010(2013), 264-271쪽.
28. Pomeranz 2000, ch. 2.
29. 사회-재산 관계(social-property relations)에 관해서는 Brenner and Isett 2002 참조.
30. Huang 1990, pp. 11-13.
31. Vries 1994, 2008.
32. 중국은 유럽처럼 상인들이 선대제 생산조직을 하지 않고 중개만 함으로써 혁신유인이 결여되었다는 설명이 있다. Eastman 1988, ch. 7.
33. 서유럽의 장기공채 이자율과 중국의 단기사채 이자율을 비교하는 것은 곤란하다는 지적이 있다. Rosenthal and Wong 2011, ch. 5. 그러나 정부공채의 부재, 공적신용시장의 미발달 자체가 중국 금융의 후진성을 나타낸다.

34. Pomeranz 2000, ch. 4.
35. Ibid., chs. 5-6.
36. Vries 2001.
37. Chao 1986.
38. Parthasarathi 2011, pp. 175-182.
39. Elvin and Liu 1998; Elvin 2004(2011), 결론장.
40. Ibid., 742쪽.
41. Ibid., 747쪽.
42. Wong 1997.
43. Wong 2002.
44. Wong 1997 ch. 1.
45. Ibid., ch. 2.
46. Mendels 1972; Kriedte, Medick and Schlumbohm 1993.
47. Coleman 1983; Houston and Snell 1984.
48. Engerman 1992; Mager 1993.
49. Wong 1997, ch. 3.
50. Ibid., ch. 6.
51. '분열(fractal)'은 불규칙한 기하형태가 서로 다른 공간 내에서 불규칙한 정도를 일정하게 유지함을 의미한다. 리보중(李伯重) 2002(2006), 201쪽.
52. Lee and Campbell 1997; Lavely and Wong 1998; Lee and Wang 1999.
53. Ibid., chs. 1-2; Lee, Campbell and Wang 2002.
54. Lee and Wang 1999, ch. 7.
55. Ibid., ch. 8.
56. Ibid., ch. 9.
57. Deng 1999.
58. Ibid., chs. 2-3; 이미 오래전에 Perkins 1968도 비슷한 이야기를 하고 있다.
59. Deng 1999, ch. 6.
60. Deng 2000. 또한 Deng 2003도 참조.
61. Elvin 1973(1989), ch. 17; 이러한 '덫'에서 벗어날 유인이 최근에야 주어졌다고 Brandt, Ma and Rawski 2012는 설명한다.
62. Deng 2000.
63. Deng 2003.
64. Maddison 1998a, pp. 25, 40.
65. Arrighi et al. 2003, ch. 3.
66. Richardson 1999(2007), ch. 2.

67. Naquin and Rawski 1987(1998), ch. 6.

68. Eastman 1988(1999), ch. 6.

69. Yeh-chien Wang(王業鍵) 1977; Wong(2002) pp. 451-452는 중국의 신용시장 발달수준이 상당했으며, 강남지방은 단거리 신속거래 위주이고 은이 풍부하여 신용수요도 크지 않았다고 주장한다. 그러나 4장에서 언급한 네덜란드와 영국의 금융혁명을 생각하면 중국의 화폐금융부문은 초라하기 짝이 없다. 또한 양동휴 2013 참조.

70. 명·청 시대 도시연구의 집대성은 역시 Skinner 1964; Skinner (ed.) 1977이다. 또한 Rowe 1984; Johnson (ed.) 1993도 참조. 청나라와 도쿠가와 일본의 도시 네트워크 비교 연구로는 Rozman 1973이 고전이다.

71. Eastman 1988(1999), 4, 7, 8장.

72. 양동휴 1994, 13장.

73. Hayami et al. (eds.) 1999(2004).

74. Smith 1988 이러한 수정주의에 대한 비판도 만만치 않다. Hauser 1983.

75. 하야미 2004(2006), I부.

76. Ibid., 한국어판 서문, 10쪽.

77. Ibid., 92쪽.

78. Ibid., 126쪽; Miyamoto 2004a, p. 38, Table 1.1에 따르면 1600년 인구는 1,200만 명에서 1720년 3,128만 명, 1872년 3,311만 명으로 증가했고, 농업생산은 같은 기간 2.4배로 늘었다. 이와 같이 도쿠가와 시대는 전반기와 후반기에 그 특징이 달랐다. 전반기에는 경작지 확장에도 1인당 경지면적이 거의 반감했으며 후반기에 생산성이 꾸준히 증가하여, 전체적으로 1인당 농업생산은 U자형을 보인다.

79. 하야미 2004(2006), 129쪽.

80. 김종현 1991, 15-27쪽; Miyamoto 2004, pp. 74-82.

81. Iwahashi 2004.

82. 나고야 영지의 노비(濃尾)지방에서는 1660-1810년간 1인당 우마수가 0.055마리에서 0.019마리로, 즉 35%로 떨어졌다. 하야미 2004(2006), 139쪽.

83. Ibid., 192-194쪽.

84. 사이토 오사무(齊藤修) 2008, 또한 Saito 2005, 2010 참조.

85. 사이토 오사무(齊藤修) 2008, ch. 5.

86. Wang 2003.

87. Saito and Settsu 2006. 단기 지방정부채권시장과 상품시장이 농지시장이나 노동시장보다는 더 통합되었다는 지적이 있다. Nakabayashi 2009. 선물시장이 효율적이었다는 연구도 있다. Takatsuki 2007.

88. Weede 2003.

제11장

1. 이 장은 양동휴 2013에 크게 의존하고 있다.
2. Braudel 1979(1997) III, 683쪽.
3. 강진아 2004, 26쪽.
4. Frank 1998(2003), 261-263쪽.
5. 기시모토, 미야지마 1998(2003), 153쪽.
6. Atwell 1982.
7. Barrett 1990, pp. 242-243.
8. Eastman 1988(1999); Goldstone 2000.
9. 강진아 2005, 66-67쪽.
10. Flynn and Giraldez 1995; 주경철 2008, 5장.
11. Glahn 2003.
12. Flynn and Giraldez 2002.
13. Frank 1998(2003).
14. Flynn and Giraldez 2000, p. 210.
15. Flynn and Giraldez 2002, pp. 416-417.
16. Glahn 1996; Lin 2006.
17. Deng 2008, pp. 324-327.
18. Glahn 1996, p. 140.
19. Vries 2003; Barrett 1990.
20. 타시로 가즈이(田代和生) 1981; Tashiro 1989.
21. Miyamoto and Shikano 2003.
22. 박경수 2012, 3부 4장.
23. Schiltz 2005; 요시카와 코오지(吉川光治) 1991, chs. 1, 6.
24. Yamaguchi and Ohnuki 1997.
25. 타시로 가즈이(田代和生) 2002, ch. 3.
26. 三上隆三 1989.
27. 신보 히로시(新保 博)·사이토 오사무(齋藤 修) 1989, pp. 26-31.
28. Miyamoto and Shikano 2003.
29. 타시로 가즈이(田代和生) 1988, p. 139.
30. Shimbo and Saito 2003.
31. 이헌창 2011a, 3장 2절.
32. 이헌창 1999.
33. 타시로 가즈이(田代和生) 1981, ch. 12.
34. 이헌창 1999, 22쪽.

35. 〈표 15〉의 설명과 다른 괄호 안 내용은 이헌창 2011b가 송찬식 1976, 891-897쪽을 인용했다. 송찬식이 읽은 숙종 23년(1697), 25년(1699), 33년(1707), 38년(1712), 42년(1716)의 사료 자체에 문제가 있는 것 같다. 만기요람 재용편 금은동연 항목에 나오는 6성은은 겐로쿠긴이고 은 함유량이 64%였는데 조선에서 62%라고 주장하여 외교담합에 따라 63%로 교환비율을 조정한 일이 있다. 숙종 24년 일이다. 숙종 33년에 일본은 은 함량을 대폭 낮추었는데(호에이긴) 당시 조선의 당국자들이 높인 것으로 착각한 것이다. 쓰시마 번주는 막부에 하이후키긴(灰吹銀)에 상당하는 수출용 은을 주조해 줄 것을 요구하는 한편 조선에는 동래부사를 통하여 순도 70%의 '호지신긴(寶字新銀)'을 수용하겠느냐고 타진하였다. 결국 이 안은 폐기되고 대신 1710년부터 특주한 순도 80%의 닌진다이오고긴(人蔘代往古銀)이 1712년부터 수출되었으나 조선에서는 이를 7성은으로 오해한 것이라고 한다. 이 오해는 이후로도 계속되어 만기요람의 7성은이라는 것도 8성 특주은을 말한다. 정은(丁銀)은 왜은이고 순도 80%로, 조선에서 공사 두루 통용되었는데 다만 7성은으로 불렸다.(丁銀是七成卽倭銀) 이러한 주장을 하는 일본인 학자는 당시 조선의 은 취련 기술을 낮게 평가하고 있다. 山本 進 2012, pp. 12-14.
36. 이헌창 1999, 37-41쪽.
37. 무게를 달아 유통시킨다는 용어는 우리말로 칭량, 일어로 평량이다.
38. 무게로 228톤이었음을 상기하라. 1관=100냥=3.75kg으로 환산하면 대강 맞다.
39. 오두환 2002.
40. Ibid. 표 3.
41. 이헌창 2011b.
42. 한명기 1992, 10쪽; 한명기 1999, 96쪽.
43. 한명기 1992, 22쪽. 청의 은 요구가 가벼웠을지 몰라도 세폐의 부담이 컸으며 청이 명을 대신하여 조공관계로 복귀했으므로 호란 직후와 이후의 청의 요구를 구분해야 할 것이다.
44. Glahn 1996, pp. 146-155.
45. 구로다 아키노부(黑田明伸) 2003(2005), 4장 5절.
46. Kuroda 2005.
47. 홍성화 2011; Deng 2008, p. 335; Hao 1986, ch. 3; 또한 Kann 1953 참조.
48. Glahn 1996, p. 160; Lin 2006, p. 3.
49. Lin 2006, pt. 1.
50. Ibid.; King 1965, pp. 45-46, 49.
51. Lin 2006, pt. 2.
52. Glahn 1996, pp. 246-247, 254-255.
53. Lin 2006, pt. 1.
54. Friedman 1992(2009), 6장; 양동휴 2012b.
55. Deng 2008, pp. 331-334.

56. Ibid., pp. 336-338.
57. Ibid., pp. 346, 353.
58. 나카무라 사도루(中村 哲) 2007. 18세기 중국 인구의 급성장과 일본 인구 정체 때문이라면 의미가 반감된다. 강진아 2007 참조. 또한 Aoki 2012.
59. 구로다 아키노부(黑田明伸) 2003(2005), 6장 2-3절.
60. 하마시타 다케시(濱下武志) 2008.
61. Grove and Selden 2008, ch. 1.
62. 백영서 외 2005; 스기하라 카오루(杉原 薰) 1996(2002); Sugihara 2005; 쑨거(孫歌) 1999-2001(2003).
63. Glahn 1996, pp. 246-247; Glahn 2003.
64. Sargent and Velde 2002.
65. Munro 2012, intro and ch. 1.
66. Reinhart and Rogoff 2009(2010), pp. 174-179.
67. 양동휴 2012b.
68. Giddens 1985, pp. 148-160.
69. 박상섭 2012, 3장.
70. Brewer 1988; 박상섭 1996, 4장.
71. Glasner 1998.
72. Findlay and O'Rourke 2007, ch. 4는 수입 은을 화폐로 사용하는 일을 훨씬 긍정적으로 보고 있다. 디플레이션보다 낫다는 의미다.
73. 이 말은 수사적 표현일 뿐이다. 요즈음 dollarization이나 currency board는 화폐유지비용을 미국에 떠넘기는 이점을 가지고 있을지 모르지만 독자적 금융정책을 포기하는 대가를 치러야 한다.

제12장

1. 버라이어티 성장모형, 품질사다리모형 등, 김신행 1999, 9, 10장; 양동휴 2006, 262-264, 327-333쪽.
2. Mokyr and Voth 2010.
3. Galor and Moav 2002; Galor 2005.
4. Voigtländer and Voth 2006; 김신행 2014, 11장.

맺음말

1. Mokyr 2009; Allen 2009a, 2011; Crafts 2011.
2. 10장에서 '중국중심주의적' 시각의 한계를 지적한 바 있다. 또한 '유럽중심주의'를 공격해서 얻을 것이 많지도 않다.

3. 연속성과 경로종속을 강조하는 학자들도 있다. 즉 최근 중국의 고도성장에서 외국자본, 신기술, 경영기법 도입 환경은 광동이나 후지안이 더 유리하지만 양쯔 강 델타가 역사적 유산 때문에 발달 속도가 빠르다는 것이다. Li 2010.
4. Goody 2010.
5. 양동휴 2006, 8장.
6. 양동휴 2012a. 그런 의미에서 19세기의 산물인 민족주의를 경제발전과 연결시키려는 의도는 이 책과 아무 관련이 없다. Mosk 2013.
7. 이영훈 2014; Aoki 2011, 2012; Aoki, Kuran and Roland (eds.) 2012.
8. Morris 2010, p. 559.
9. 사회발전지수는 에너지 추출, 도시화, 전쟁수행능력, 정보기술 정도를 측정한다. Ibid., Appendix, 자세한 것은 www.ianmorris.org 참조. Morris 2013에도 자세히 나와 있다.
10. Morris 2010, pp. 572-577.
11 Ibid., pp. 592-598.
12. Rifkin 2011(2012), 372쪽.
13. Ferguson 2011(2011).
14. Styles 2000; Vries 2008 참조.
15. 미국의 경상수지적자, 재정적자 누적에 관해 양동휴 2012a, 6장; 유로존의 재정위기에 대해 양동휴 2012c 참조.
16. Spence 2011(2012).
17. Ibid. p. 445.
18. Acemoglu and Robinson 2012, pp. 437-446.
19. Bardhan 2010.
20. Brandt, Ma, and Rawski 2010.

부록

1. Galor and Weil 2000, Galor and Moav 2002.
2. Crafts 1985.
3. Voigtländer and Voth 2006, p. 340, fig. 5.
4. Ibid., p. 361, Table 6.
5. 통합성장이론을 원용하여 조선이 맬서스의 덫을 벗어나지 못했음을 설명하려는 Kim and Yang 2013 참조.

비교연보

중 국	인 도	일 본	영 국
당 618–907	촐라 왕조 850–1279	무로마치 시대 1336–1573	플랜태저넷 왕조 1154–1399
북송 960–1126	아홈 왕국 1228–1826	아즈치모모야마 시대 1568–1603	랭카스터/요크 왕조 1399–1485 (장미전쟁 1455–1485)
남송 1127–1279	비자야나가르 제국 1336–1646	에도 시대 1603–1868	튜더 왕조 1485–1603
원 1271–1368	무굴 제국 1526–1858	메이지 시대 1868–1912	스튜어트 왕조 1603–1714 (공화정 1653–1659)
명 1368–1644	마라타 왕국 1674–1818	다이쇼 시대 1912–1926	하노버 왕조 1714–1901
청 1616–1912	시크 동맹 1716–1799	쇼와 시대 1927–1989	작센 왕조 1901–1910
	시크 왕국 1799–1849	헤이세이 시대 1989–현재	윈저 왕조 1910–현재
	영국 동인도회사 1757–1858		
	영국령 인도 1858–1947		

프랑스	이슬람 세계: 근동	이슬람 세계: 이집트	이슬람 세계: 이베리아 반도
카페 왕조 987–1328	우마이야 왕조 661–750	파티마 왕조 909–1171	코르도바 우마이야 왕조 756–1010
발루아 왕조 1328–1498	압바스 왕조 750–1258	아이유브 왕조 1174–1250	세비야 압바스 왕조 1023–1091
발루아–오를레앙 왕조 1498–1515	셀주크/일/티무르	맘루크 왕조 1250–1517	그라나다 나스르 왕조 1231–1492
발루아–앙굴렘 왕조 1515–1589	사파비 왕조 1501–1779	오토만 제국 1299–1922 (오토만터키 1517–1917)	
부르봉 왕조 1589–1792, 1814–1830	오토만 제국 1299–1922 (오토만터키 1517–1917)		

참고문헌

( ) 안은 번역본 출간연도

강진아 2004, 「16-19세기 중국경제와 세계체제: '19세기 분기론'과 '중국중심론'」, 『이화사학연구』 31.

______ 2005, 「16-19세기 동아시아 무역권의 세계사적 변용: 따라잡기형 발전모델의 모색」, 박영서 외, 『동아시아의 지역질서: 제국을 넘어 공동체로』, 창비.

______ 2007, 「서평: 근대 동아시아 경제의 역사적 구조」, 『경제사학』 42.

______ 2008, 「동아시아로 다시 쓴 세계사: 포머란츠와 캘리포니아학파」, 『역사비평』 82.

김신행 1999, 『경제성장론』, 경문사.

______ 2014, 『경제성장론』, 개정판, 경문사.

김영식 1986, 「중국전통과학 연구의 문제들」, 김영식 편, 『중국전통문화와 과학』, 창작과비평사.

______ 2001, 『과학혁명: 전통적 관점과 새로운 관점』, 아르케.

______ 2007, 「중국과학에서의 why not 질문: 과학혁명과 중국전통과학」, 박민아·김영식 편, 『프리즘: 역사로 과학읽기』, 서울대학교출판부.

______ 2013, 임종태 엮음, 『동아시아 과학의 차이: 서양과학, 동양과학, 그리고 한국과학』, 사이언스북스.

김재호 2011, 「조선왕조 장기지속의 경제적 기원」, 『경제학연구』 59-4.

김종현 1991, 『근대일본경제사』, 비봉출판사.

민족문화추진회 1971, 『국역 만기요람: I 재용편』.

박경로 2013, 「서평: 국가는 왜 실패하는가」, 『경제사학』 54.

박경수 2012, 『전근대 일본유통사와 정치권력』, 논형.

박상섭 1996, 『근대국가와 전쟁: 근대국가의 군사적 기초, 1500-1900』, 나남.

______ 2012, 『국가, 전쟁, 한국』, 인간사랑.

백영서 외 2005, 『동아시아의 지역질서』, 창비.

송찬식 1976,「조선후기 행전론」,『한국사상대계: II 사회경제사상편』, 성균관대학교 대동문화연구원.

양동휴 1994,『미국경제사탐구』, 서울대학교출판부.

______ 2006,『20세기 경제사』, 일조각.

______ 2007,『양동휴의 경제사 산책』, 일조각.

______ 2009,「서평, 주경철『대항해 시대』」,『경제사학』46.

______ 2012a,『세계화의 역사적 조망』, 개정판, 서울대학교출판문화원.

______ 2012b,「금본위제 성립은 역사적 진화인가: 복본위제 단상」,『경제논집』51-1.

______ 2012c,「재정국가의 역사와 유로존 부채위기」,『경제논집』51-2.

______ 2013,「16-19세기 귀금속의 이동과 동아시아 화폐제도의 변화」,『경제사학』54.

오두환 2002,「조선시대 무역: 은과 은화폐」, 계명대학교 한국학연구원, Oh(2004)의 발표문.

이영훈 2014,「한국사회의 역사적 특질: 한국형 시장경제체제의 비교제도적 토대」, 이영훈 외,『한국형 시장경제체제의 모색』, 서울대학교출판문화원.

이헌창 1999,「1678-1865년간 화폐량과 화폐가치의 추이」,『경제사학』27.

______ 2011a,『한국경제통사』4판, 해남.

______ 2011b,「조선시대 은 유통과 소비문화」,『명청사 연구』36.

정진영 편역 1985,『세계체제론』, 나남.

주경철 2008,『대항해 시대: 해상팽창과 근대세계의 형성』, 서울대학교출판부.

한명기 1992,「17세기초 은의 유통과 그 영향」,『규장각』15.

______ 1999,『임진왜란과 한중관계』, 역사비평사.

홍성화 2011,「18세기 중국 강남지역의 화폐사용관행」,『명청사 연구』36.

김관도(金觀濤)·유청봉(劉青峯) 엮음, 1983(1994),『問題與方法集』, 김수중·박동헌·유원준 골라 옮김,『중국 문화의 시스템론적 해석』, 천지, 첫 글,「중국 전통과학은 왜 근대과학으로 발전하지 못하였는가」(김관도·변홍업·유청봉).

리보중(李伯中) 2002(2006),『理念, 方法, 發展趨勢: 中國經濟史研究新探』, 清華大學出版社, 이화승 옮김,『중국경제사연구의 새로운 모색』, 책세상.

쑨거(孫歌) 1999-2001(2003),『亞洲意味著什麼』, 巨流圖書公司 외, 류준필·김원일·최정옥 엮고 옮김,『아시아라는 사유공간』, 창비.

천위루(陳雨露)·양둥(楊棟) 2010(2012), 『金錢統治』, 김지은 옮김, 『금전통치』, 레인메이커.

구로다 아키노부(黒田明伸) 2003(2005), 『貨幣システムの世界史』, 岩波書店, 정혜중 옮김, 『화폐시스템의 세계사』, 논형.

기시모토 미오(岸本美緒)·미야지마 히로시(宮嶋博史) 1998(2003), 『明清と李朝の時代』, 中央公論社, 김현영·문순실 옮김, 『조선과 중국 근세 오백년을 가다: 일국사를 넘어선 동아시아 읽기』, 역사비평사.

나카무라 사도루(中村 哲) 2007, 「동북아시아 경제의 근세와 근대, 1600-1900」, 나카무라 사도루·박섭 편, 『근대 동아시아 경제의 역사적 구조』, 일조각.

미카미 류지(三上隆三) 1989, 『円の誕生』, 增補版, 東洋經濟新報社.

사이토 오사무(齊藤修) 2008(2013), 『比較經濟發展論』, 岩波書店, 박이택·김승미 옮김, 『비교경제 발전론』, 해남.

스기하라 카오루(杉原 薫) 1996(2002), 『アジア間貿易の形成と構造』 ミネルバ, 박기주·안병직 옮김, 『아시아간 무역의 형성과 구조』, 전통과 현대.

시바 요시노부(斯波義信) 1988(2001), 『中國都市史』, 東京大學出版會, 임대희·신태갑 옮김, 『중국도시사』, 서경문화사.

______ 1988, 『宋代江南經濟史の研究』, 汲古書院.

신보 히로시(新保 博)·사이토 오사무(齋藤 修) 1989, 「概說 19世紀へ」, 『近代成長の胎動』 日本經濟史 2, 岩波書店.

야마모토 스스무(山本 進) 2012, 「朝鮮後期の銀流通」, 北九州市立大學 『外國語學部紀要』 133.

오오키 야스시(大木 康) 2004(2007), 『明末江南の出版文化』, 研文出版, 노경희 옮김, 『명말 강남의 출판문화』, 소명출판.

요시카와 코오지(吉川光治) 1991, 『德川封建經濟の貨幣的機構』, 法政大學出版局.

이노우에 스스무(井上 進) 2002(2013), 『中國出版文化史』, 名古屋大學出版會, 이동철·장원철·이정희 옮김, 『중국 출판문화사』, 민음사.

타시로 가즈이(田代和生) 1981, 『近世日朝通交貿易史の 研究』, 創文社.

______ 1988, 「德川時代の貿易」, 速水 融·宮本又郎 編, 『經濟社會の成立: 17-18世紀』, 日本經濟史 1, 岩波書店.

______ 2001, 「17,18世紀 東,東南アジア域内交易における日本銀」, 濱下武志·川勝平太 編, 『アジア交易圏と日本工業化 1500-1900』, 新版, 藤原書店.

______ 2002(2005), 『倭館』, 文春新書, 정성일 옮김, 『왜관』, 논형.

하마시타 다케시(濱下武志) 2008, 「세계화와 동아시아의 지정문화: 동아시아 해양문화 연구의 과제」, 최장집·하마시타 공편, 『동아시아와 한일교류』, 아연출판부.

하야미 아키라(速水融) 2004(2006), 『近世日本の經濟社會』, 麗澤大學出版會, 조성원·정안기 옮김, 『근세 일본의 경제발전과 근면혁명』, 혜안.

Abu-Lughod, Janet 1989(2006). *Before European Hegemony: The World System AD 1250-1350*, Oxford University Press, 박홍식·이은정 옮김, 『유럽패권 이전: 13세기 세계체제』, 까치.

Acemoglu, Daron, Simon Johnson and James A. Robinson 2001, "The Colonial Origins of Comparative Development: An Empirical Investigation," *American Economic Review* 91-5.

______ 2002, "Reversal of Fortune: Geography and Institutions," *Quarterly Journal of Economics* 67-4.

______ 2005, "The Rise of Europe: Atlantic Trade, Institutional Change, and Economic Growth," *American Economic Review* 95.

Acemoglu, Daron and James A. Robinson 2006, *Economic Origins of Dictatorship and Democracy*, Cambridge University Press.

______ 2012(2012), *Why Nations Fail?: The Origins of Power, Prosperity, and Poverty*, Crown, 최완규 옮김, 『국가는 왜 실패하는가』, 시공사.

Allen, Robert C. 2007, "India in the Great Divergence," in Timothy J. Hatton, Kevin H. O'Rourke and Alan M. Taylor (eds.), *The New Comparative Economic History: Essays in Honor of Jeffrey G. Williamson*, MIT Press.

______ 2009a, *The British Industrial Revolution in Global Perspective*, Cambridge University Press.

______ 2009b, "Agricultural productivity and rural incomes in England and the Yangtze Delta, c.1620-c.1820," *Economic History Review* 62.

______ 2011, "Why the industrial revolution was British: commerce, induced invention, and the scientific revolution," *Economic History Review* 64-2.

_____ 2012, "Technology and the great divergence: Global economic development since 1820," *Explorations in Economic History* 49-1.

Allen, Robert C., Jean-Pascal Bassino, Debin Ma, Christine Moll-Murata, and Jan Luiten van Zanden 2011, "Wages, prices, and living standards in China, 1738-1925: in comparison with Europe, Japan, and India," *Economic History Review*, Special Issue, 64-S1, "Asia in the Great Divergence."

Allen, Robert C., Tommy Bengtsson and Martin Dribe (eds.) 2005, *Living Standards in the Past: New Perspectives on Well-Being in Asia and Europe*, Oxford University Press.

Anderson, Perry 1974(1993), *Lineages of the Absolutist State*, New Left Books, 김현일 외 옮김, 『절대주의 국가의 역사』, 소나무.

Aoki, Masahiko 2011, "The Five-Phases of Economic Development and Institutional Evolution in China and Japan," ADBI Working Paper 340, December.

_____ 2012, "Historical Sources of Institutional Trajectories in Economic Development: China, Japan and Korea Compared," ADBI Working Paper 397, November.

Aoki, Masahiko, Timur Kuran and Gérard Roland (eds.) 2012, *Institutions and Comparative Economic Development*, Palgrave Macmillan.

Appleby, Joyce 2010(2012), *The Relentless Revolution: A History of Capitalism*, W.W. Norton, 주경철·안민석 옮김, 『가차없는 자본주의』, 까치

Arrighi, Giovanni, Takeshi Hamashita and Mark Selden (eds.) 2003, *The Resurgence of East Asia: 500, 150 and 50 Year Perspectives*, Routledge.

Ashraf, Quamrul and Oded Galor 2011, "Cultural Diversity, Geographical Isolation, and the Origin of the Wealth of Nations," NBER Working Paper 17640.

_____ 2013a, "The 'Out-of-Africa' Hypothesis, Human Genetic Diversity, and Comparative Economic Development," *American Economic Review* 103-1.

_____ 2013b, "Genetic Diversity and the Origins of Cultural Fragmentation," *American Economic Review* 103-3.

Aston, T. H. and C. H. E. Philpin (eds.) 1987, *The Brenner Debate: Agrarian Class*

Structure and Economic Development in Pre-industrial Europe, Cambridge University Press.

Atwell, William 1982, "International Bullion Flows and the Chinese Economy circa 1530-1650," *Past and Present* 49.

Baechler, Jean, John A. Hall and Michael Mann (eds.) 1988, *Europe and the Rise of Capitalism*, Basil Blackwell.

Bairoch, Paul 1981, "The Main Trends in National Economic Disparities Since the Industrial Revolution," in Paul Bairoch and Maurice Lèvy-Leboyer (eds.), *Disparities in Economic Development Since the Industrial Revolution*, Macmillan.

Barbu, Zebedei 1960, *Problems of Historical Psychology*. Routledge and Kegan Paul.

Bardhan, Pranab 2010, *Awakening Giants, Feet of Clay: Assessing the Economic Rise of China and India*, Princeton University Press.

Barrett, Ward 1990, "World bulliion flows," in James D. Tracy (ed.), *The Rise of Merchaant Empires: Long Distance Trade in the Early Modern World 1350-1750*, Cambridge University Press.

Bateman, Victoria N. 2011, "The evolution of markets in early modern Europe, 1350-1800: a study of wheat prices," *Economic History Review* 64-2.

Baten, Joerg, Debin Ma, Stephen Morgan and Qing Wang 2010, "Evolution of Living Standards and Human Capital in China in 18-20th Century: Evidence from Real Wage and Anthropometrics," *Explorations in Economic History* 47-3, July.

Benedict, Ruth 1946(2008), *The Chrysanthemum and the Sword: Patterns of Japaneese Culture*, Houghton Mifflin, 박규태 옮김, 『국화와 칼: 일본 문화의 유형』, 문예출판사.

Bengtsson, Tommy, Cameron Campbell, James Z. Lee et al. 2004, *Life under Pressure: Mortality and Living Standards in Europe and Asia, 1700-1900*, MIT Press.

Berg, Maxine 1994, *The age of manufactures, 1700-1820: industry, innovation, and work in Britain*, Routledge.

Besley, Timothy and Torsten Persson 2009, "The Origin of State Capacity: Property Rights, Taxation, and Politics," *American Economic Review* 99-4, September.

Blaut James 2000, *Eight Eurocentric Historians*, Guilford Press.

Boberg-Fazlic, Nina, Paul Sharp and Jacob Weisdorf 2011, "Survival of the richest?

Social status, fertility and social mobility in England 1541-1824," *European Review of Economic History* 15, December, pp. 365-392.

Bonney, Richard (ed.) 1995, *Economic Systems and State Finance*, Oxford University Press.

_____ (ed.) 1999, *The Rise of the Fiscal State in Europe c.1200-1800*, Oxford University Press.

Boserup, Ester 1965, *The Condition of Agricultural Growth: The Economics of Agrarian Change Under Population Pressure*, Aldine de Gruyter.

Brandt, Loren, Debin Ma, and Thomas G. Rawski 2010, "China's Long-term Economic Growth: Retrospect and Prospect," paper presented at the 3rd Asian Historical Economics Conference, Beijing, May 19-21.

_____ 2012, "From Divergence to Convergence: Re-evaluating the History Behind China's Economic Boom," London School of Economics, Ecoomic History Department Working Paper 158/12, January.

Braudel Fernand 1979(1996), *Civilisation Matérielle, Économie et Capitalisme, XVe-XVIIIe Siècle, Tome II. Les Jeux de L'échange*, 주경철 옮김, 『물질문명과 자본주의 II, 교환의 세계』, 까치.

_____ 1979(1997), *Civilisation Matérielle, Économie et Capitalisme, XVe-XVIIIe Siècle, Tome III, Le Temps du Monde*, 주경철 옮김, 『물질문명과 자본주의Ⅲ, 세계의 시간』, 까치.

Brenner, Robert 2003, *Merchants and Revolution: Commercial Change, Political Conflict, and London's Overseas Traders, 1550-1653*, Verso.

Brenner, Robert and Christopher Isett 2002, "England's Divergence from China's Yanzi Delta: Property Relations, Microeconomics, and Patterns of Development," *Journal of Asian Studies* 61-2, May.

Brewer, John 1988, *The Sinews of Power: War, money and the English state, 1688-1783*, Unwin Hyman.

Broadberry, Stephen and Bishnupriya Gupta 2006, "The Early Modern Great Divergence: Wages, Prices, and Economic Development in Europe and Asia, 1500-1800," *Economic History Review* 59-1.

Broadbridge, Seymour 1974, "Economic and Social Trends in Tokugawa Japan," *Modern Asian Studies* 8-3.

Buck, David D. 1999, "Was It Pluck or Luck that Made the West Grow Rich?" *Journal of World History* 10-2.

Chao, Kang 1986, *Man and Land in Chinese History: An Economic Analysis*, Stanford University Press.

Chua, Amy 2007(2008), *Day of Empire: How Hyperpowers Rise to Global Dominance and Why They Fall*, Doubleday, 이순희 옮김, 『제국의 미래』, 비아북스.

Cipolla, Carlo 1965(2010), *Guns, Sails and Empires: Technological Innovation and the Early Phases of European Expansion, 1400-1700*, 최파일 옮김, 『대포, 범선, 제국』, 미지북스.

Çizakça, Murat 2011, review of Kuran(2011), EH.Net.

Clark, Gregory 2007(2009) *A Farewell to Alms: A Brief Economic History of the World*, Princeton University Press, 이은주 옮김, 『맬서스, 산업혁명, 그리고 이해할 수 없는 신세계』, 한스미디어.

Clarke, J. J. 1997(2004), *Oriental Enlightenment*, Routledge, 장세룡 옮김, 『동양은 서양을 어떻게 계몽했는가』, 우물이 있는 집.

Cohen, Daniel 2009(2010), *La Prospèritè du Vice*, Albin Michel, 이성재·정세은 옮김, 『악의 번영』, 글항아리.

Coleman, D. C. 1983, "Proto-industrialization: A Concept Too Many," *Economic History Review* 36.

Coşgel, Metin M. and Boğac Ergene 2011, "Intergenerational Wealth Accumulation and Dispersion in the Ottoman Empire: Observations from Eighteenth-Century Kastamonu," *European Review of Economic History* 15-2.

Cox, Gary W. 2011, "War, Moral Hazard, and Ministrial Responsibility: England after the Glorious Revolution," *Journal of Economic History* 71-1.

_____ 2012, "Was the Glorious Revolution a Constitutional Watershed?" *Journal of Economic History* 72-3.

Crafts, N. F. R. 1985, *British economic growth during the industrial revolution*, Oxford University Press.

_____ 2011, "Explaining the first Industrial Revolution: two views," *European Review of Economic History* 15-1.

Crosby, Alfred W. 1997(2005) *The Measure of Reality: Quantification and Western Society, 1250-1600*, Cambridge University Press, 김병화 옮김, 『수량화 혁명: 유럽의 패권을 가져온 세계관의 탄생』, 심산.

Davis, Lance E. and Douglass C. North 1971, *Institutional Change and American Economic Growth*, Cambridge University Press.

Davis, Mike 2001, *Late Victorian Holocausts: El Nino Famines and the Making of the Third World*, Verso.

Deng, Kent Gang 1997, *Chinese Maritime Activities and Socioeconomic Development, c.2100 B.C.-1900 A.D.*, Greenwood Press.

_____ 1999, *The Premodern Chinese Economy: Structural Equilibrium and Capitalist Sterility*, Routledge.

_____ 2000, "A Critical Survey of Recent Research in Chinese Economic History," *Economic History Review* 53-1, February.

_____ 2003, "Development and Its Deadlock in Imperial China, 221 B.C.-1840 A.D.," *Economic Development and Cultural Change* 51-2, January.

_____ 2008, "Miracle or Mirage? Foreign Silver, China's Economy and Globalization from the Sixteenth to the Nineteenth Centuries," *Pacific Economic Review* 13-3.

Diamond, Jared 1997(2005), *Guns, Germs, and Steel: The Fates of Human Societies*, W.W.Norton, 개정증보판, 김진준 옮김, 『총, 균, 쇠』, 문학사상사.

_____ 2005, *Collapse: How Societies Choose to Fail or Succeed*, Viking.

Dincecco, Mark 2009, "Fiscal Centralization, Limited Government, and Public Revenues in Europe, 1650-1913," *Journal of Economic History* 69.

_____ 2011, *Political Transformations and Public Finances: Europe, 1650-1913*, Cambridge University Press.

Easterly, William 2001, *The Elusive Quest for Growth: Economists' Adventures and Misadventures in the Tropics*, MIT Press.

_____ 2006, *The White Man's Burden: Why the West's Efforts to Aid the Rest Have Done So Much Ill and So Little Good*, Penguin Books.

Eastman, Lloyd E. 1988(1999), *Constancy and Change in China's Social and Economic History, 1550-1949*, Oxford University Press, 이승휘 옮김, 『중국사회의 지속과 변화: 중국사회경제사 1550-1949』, 돌베개.

The Economist, 2011, "Briefing: Africa's hopeful economies," Decmber, 3, pp. 76-78.

Edwards, Jeremy and Sheilagh Ogilvie 2012, "Contract enforcement, institutions, and social capital: the Maghribi traders reappraised," *Economic History Review* 65-2.

Elman, Benjamin A. 2000, *A Cultural History of Civil Examinations in Late Imperial China*, University of California Press.

______ 2005, *On Their Own Terms: Science in China, 1550-1900*, Harvard University Press.

Elvin, Mark 1973(1989), *The Pattern of the Chinese Past: A Social and Economic Interpretation*, Standford University Press, 이춘식·김정희·임중혁 옮김, 『중국역사의 발전형태』, 신서원.

______ 2004(2011), *The Retreat of the Elephants: An Environmental History of China*, Yale University Press, 정철웅 옮김, 『코끼리의 후퇴: 3000년에 걸친 장대한 중국환경사』, 사계절.

Elvin, Mark and Liu Ts'ui-jung (eds.) 1998, *Sediments of Time: Environment and Society in Chinese History*, Cambridge University Press.

Engerman, S. L. 1992, "Expanding Protoindustrialization," *Journal of Family History* 17.

Epstein, S. R. 2000, *Freedom and Growth: the Rise of States and Markets in Europe, 1300-1750*, Routledge.

Ferguson, Niall 2011(2011), *Civilizatiion: The West and the Rest*, Penguin Press, 구세희·김정희 옮김, 『니얼 퍼거슨의 시빌라이제이션』, 21세기북스.

Findlay, Ronald 1992, "The Roots of Divergence: Western Economic History in Comparative Perspective," *American Economic Review* 82-2.

Findlay, Ronald and Kevin O'Rourke 2007, *Power and Plenty: Trade, War, and the World Economy in the Second Millennium*, Princeton University Press.

Fischer, David Hackett 1996, *The Great Wave: Price Revolutions and the Rhythm of History*, Oxford University Press.

Flynn, Dennis and Arturo Giráldez 1995, "Born with a 'Silver Spoon': The Origin of

World Trade in 1571," *Journal of World History* 6-2.

______ 2000, "Money and growth without development: The case of Ming China," in A. J. H. Latham and Heita Kawakatsu (eds.), *Asia Pacific Dynamism 1550-2000*, Routledge.

______ 2002, "Cycles of Silver: Global Economic Unity through the Mid-Eighteenth Century," *Journal of World History* 13.

Fogel, Robert William 1994, *Without Consent Or Cntract: The Rise and Fall of American Slavery*, W. W. Norton & Co.

Fogel, Robert William and Stanley L. Engerman 1974, *Time on the Cross: The Economics of American Negro Slavery*, Little, Brown and Company.

Frank, Andre Gunder 1998(2003), *Reorient: Global Economy in the Asian Age*, University of California Press, 이희재 옮김, 『리오리엔트』, 이산.

Friedman, Milton 1992(2009), *Money Mischief: Episodes in Monetary History*, Harcourt Brace Janovich, 김병주 옮김, 『밀튼 프리드만 화폐경제학』, 한국경제신문.

Fukuyama, Francis 2011, *The Origins of Political Order: From Prehuman Times to the French Revolution*, Farrar, Straus and Giroux.

Galor, Oded 2005, "From Stagnation to Growth: Unified Growth Theory," ch.4 of Philippe Aghion and Steven N. Durlauf (eds.), *Handbook of Economic Growth*, vol. 1A, Elsevier North-Holland.

Galor, Oded and Omer Moav 2002, "Natural Selection and the Origin of Economic Growth," *Quarterly Journal of Economics* 117-4.

Galor, Oded and David N. Weil 2000, "Population, Technology and Growth: From Malthusian Stagnation to the Demographic Transition and beyond," *American Economic Review* 90-4.

Gelderblom, Oscar and Joost Jonker 2011, "Public Finance and Economic Growth: The Case of Holland in the Seventeenth Century," *Journal of Economic History* 71-1.

Giddens, Anthony 1985, *The Nation-State and Violence*, University of California Press.

Glahn, Richard von 1996, *Fountain of Fortune: Money and Monetary Policy in China, 1000-1700*, University of California Press.

______ 2003, "Money Use in China and Changing Patterns of Global Trade in Monetary Metals, 1500-1800," in Dennis O. Flynn, Arturo Giraldez and Richard von Glahn (eds.), *Global Connections and Monetary History, 1470-1800*, Ashgate.

Glasner, David 1998, "An Evolutionary Theory of the State Monopoly over Money," in Kevin Dowd and Richard H. Timberlake, Jr. (eds.), *Money and the Nation State*, Transaction Publishers.

Goldstone, Jack A. 2000, "The Rise of the West - or Not? A Revision to Socio-economic History," *Sociological Theory* 18-2.

______ 2002, "Efflorescences and Economic Growth in World History: Rethinking the 'Rise of the West' and the Industrial Revolution," *Journal of World History* 13-2.

______ 2007. "Unraveling the Mystery of Economic Growth," *World Economics* 8-3.

______ 2009(2011), *Why Europe? The Rise of the West in World History, 1500-1850*, McGraw Hill, 조지형·김서형 옮김, 『왜 유럽인가』, 서해문집.

Goody, Jack 1996, *The East in the West*, Cambridge University Press.

______ 2010, *The Eurasian Miracle*, Polity Press.

Graham, A. C. 1970(1982), 「중국, 유럽, 그리고 근대과학의 기원」, 김영식 편, 『역사속의 과학』, 창작과비평사.

Greif, Avner 1989, "Reputation and Coalitions in Medieval Trade: Evidence on the Maghribi Traders," *Journal of Economic History* 49-4.

______ 1994a, "On the Political Foundations of Late Medieval Commercial Revolution: Genoa During the Twelfth and Thirteenth Centuries," *Journal of Economic History* 54-2.

______ 1994b, "Cultural beliefs and the organization of society: A historical and theoretical reflection on collectivist and individualist societies," *Journal of Political Economy* 102.

______ 2006, *Institutions and the Path to the Modern Economy: Lessons from Medieval Trade*, Cambridge University Press.

______ 2012, "The Maghribi traders: a reappraisal?" *Economic History Review* 65-2.

Greif, Avner and Guido Tabellini 2010, "Cultural and Institutional Bifurcation: China and Europe Compared," *American Economic Review* 100-2.

Grove, Linda and Mark Selden (eds.) 2008, Takeshi Hamashita, *China, East Asia and the Global Economy: Regional and historical perspectives*, Routledge.

Hall, John A. 1985, *Power and Liberties: The Causes and Consequences of the Rise of the West*, Basil Blackwell.

Hamilton, E. J. 1934, *American Treasure and the Price Revolution in Spain, 1501-1650*, Harvard University Press.

Hao, Yen-p'ing 1986, *The Commercial Revolution in Nineteenth-Century China*, University of California Press.

Harris, Marvin 1977, *Cannibals and Kings: The Origins of Cultures*, Random House.

Hauser, William B. 1983, "Some Misconceptions about the Economic History of Tokugawa Japan," *History Teacher* 16-4, August.

Hayami, Akira, Osamu Saito, and Ronald P. Toby (eds.) 1999(2004), *Emergence of Economic Society in Japan 1600-1859*, Oxford University Press.

Hechter, M. 1975, "Review Essay on the Modern World System," *Contemporary Sociology* 4-2.

Hillmann, Henning and Christina Gathmann 2011, "Overseas Trade and the Decline of Privateering," *Journal of Economic History* 71-3.

Hobson, John M. 2004(2005), *The Eastern Origins of the Western Civilization*, Cambridge University Press, 정경옥 옮김, 『서구문명은 동양에서 시작되었다』, 에코리브르.

Hoffman, Philip T. 2011, "Prices, the military revolution, and western Europe's comparative advantage in violence," *Economic History Review* 64-S1.

_____ 2012, "Why Was It Europeans Who Conquered the World?" *Journal of Economic History* 72-3.

Horwitz, Morton 1979, *The Transformation of American Law*, 1780-1860, Harvard University Press.

Houston, Rab and K. D. M. Snell 1984, "Proto-industrialization? Cottage Industry, Social Change, and Industrial Revolution," *Historical Journal* 27.

Huang, Philip. C. C. 1990, *The Peasant Family and Rural Development in the Yangzi Delta, 1350-1988*, Stanford University Press.

Huff, Toby E. 2003, *The Rise of Early Modern Science: Islam, China, and the West*, 2nd ed., Cambridge University Press.

Hughes, Jonathan 1983, *American Economic History*, Scott, Foresman and Co.

Isett, Christopher Mills 2007, *State, Peasants, and Merchants in Qing Manchuria, 1644-1862*, Standard University Press.

Ishikawa, Shigeru 1967, *Economic Development in Asian Perspective*, Kinokuniya Bookstores, Co.

Islamoglu, Huri and Peter C. Perdue (eds.) 2009, *Shared Histories of Modernity: China, India and the Ottoman Empire*, Routledge.

Iwahashi, Masaru 2004, "The Institutional Framework of the Tokugawa Economy," in Hayami et al. (eds.) 2004.

Jacob, Margaret C. 1997, *Scientific Culture and the Making of the Industrial West*, Oxford University Press.

Johnson, Linda Cooke (ed.) 1993, *Cities of Jiangnan in Late Imperial China*, State University of New York Press, Albany.

Jones, Eric L. 1987(1993), *The European Miracle, Environments, Economies and Geopolitics in the History of Europe and Asia*, 3rd ed., Cambridge University Press, 2003. 2nd ed., 유재천 옮김, 『유럽문명의 신화』, 나남.

______ 1990, "The Real Question about China: Why Was the Song Economic Achievement not Repeated?," *Australian Economic History Review* 2.

______ 2000, *Growth Recurring: Economic Change in World History(Economics, Cognition, and Society)*, 2nd ed., University of Michigan Press.

______ 2002, *The Record of Global Economic Development*, Edward Elgar.

______ 2006, *Cultures Merging*, Princeton University Press.

Kamarck, Andrew 1976, *The Tropics and Economic Development, A Provocative Inquiry into the Poverty of Nations*, Johns Hopkins University Press.

Kann, Edward 1953, *Illustrated Catalog of Chinese Coins*, Ishi Press.

Kim, Shin-haing and Donghyu Yang 2013, "An Escape from the 'Malthusian Trap': A Case of the Choson Dynasty of Korea from 1701 to 1891 Viewed in Light of the British Industrial Revolution," *Seoul Journal of Economics* 26-2.

King, Frank H. H. 1965, *Money and Monetary Policy in China 1845-1895*, Harvard University Press.

Komlos, John 2000, "Industrial Revolution as the Escape from the Malthusian Trap," *Journal of European Economic History* 29.

Kriedte, P., H. Medick, and J. Schlumbohm 1993, "Proto-industrialization Revisited: Demography, Social Structure and Modern Domestic Industry," *Continuity and Change* 8.

Krüger, Kersten 1987, "Public Finance and Modernisation: The Change from Domain State to Tax State in Hesse in the Sixteenth and Seventeenth centuries: A Case Study," in Peter-Christian Witt (ed.), *Wealth and Taxation in Central Europe The History and Sociology of Public Finance*, Hamburg, BERG.

Kuroda, Akinobu 2005, "Copper Coins Chosen and Silver Differentiated: Another Aspect of the 'Silver Century' in East Asia," *Acta Asiatica* 88.

Kuran, Timur 2011, *The Long Divergence: How Islamic Law Held Back the Middle East*, Princeton University Press.

Kuznets, Simon 1966, *Modern Economic Growth: Rate, Structure and Spread*, Yale University Press.

Lal, Deepak 1998, *Unintended Consequences: The Impact of Factor Endowment, Culture, and Politics on Long-Run Economic Performance*, MIT Press.

Landes, David 1969, *Unbound Prometheus: Technical Change and Industrial Development in Western Europe from 1750 to the Present*, Cambridge University Press.

______ 1998(2009), *Wealth and Poverty of Nations: Why Some Are So Rich and Some So Poor*, W. W. Norton, 안진환·최소영 옮김, 『국가의 부와 빈곤』, 한국경제신문.

Lavely, William and R. Bin Wong 1998, "Revisiting the Malthusian Narrative: the Comparative Study of Population Dynamics in Late Imperial China," *Journal of Asian Studies* 57-3.

Lee, James Z. and Cameron D. Campbell 1997, *Fate and Fortune in Rural China: Social Organization and Population Behavior in Liaoning 1774-1873*, Cambridge University Press.

Lee, James Z. and Feng Wang 1999, *One Quarter of Humanity: Malthusian Mythology and Chinese Realities*, Harvard University Press.

Lee, James Z., Cameron Campbell, and Feng Wang 2002, "Positive Check or Chinese Check?" *Journal of Asian Studies* 61-2.

Levi, Margaret 1988, *Of Rule and Revenue*, University of California Press.

Lewis, Bernard 2001, *The Muslim Discovery of Europe*, W.W. Norton.

Li, Bozhong 2010, "Why and How does the Theory of the Great Divergence Matter in the Study of Economic History of the Yangzi Delta?" London School of Economics, Economic History Department discussion paper.

Li, Bozhong and Jan Luiten van Zanden 2012, "Before the Great Divergence? Comparing the Yangzi Delta and the Netherlands at the Beginning of the Nineteenth Century," *Journal of Economic History* 72-4.

Lieberman, Victor Benet (ed.) 1999, *Beyond Binary Histories: Re-imaging Eurasia to c.1830*, University of Michigan Press.

Lin, Justin Yifu 1995, "The Needham Puzzle: Why the Industrial Revolution Did Not Originate in China," *Economic Development and Cultural Change* 43-2.

Lin, Man-houng 2006, *China Upside Down: Currency, Society, and Ideologies, 1808-1856*, Harvard University Press.

Lopez, Robert S. 1971, *The Commercial Revolution of the Middle Ages, 950-1350*, Prentice Hall.

Lynn White, Jr. 1962(2005), *Medieval Technology and Social Change*, Oxford University Press, 강일휴 옮김, 『중세의 기술과 사회변화』, 지식의 풍경.

Ma, Debin 2004, "Growth, Institutions and Knowledge: A Review and Reflection on the Historiography of 18th-20th Century China," *Australian Economic History Review* 44-3.

______ 2011a, "Law and Economy in Traditional China: a 'Legal Origin' Perspective on the Great Divergence," in Debin Ma and Jan Luiten van Zanden (eds.), *Law and Long-term Economic Development, an Eurasian Perspective*, Stanford University Press.

______ 2011b, "Rock, Scissors, Paper: the Problem of Incentives and Information in Traditional Chinese State and the Origin of the Great Divergence," London

School of Economics, Economic History Department Working Paper 152/11, March.

______ 2012, "Political Insstitutions and Long Run Economic Trajectory: Some Lessons from Two Millennia of Chinese Civilization," in M. Aoki, T. Kuran and G. Roland (eds.), *Institutions and Comparative Economic Development*, Palgrave Macmillan.

Maddison, Angus 1998a, *Explaining the Economic Performance of Nations*, Edward Elgar.

______ 1998b, *Chinese Economic Performance in the Long Run*, Development Center, OECD.

______ 2001, *The World Economy: A Millennial Perspective*, OECD.

______ 2003, *The World Economy: Historical Statistics*, OECD.

______ 2007, *The World Economy: A Millennial Perspectesive: Historical Statistics*, OECD.

Mager, W. 1993, "Proto-industrialization and Proto-industry: the Uses and Drawbacks of Two Concepts," *Continuity and Change* 8.

Malthus, Thomas Robert 1798, *An Essay on the Principle of Population*, ed. by Philip Appleman, W.W. Norton, 1976.

Marx, Karl 1973, *Surveys from Exile*, ed. by David Fernbach, Pelican Books.

McCloskey, Deirdre, Hans-Joachim Voth, George Grantham, Karl Gunnar Persson and Gregory Clark 2008, "Symposium on Gregory Clark's *A Fairwell to Alms*," *European Review of Economic History* 12-2.

McNeill, William H. 1982(2005), *The Pursuit of Power: Technology, Armed Force, and Society sine A. D. 1000*, University of Chicago Press, 신미원 옮김, 『전쟁의 세계사』, 이산.

Mendels, F. F. 1972, "Proto-Industrialization: The First Phase of the Industrialization Process," *Journal of Economic History* 32.

Metzler, Mark 2006, *Lever of Empire: The International Gold Standard and the Crisis of Liberalism in Prewar Japan*, University of California Press.

Mitchener, Kris James, Masato Shizume, and Marc D. Weidenmier 2010, "Why Did Countries Adopt the Gold Standard? Lessons from Japan," *Journal of Economic History* 70-1.

Miyamoto, Matao 2004a, "Quantitative Aspects of Tokugawa Economy," in Akira Hayami, Osamu Saito and Ronald P. Toby (eds.), *The Economic History of Japan: 1600-1990*, vol. 1*: Emergence of Economic Society in Japan, 1600-1859*, Oxford University Press.

_____ 2004b, "Prices and Macroeconomic Dynamics," in Akira Hayami, Osamu Saito and Ronald P. Toby (eds.), *The Economic History of Japan: 1600-1990,* vol. 1: *Emergence of Economic Society in Japan, 1600-1859*, Oxford University Press.

Miyamoto, Matao and Yoshiaki Shikano 2003, "The Emergence of the Tokugawa Monetary System in East Asian International Perspective," in Dennis O. Flynn, Arturo Giraldez, and Richard von Glahn (eds.), *Global Connections and Monetary History, 1470-1800*, Ashgate.

Mokyr, Joel 1985, "The Industrial Revolution and the New Economic History," in Joel Mokyr (ed.), *The Economics of the Industrial Revolution*, Allen and Unwin.

_____ 1990, *The Lever of Riches: Technological Creativity and Economic Progress*, Oxford University Press.

_____ 1993, "The New Economic History and the Industrial Revolution," in Joel Mokyr (ed.), *The British Industrial Revolution: An Economic Perspective*, Westview Press.

_____ 1999, "Eurocentricity Triumphant," *American Historical Review* 104-4.

_____ 2002, *The Gifts of Athena: Historical Origins of the Knowledge Economy*, Princeton University Press.

_____ 2005, "The Intellectual Origin of Modern Economic Growth," *Journal of Economic History* 65-2.

_____ 2009, *The Enlightened Economy: An Economic History of Britain 1700-1850*, Yale University Press.

Mokyr, Joel and Hans-Joachim Voth 2010, "Understanding Growth in Europe, 1700-1870: Theory and Evidence," in Steve Broadberry and Kevin O'Rourke (eds.), *The Cambridge Economic History of Modern Europe*, Cambridge University Press.

Mokyr, Joel, George Grantham, Jack Goldstone, Deirdre McCloskey in November 2007 Social Science History Association Meeting Session.

Morris, Ian 2010(2013), *Why the West Rules-For Now: The Patterns of History, and What They Reveal about the Future*, Farrar, Straus and Giroux, 최파일 옮김, 『왜 서양이 지배하는가』, 글항아리.

_____ 2013, *The Measure of Civilization: How Social Development Decides the Fate of Nations*, Princeton University Press.

Mosk, Carl 2013, *Nationalism and Economic Development in Modern Eurasia*, Routledge.

Munro, John H. 2012, "The Technology and Economics of Coinage Debasements in Medieval and Early Modern Europe: with Special Reference to the Low Countries and England," in idem. (ed.), *Money in the Pre-industrial World: Bullion, Debasements and Coin Substitutes*, Pickering and Chatto.

Murphy, Rhoads 1977, *The Outsiders: The Western Experience in India and China*, University of Michigan Press.

Musson, Albert E. and Eric Robinson 1969, *Science and technology in the industrial revolution*, University of Toronto Press.

Nakabayashi, Masaki 2009, "Institution and economic development of early modern Japan," Institute of Social Science, University of Tokyo Discussion Paper F-146.

Naquin, Susan and Evelyns Rawski 1987(1998), *Chinese Society in the Eighteenth Century*, Yale University Press, 정철웅 옮김, 『18세기 중국사회』, 신서원.

Neal, Larry 1990, *The Rise of Financial Capitalism*, Cambridge University Press.

_____ 2000, "How it All Began: The Monetary and Financial Architecture of Europe during the First Global Capital Markets, 1648-1815," *Financial History Review* 7.

_____ 2012, *"I Am Not Master of Events": The Speculations of John Law and Lord Londonderry in the Mississippi and South Sea Bubbles*, Yale University Press.

Needham, Joseph 1969, *The Grand Titration: Science and Society in East and West*, Allen and Unwin.

Nisbett, Richard E. 2003(2004) *The Geography of Thought: How Asians and Westerners Think Differently... and Why*, Free Press, 최인철 옮김, 『생각의 지도』, 김영사.

North, Douglass C. 1981, *Structure and Change in Economic History*, Norton.

_____ 1990(1996) *Institutions, Institutional Change, and Economic Performance*, Cambridge University Press, 이병기 옮김, 『제도, 제도변화, 경제적 성과』, 한국경

제연구원.

______ 2005, "Institutions and Performance of Economies Over Time," in Claude Menard and Mary M. Shirley (eds.), *Handbook of New Institutional Economics*, Springer.

______ 2005(2007), *Understanding the Process of Economic Change*, Princeton University Press, 조석곤 옮김, 『경제변화과정에 관한 새로운 이해』, 해남.

North, Douglass C. and Robert P. Thomas 1973(1999), *The Rise of the Western World*, Cambridge University Press, 이상호 옮김, 『서구세계의 성장: 새로운 경제사』, 자유기업센터.

North, Douglass C. and Barry R. Weingast 1989, "Constitutions and Commitment: The Evolution of Institutions Governing Public Choice in Seventeenth-Century England," *Journal of Economic History* 49-4.

North, Douglass C. John Joseph Wallis and Barry R. Weingast 2009, *Violence and Social Orders: A Conceptual Framework for Interpreting Recorded Human History*, Cambridge University Press.

Nunn, Nathan 2012, "Culture and the Historical Process," NBER working paper 17869.

O'Brien, Patrick 2011, "The nature and historical evolution of an exceptional fiscal state and its possible significance for the precocious commercialization and industrialization of the British economy from Cromwell to Nelson," *Economic History Review* 64-2.

Oh, Doo Hwan 2004, "Silver Flow and Silver as Money in Korea," *Acta Koreana* 7-1, January.

Park, Ki-Joo and Donghyu Yang 2007, "The Standard of Living in the Choson Dynasty Korea in the 17th to the 19th Centuries," *Seoul Journal of Economics* 20.

Parker, Geoffrey (ed.) 1996, *The Cambridge History of Warfare*, Cambridge University Press.

Parker, William N. and Eric L. Jones (eds.) 1975, *European peasants and their markets; essays in agrarian economic history*. Princeton University Press.

Parry, J. H. 1963, *The Age of Reconnaissance: Discovery, Exploration and Settlement, 1450 to 1650*, University of California Press.

Parthasarathi, P. 1998, "Rethinking Wages and Competitiveness in the Eighteenth Century: Britain and South India," *Past and Present* 158.

______ 2011, *Why Europe Grew Rich and Asia Did Not: Global Economic Divergence, 1600-1850*, Cambridge University Press.

Perdue, Peter C. 1982, "Water Control in the Dongting Lake Region during the Ming and Qing Periods," *Journal of Asian Studies* 41-4.

______ 2005(2012), *China Marches West: the Qing Conquest of Central Eurasia*, Harvard University Press, 공원국 옮김, 『중국의 서진: 청의 유라시아 정복사』, 길.

Perkins, Dwight H. 1968, *Agricultural Development in China 1368-1968*, Aldine.

Pincus, Steven C. A. and James Robinson 2011, "What Really Happened during the Glorious Revolution?" NBER Working Paper 17206, July.

Pirenne, H. 1935, *Mohammed and Charlemagne*, Harper and Row.

______ 1952(1997), *Medieval Cities: Their Origins and the Revival of Trade*, Princeton University Press, 강일휴 옮김, 『중세 유럽의 도시』, 신서원.

Pomeranz, Kenneth 2000, *The Great Divergence: China, Europe, and the Making of the Modern World Economy*, Princeton University Press.

______ 2002, "Beyond the East-West Binary: Resituating Development Paths in the Eighteenth Century World," *Journal of Asian Studies* 61-2.

Pomeranz, Kenneth and Steven Topik 2000(2003), *The World That Trade Created: Society, Culture, and the World Economy, 1400 to the Present*, 2nd ed. Sharpe, 2005, 1st ed. 박광식 옮김, 『설탕, 커피 그리고 폭력: 교역으로 읽는 세계사 산책』, 심산.

Reinhart, Carmen M. and Kenneth S. Rogoff 2009(2010), *This Time Is Different: Eight Centuries of Financial Folly*, Princeton University Press, 최재형·박영란 옮김, 『이번엔 다르다』, 다른세상.

Richardson, Philip 1999(2007), *Economic Change in China, c.1800-1950*, Cambridge University Press, 강진아·구범진 옮김, 『쟁점으로 읽는 중국근대경제사 1800-1950』, 푸른역사.

Rifkin, Jeremy 2011(2012), *The Third Industrial Revolution: How Lateral Power is Transforming Energy, the Economy and the World*, Palgrave Macmillan, 안진환 옮김,

『3차 산업혁명』, 민음사.

Ringmar, Erik 2007, *Why Europe Was First: Social Change and Economic Growth in Europe and East Asia, 1500-2050*, Anthem Press.

Rogers, Clifford J. (ed.) 1995, *The Military Revolution Debate: Readings on the Military Transformation of Early Modern Europe*, Westview Press.

Rosenthal, Jean-Laurent and R. Bin Wong 2011, *Before and Beyond Divergence: The Politics of Economic Change in China and Europe*, Harvard University Press.

Rowe, William T. 1984, *Hankow: Commerce and Society in a Chinese City, 1796-1889*, Stanford University Press.

______ 2009, *China's Last Empire The Great Qing*, Harvard University Press.

Roy, Tirthankar 2010, "Economic Conditions in Early Modern Bengal: A Contribution to the Divergence Debate," *Journal of Economic History* 70-1.

______ 2011, "Where is Bengal? Situating an Indian Region in the Early Modern World Economy," *Past and Present* 213, November.

Rozman, Gilbert 1973, *Urban Networks in Ch'ing China and Tokugawa Japan*, Princeton University Press.

Said, Edward 1978(2007), *Orientalism*, Pantheon, APSR, 박홍규 옮김, 『오리엔탈리즘』, 교보문고.

Saint-Exupéry, Antione de 1943(2007), *Le Petit Prince*, Harcourt, 김화영 옮김, 『어린 왕자』, 문학동네.

Saito, Osamu 2005, "Pre-Modern Economic Growth Revisited: Japan and the West," Department of Economic History, London School of Economics, Working Paper No. 16/05.

______ 2010, "An Industrious Revolution in an East Asian Market Economy? Tokugawa Japan and Implicatiions for the Great Divergence," *Australian Economic History Review* 50-3.

Saito, Osamu and Tokihiko Settsu 2006, "Money, credit and Smithian growth in Tokugawa Japan," Hitotsubashi University Institute of Economic Research Discussion Paper 139, February.

Sargent, Thomas J. and Francois R. Velde 2002, *The Big Problem of Small Change*,

Princeton University Press.

Schiltz, Michael 2005, "Monetary Organization in the Late Edo-period" ⟨http://japanesestudies.arts.kuleuven.be/meijifin/node/57⟩.

Schumpeter, Joseph A. 1918(1954), "Die Krise des Steuerstaates," *Zeitfragen aus dem Gebiet der Soziologie* 4, translated in English, "The crisis of the tax state," *International Economic Papers* 4.

Sen, Amartya 2006(2008), *The Argumentative Indian: Writings on Indian History, Culture, and Identity*, Picador, 이경남 옮김, 『살아 있는 인도』, 청림출판.

Shiba, Yoshinobu and Mark Elvin 1968, *Commerce and Society in Sung China*, University of Michigan Press.

Shimbo, Hiroshi and Osamu Saito 2003, "The Economy on the Eve of Industrialization," in Akira Hayami, Osamu Saito and Ronald P. Toby (eds.), *Emergence of Economic Society in Japan 1600-1859*, Oxford University Press.

Shiue, Carol H. and Wolfgang Keller 2007, "Markets in China and Europe on the Eve of the Industrial Revolution," *American Economic Review* 97.

Sivin, Nathan 1982, "Why the Scientific Revolution Did Not Take Place in China - or Didn't It?" *Chinese Science* No. 5.

Skinner, William 1964, *Marketing and Social Structure in Rural China*, Association for Asian Studies, Ann Arbor.

_____ (ed.) 1977, *The City in Late Imperial China*, Stanford University Press.

Skocpol, Theda 1977(1985), "Wallerstein's World Capitalist System: A Theoretical and Historical Critique," *American Journal of Sociology* 82-5.

Smith, Adam 1776, *An Inquiry into the Nature and Causes of the Wealth of Nations*, ed. by Edwin Cannan, University of Chicago Press, 1976.

Smith, Thomas 1988, *Native Sources of Japanese Industrialization, 1750-1920*, University of California Press.

Sng, Tuan-Hwee 2010, "Size and Dynastic Decline: The Principal-Agent Problem in Late Imperial China," Niehaus Center for Globalization and Governance Working Paper, Princeton University.

Sng Tuan-Hwee and Chiaki Moriguchi 2013, "Taxation and Public Goods Provision in China and Japan before 1850," PRIMCED Discussion Paper Series No. 35, Intitute of Economic Research, Hitotsubashi University.

Solomon, Steven 2010(2013), *Water: The Epic Struggle for Wealth, Power and Civilization*, Harper Collins, 주경철·안민석 옮김, 『물의 세계사: 부와 권력을 향한 인류문명의 투쟁』, 민음사.

Soto, Hernando de 2000(2003), *The Mystery of Capital*, Basic Books, 윤영호 옮김, 『자본의 미스테리』, 세종서적.

Spence, Michael 2011(2012), *The Next Convergence: The Future of Economic Growth in a Multispeeed World*, Farrar, Straus and Giroux, 이현주 옮김, 『넥스트 컨버전스』, 리더스북.

Spolaore, Enrico and Romain Wacziarg 2012, "How Deep are the Roots of Economic Development?" NBER Working Paper 18130, June.

Stokes, Gale 2001, "The Fates of Human Societies: A Review of Recent Macrohistories," *American Historical Review* 106-2.

Streeten, Paul 1982, *First Things First: Meeting Basic Human Needs in the Developing Countries*, World Bank.

Struve, Lynn A. (ed.), 2004, *The Qing Formation in World-Historical Time*, Harvard University Press.

Sugihara, Kaoru (ed.) 2005, *Japan, China and the Growth of the Asian International Economy, 1850-1949*, Oxford University Press.

Styles, John 2000, "Product Innovation in Early Modern London," *Past and Present* 168.

Sylla, Richard 2002, "Financial Systems and Economic Modernization," *Journal of Economic History* 62.

Takatsuki, Yasuo 2007, "The formation of the efficient market in Tokugawa Japan," Osaka University Graduate School of Economics Discussion Paper 006-28-Rev. 2.

Tashiro, Kazui 1989, "Exports of Japan's Silver to China via Korea and Changes in the Tokugawa Monetary System during the Seventeenth and Eighteenth Centuries," in E. H. G. van Cauwenberghe (ed.), *Precious Metals, Coinage and the Change in Monetary Structure in Latin America, Europe and Asia*, Leuven University Press.

Temin, Peter 1997, "Is it Kosher to Talk about Culture?" *Journal of Economic History* 57-2.

Temin, Peter and Hans-Joachim Voth 2008, "Private Borrowing during the Financial Revolution: Hoare's Bank and Its Customers, 1702-24," *Economic History Review* 61-3.

______ 2013, *Prometheus Shackled: Goldsmith Banks and England's Financial Revolution after 1700*, Oxford University Press.

Thomas, Hugh 1997, *The Slave Trade: The Story of the Atlantic Slave Trade, 1440-1870*, Simon & Schuster.

Tilly, Charles 1990(1994), *Coercion, Capital, and European States: AD990-1990*, Basil Blackwell, 이향순 옮김, 『국민국가의 형성과 계보: 강압, 자본과 유럽국가의 발전』, 학문과사상사.

Voigtländer, Nico and Hans-Joachim Voth 2006, "Why England? Demographic Factors, Structural Change and Physical Capital Accumulation during the Industrial Revolution," *Journal of Economic Growth* 11.

Vries, Jan de 1994, "The Industrial Revolution and the Industrious Revolution," *Journal of Economic History* 54-2.

______ 2003, "Connecting Europe and Asia: A Quantitative Analysis of the Cape-route Trade, 1497-1795," in Dennis O. Flynn, Arturo Giraldez and Richard von Glahn (eds.), *Gobal Connections and Monetary History, 1470-1800*, Ashgate.

______ 2008, *The Industrious Revolution: Consumer Behavior and the Household Economy, 1650 to the Present*, Cambridge University Press.

Vries, P. H. H. 2001, "Are coal and colonies really crucial? Kenneth Pomeranz and the great divergence," *Journal of World History* 12.

______ 2002, "Governing Growth: A Comparative Analysis of the Role of the State in the Rise of the West," *Journal of World History* 13.

______ 2006, "Why Europe and the West? Why Not China?" *Journal of Economic Perspectives* 20-2.

Wallerstein, Immanuel 1974(1999), *The Modern World System*, vol. I, *Capitalist Agriculture and the Origins of the European World-Economy in the Sixteenth Century*,

Academic Press, 나종일 외 옮김, 『근대세계체체 I: 자본주의적 농업과 16세기 유럽 세계경제의 기원』, 까치.

______ 1980(1999), *The Modern World System*, vol. II, *Mercantilism and the Consolidation of the European World Economy, 1600-1750*, Academic Press, 유재건 외 옮김, 『근대세계체체 II: 중상주의와 유럽 세계경제의 공고화 1600-1750년』, 까치.

______ 1984, "Patterns and Prospectives of the Capitalist World-Economy" in Immanuel Wallerstein, *The Politics of World-Economy*, Cambridge University Press.

Wang, Jonathan 2003, "The Roots of Proto-Industrialization in Japan," 〈history.emory.edu/home/.../JonathanWang.pdf〉.

Wang, Yeh-chien 1973, *Land Taxation in Imperial China, 1750-1911*, Harvard University Press.

______ 1977, "Evolution of the Chinese Monetary System, 1644-1850," paper presented at the Conference on Modern Chinese Economic History, Institute of Economics, Academia Sinica, Taipei, Taiwan, August 26-29.

______ 1992, "Secular Trends of Rice Prices in the Yangzi Delta, 1638-1935," in Thomas G. Rawski and Lillian M. Li (eds.), *Chinese History in Economic Perspective*, University of California Press.

Wareham, Andrew 2012, "Fiscal polices and the institution of a tax state in Anglo-Saxon England within a comparative context," *Economic History Review* 65-3.

Weede, Erich 2003, "Comparative Economic Development in China and Japan," 〈www.diw.de/sixcms/detail.php/41578〉.

Williamson, Jeffrey G. 2000, "Globalization, Factor Prices, and Living Standards in Asia before 1940," in A. J. H. Latham and Heita Kawakatus (eds.), *Asia-Pacific Dynamism 1500-2000*, Routledge.

Wills, John E., Jr. (ed.) 2011, *China and Maritime Europe, 1500-1800: Trade, Settlement, Diplomacy, and Missions*, Cambridge University Press.

Wittfogel, Karl 1957, *Oriental Despotism: A Comparative Study of Total Power*, Yale University Press.

Wong, R. Bin 1997, *China Transformed: Historical Change and the Limits of European Experience*, Cornell University Press.

_____ 2002, "The Search for European Differences and Domination in the Early Modern World: A View from Asia," *American Historical Review* 107-2.

_____ 2009, "Formal and Informal Mechanisms of Rule and Economic Development: The Qing Empire in Comparative Perspective," in Islamoglu and Perdue (eds.), *Shared Histories of Modernity*. Routledge.

Wong, R. Bin, Jack A. Goldstone, Ricardo Duchesne, and M. Shahid Alam 2003, "Eurocentrism, Sinocentrism and World History: A Symposium," *Science and Society* 67-2.

World Bank 2012, *World Development Report*, World Bank.

Yamaguchi, Kenjiro and Mari Ohnuki 1997, "The Gold and Silver Wraps of the Edo Period- A Unique Form of Gold and Silver Coins," Institute of Monetary and Economic Studies, Bank of Japan, Discussion Paper 97-E-10, November.

Yifeng, Zhao 2011, "Great Divergence or Great Convergence? A Civilizational View of the Historical Trend in Ming-Qing China," *Chinese Studies in History* 45-1.

Yoo, Dongwoo and Richard H. Steckel 2010, "Property Rights and Financial Development: The Legacy of Japanese Colonial Institution," NBER Working Paper 16551, November.

Yun-Casalilla, Bartolome and Patrick O'Brien (eds.) 2012, *The Rise of Fiscal States: A Global History, 1500-1914*, Cambridge University Press.

Zanden, Jan Luiten van 2009, *The Long Road to the Industrial Revolution*, Brill.

Zelin, Madeleine 1984, *The Magistrate's Tael: Rationalizing Fiscal Reform in Eighteenth Century Ch'ing China*, University of California Press.

Zelin, Madeleine, Jonathan K. Ocko, and Robert Gardella (eds.) 2004, *Contract and Property in Early Modern China*, Stanford University Press.

찾아보기(사항)

ㅇ

ㅌ

ㅍ

ㅎ

찾아보기(인명)

ㅈ

ㅊ

ㅋ

ㅌ

ㅍ

ㅎ

The Rise of Europe
A Comparative Economic History

Yang, Donghyu

Even in the late medieval times western Europe was lagging behind in military and economic terms compared to Asia, i.e. the Islamic countries, India and China. However, Europe and its offshoots clearly dominated the world since the 19th century. And the gap between the winners and the losers became ever larger. This study traces the process of Europe's catch-up and surpassing of Asia from the 15th to the 18th centuries. Hence, the book is an examination of the 'rise of Europe' and the 'great divergence.' Mainly comparing western Europe and China, sometimes more specifically England and the Yangtse delta, the discussions in this book cover such factors as the environment, polity, institutions, property rights, market, violence, maritime expansion, fiscal states, Orientalism, money and finance, social Darwinism, culture, and religion.

저자 소개

양동휴(梁東烋)

서울대학교(학사), 메릴랜드대학교(석사), 하버드대학교(경제학 박사)에서 수학했으며, 런던정경대학(LSE), 베를린자유대학교, 캔자스대학교에서 연구교수를 지냈다. 1985년부터 서울대학교 경제학부 교수로 재직하고 있다. 주요 저서로 『미국 경제사 탐구』(1994), *Antebellum Agriculture and Other Essays*(2003), 『20세기 경제사』(2006), 『양동휴의 경제사 산책』(2007), 『대공황 시대』(2009), 『세계화의 역사적 조망』(2012), 역서로 『대공황 전후 세계경제』(2008), 『대공황: 1929-1933년』(2010) 등이 있다.